개정판

외교정책결정의 이해

개정판

외교정책결정의 이해

2021년 2월 25일 초판 1쇄 발행
2024년 2월 15일 개정판 1쇄 발행

지은이 박건영
펴낸이 윤철호
편집 김천희, 이소영
디자인 김진운
마케팅 김현주

펴낸곳 (주)사회평론아카데미
등록번호 2013-000247(2013년 8월 23일)
전화 02-326-1545
팩스 02-326-1626
주소 03978 서울특별시 마포구 월드컵북로6길 56

이메일 academy@sapyoung.com
홈페이지 www.sapyoung.com

ISBN 979-11-6707-139-2 93340

개정판

외교정책결정의 이해

박건영 지음

사회평론아카데미

율리안나, 유스티나, 안드레아, 후안 디에고에게 바칩니다.

서문

오래 전 독일 사가(史家) 랑케(Leopold von Ranke)가 한 말을 다른 식으로 표현하자면 이론가의 덕목은 "새로운 사실을 발견하거나, 다른 각도에서 새로운 해석을 가능케 하는 데"서 찾을 수 있다. 『외교정책결정의 이해』는 이러한 랑케의 문제의식을 공유하여 국제정치 및 외교정책에 대해 기존의 지배적 패러다임과는 다른 각도에서 새로운 해석을 가능케 해주는 대안적인 이론적 시각들을 소개하고, 그것들이 어떠한 시공간적 맥락에서 쓸모를 가지는지 조명·분석함으로써 설명과 이해의 폭을 확장하고 심화하는 데 있다. 필자는 이러한 작업을 효과적으로 수행하기 위해 외교정책결정과정에 대한 이론적 지평을 넓히는 가운데 미국 등 강대국들뿐 아니라 한국의 외교정책과 관련된 사례들을 적절한 맥락에서 제시하고 의미 있는 질문을 던지려 노력하였다. 추상적인 지도(地圖)로서의 이론과 구체적이고 토착적인 현실로서의 외교정책 간에 이뤄지는 교직(交

織)과 상호작용에 관한 고민과 논쟁은 한국의 분석가와 정책결정자들이 논리적으로 타당하고 현실과 밀착된 정책적 비전과 전략을 제시하는 데 기여할 수 있을 것으로 기대된다.

필자는 이 책을 작성하는 과정에서 많은 이들의 도움을 받았다. 유익한 논평을 해주신 민병원, 신욱희, 은용수, 정성철, 황영주, 옥창준, 김아란 선생님, 그리고 유능한 연구조교의 역할을 수행해준 이상문, 지연진, 심서연, 강연준, 주현준, 그리고 필요한 논문과 서적을 적시에 읽을 수 있도록 배려해주신 심재선 선생님, 그리고 졸저를 흔쾌히 출간해주신 사회평론아카데미의 윤철호 대표님, 책만들기의 예술을 보여주신 김천희 소장님을 비롯한 편집진 선생님들께도 감사드린다.

차례

한국의 외교정책과 외교정책관

한국에게 외교는 생존이 걸린 실존적 문제이다. 한국을 어떻게 정의하는가는 논쟁의 대상이 되겠지만 현대 한국인들의 외교적 정체성이 조선의 외교적 담론과 실천에 의해 주로 구성된다고 본다면 한국의 외교는 국제정치적 힘의 논리에 의해 압도되어 왔다고 할 수 있다. 한국인들은 한국의 지정학적 위치로 인해 강대국들의 각축장이 되었지만 물리적인 힘이 없어 임진왜란, 양대호란, 청일전쟁, 러일전쟁, 식민지화, 한국전쟁 등 생존의 위기를 겪었다고 생각하는 경향이 있다는 말이다. 국가적 생존은 힘과 외교에 크게 의존한다. 조선의 생존 위기가 '문약(文弱)' 때문이었을 수도 있고, '무외교(無外交)' 때문이었을 수도 있다. 둘 다 였을 수도 있다. 그러나 중요한 것은 물리적 힘이 모자라더라도 분별력 있고 통찰력 있는 외교가 물리적 공백을 상당 부분 메꿀 수 있거나, 힘을 키울 수 있는 시간을 벌어줄 수 있다는 점이다. 예를 들어, 17세기 명청 교체기 조선 광해군의 혁명적인 실리외교 정책인 '기미책(羈縻策)'[1]은 급부상하던 팽창주의적 후금(後金, 淸)을 효과적으로 관리하고 조선이 임진왜란이 남긴 폐허로부터 회복할 수 있는 시간을 벌어주는 역할을 하였다. 반정 후 등극한 인조의 사대적(事大的) 명분을 중시하는 '재조지은(再造之恩)'[2]은 국왕인 자신이 "여진족 오랑캐"의 수장이 앉아 있는 의자 아래에서 항복의 표시로 이마에 피가 나도록 머리를 땅에 찧어야 하는 수모를 겪게 한 주요 원인이 되었다. 무외교의 전형적 사례이다.

조선의 외교정책이 가졌던 실존적 의미는 또 다른 각도에서 조명될 수 있다. 조선 후기 고종은 1880년 예조 참의 김홍집(金弘集)을 수신사로 일본에 파견하였다. 그는 일본주차 청국공사관 참찬관 황준헌(黃遵憲)을 만나 그가 필서한 『조선책략(朝鮮策略: 廣東黃遵憲私擬)』을 받아들고 귀국하여 국왕에게 바쳤다. 황준헌은 『조선책략』에서 '균세(均勢)'를 조선의 국익으로 설명하였다.

"대의가 밝혀지고 성원이 절로 커지면, 러시아 사람은 그 형세[조선

....

1 기(羈)는 말의 얼굴에 씌우는 굴레, 미(縻)는 소를 붙잡아 매는 고삐를 말한다. 기미책은 중국이 흉노와 같은 주변 오랑캐를 다루는 방식으로서 오랑캐를 정복/지배하기보다는 일정한 활동공간을 허하고 안정적 관계를 유지한다는 현상유지책이라 할 수 있다. 광해군은 오랑캐인 후금의 실체를 인정하고 명분보다는 실리를 위해 포용과 관여를 실시하였다.

2 재조지은은 나라를 다시 한번 세워준 은혜를 잊지 말아야 한다는 정치적 담론이었다. 당시 조선의 사대부들은 왜의 불의한 공격(임진왜란)으로 나라가 풍전등화에 놓여 있을 때 대국 명나라가 원군을 보내주어 그들을 물리쳐주었고 따라서 조선을 구해주었다는 신화를 바탕으로 조선은 명을 더욱 섬김으로써 은혜를 마땅히 갚아야 한다는 정치 담론에 포섭되었다. 패퇴를 거듭한 선조는 명이 군대를 파견한 것은 자신의 외교에 따른 것이었기 때문에 재조지은의 대상이 자신이어야 한다는 궤변을 펼치기도 했다.

의 외교관계]가 외롭지 않음을 알고, 조금은 머뭇거리고 기피함이 있을 것이다… 이들이 무사하게 보전하고자 하면 반드시 너무 약하지도 않고 너무 강하지도 않은 채 서로 세력을 유지한 뒤에야 가능하다. 만일 한 나라가 다른 나라를 병합하면 세력이 강대해지고, 세력이 강대해지면 다른 나라도 또한 능히 스스로 보전하지 못한다… 조선과 맹약을 맺으려는 것은 러시아 혼자서 차지하려는 세력을 빼앗아서 천하와 더불어 상호균형을 유지하려는 것이다. 조선을 보전하는 것이 곧 그들 스스로를 보전하는 길이니, 이는 그 자신만의 독선을 누리려는 것은 아니다… 지금 지구 위에는 대소국을 막론하고 천을 헤아리는 많은 나라가 있되, 능히 관문을 닫고 외국인을 거절할 수 있는 나라는 하나도 없다 … 이 기회를 지나쳐 버리면 알거나 모르거나, 친숙하거나 소원한 5대 부족이 모두 조선을 위태롭게 여기는데, 조선은 절박한 재앙을 도리어 알지 못하니, 이야말로 처마의 제비가 불붙는 것도 모른 채, 아무 근심 없이 즐겁게 지저귀는 것과 무엇이 다르겠는가?"[3]

『조선책략』은 당시 러시아의 군사적 부상과 남진에 위협을 느낀 청나라가 자신의 국가이익에 조선이 복무토록 하기 위한 간계(奸計) 또는 기만적인 유인책(誘引策)이었지만,[4] 당시 고종은 "균세"를

·······

3 황준헌, 김승일 옮김. 2008, 『조선책략』(서울: 범우사).

4 1879년 청의 리훙장(李鴻章, 이홍장)은 이유원(李裕元)을 통해 고종에게 밀서를 보냈다. 이 밀서의 내용은 알려지지 않으나 고종의 답신을 보면 그가 러시아의 위협을 강조하며 조선에게 개방과 균세를 권고했음에 틀림이 없다. 고종은 리훙장의 권고에 대해 "옛 법을 지켜 문약(文弱)함에 편안히 거처하며 나라 안이나 스스로 다스렸지 외교를 할 겨를이 없다."며 완곡히 거절했다. 김홍집이 일본을 방문했을 당시 청과 일본에서는

"이이제이(以夷制夷)"의 관점에서 파악하고, 이를 담은 『조선책략』이 조정의 개화정책을 알리고 이해시키는 데 도움이 될 것이라 생각하여 관료들로 하여금 널리 읽게 했다. 국가나 국왕보다 주자성리학과 사대를 더 중시한 조선의 유림들은 영남만인소(嶺南萬人疏, 1881) 등을 통해 저항하였지만 "친(親)중국, 결(結)일본, 연(聯)미국"이라는 '개화-균세책'의 "어정쩡한 대세"를 바꾸지는 못하였다. 그러나, 조선의 주체성을 결여한, 준비되지 않은 개화와 균세는 국가를 혼란에 빠뜨렸고, 국권 상실의 한 원인이 되었다.

한 걸음 더 들어가서 20세기 초 조선의 외교정책 행위는 강대국들의 관점에서는 어떤 것이었을까? 메이지 일본은 한반도를 "자신의 심장을 겨누는 단도(短刀)"[5]이자 대륙 진출을 위한 도약대(跳躍臺)로 보고 있었다. 1890년 총리대신 야마가타 아리토모(山縣有朋)는 '주권선'과 '이익선'을 구분하면서 조선은 일본의 '이익선' 안에 속한다고 선언했다.[6] 이러한 지정학적, 제국주의적 경쟁의 맥락에서

....

두만강 하구에 집결되어 있던 대규모 러시아 해군이 청의 산동반도와 북경을 공격할 것이며, 도중에 일본을 침략할 수도 있다는 소문이 무성하였다. 리홍장은 청·일·조가 힘을 합쳐 러시아에 맞서야 한다는 생각을 가지고 있었다. 일본의 이노우에 가오루(井上馨) 외무경이나 이토 히로부미(伊藤博文) 총리도 같은 생각이었다. 일본 주재 청국 공사 하여장(何如璋)은 김홍집을 만나 이러한 국제정세를 설명했으나 그가 조선의 국내정치(위정척사)만을 언급하며 위협인식을 공유하지 않자 황준헌으로 하여금 청국의 전략적 이익에 기초한 '조선의 안보전략'을 작성하고 조선의 수신사에게 전달토록 한 것이었다.

5 이 표현("a dagger pointed at the heart of Japan")은 1885년 일본군 현대화를 위해 메이지 일본에 입국한 독일제국의 군사고문 클레멘스 빌헬름 야콥 메켈(Klemens Wilhelm Jakob Meckel)이 처음 사용한 것으로 알려져 있다. James L. McAlain, *Japan: A Modern History*(New York, NY: W. W. Norton, 2002), p. 296. 메이지 일본은 원래 프랑스의 군사고문에 관심을 가졌으나 프랑스-프로이센 전쟁(1870-71)에서 독일이 승리하자 승자로 군사고문 도입선을 변경하였다.

미국이 일본의 정한론(征韓論)에 세력균형의 명분으로 동참하게 되었다. 조선은 재앙이 자신에게 미치는 줄 모르는 "연작처당(燕雀處堂)"으로 보였을까? 처마에 불이 붙은 것을 뒤늦게 알고 황급히 뭐라도 하려 허둥대던 제비나 참새로 보이지는 않았을까? 1905년 7월 미국 전쟁장관 태프트(William Howard Taft)와 일본 총리 가쓰라(桂太郎) 간의 대화와 밀약(Taft-Katsura Agreed Memorandum)은 그들이 조선을 어떻게 보았는지를 잘 보여준다:

> 가쓰라: (일로)전쟁 종료 후 조선을 그대로 내버려두면 또 다시 전전의 외교 행태로 돌아갈 것입니다. 조선은 즉흥적으로 이 나라 저 나라의 문을 두드리며 상황을 복잡하게 만들 것이 확실합니다. 조선의 습관이지요. 이런 전망 하에서 일본은 확실한 조치를 취할 수밖에 없습니다. 조선이 다시 이전의 조건으로 되돌아가서 우리 일본으로 하여금 또 다른 전쟁을 치르게 할 수는 없습니다.
>
> 태프트: 일본군이 조선에 대해 종주권을 갖도록 하는 것, 즉 일본이 조선의 외교권을 대신 행사하도록 하는 것은 (러일)전쟁의 논리적

....

6 오스트리아의 비엔나에서 1년을 유학한 후 돌아온 야마가타는 1890년 3월 『외교정략론』을 발간했다. 그는 '주권선'과 '이익선'이라는 개념을 소개했는데 이는 비엔나 대학의 법학자 슈타인(Lorenz von Stein) 교수에게서 배운 '권세강역(權勢疆域, Machtsphare, sphere of power)'과 '이익강역(利益疆域, Interessensphare, sphere of interests)'을 일본인들이 알아듣기 쉽게 번역한 것이었다. '권세강역'은 '주권선'으로 바뀌었고, '이익강역'은 '이익선'으로 바뀌었다. 야마가타는 타국의 침략을 용인하지 않는 것이 주권선을 지키는 것이며, 일본의 지리적 우위를 잃지 않기 위해서는 이익선을 방어해야 한다고 주장했다. Ko Unoki. 2016, *International Relations and the Origins of the Pacific War*(New York, NY: Palgrave), p. 48. 아울러 그는 "우리나라의 이익선의 초점은 실로 조선에 있다"고 선언하였다.

결과입니다. 그렇게 해야 동아시아의 영구적 평화가 보장될 수 있을 것입니다.[7]

조선은 힘이 없었고, 국제정치의 지정학적, 제국주의적 논리도 정확히 알지 못했다. 그래서 혼자서는 안 되니 생존하기 위해 이 나라 저 나라 문을 두드린 것처럼 보인 것이었다. 일본은 그런 조선을 "즉흥적", "습관적"이라는 용어를 쓰며 조롱하면서 동북아 차원의 세력균형을 유지하는 가운데 필리핀과 서태평양에 대해 제국주의적 진출을 꾀하던 미국의 시어도어 루즈벨트(Theodore Roosevelt) 대통령의 양해와 협조 하에 조선을 식민지화하는 첫 단계에 자유롭게 진입하였다.

해방된 대한민국의 외교정책이 갖는 생존 차원의 실존적 의미를 보여주는 사례는 수없이 많지만 특별히 도드라지는 몇 개를 제시해 보면, 우선 이승만 대통령의 반공포로석방(1953.6), 한미상호방위조약(1953.10) 및 한미합의의사록(1954.11) 체결을 들 수 있다. 전자는 한국전쟁의 정전협정을 방해하고 미국과의 관계를 악화시킨 면이 있지만, 후자는 한국의 안보/번영의 초석 역할을 해오고 있다. 박정희 대통령의 한일 청구권 협정(1965), 자주국방 노선, 7.4공동성명(1972), 전두환 대통령의 핵개발 프로젝트 포기, 노태우 대통령의 북방정책, 김대중 대통령의 최초의 남북정상회담(2000)과 6.15공동

....

7 Armin Rappaport. 1965, *World Power and Leadership since 1895*(New York, NY: Macmillan), p. 150; James M. Lindsay and Anna Shortridge, "TWE Remembers: The Taft-Katsura Memorandum," Council on Foreign Relations, July 31, 2020. https://www.cfr.org/blog/twe-remembers-taft-katsura-memorandum-0

선언, 노무현 대통령의 한미 FTA 체결, 박근혜 대통령의 "위안부 합의"(2015)와 사드(THAAD) 한국 배치(2016) 등은 생존·번영·통일에 관련된 한국과 한국인의 삶의 과정과 정체성의 형성에 의미심장한 영향을 미친 역사적·사변적 결정들이라 할 수 있을 것이다. 주변 강대국들의 외교정책이 한국과 한국인들의 삶에 지대한 영향을 미친 경우도 수없이 많다. 대략 1950년 북한의 남침에 무력조치를 취하기로 한 미국의 해리 트루먼(Harry Truman) 대통령의 "참전 결정," 1971년 미7사단을 철수한 리처드 닉슨(Richard Nixon) 대통령의 결정, 1994년 여름 한반도의 핵전쟁 위기에서부터 도널드 트럼프(Donald Trump)-김정은 정상회담까지의 결정들, 그리고 사드의 한국 배치에 대한 중국의 보복 조치, 일본의 반도체·디스플레이 소재·부품·장비 등에 대한 대한수출규제 조치 등을 꼽을 수 있으며, 북한의 대량파괴무기 개발·실험은 거의 상수적인 위협으로 인식되고 있다.

이렇게 중차대한 한국과 주변국들의 외교정책과 그 결과들을 어떻게 분석하고 이해해야 할까? 한국의 분석가들과 전략가들은 한국의 외교안보 문제를 이해하고 해결책을 찾기 위해 "힘의 논리가 국제정치를 지배한다."는 쓰라린 역사적 경험에서 도출된, 그리고 미국과 서구에서 지배적 패러다임(paradigm)으로 행세하던 "정치적 현실주의(political realism)"라는 '관념적 틀(conceptual framework)' 또는 '인지적 지도(cognitive map)'에 주로 의존하였다. 아래에서 이에 대해 조금 더 상세히 살펴보자.

한국의 현실주의자들(Realists), 합리적 선택이론가들 (Rational Choice Theorists)

1950년대 중반 국제정치학이라는 서구적 개념이 도입된 이래 한국의 국제정치 이론가들과 전략가들은 각국의 외교안보적 정책 행위를 당시 세계적 수준의 지배적 패러다임인 이른바 '정치적 현실주의'의 렌즈를 통해 이해하고 예측하고 처방을 내렸다. 즉 그들은 '공권력이 존재하지 않는 무정부적 국제정치(anarchy)'라는 현실에서는 도덕이나 명분이 아닌 오로지 힘의 논리가 지배하며, 그리고, 이러한 정치공간에서 모든 국가들은 "힘의 관점에서 정의된 국가이익(national interest defined in terms of power)"을 극대화하려는 합리적 존재이기 때문에, 한국을 포함해 각국의 외교안보 행위는 이에 상응하는 것이고, 또 그래야만 한다는 국제정치적 이론 또는 담론이자 지침을 수용한 것이었다.

한국의 분석가들은 오랫동안 이러한 국가 중심적이고 합리주의적인 관념적 틀을 사용하여 국제정세를 파악하고, 그 속에서 한국의 생존과 번영이 보장되고 촉진되는 방책을 찾으려고 노력하였다. 국가의 '존재 이유(raison d'être)'는 '국가이익(raison d'état)'을 수호/제고하는 데 있고, 외교정책은 그 수단인 것이었다. 물론 한국이 자신의 국가이익을 분명하고 일관되게 정의하였는지, 또 그것을 국제정치 및 국내정치의 구조적 제약 하에서 효과적이고 효율적으로 추구하였는지 여부는 논쟁의 대상이 될 수 있다. 물리적 측면에서 한국은 국제정치의 주요 주체가 되지 못했고, 오히려, 국가적 생존이 위협받는 환경 속에서 자신의 국가이익을 타협할 수밖에 없는 경우도 있었다. 그러나 이와는 별도로 한국의 전략가들이 국제정세를 판단하고 정책수단을 선택하기 위해 오랫동안 사용해온 주요 관념적 렌즈는 모든 국가가 합리적 주체로서 힘으로 정의되는 국가이익을 극대화하기 위해 가용한 모든 수단을 강구한다는 이른바 '권력정치적(power politics)' 또는 '현실주의적(realist)' 세계관에 기초하였다는 점을 부인할 수는 없다. 특히 한국은 외교정책이 '공동체의 삶과 죽음'의 문제를 다루는 실천성이 강한 측면을 가지고 있었기 때문에 국가와 국가이익을 지키기 위한 방책으로서의 세력균형(balancing)이나 편승(便乘: bandwagoning) 전략을 사실상 유일한 정책적 선택지라고 간주해왔다.

예를 들어, 한국 국제정치학의 선구자로 간주되는 이용희는 정치학에서의 권력이라는 개념이 경제학에서의 돈(wealth)과 같아서, 권력을 전략계산의 기초로 하면 국가를 막론하고 상대방의 입장에서서 '역지사지(易地思之)'를 할 수 있다고 제시한 당시 최고의 국제정치이론가 한스 모겐소(Hans Morgenthau)를 불러온다.

> "이러한 '내' 나라적 입장에서 출발하는 국제정치학은 자연히 정책에의 관심이 한 겹 더 크며 또 이 경향이 모겐소 교수의 국제정치학으로 하여금 정책수립가를 위한 입장에 서게 하고, 또 더 나아가서는 미국의 지도적 입장을 우선 정책화하고 행동화하여야 한다는 현실적 요청에 부합하게 된다… 과거에도 대체로 그랬거니와 현대에 있어서는 더욱 어떠한 시각에서 출발하든지 먼저 그때에 엄존하는 국제질서로부터 생각하여 이에 대한 세계 각국의 '내' 나라적 정책과 그 실시를 고려하는 것이 자연스럽고 … 현실에서는 질서의 세

계가 '힘'의 자태를 규정한다."[8]

최근에도 한국의 전략가들과 분석가들은 한국이 독자적인 국가이익을 재정의하고 국제정치에서 외교안보적 운신의 폭이 확장되는 현재의 상황 하에서도 여전히 기존의 현실주의 패러다임에 주로 의존하고 있다. '사드'의 한국 배치와 관련한 미중남북 '4각 갈등' 국면에서 제시된 '전략적 해결책'이 하나의 적절한 사례가 될 수 있다.

중국은 NPT상 핵보유국으로서 다른 핵보유국과 마찬가지로 '소극적 안보 보장(negative security assurance)'을 약속하고 있다. 즉 자신은 핵보유국으로서 비핵보유국에 대해 핵무기로 위협하거나 공격하지 않을 것임을 선언한 것이다. 미국도 1994년 북미기본합의문 III조 1항에서 북한에 대해 '소극적 안보 보장'을 제공할 것임을 천명한 적이 있다. '적극적 안보 보장'은 비핵보유국이 핵무기 공격을 당했을 때 안보 보장을 약속한 해당국이 공격국에 대해 핵무기로 응징하겠다는 약속을 말한다. 미국이 한국에 제공하는 '확대핵억지' 또는 '핵우산'이 한 예이다.

한국은 사드 배치 연기를 조건으로 "중국은 한국이 핵무기에 의한 공격을 받을 시 필요한 지원을 제공한다. 중국은 핵무기로 한국을 공격하는 국가에 대해 강력하게 응징한다."는 약속을 요구해야 한다. 이는 북한에 대한 중국의 영향력 유무와는 별도로 중국이 독자

....

8 이용희. 1955, 『국제정치원론』(서울: 장왕사).

적으로 행할 수 있는 대북억지 조치이므로, 한국 안보에 대한 중국의 진정성을 시험할 수 있는 수단이 될 뿐 아니라, 북중관계를 한국의 입장에서 합리적으로 조정하는 결과를 산출할 것이다. 이 조치는 중대한 전략적 선언이기는 하지만 단순한 약속이기 때문에 북한이 제재 등에 의해 붕괴될 수 있다는 중국의 안보 우려를 고려하는 한편, 한국 등이 가지는 북한으로부터의 위협 인식을 완화하는 효과를 내게 될 것이다. 사실 중국은 1995년 4월 5일 NPT 회원국들에 '적극적 안보 보장'을 약속한 바 있다. 따라서 한국도 이 약속의 대상이 된다. '한국을 특정한' 중국의 약속은 상기한 효과를 내는 데 더 큰 의미를 가지게 될 것이다.[9]

반복해 말하자면, 위에 제시된 글들의 공통점은 한국이라는 단일체적(unitary) 행위자는 자신의 이익과 목표를 잘 알고 있고, 그것을 달성하게 해주는 최적의 수단을 선택할 수 있는 능력이 있다고 가정하는 현실주의 패러다임에 기초하고 있다는 것이다. 그런데 이러한 패러다임 또는 관념적 틀에 대해 이것이 논리적으로 타당하고 경험적으로 현실성이 있는가 하는 문제가 제기될 수 있다. 만일 그렇지 않다면, 즉 타당성과 현실성이 문제시 된다면, 그것에 기초한 이해, 예측, 그리고 처방은 한국과 한국인의 삶을 이롭게 하는 방책이 아니라 오히려 타국을 이롭게 하거나 자국에 해를 끼치는 무의식적이고 맹목적인 행위와 선택이 될 것이다. 따라서 우리는 이 맥락에서 현실주의 국제정치관의 존재론적 전제들에 주목할 필요가

9 박건영. 2016, "한국 안보와 사드(THAAD)," 『한국과 국제정치』, 제32권, 3호, p. 47.

있다. 그렇게 함으로써 우리는 외부로부터 주어진 렌즈가 아닌 (또는 그것과 함께) 우리의 필요를 충족시켜주는 대안적 렌즈들을 통해 국제정치와 외교정책들을 보다 현장감 있게, 보다 주체적으로 파악하고 이해할 수 있게 될 것이다. 바로 이것이 우리가 이 책에서 이루려고 하는 주요 목적 중 하나이다. 우리는 지배적 패러다임이 보여주는 세상뿐 아니라 그것이 조명하지 않거나 못하는 구석들(그러나 우리에게는 사활적으로 중요한 그 구석들)을 조명해주는 대안적 렌즈들 또는 은유적으로 전자가 형광등이라고 한다면 많은 손전등을 가지고 보다 '큰 그림(big picture)', 보다 '완전한 그림(complete picture)'을 그리고자 하는 것이다. 어쨌든 우리가 필요로 하는 손전등들에 관한 이야기인 외교정책결정과정론의 취지, 의미, 중요성을 이해하기 위해서는 형광등인 현실주의 또는 합리적 선택이론의 존재론적 전제들에 대한 이해가 선행되어야 한다. 그러나 우리가 현실주의의 전제들에 대한 토론에 들어가기 전에 해야 할 일이 하나 더 있다. 우리는 위에서 패러다임, 렌즈, 형광등, 손전등과 같은 세상을 보여주는 매개체에 대해 언급했는데 이것이 무엇인지를 알아야 한다는 것이다. 그렇게 한 연후에야 비로소 우리는 현실주의 관점의 전제들에 대해 의미있게 이야기해 볼 수 있을 것이다.

인간은 지각능력의 한계로 인해 복잡다기한 국제정치적 현상에 직접 접근하여 설명하거나 이해할 수 없다. 수많은 변수들이 얽히고설켜 있어 무엇이 무엇의 원인과 결과인지를 알 수 없다는 의미이다. 그러나 우리가 국내정치에 직접적 영향을 받으며 살고 있고, 국제정치가 국내정치를 상당 부분 빚어내고 있는 정치현실을 고려할 때 국제정치에 대한 무지나 몰이해는 무책임하고 위험천만한 일이다. 따라서 우리가 할 수 있는 일은 국제정치를 설명하고 이해하기 위해 우리가 중요하다고 생각하는 국제정치의 진수(眞髓)를 줌 렌즈(zoom-lens)로 클로즈업(close-up)해서 들여다 보는 것이다. 우리가 중요시하는 국제정치의 일부를 클로즈업하게 되면 우리가 중요시하지 않는 부분은 생략된다. 유의할 필요가 있는 현상의 특징 이외의 다른 것들을 버린다는 의미에서 이를 사상(捨象) 또는 추상(抽象, abstraction)이라고도 한다. 나의 목적에 비추어 중요하지 않은 것은 마치 존재하지 않는 것으로 가정된다는 것이다. 1980년 개봉된 프랑스 코미디 영화 〈파티(La Boum)〉를 보면 소피 마르소에게 남자 친구가 헤드폰을 씌워주는 장면이 있는데 이것은 사상을 극적으로 표현해준다. 그들은 주변의 잡음이 차단된 상태에서 리얼리티라는 음악만을 또렷이 들을 수 있었고, 둘만의 분위기에 집중할 수 있었다. 그러니까 사상은 '노이즈 캔슬링'이라고도 할 수 있다. 그렇다면 우리는 어떤 것은 클로즈업하고 어떤 것은 사상하는가? 그것은 우리의 세계관이나 가치관에 달려 있고, 우리가 설명하고 이해하기 위해 우리가 갖고 있는 자산(시간, 에너지, 금전)을 얼마나 기꺼이 투자할 것인지에 달려 있다. 예를 들어, 우리는 초국적기업이나 국제기구가 아닌 국가를 국제정치의 실세 또는 주요 행위자로 간주할 수 있다. 이럴 경우 우리는 국가가 아닌 행위자들은 마치 존재하지 않는 것처럼 가정하고 국가들 간의 관계와 상호작용만을 줌 렌즈로 클로즈업하여 거기에서 특정한 인과적인 행동 또는 비인과적인 현상이 규칙적으로 발생하는지의 여부를 관찰하게 된다. 이와 같이 우리의 가치관과 필요에 따라 국제정치를 단순화하여 설명과 이해를 촉진해주는 줌 렌즈와 같은 관념적 도구를 패러다임 또는 관점(perspective)이라고 부른다.

국제정치학자들은 사람들이 세상을 설명하고 이해하기 위해 자신들의 가치관과 필요에 따라 사용하는 관념적 도구를 편의상 서너 가지로 구분하고 있다. 이 중 지배적 패러다임이라고 할 수 있는 현실주의는 대개 세 가지 전제 또는 가정을 통해 국제정치의 현실을 단순화한다.

1 국제정치에서 유일한 주요 행위자는 국가이다.
2 국가는 단일체적 행위자(unitary actor)이다.
3 국가는 합리적 행위자(rational actor)이다.

현실주의자들은 국제정치를 움직이는 주체로 초국적기업, 바티칸, NGO 등 비국가적 행위자를 포함하지만 국제정치의 현실을 단순화하면 인류에게 가장 중요한 "전쟁을 할 수 있는 권리"를 가진 국가만이 부각된다고 본다. 나아가 그들은 국제정치를 이해하기 위해서는 국가를 당구공과 같이 겉과 속이 같은 주체로 단순화해야 한다고 제시한다. 힘의 논리에 의해 작동되는 국제정치에서는 이처럼 힘의 차이만 고려될 뿐 국가 내부적 요소들은 변수화되지 않는다. 국가는 힘만을 생각하는 하나의 인격체인 것처럼 행동한다. 즉 국가는 단일체적 행위자로 '의인화(擬人化)'되는 것이다. 그리고, 현실주의자들은 국가가 자신의 분명한 목표인 힘에 의해 정의된 국가이익의 극대화를 달성하기 위해 최적의 수단을 일관되게 강구하고 선택한다고 가정한다.

현실주의의 전제들은 방법론적으로나 존재론적으로 합리적 선택(rational choice)을 가정한다. 말하자면, 국가는 이성적인 사람과 같이 주어진 선택지들 중 '가성비(價性比)'가 가장 높은 것을 선택한다는, 즉 합리적으로 의사를 결정한다는 의미이다. 그런데 이러한 현실주의의 합리주의적 전제들의 특징은 국가의 대외적 행위에서 정치 지도자들의 동기(motives), 세계관, 능력을 포함하는 개인적 변수와 그의 의사가 결정되는 정치적 조직체적 '과정(process)'이 전혀 중요한 의미를 갖지 못한다는 점이다. 행위 주체는 추상적인 존재인 국가이고, 국가가 추구하는 국가이익도 국가 외부로부터 선험적(先驗的: *a priori*)으로 주어진(예를 들어, 인간의 본성에서 비롯된 타자에 대한 지배욕), 구체적 시공간의 의미를 담지 않은 포괄적이고 추상적이고 보편적인 개념이다. 그렇다면 이러한 전제들은 국가의 대외적 행위의 현실을 얼마나 정확히 표현하는가 하는 질문이 가능하다. 외교정책을 추상적인 국가가 결정한다고 하지만 실제로 의사를 결정하는 주체는 대통령이나 총리, 장관, 의원 등을 포함하는 '사람들' 아닌가? 그들은 모두 국가이익을 극대화하는 방식으로 의사를 결정하는가? 보다 근본적인 물음으로서, 국가이익은 실제로 존재하는가? 예를 들어, 한미 FTA협정이나 사드 배치는 한국의 국가이익인가? 아니면 그것들이 국가이익이라는 이름으로 포장된 정치적 타협이나 강제는 아닌가? 이와 같은 질문들은 한국의 국제정치학자들로 하여금 권력정치적, 현실주의적 틀에서 벗어나 국가의 대외적 행위를 분석하기 위한 대안적 시각들을 찾도록 요구하고 있고, 최근에는 그에 부응하는 적지 않은 성과가 축적되고 있다.

그런데 이러한 국제정치학적 성찰과 반성은 1950년대 중반에 미국 등 서구의 이론가들이나 분석가들 사이에서 최초로 일어났다.

그들은 힘을 극대화하려는 합리적인 국가 대 국가 간 권력투쟁이 아닌 국가의 외교정책이 이루어지는 내부적 과정에 줌 렌즈를 들이대고 거시적이고 합리주의적 논리가 아닌 보다 "미시적이고 주체-중심적인 과정(agent-centered, micro-level processes)"의 관점에서 외교적 행위와 현상을 파악하고자 했던 것이다. 우리는 아래에서 이러한 반성과 성찰이 이뤄지게 된 시공간적 배경과 과정에 대해 살펴보게 될 것이다. 그리고 그러한 반성과 성찰은 어떠한 이론적 대안들을 내놓게 되었는지, 그리고 지배적 패러다임과의 관계는 어떻게 설정되고 변화했는지, 이들 간 관계의 변화는 국제정치와 각국의 외교정책을 설명하고 이해하는 데 어떤 변화를 가져왔는지에 대해서도 토론해보기로 한다. 우리는 먼저 문제의 단순한 투입(input)과 국가 행위자에 의한 합리적 산출(output)을 보여주는 합리적 선택 이론이 아닌, 살과 피를 가진 '사람들'에 의해 외교정책이 결정되는 '과정'을 드러내주는 외교정책결정과정론이 무엇인지 알아본 후, 그것이 태동하게 된 시대적 배경을 일관하고, 어떤 대안적 이론들이 어떠한 취지하에 제시되었으며 그 이론들의 이론적 구조와 주요 개념들은 어떠한지 살펴보기로 한다.

외교정책결정과정론이란 무엇인가?

1950년대 미국과 서구에서 국제정치학이라는 학문이 체계화·이론화되기 시작한 이후 국가 간의 상호작용이나 국가의 외교정책 행위를 설명하는 분석적 도구는, 앞서 말한 대로 국가의 "단일성(unitary)"과 "합리성(rational)"이라는 현실주의적 전제 또는 합리주의적 존재론에 기초해 있었다. 이에 따르면, 행위자는 주어진 대안들 중 가장 큰 이익을 가져다줄 것으로 예상되는 대안, 즉 자신의 "효용함수(utility function)"의 관점에서 가장 선호되는 결과를 낳을 것으로 예상되는 대안을 선택한다. 다른 각도에서 말하자면, 해결해야 하는 문제와 관련된 정보, 문제해결을 위한 각 대안의 비용과 이익, 각 대안이 성공하거나 실패할 확률 등이 국가라는 '암상자(black-box)'로 들어가고, 암상자 내부에서는 경제적 효용계산이 이루어지며, 그 결과 국가이익(예를 들어, 국가의 생존, 힘의 확장)의 관점에서 가성비가 가장 높은 외교정책이 그 암상자로부터 산출되어

나온다는 것이다. 이 외교정책은 상대국의 대응을 야기할 것이고, 그것은 다시 자국의 암상자로 들어가서 새로운 효용계산이 이루어지게 된다.[1] 이러한 합리주의적 외교정책관은 우리가 앞으로 다루게 될 합리적 선택론 또는 '합리적 행위자 모델'의 관념적 기초를 이루고 있다.

합리주의적 관점에서 보면 외교정책이 결정되는 '과정(process)'은 중요하지 않다. 국가가 모든 대안의 장단점을 고려하여 국가이익의 관점에서 가성비가 가장 높은 대안을 선택하기 때문이다. 즉, 국가는 암상자 속에서 '선험적'으로 이미 주어져 있는 자신의 선호(preference)에 따라 가성비가 가장 높은 대안을 선택하는 것이다. 여기서 '선험적'이라는 말은 시간적으로 경험보다 앞선 인식이라는 뜻이라기보다는 경험만으로는 얻을 수 없는, 즉 보편성과 필연성을 지닌 인식이라는 뜻이다. 즉, 합리주의에서의 국가의 이익이나 선호는 구체적 시공간의 차이에 의해, 즉 실천(practice)과 과정에 의해 형성되는 것이 아니라 인간의 본성[2]이나 국제정치의 무정부성(anarchy)과 같은 상수적 요소에 의해 주어지며 따라서 시공간의 특수성을 초월하여 모든 국가가 공유하는 개념으로 파악된다는

....

1 Annette Freyberg-Inan. 2004, *What Moves Man: The Realist Theory of International Relations and Its Judgment of Human Nature* (New York, NY: State of New York University Press), p. 82.

2 모겐소에 따르면, "'타자를 지배하려는 욕망(animus dominandi, desire to dominate)'은 모든 인간이 공유하는 본질적이고 보편적인 본성으로서 인간의 '권력에 대한 의지(will to power)'를 추동하는 원인이다. 국가는 이러한 '사악한 인간들'로 구성되어 있기 때문에 권력을 추구하는 인간의 본성은 국가의 본성이 되며, 이는 불변하는 국가의 본질"이라는 것이다. Hans Morgenthau. 1946, *Scientific Man versus Power Politics* (Chicago, Il: University of Chicago Press), p. 192.

것이다.

그러나 현실주의의 합리주의적 전제가 지나치게 현실을 단순화한다고 보던 일단의 국제정치 연구자들은 국가라는 "형이상학적 추상물(metaphysical abstraction)"(허드슨, 2007: 16)의 암상자를 열어 그 속에서 '살과 피(flesh and blood)'를 가진 사람들이 실제로 참여하는 의사결정의 과정을 관찰하고자 했다. 이것이 외교정책결정과정론의 핵심적 문제의식이다. 이렇게 시작된 외교정책결정과정론은 합리적 선택론을 넘어서서 또는 그것과 함께 국가의 외교정책 행위에 대해 보다 완전하고 심도 있는 설명이나 이해를 가능하게 해주는 대안적 분석 도구로 부상하게 되었다.

예를 들어, 그레이엄 앨리슨(Graham Allison)이 제시한 '조직과정론(Organizational Process Model)'을 일견해보면 '암상자'에서 벗어난 외교정책결정과정론의 취지와 의미를 단박에 이해할 수 있다. '조직과정론'은 의사결정자가 뉘앙스(큰 의미가 있을 수 있는 미묘한 차이)가 담겨 있는 정책을 선택할 경우 집행하는 관료조직이 그 뉘앙스를 살리지 못하고 조직의 매뉴얼에 따라 관행적이고 기계적으로 일을 진행하여 결과적으로 정책의 합리성을 훼손하는 것을 지적한다. 돈 오버도퍼(Don Oberdorfer)에 따르면, 1980년대 초 북한의 김일성이 중국의 덩샤오핑(鄧小平)에게 한국을 포함한 4자평화회담을 제안했고, 덩샤오핑은 중국을 방문 중이던 캐스퍼 와인버거(Caspar Weinberger) 미 국방장관에게 이를 전했다. 그러나 어이없게도 며칠 후 북한은 미얀마의 양곤(랭군)에서 한국 대표단에 폭탄테러를 자행했다. 합리적 관점에서 보면 북한은 적(한국)을 속이기 위하여 주된 공격 방향(전두환 대통령 암살)과는 다른 쪽에서 공격(4

자평화회담 제안)하는 이른바 양동작전(陽動作戰, a feint operation)을 편 것이었다. 그러나 조직과정론적 관점에서 보면 북한의 의사결정 체계와 집행체계가 따로 놀았을 가능성, 즉 김일성이 기존의 명령을 사실상 취소했거나 뉘앙스 있는 수정을 지시했지만 암살과 파괴 공작을 담당하는 부서가 자신이 갖고 있던 매뉴얼 또는 '표준처리절차(standard operating procedure, SOP)'대로 집행했을 가능성을 배제할 수 없다. 만일 당시 한국이 합리적 선택이라는 관점에서 대북정책을 (미국과의 협의 없이 단독적으로) 결정했다면 당연히 응징이었을 것이다. 그러나 한국이 조직과정론의 관점을 사용했다면 응징보다는 더 신중한 대안을 고려했을 것이다. 조직과정론에서 볼 때 한국이 보복한다는 것은 북한의 노후하고 비체계적인 의사결정체제를 무력으로 응징하는 셈이 되었을 것이기 때문이다. 당시 북한의 의도를 명확하게 알 수는 없었지만, 중요한 것은 국가 주체가 어떠한 관점 또는 모델을 사용하여 사태를 보느냐가 외교정책의 성격과 내용을 결정하는 핵심 요인이 된다는 사실이다. 합리적 선택론에 대한 대안으로서의 다양한 외교정책결정론은 외교정책이나 국가 간의 문제에 대한 보다 완전하고 심도 있는 이해, 다시 말해 문제해결을 위한 보다 '큰 그림'을 제공한다는 점에서 그 이론적·정책적 의의를 가진다.

외교정책결정과정론의 계보학: 합리적 선택론에 대한 대안적 시각

우리는 외교정책결정과정론을 개념적으로 이해했으므로, 이제 그것이 태동하게 된 시대적 배경을 일관한 후 어떤 대안적 이론들이 어떠한 취지하에 제시되었으며 그 이론들의 이론적 구조와 주요 개념들은 어떠한지 살펴보기로 하자. 외교정책결정과정론의 취지와 의미는 그것의 계보학, 즉 그 출현의 시대적 배경을 들여다봄으로써 명확해질 수 있다. 앞서 잠깐 이야기했지만, 현실주의의 시대에 제기된 합리주의적 전제들에 대한 도전의 이야기를 본격적으로 해보려면 국제정치학이라는 학문이 태동하게 된 연유를 먼저 알아볼 필요가 있다.

국제정치학이라고 부를 수 있는 국제적 갈등에 대한 체계적인 접근은 제1차 세계대전의 산물이라 할 수 있다. 유럽의 지식인들은 참혹한 제1차 세계대전을 경험한 후 이러한 인류적 재앙을 되풀이하지 않기 위해 국제관계를 학문으로 연구하기 시작했던 것이다. 이 시기 대부분의 학자들은 전쟁 방지라는 연구 목적상 실천성이 강한 학문을 지향했다. 전간기 국제관계학을 주도한 관점은 이른바 "이상주의(idealism)", 더 구체적으로 말하자면 "자유주의적 이상주의(liberal idealism)"였다. 앨프리드 지먼(Alfred Zimmern), 필립 노엘-베이커(Philip Noel-Baker), 데이비드 미트라니(David Mitrany) 등은 세계대전의 원인을 국제정치의 '무정부상태(anarchy)'와 그에 따른 열강의 세력균형책에서 찾았다. 그리고 이를 극복하기 위해 첫째, 국가주권의 원칙 및 세력균형에 대한 규제, 둘째, 민주주의, 국제주의(international mind), 집단안보(collective security)의 중요성 강조 및 홍보, 그리고 셋째, 타국에 대한 무지, 편견, 악의, 이기주의를 해소하기 위한 시민교육에 각국이 적극적으로 나설 것을 촉구했다.[3] 이 이상주의자들의 주장은 집단안보체인 국제연맹(League of Nations, 1920)과 전쟁의 불법화를 선언한 '켈로그-브리앙 협정(Kellogg-Briand Pact, 1928)'의 지적 배경이 되었다.

그러나 국제연맹 등 이상주의적 국제제도와 국제기구를 비웃으며 발생한 제2차 세계대전은 "있는 그대로(as it is)"의 정치현실을 직시하지 못한 이상주의자들의 설 자리를 빼앗았고, 이른바 '현실주의자들(realists)'이 그 자리를 차지하게 했다. 이 에이치 카(E. H. Carr)는 이상주의자들을 '몽상주의자들(Utopianists)'로 부르며 통렬히 비판하면서 '이익-기반'의 국제정치관을 제시했다. 하지만 미국의 독일계 유대인 정치학자 한스 모겐소는 카의 관점을 기반으로 하면서도 나치독일의 "악마성(demonic)"을 간과한[4] 그의 "낭만적 현실주의"[5]를 비판하며 자신의 "정치적 현실주의"를 다음과 같이

....

3 Donald Markwell. 2006, *John Maynard Keynes and International Relations: Economic Paths to War and Peace* (London, UK: Oxford University Press), p. 3.

4 카는 나치독일을 특별히 위험한 국가로 보지 않았다. 그는 독일의 불만이 해소되고 유럽 열강의 일원으로 복귀하면 다른 서방 국가들과 같이 국제적 연대에 동참할 것으로 보았다. 카나 다른 현실주의자들의 문제는 나치의 인종주의적 이념과 영토적 팽창주의의 위험성을 간파하지 못했다는 점이다. 따라서 나치독일이 급성장하고, 체코슬로바키아를 강제 합병하고, 급기야 1939년 9월 폴란드가 홀로 독일에 맞서게 된 책임이 그들에게 일부 있다고 할 수 있다.

5 모겐소의 입장에서 보면 카의 현실주의는 국제정치에서의 도덕의 역할과 관련해 그가 비판한 몽상주의와 크게 다를 바 없이 상당히 낭만적이었다. 모겐소는 카의 『20년간의 위기(*Twenty Years' Crisis*)』에 대한 서평에서 카는 "도덕을 정확하게 정의하지 않은 채 정치적 세계에서 새로운 도덕을 찾으려 했다"며 "정치적 현실주의는 특정 국가의 도덕

정리했다.

> "타자를 지배하려는 욕망(*animus dominandi*, desire to dominate)"은 모든 인간이 공유하는 본질적이고 보편적인 본성으로서 인간의 "권력에 대한 의지(will to power)"를 추동하는 원인이다. 국가는 이러한 '사악한 인간들'로 구성되어 있기 때문에 권력을 추구하는 인간의 본성은 국가의 본성이 되며, 이는 불변하는 국가의 본질이다. 모든 국가들은 권력의 관점에서 정의되는 자신의 국가이익을 극대화하려 한다. 모든 국가들이 이와 같이 이익을 극대화하려는 합리적 행위를 한다는 사실은 "객관적 법칙(objective law)"이다. 국가의 합리적 행위는 국제정치를 일반화/이론화할 수 있는 관념적 기초가 된다. 합리적 주체로서의 국가 지도자가 가질 수 있는 최고의 국제정치적 덕목은 이익 계산 능력, 즉 "분별력(prudence)"이다.[6]

모겐소는 1948년 자신의 역작 『국제정치론(*Politics among Nations: The Struggle for Power and Peace*)』에서 무정부상태의 국제정

....

적 열망을 우주를 다스리는 도덕율과 등치하는 것을 거부한다"고 썼다. 모겐소는 "도덕적 과잉과 정치적 우행(愚行)에서 우리를 구해주는 것은 바로 권력의 관점에서 정의된 이익이라는 개념이다"라고 주장했다. 그러나 폴 호우(Paul Howe)는 2차대전 중 작성된 『평화의 조건(*Conditions of Peace*)』이나 『민족주의와 그 이후(*Nationalism and After*)』에서 발견되는 전후 질서에 대한 카의 낙관주의를 인정하면서도 1961에 출간된 『역사란 무엇인가(*What is History?*)』에서 보다 명백히 보여주듯 카는 정치적 현실주의의 숙명론적인 비관주의와 보수성을 거부한 어떻게 보면 현대의 비판이론가들과 맥을 같이하는 "이상주의적 현실주의자"라고 평가하였다. Paul Howe, "The Utopian Realism of E. H. Carr", *Review of International Studies*, Vol. 20, No. 3, 1994.

6 Morgenthau(1946); Hans Morgenthau. 1948, *Politics among Nations: The Struggle for Power and Peace* (New York, NY: Alfred A. Knopf).

치체제하에서 같은 본성을 가진 인간들로 이루어져 있는 단일체적(unitary, homogenous)인 국가는 '선험적(*a priori*)'으로 주어진 국가이익을 극대화할 수 있는 최선의 대안을 선택한다고 주장하며 현실주의적 합리주의를 제시했다. 그의 이론은 바이마르(Weimar) 공화국의 이상주의적·자유주의적 실험의 참담한 실패에 따른 반작용,[7] 소련이라는 공산 대적과의 냉전적 권력투쟁이라는 시공간적 조건, 그리고 그 이론적 간결성(parsimony)과 편의성(便宜性)으로 인해 분석가들과 학자들의 큰 호평을 받았다. 특히 그의 "권력의 관점에서 정의된 국가이익"이라는 개념은 국가 지도자들의 동기나 이념적 선호, 지적·도덕적 자질과 상관없이 각국의 외교정책에 공히 적용될 수 있는 보편성을 갖고 있다고 인식되었기 때문에, 그의 저작은 전후 미국과 서구에서, 그리고 한국을 포함한 비서구권에서도 그야말로 국제정치학의 바이블로 자리매김되었다.[8]

....

7 세계대전 직후였던 당시 구미에서는 히틀러의 권력정치적 행보에 대처하지 못한 바이마르 공화국의 정치체제와 자유주의적 지도자들에게 전쟁의 책임을 지우는 정치 담론이 탄력을 받고 있었다. 바이마르 공화국의 정치적 이념을 "퇴폐적 자유주의(decadent liberalism)"로 규정한 모겐소의 비관주의는 그의 1946년 저작 『과학적 인간과 대 권력정치(*Scientific Man versus Power Politics*)』의 핵심적 주제였다.

8 모겐소 등이 주도한바, 국제정치와 국가의 외교정책 행위를 이익과 힘의 관점에서 설명하는 (정치적) 현실주의는 현실을 서술하고 설명한다는 면에서 국제정치이론이기도 하고, 다른 한편 국가 지도자들에게 국제정치적 규범을 제시한다는 면에서 정치철학이나 정치사상이기도 했다. "국가와 군사력을 물신화(fetishizes)하고 국제질서에서의 진보적 변화 가능성을 일축하는" 이른바 '레알폴리틱(realpolitik)'은 후자, 즉 현실주의 정치철학의 보수적 일파였다. 한나 아렌트(Hannah Arendt), 레오 스트라우스(Leo Strauss) 등은 마르틴 하이데거(Martin Heideger)의 영향을 받은 보다 성찰적인 현실주의 정치사상가였다. 현실주의의 전자적 측면은 후일 케네스 월츠(Kenneth Waltz)의 신현실주의(neorealism) 또는 구조적 현실주의(structural realism)에 의해 규범적 측면이 일소된 추상적이고 명목적(notional)인 관념적 틀로 전환되었다. Duncan Bell. 2009, "Introduction: Under an Empty Sky – Realism and Political Theory,"

그러나 비판도 적지 않게 제기되었다. 예를 들어, 1948년 최초의 국제정치전문학술지 『세계정치(*World Politics*)』를 창간한 "주저하는 현실주의자(reluctant realist)"[9] 아놀드 울퍼스(Arnold Wolfers)는 합리적이고 단일체적인 단위들(국가들)의 역학관계(力學關係)로 국제정치를 설명하는 당시 현실주의 패러다임을 "폐쇄적이고, 불침투적(不浸透的)이며, 주권적인 단위(a closed, impermeable, and sovereign unit)"에 기초한 비현실적인 "당구공(billiard ball)" 모델이라고 비판했다.[10] 모겐소를 지지하는 현실주의자들은 이에 대해 국제정치를 이론화하려면 "정지되어 있고 단순화된 폐쇄적 체제"를 상정할 필요가 있고 이른바 "당구공" 모델은 그러한 이론적 목적하에 만들어진 가상의 모형일 뿐이라고 반박했지만, 현실주의의 합리주의적 전제들에 대한 비판은 계속되었다.

모겐소에 대한 주요 비판은 그것이 '결정론(determinism)'이라는 것이었다. 국가가 하나의 단일체로서 합리적으로 행위한다는 합리적 선택이라는 개념은 현실주의 패러다임의 방법론적 가정이자 전제, 즉 현실주의의 한 부분이며, 바로 이러한 전제, 즉 단일체적이고 합리적인 국가 행위자들은 정책결정자가 누구이든, 어떤 동기나 자질을 가졌든, 국가에 선험적으로 주어진 선호와 이익에 따라 일정

....

in Duncan Bell (eds.), *Political Thought and International Relations* (London: Oxford University Press), p. 2.

9 Douglas T. Stuart. 1994, "Discord and Collaboration: The Enduring Insights of Arnold Wolfers," in Douglas T. Stuart and Stephen F. Szabo (eds.), *Discord and Collaboration in a New Europe* (Baltimore, MD: Johns Hopkins University Press), p. 1.

10 Arnold Wolfers. 1962, *Discord and Collaboration: Essays on International Politics* (Baltimore, MD: Johns Hopkins University Press), p. 19.

한 방향으로 행동한다는 현실주의적 전제가 '결정론'이라는 것이었다. 모겐소의 『국제정치론』이 구미 국제정치학계에서 각광을 받고 있던 상황에서 1954년 외교정책에 대한 '결정론적 관점'에 대해 문제의식을 갖고 있던 학자들이 대안을 제시했다. 이 부분이 외교정책결정과정론의 이론적 독자성 및 자율성과 관련하여 중요한 계보학적 분기점이 되었다. 국제정치학 내에서 외교정책결정과정론이 분과적 공간을 갖게 되는 단초가 마련된 것이었다.

미국 프린스턴 대학의 '외교정책분석프로젝트(Foreign Policy Analysis Project)'를 수행하던 리처드 스나이더(Richard Snyder), 헨리 브룩(Henry Bruck), 버튼 사핀(Burton Sapin)은 1954년에 발간된 『국제정치 연구방법으로서의 의사결정론(*Decision Making as an Approach to the Study of International Politics*)』에서 연구자들은 분석의 수준을 단일체적인 국가에서 실제로 정책을 결정하는 "의사결정자들(decision-makers)", 즉 자신의 "상황을 자신이 정의하는" 개인의 수준으로 낮출 것을 제안했다. 이러한 문제의식은 당시로서는 가히 혁신적인 것이었다. 그들은 국가가 외교안보 문제를 국가이익의 관점에서 단순히 기계적으로 처리하는 것처럼 보이지만 사실은 국가 내부에서 많은 일이 다양하게 벌어지고 있고 그 과정은 합리적일 수도 그렇지 않을 수도 있다고 암시하면서,[11] 국가는 단일체적이고 합리적인 주체로서 사고하고 행동한다는 당시의 지배적 패러다

....

11 스나이더 등은 의사결정자들의 합리성을 전제하지는 않았지만, 그들의 행동을 의도적인(purposeful) 것으로 보고 있었다는 기대(expectation)를 가능하게 하였다. 그러나 합리주의에 대한 그들의 문제제기 자체가 당시에는 가히 혁명적인 의미를 가지는 것이었다.

임에 도전하여 국가 행위자 내부에서 이루어지는 의사결정의 "과정(process)", 즉 "결정된 것(determined)"이 아닌 "결정되고 있는(being determined)" 상태를 들여다보는 것이 보다 현실에 가까운 접근법이라고 주장했다.

> 우리는 국가를 근본적인 분석수준이라고 인정하지만, 그것은 형이상학적 추상물으로서의 국가를 의미하는 것은 아니다. 우리는 의사결정(decision-making)의 중요성을 강조함으로써 정치 사회를 위한 관리들의 행동 결정 요인들을 조직하는 하나의 방법을 제시하고자 한다. 우리는 의사결정자들이 이중적 환경에서 행동하는 것으로 간주함으로써 관계가 없는 것처럼 보이는 내적 요인과 외적 요인 들이 의사결정자들의 행동에서 연관되어 있음을 보여주고자 한다. 이와 같이 내적 요인과 외적 요인을 구체적으로 연관 짓는 접근법은 현재까지 적절히 제시된 바 없다.[12]

투입(inputs)을 처리하여 합리적 산출(outputs)[13]을 내뱉는다는 '암상자'를 열어보자는 스나이더, 브룩, 사핀의 선구자적인 이니셔티브는 스프라우트 부부(Harold and Margaret Sprout)에 의해 탄력을 받았다. 이들은 1956년 『국제정치적 맥락에서의 인간-환경 관계에 관한 가설들(*Man-Milieu Relationship Hypotheses in the Context of International Politics*)』[14]과 1957년 「국제정치 연구에서의 환경적 요

....

12 Richard C. Snyder, H. W. Bruck, Burton Sapin, Valerie Hudson. 2002, *Foreign Policy Decision Making (Revisited)* (New York, NY: Palgrave Macmillan), p. 75.

13 정책결정들은 무행동과 무결정을 포함한다.

인들(Environmental Factors in the Study of International Politics)」 등에서 한 국가의 환경적 요인들은 그 국가의 외교정책결정과정에 참여하는 사람들의 인식체계에 영향을 미친다는 이른바 "의사결정의 환경적 요인들"의 중요성을 강조했다.[15] 여기서 방점은 환경이라기보다는 "참여하는 사람들의 인식체계"에 찍혀 있었다. 그들은 자신의 가설들을 상정하기 전에 독일제국 외교장관 리하르트 폰 퀼만(Richard von Kühlmann)과 미 해군사관학교 역사학 교수 네드 포터(Elmer Belmont "Ned" Potter)를 각각 아래와 같이 인용하면서 기계적인 '환경결정론(environmental determinism)'의 문제를 지적했다.[16]

> "한 국가의 지리적 위치와 역사적 경험은 급변하는 정세에도 불구하고 그 국가의 외교정책을 그야말로 결정하는 요인이다. 그러한 요인들은 정부의 유형이 어떻든, 어떤 정당이 집권하고 있든, 한 국가의 외교정책이 일반적이고 근본적인 형태로 수렴하는 자연적 경향성을 가지도록 만든다."[17]

> "자원이 부족했던 영국은 생계수단을 찾기 위해, 그리고 급증하는

....

14 Harold Sprout and Margaret Sprout. 1956, *Man-Milieu Relationship Hypotheses in the Context of International Politics* (Princeton, NJ: Center of International Studies, Princeton University), p. 101.

15 Harold Sprout and Margaret Sprout. 1957, "Environmental Factors in the Study of International Politics," *The Journal of Conflict Resolution*, Vol. 1, No. 4: 44-46.

16 Harold and Margaret Sprout(1957), p. 44.

17 R. Von Kühlmann. 1931, "The Permanent Bases of German Foreign Policy," *Foreign Affairs*, IX. Sprout and Sprout(1957), p. 309에서 재인용.

인구 문제를 해결하기 위해 바다로 진출하지 않을 수 없었다. 서유럽의 주 해로에 위치한 이점도 한몫을 하였다. 영국은 지리적 조건으로 인해 바다를 지배하게 될 운명을 타고났다고 봐야 할 것이다."[18]

스프라우트 부부에 따르면, '환경결정론'은 국가의 이익은 나라마다 그 개념이 다르다는 점을 지적했다는 면에서 국가이익의 보편성을 강조하는 현실주의 패러다임의 합리주의적 전제에 문제를 제기한 것은 옳다. 그러나 그들은 한 걸음 더 들어가 환경결정론은 실제로 정책을 결정하는 사람들이 그러한 환경 요인을 "어떻게 지각(知覺, apperceive)하고 인식하는지의" 여부가 외교정책에 대해 갖는 영향력을 무시하고 있다. 스프라우트 부부는 의사결정자들의 "객관적 환경(operational environment)"과 "심리적 환경(psychological environment)"을 구별할 것을 제안하며 후자, 특히 특정 개인들이 실제로 인식하고 반응하는 방식이 더욱 중요하다고 주장했다. 그들은 다음과 같이 의사결정의 과정에 관한 가설을 제시했다.

"환경적 요인들은 정책 형성 과정에 참여하는 '사람들'에 의해 지각되고 고려됨으로써 한 국가의 외교정책을 구성하는 태도들과 결정들에 연결된다… 지각된 환경적 요인들이 외교정책결정과정에서 어떻게 처리되는지는 분석가[정책결정자]가 문제해결을 위해 사용

....

18 E. B. Potter et al. 1955, *The United States and World Sea Power* (New York, NY: Prentice-Hall), p. 44. Sprout and Sprout(1957), p. 309에서 재인용.

하는 그들의 '의사-결정의 이론들(theories of decision-making)'에 의존한다."[19]

현실주의의 이른바 "행위자-일반적(actor-general)" 이론에 대해 이 외교정책결정과정론의 선구자들이 제기한 "행위자-구체적(actor-specific)"인[20] 또는 '주체지향적(agent-oriented)'인 문제의식은 1960년대 초에 많은 동조자와 지지자를 이끌어냈다. 이는 미국 린든 존슨(Lyndon Johnson) 정부의 베트남전 확전(escalation) 정책과 베트남 공산군에 의한 '구정공세(Tet Offensive)' 등 정책적 대실패로 요약되는 당시의 시대적 상황과 무관하지 않았다. 그들이, 그리고 많은 미국 시민이 던진 질문은 "세계 최강인 미국이 어째서 동남아의 약소국에 이기지 못하는가?"였다. 기존의 현실주의 패러다임에 따르면, 모든 다른 나라와 마찬가지로 미국은 국가이익 극대화의 관점에서 가장 "가성비"가 좋은 "합리적" 정책을 선택했고 그렇다면 물리력이 압도적으로 우세한 미국이 당연히 이겨야 한다는 것이었다. 그런데 미국은 지고 있었다. 그렇다면 이제 질문은 "미국의 우월한 물리력이 객관적으로 관찰 가능하다고 할 때, 하자가 있다면 미국의 대베트남 정책이 아닐까?"로 이어질 수밖에 없었다. 일단의 연구자들은 현실주의의 존재론적 기초가 된 합리주의적 전제, 즉 합리적 선택론의 현실성에 의문을 제기하면서 스나이더, 브룩, 사핀, 스프라우트 부부 등이 제시한 "행위자-구체적"인 대안적 패러다임

....

19 Sprout and Sprout(1957), p. 310.

20 Alexander L. George. 1993, *Bridging the Gap: Theory and Practice in Foreign Policy* (Washington DC: United States Institute of Peace).

에 따라 정부라는 '암상자' 내부에서 합리적 선택론이 상정하는 것과는 다른 일들이 벌어졌을 가능성에 주목했다. 그들은 '살과 피'를 가진 사람들이 실제로 참여하는 의사결정의 과정을 조명하는 대안적인 관념적 틀을 만들어내기 시작했다.

합리적 선택론과 외교정책결정과정론 간의 상보적 관계

우리는 외교정책결정과정론이 태동하게 된 시대적 배경으로 1950년대 중반 이른바 '현실주의의 시대'에 제기되었던 합리주의적 전제들에 대한 도전의 이야기를 들어보았다. 그렇다면 이 도전은 이론적 대체를 위한 것이었는가? 아래에서는 합리적 선택론과 외교정책결정과정론 간의 관계에 대해 간략히 논의해보도록 한다.

외교정책결정과정론은 합리적 선택론을 대체하는 이론이거나 패러다임은 아니다. 두 패러다임이 상충적이라기보다는 상보적이라는 의미이다. 양자 간의 관계는 두 가지로 요약될 수 있다. 첫째, 합리적 선택론은 국가의 대외적 행위에 대한 '(국제)체제적 영향(system impact)'을 드러내주는 역할을 한다.[21] 단일체적이고 합리적인 국가 행위자들은 정책결정자가 누구이든, 어떤 동기나 자질을 가

....

21 예를 들어, 글렌 스나이더(Glenn Snyder)는 자신이 다룬 30년 동안의 동맹 형성 사례가 궁극적으로 구조적 요인의 영향력을 보여준다며 체제적 영향이 세력균형을 만들어냈다고 제시했다. Glenn Snyder. 1997, *Alliance Politics* (Ithaca, NY: Cornell University Press), p. 142. 월츠도 체제적 영향이 세력균형에서 드러난 바를 강조하고 있다.

졌든, '자구적(self-help)' 체제하에서 국가에 선험적으로 주어진 선호와 이익에 따라 일정한 방향으로 행동하는 것이 '일반적'으로 사실이고, 이와 같은 논리가 상당한 정도로 설명력을 갖는 것도 사실이다. 미국은 2020년 주독미군의 일부를 철수한다고 선언했다. 합리적 선택론은 미국의 이러한 정책결정을 어떻게 설명하는가? 트럼프 대통령이 말하듯이, 이는 "방위비 분담금을 충분히 지불하지 않는 독일을 처벌하는" 미국의 의도적 행위인가? 사안을 이렇게 비용 차원에서 설명한다면 또 다른 질문이 제기된다. 분담금의 증액은 미국에 금전적으로 일정한 정도의 이익이 되지만, "처벌"에 따른 미국-독일 또는 미국-EU 관계의 악화는 그러한 금전적 이익을 능가할 만큼의 전략적·정치적 불이익이 되지 않는가? 예를 들어, 미국과 독일을 포함한 서방이 2014년 우크라이나를 침공했고 사이버공격을 자행하는 러시아에 제재를 가하고 있다는 사실은 독일에 대한 미국의 "의도적 처벌"이라는 논리와 부합하지 않는다. 합리적 선택론의 입장에서 보다 설득력이 있는 설명은 "미국의 안보이익을 위협하는 능력과 의지를 가진 중국을 견제하기 위해 상대적으로 안정적인 유럽에 주둔하는 병력을 중국 주변에 재배치하려는 것이다." 일 것이다. 2020년 미국의 입장에서 보면 중국이 급성장한 경제력에 기초해 힘의 투사력(投射力, power projection capability)을 증강하고 있고, 특히 남중국해와 인도의 국경지역에서 탈법적·패권적 행위를 자행하고 있다는 사실, 그리고 중국 내의 유일한 "자유의 섬(Liberal island in China)"인 홍콩의 정치적 불안정이 국제정치화될 가능성은 독일 주둔 미군의 "재배치"라는 논리를 정당화한다. 합리적 선택론의 현실부합성은 실제로 드러나고 있다. 로버트 오브라

이언(Robert O'Brien) 국가안보보좌관은 트럼프 대통령이 내린 "처벌적 결정"이라는 정치적 측면을 '정치적'으로 부인하지 않는 선에서 미군 재배치의 전략적 의미를 강조했다. 그에 따르면, "특정 지역에 대규모 병력을 붙박이 군으로 주둔시킨다는 사고는 시대착오적인 냉전적 발상에 따른 것이고, 해외 주둔 미군은 현대전의 필요에 따라 원정군으로 자유롭게 재배치되는 것이며, 이번의 주독미군 감축은 아시아에서 중국을 견제(counter)하기 위한 필요에 따른 것"이라고 말했다.[22] 요컨대, 독일 주둔 미군의 일부를 철수한다는 미국의 결정은 국제체제 내에서 발생한 압력에 대해 미국이 합리적으로 대응하는 전략적 선택이었다는 것이다.

위에서 보았듯이, 합리적 선택론이 상정하는 국가 행위에 대한 '체제적 영향력'은 인정되어야 한다. 그러나 '체제적 영향력'이 중요하다고 해서 그것이 국가들의 외교정책 행위를 전적으로 설명하는 것은 아니다. "방위비 분담금을 충분히 지불하지 않는 독일을 처벌하는" 주체는 미국인가, 아니면 2020년 11월 재선에 도전하는 트럼프 후보인가? 트럼프 후보는 미국의 전략적 국가이익보다 자신의 재선을 더 중시하여 "미국우선주의(America First)"를 "권위주의 친화적 성격(authoritarian personality)"[23]의 유권자들에게 세일즈하고

....

22 Robert C. O'Brien. 2020, "Why the U.S. Is Moving Troops Out of Germany: Forces are needed in the Indo-Pacific. And Berlin should contribute more to European security," *The Wall Street Journal*, June 21.

23 권위주의적 성격은 권위에 대한 전적인 복종이 핵심이다. 이러한 성격을 가진 사람은 타집단에 대해 공격적이고, 권위에 맹목적으로 순종적이며, 새로운 경험을 거부하고, 사회에 대한 위계적 관점을 갖고 있다. 권위주의 지도자들은 이들의 충성심을 자극하기 위해 위협을 과장하고 공포 분위기를 조성하는 정치 수법을 사용하는 경향이 있다.

있는 것인가? 고분고분하지 않은 독일 총리 앙겔라 메르켈(Angela Merkel)의 기를 꺾어놔야 속이 시원한, 이슈를 "개인화(personalize)"하는 그의 성격이 변수인가? 트럼프 대통령의 지난 수년 간의 행적을 감안하면 이러한 질문은 일정한 타당성과 정당성을 갖는다. 따라서 이런 질문에 답하기 위해서는 합리적 선택론이 아닌 대안적 시각이 필요하다. 요컨대, 이 두 가지 관점은 현상을 설명하는 데 서로를 보완하는 관계에 있다. "행위자-일반적" 이론인 합리적 선택론은 장기적이고 일반적인 외교정책적 추세를 기술하는 데, 그리고 국가 내부의 '결정 동학(decisional dynamics)'에 주목하는 "행위자-구체적"인 외교정책결정과정론적 관점은 단기적이고 독특한(unique) 외교정책 행위를 설명하는 데 상대적으로 더 유용하다는 것이다. 두 패러다임은 상보적이다.

둘째, 첫 번째 제기된 포인트와 관련이 있는 것으로 분석가들(이하 정책결정자들을 포함)은 외교정책 행위를 설명하고 이해하려 할 때 이 두 가지 상보적인 패러다임 모두를 사용하는 것이 이상적이지만 여건상 둘 중 하나를 선택해야 하는 경우에는 어떻게 하는가? 답은 각자의 "사정에 따라서"이다. 즉, 판단의 기준은 분석가가 연구의 결과에 부여하는 가치의 크기, 그가 갖고 있는 시간적·경제적 자원의 양 여부에 따라 달라질 수 있다는 것이다. 일상적인 예를 드는 것이 편리하다. 우리가 늘 사용하는 밥솥을 구입하는 데 고려되는 요인들을 살펴보자. 밥솥A, 밥솥B의 가격이 각각 50만 원, 20만 원이라고 가정해보자. 그리고 각종 첨단기술이 장착된 밥솥A와 그렇지 않은 밥솥B는 나의 입맛을 각각 90%, 70% 만족시키는 밥을 지어준다고 가정하자. 나는 어떤 밥솥을 살 것인가? 답은 간단하다.

내가 돈에 여유가 있고 입맛이 까다롭다면 밥솥A를, 내가 여유가 없고 입맛이 까다롭지 않다면 밥솥B를 구매하게 될 것이다.

합리적 선택론은 상대적으로 비용이 적게 드는 분석 도구이다. 합리적으로 사고하고 행동하는 상대국의 외교정책 행위를 합리적 행위자인 내가 '역지사지(易地思之)'를 통해 추론하고 설명하면 되기 때문이다. 문제는 분석의 대상이 되는 국가가 비합리적으로 행동하는 경우일 것이다. 따라서 특정 분석가가 합리적 선택론을 선택한다면 그는 아마도 국가들이 대부분의 경우 국가이익을 극대화하는 방향으로 외교정책을 합리적으로 선택하며 설사 비합리적으로 행동한다 해도 그 빈도나 파장이 의미 있는 수준은 아니기 때문에 자신의 합리적 분석이 틀릴 가능성, 즉 오차범위가 크지 않을 뿐 아니라 오판으로 인한 비용도 크지 않다고 생각할 것이다. 특히 그가 특정 국가의 외교정책 행위의 대강(大綱)이나 추세에 대한 기술·설명·이해를 목적으로 한다면 그 정도의 오차나 오판에 따르는 비용은 충분히 감수할 수 있다고 생각할 것이다. 반면, 분석가가 합리적 행위자의 '역지사지'로 설명할 수 없는 국제정치적 현상과 외교정책적 행위의 중요성이 무시할 정도를 넘는 수준이라고 판단하는 경우, 그리고/또는 그가 분석의 대상이 되는 사안에 대한 보다 정확하고 상세하며 완전한 설명과 이해에 큰 의미와 가치를 부여하는 경우, 동시에 보다 심도 있는 작업에 따르는 시간적·경제적 비용을 감당할 능력과 의지를 가지고 있는 경우라면 '암상자'를 열고 '살과 피'를 가진 실제 행위자들의 생각과 행위와 상호작용을 관찰하려 할 것이다.

이론이란 무엇인가?

외교정책결정과정론은 합리적 선택론에 대한 대안적 시각일 뿐 아니라 그 자체로 국가 외교 행위에 대한 설명, 이해, 치방을 돕는 이론이다. 그렇다면 이론이란 무엇인가? 이론에 대한 정의는 다양하지만, 필자가 이 책에서 사용하는 정의는 그레이엄 앨리슨이 "관념적 모델(conceptual framework)"이라고 부른 개념에 대한 정의와 같다. 앨리슨은 관념적 모델을 다음과 같이 정의했다.

> "관념적 모델들은 분석가가 특정 [외교안보적] 행동이나 결정을 설명하기 위해 수많은 연구자료 속에서 끌고 다니는 그의 고기잡이 그물의 코의 크기를 조절하고, 분석가에게 그가 원하는 고기를 잡을 수 있도록 그의 그물을 특정한 연못, 특정한 깊이로 투망할 것을 지시한다."

연못이 여러 개 있고 각 연못에서 서식하는 물고기의 종류가 정해져 있다고 가정하자. 예를 들어, 연못A에는 '물고기 갑'이, 연못B에는 '물고기 을'이 주로 서식한다. 그리고 '물고기 갑'은 연못A의 바닥에, '물고기 을'은 연못B의 수면상에 많이 몰려 있다. 그런데 낚시나 물고기의 서식 행태에 대해 무지한 나와 친구가 '물고기 갑'과 '물고기 을'을 각각 잡기를 원한다고 가정하자. 낚시 그물만 가지고 있는 나와 친구는 각자가 원하는 물고기를 잡기 위해 이 연못, 저 연못의 수면, 수중, 연못 바닥에 투망하게 될 것이다. 그래서 운이 좋으면 원하는 결과를 얻을 수 있을 것이다. 그러나 우리는 그렇게 운에 의존하여 시간과 비용이 많이 드는 방법을 쓰는 것보다 노련한 조사(釣士)에게 조언을 구하는 편이 낫다는 것을 안다. 조사는 나에게는 연못A의 바닥에, 그리고 친구에게는 연못B의 수면에 각각 고기잡이 그물을 던져보라고 일러줄 것이다. 그리고 우리가 잡고자 하는 물고기의 크기가 우리가 가지고 있는 그물코의 크기보다 작다면 우리에게 그 그물코의 사이즈를 줄이라고 말해줄 것이다. 왜냐하면 작은 물고기들은 큰 그물코를 통해 다 빠져나갈 것이기 때문이다. 이것이 이론 또는 관념적 모델이 하는 일이다. 이론은 분석가가 자신이 찾는 사실이나 패턴을 발견하기 위해 어디를 보아야 할지, 분석의 수준이나 단위는 어느 정도가 적절한지를 그에게 일러주는 역할을 한다.

이론이나 관념적 모델의 용도나 역할을 이와 같이 정의할 때 지배적 패러다임인 합리적 선택론과 대안적인 외교정책결정과정론의 관계는 형광등과 손전등의 관계로 은유적으로 표현할 수 있다. 지배적 패러다임은 형광등과 같이, 예를 들어 교실의 구조와 주요 사물이나 사람들의 존재와 움직임을 조명해준다. 국제정치 현상이나 외교정책 행태가 '대체적'으로 합리적 선택론으로 설명이 가능하다는 의미이다. 그러나 형광등이 교실의 구석구석이나 책상 및 의자의 밑부분을 조명해주지 못하는 것처럼 지배적 패러다임도 비합리적 국제정치 현상 및 외교정책 행태를 설명해주지 못한다. 따라서 교실 전체를 보다 상세하고 완전하게 속속들이 파악하고 싶은 사람은 형광등이 비춰주지 못하는 '어두운 부분'을 보기 위해 손전등을 사용하려 할 것이다. 손전등이 잘 안 보이던 "거기를 보여줄 수도 있고", "거길 보라"고 외칠 수도 있다(Look there!). 형광등이 켜져 있는 상태에서 우리가 이러한 '손전등'을 많이 동원하면 할수록 '사각지대' 없이 장소의 면면을 정확하고 포괄적으로 관찰할 수 있고 전체적인 그림을 타당하게 이해할 수 있게 된다. 아래에서는 이론적 형광등과 손전등들이 국제정치 현상이나 국가의 외교정책적 행대에 대한 우리의 이해를 어떻게 증진해주는지 살펴보기로 한다.

합리적 행위자 모델

Rational Actor Model

앨리슨은 자신의 명저『결정의 에센스(*Essence of Decision*)』에서 현실주의 국제정치이론의 합리적 선택론에 '합리적 행위자 모델'이라는 이름을 붙여주었다. 그에 따르면, 합리적 행위자 모델은 현실주의의 세 가지 전제를 포함하고 있다. 앞서 간단히 언급했지만 한 걸음 더 들어가보자. 첫째, 합리적 행위자 모델은 외교정책 행위의 주체가 국가이고 이 국가는 "명목적 국가(notional state)"라고 가정한다. 앨리슨에 따르면, 분석가들이 국가에 대해 가지고 있는 정보의 양에 따라, 즉 "파일의 두께의 차이에 따라" 국가는 "명목적 국가", "특정 부류의 국가(generic state)", "명시적 국가(identified state)", "개인화된 국가(personified state)"로 분류될 수 있다. 명목적 국가는 파일이 가장 얇은 국가이다. 모든 국가는 권력에 의해 정의된 국가이익의 극대화를 지향하는 주체로 파악된다. '특정 부류의 국가'는 민주국가, 독재국가 또는 자본주의 국가, 사회주의 국가

등의 특정 기준으로 구분되고 분류된, 말하자면 파일이 조금 두꺼워진 국가이다. '명시적 국가'는 국가의 역사적 경험이 드러난 상태, 예를 들면 "한국은 내란을 겪은 나라이다."라고 했을 때의 그 한국을 지칭한다. '개인화된 국가'는 '트럼프의 미국'과 같이 특정 지도자의 가치와 견해가 주요 변수가 되어 있는 국가를 말한다. 합리적 행위자 모델은 첫 번째 국가, 즉 명목적 국가를 외교정책결정과정의 주체라고 파악한다. '모든' 국가는 권력의 관점에서 정의된 국가이익을 극대화한다.

둘째, 국가는 "단일체적" 행위자이다. 국가를 사람(정신적으로 건강한)과 마찬가지로 보는 것이다. 예를 들어, 컬럼비아대의 찰스 암스트롱(Charles Armstrong) 교수가 "중국이 식량원조나 연료공급을 중단할 가능성도 있을 것이다. 그러나 중국은 그렇게 하지 않을 것이다. 북한이 불안정해지는 것을 원치 않기 때문이다. 중국은 북한이 살아남고 안정되기를 원한다."라고 말했을 때, 그는 국가(중국, 북한)를 단일체적 행위자로 '의인화'하고 있다. 합리적 행위자 모델은 "의인화된 국가가 그의 목적과 그것을 달성하기 위한 행위를 선택하며, 국가를 구성하는 부분들(조직들, 개인들)은 생략될 수 있거나, 그 부분들의 목표는 국가의 그것과 동일하다."고 본다.

셋째, 국가는 "합리적(rational)" 행위자이다. 여기서 합리적이라 함은 목적이 합리적이라는 것이 아니라 그것과는 별도로 행위자가 설정한 목표나 목적을 달성하기 위해 그가 보기에 최적인 수단을 선택한다는 것을 의미한다. 달리 표현하면, 여기서 말하는 합리성이란 '도구적 합리성(instrumental rationality)' 또는 '기술적 합리성(technical rationality)'이다. 우리가 어떤 목적이 합리적이라고 말할 때 우리는 그것이 우리가 갖고 있는 가치관이나 관점에 따라 달라질 수 있음을 안다. 내가 지구의 환경이 우려될 만큼 훼손되고 있다고 믿는 경우 한국의 문재인 정부의 탈원전이라는 정책 목표는 내가 보기에 합리적이다. 그러나 내가 한국의 원전 기술이나 플랜트 수출이 국가이익이라고 믿는 경우 탈원전은 합리적이지 않고 오히려 비합리적·역합리적 정책 목표가 된다. 이와 같이 목표 자체의 합리성은 행위 주체의 가치관이나 이익의 문제로 환원되는 것이다. 그러나 합리적 선택론이 상정하는 '도구적 합리성'은 그 자체로는 목표나 목적의 성격에 대해서 불가지론(agnostic)의 입장에 서 있으며 오로지 효율적인 수단(efficient means)이라는 합리성을 의미할 뿐이다. 가치판단이 배제된 '도구적 합리성'은 '객관적 합리성(objective rationality)' 또는 '포괄적 합리성(comprehensive rationality)'을 전제한다. 즉, 합리적 인간은 분명한 목적을 가지고 있고, 그 목적을 달성하기 위해 "수많은" 대안(alternatives) 중에서 "가성비"가 가장 좋은(most efficient) 대안을 선택(choice)하며, 나아가 그러한 선택이 가지고 올 결과(consequences)에 대해 미리 인지하고 행동한다는 것이다. 합리적 행위자 모델(그리고 아래에서 자세히 논의될 기대효용론)은 모든 국가가 이렇게 행동한다고 가정한다.

여기서 우리는 인간 행동의 합리성에 관한 토론을 좀 더 해볼 필요가 있다. 아래에서 우리가 다룰 모델이나 이론들이 이러한 논의에 대한 사전지식을 요구할 것이기 때문이다. '포괄적 합리성'에 대한 첫 번째 주요 도전은 1950년대 "합리성의 한계(limits of rationality)"라는 개념을 제시한 허버트 사이먼(Herbert Simon)에 의해 제기되었다. 그에 따르면, 인간은 "경제적 인간(homo economicus)"으로서 행동하지 않는다. 지식(knowledge)과 인지 능력(cognitive capability) 모두에서 한계가 있기 때문이다. 1978년 노벨 경제학상을 수상한 사이먼은 인간이 자신이 놓여 있는 상황이나 자신이 선택할 수 있는 대안들에 대해 잘 알지 못하고, 많은 선택지들 중 어떤 것이 최대의 이익을 가져다줄지도 잘 모르며, 선택의 결과들도 정확히 예측하지 못하고, 기억이 정확하지도 신뢰할 만하지도 않다고 보았다. 그렇기 때문에 인간은 포괄적으로 합리적인 결정을 내리지 못하며, 오로지 "제한적인 합리성(bounded rationality)"에 기초해서 "그 정도면 충분히 만족스럽다(good enough)."는 의미에서 "충족적(充足的, satisficing; satisfy+suffice)"인 선택을 하게 된다. 사이먼에 따르면, 인간은 이런 의미에서 인식적·인지적 한계 내에서만 합리적으로 행동한다.

그렇다면 '제한적 합리성'은 '포괄적 합리성'의 하나의 변형된 형태일까, 아니면 '포괄적 합리성'을 대체하는 새로운 개념일까? 이에 대한 답은 합리적 선택론을 지지하느냐의 여부와 관련이 있을 것 같다. 즉, 지지자들은 비록 제한된 범위 내이기는 하지만 행위 주체가 그러한 제약하에서도 분명한 목표를 가지고 있고 그것을 달성하기 위한 최적의 수단을 찾으려는 노력을 기울이기 때문에 방점이 당연히 '합리성'에 찍혀야 한다고 주장할 것이다. "합리성이란 구체적 제약하에서 가치를 극대화해주는 대안을 선택하는 일관성"이기 때문이다. 그러나 대안적 패러다임을 지지하는 사람들은 인간의 인식론적·인지적 제약이 '경제적 인간'에게 기대되는 행동을 하지 못하도록 할 정도로 중요하기 때문에 방점을 '제한적'에 찍어야 한다고 말할 것이다.

아래에서 토론될 앨리슨의 관념적 모델들 중 첫 번째인 합리적 행위자 모델은 전반적으로 포괄적 합리성에 기초해 있다. 하지만 실제로 국가가 내리는 결정을 설명하고 이해하기 위해 그 국가에 대한 추가적 정보를 요구하는 '제한적 합리성'을 사용하기도 한다. 분석가가 분석할 때는 실제를 단순화하기 위해 '포괄적 합리성'의 전제로부터 시작하지만 설명력과 예측력을 높이기 위해서는 결국 행위자의 '제한적 합리성'을 인정하는 단계로 내려오는 경향이 있을 수 있다는 것이다. 그러나 다른 한편 두 번째 모델인 '조직과정 모델'은, 예를 들어 과중한 업무에 시달리는 "관료조직들은 '건초 더미에서 가장 뾰족한 바늘(the sharpest needle in the haystack)'을 찾기보다는 어떤 형태이든 바늘 하나를 발견하면 그것에 만족한다."라고 지적하면서, 조직은 이익을 극대화(maximize)하는 최적(optimal)의 선택이 아닌 목표 달성을 위한 "충족적(satisficing)"인 선택만을 한다고 말한다. 이와 같은 '제한적 합리성'은 '포괄적 합리성'과 구별되어야 한다는 것이다. 앨리슨은 '제한적 합리성'이 현실성이 있는 관점임을 인정하고 있다. 그는 "제한적 합리성은 행위자의 지식, 정보, 시간, 인식 및 계산능력 등의 한계나 제약을 인정한다. 따라서 합리적 행동을 구성하는 각 요소—목적, 대안, 결과, 선택의 규칙—는 특정 행위자에 대한 가정 내지 증거에 의해 보완되며, 따라서 어느 행위자가 상황을 잘못 인식했다고 하여 그것을 '비합리적'이라고 보지 않는다."라며 사이먼의 통찰력을 수용했다.[1] 그는 역시 사이먼을 인용하면서 '포괄적 합리성'의 경우 주어진 상황에서 내린 선

1 Graham Allison and Philip Zelikow (김태현 옮김). 2005, 『결정의 엣센스』(서울: 모음북스), p. 61.

택이 합리적인지의 여부를 판단하려면 "선택을 하는 유기체의 목표와 그가 처한 상황에 대한 객관적 지식만 있으면 된다. 유기체 자신의 속성에 대해서는 알 필요가 전혀 없다."고 제시한다. 반면 '제한적 합리성'의 개념에 따를 경우, 같은 선택의 합리성 여부를 판단하기 위해서 "선택하는 유기체의 목표, 상황에 대해 그가 가진 정보와 그로부터 도출된 상황의 정의, 그리고 정보로부터 추론을 할 수 있는 능력에 대해서도 알아야 한다."고 적시하고 있다.

포괄적 합리성과 제한적 합리성 외에도 합리성에 대한 대안적 개념이 존재한다. 예를 들어, 합리성에 관한 논쟁에는 "맥락의존적 합리성(context-dependent rationality)"과 "상황적 합리성(situated rationality)"을 제시하는 사회학자, 경제학자, 사회심리학자들도 참여하고 있다. '맥락의존적 합리성'의 이론가들에 따르면, 합리적 행동은 자신의 행동의 이유에 대해 반드시 정확하고 완전하게 알아야 하는 것은 아니며 그 행동의 인과적 효과나 결과에 대해서 완전한 지식을 갖고 있지 않아도 된다. 이 두 가지 "몰라도 된다."는 요소들은 행동이 일어나는 맥락에 의해 비로소 "알게 된다."는 영역으로 이동한다. 맥락이 제시되지 않은 경우 이해되지 않던 것이 맥락이 제시됨으로써 합리적 행동으로 이해될 수 있다는 것이다. 토니 로슨(Tony Lawson)의 용어를 빌리자면, 객관적으로는 합리적으로 보이지 않는 행동은 "사회적으로 구성된 내러티브 정체성의 렌즈를 통해서(through the individual lens of a socially constructed narrative identity)"[2] 보면 합리적으로 보일 수 있다. 따라서 '맥락의존적 합리성'은 무엇인가에 끼워져 있는, 즉 "내장형 합리성(內藏型 合理性,

embedded rationality)"에 속하는 개념이다. 이는 어디에도 끼워져 있지 않은 "노출형 합리성(露出型 合理性, disembedded rationality)"인 포괄적 합리성 또는 객관적 합리성과 대비된다.[3]

'내장형 합리성'에 속하는 '상황적 합리성'의 이론가들은 합리적 행위의 시간적·공간적 측면에 주목할 것을 주문한다. 이들에 따르면, 첫째, 합리성이 합리적 행동에 시간적으로 앞선다는, 즉 "선견지명(foresightful)의 관점"에서 파악될 수 있는 것이 아니라 오히려 행동은 동시에 또는 이후에 일어나는 행동의 결과로 "회고적으로 합리적이다(retrospectively rational)." 물론 회고적으로 합리적이라는 말이 사후합리화(*ex post facto*, retrospective rationalization)를 뜻하지는 않으며, 단지 행동의 합리성 여부는 결과에 따라 "조건부적(contigent)"으로 부여될 수 있다는 의미이다.

둘째, 합리성은 시간뿐 아니라 공간적 맥락에서도 파악되어야 한다. '상황적 합리성'의 이론가들은 "사회적 행동의 구체적인 상황적 성격(situated nature of social action)"에 주목한다. 선택은 사회적 맥락이 없는 공백에서 이루어지지 않고 사회적 "장소성(場所性, placeness)", 즉 특정 장소에서 드러나는 특별한 성격에 의해 영향을 받는다. 요컨대, 합리성은 현재진행형인 과정으로 구체적인 시간과 공간에서 활동하고 존재하는 사람들 및 대상들과의 상호작용을 통

....

2 Tony Lawson. 1997, "Situated Rationality," *Journal of Economic Methodology*, Vol. 4, No. 1: 101-125. 내러티브 정체성이란 객관적·추상적 인식이 아닌 개인 또는 집단의 구체적인 삶의 맥락 속에서 경험할 수 있는 형태의 인식에서 발견되는 정체성이라 할 수 있다.

3 Barbara Townley. 2008, *Reason's Neglect: Rationality and Organizing* (London, UK: Oxford University Press).

해 비로소 형성되는 것이다. 예를 들어, 위험부담이 있는 선택을 해야 하는 주체는 그 위험을 자신이 직면해 있는 다른 위험들과 함께 고려한다. 그는 자신이 처해 있는 당시의 시공간적 위치와 맥락에 비추어 자신에게 더 중요하거나 더 임박하다고 여겨지는 다른 위험들을 함께 비교해서 판단한다는 말이다. 맥락이 없는 공백의 시각에서 바라보면 위험감수적이고 비합리적인 행동도 구체적 맥락으로 프레임되는 경우 위험은 상대적 관점에서 파악되고 문제의 행동은 합리적 행동으로 간주될 수 있다.

'상황적 합리성'이라는 개념은 분석의 단위(unit of analysis)를 개인에서 사회적 관계로 이동시킨다. 이것이 중요한 이유는 개인이 독립적이고 제약이 없는 자유로운 상태에서 자신에게 주어진 것으로서의 이익을 극대화하는 존재가 아니라 자신의 구체적인 사회적 관계에서 합리적으로 인정되는 행동을 선택한다는 측면, 즉 '형광등'의 빛이 닿지 못하는 '어두운 구석'에 빛을 비춰준다는 데 있다. 나아가 이 개념은 개인의 결정에 영향을 미치는 사회적 관계는 보다 광범위한 권력과 지배의 패턴에 삽입되어 있는 것으로 구체적 시공간에서의 권력관계가 인간의 합리성에 대해 갖는 구조적 영향력을 노정하고 있다는 점에서 의사결정과정론에 거시적 시각을 제공한다고 할 수 있을 것이다.

합리성에 관한 논쟁을 이해했으므로 이제 합리적 행위자 모델에 대한 토론으로 되돌아 가보자. 합리적 행위자 모델은 '제한적 합리성'의 가정을 포함할 수 있지만 엄연히 "파일의 두께가 최소한"인 명목적 국가를 분석 대상으로 하며 '포괄적 합리성' 또는 '객관적 합리성'을 전제한다. 그런데 합리적 행위자 모델을 사용하고 소비하는 분석가들이나 의사결정자들은 위에서 논의된 대안적 합리성들이 갖는 설득력에도 불구하고 왜 포괄적·객관적 합리성을 가정하는가? 위에서 언급했듯이 그 이유는 쉽고 비용이 덜 들며 그들이 보기에 실수로 인해 설명되지 않는 "변칙사례들(anomalies, 예외들)"이 중요하지 않은 것들이기 때문이다. 아닌 게 아니라 현실주의 국제정치학자들은 국가의 단일성과 합리성이라는 전제에 기초한 합리적 행위자 모델이 높은 설명력과 편의성을 갖고 있을 뿐 아니라 시간적·경제적 비용이 적게 드는, 가성비가 좋은 접근법이라고 강조하고 있다. 2005년 노벨 경제학상을 수상한 게임이론가이자 핵전략가인 토머스 셸링(Thomas C. Schelling)은 "대리적 문제해결(vicarious problem solving)"에 대해 다음과 같이 말했다.

> "당신은 안락의자에 앉아 사람들이 어떻게 행동할지를 예측할 수 있다. 즉 신속히 생각하고 대응해야 하는 일이 벌어지고 있다면 당신이라면 어떻게 행동할 것인가를 당신 자신에게 물어보라. 당신은 역지사지를 통해 많은 대리적, 경험적 행동을 무료로 받게 될 것이다."[4]

셸링이 이 말을 한 시점은 북베트남이 "남베트남에 대한 공격"을 멈춘다면 미국은 인도차이나판 테네시계곡개발공사(Tennessee Valley Authority)를 만들어 '메콩 삼각주'를 대대적으로 개발하는 사

....

4 Thomas C. Schelling. 1966, *Arms and Influence* (New Heaven, CT: Yale University Press), p. 150.

업을 시작할 것이라고 존슨 대통령이 북베트남에 제안한 시점과 우연히도 겹쳤다. 북베트남은 존슨 대통령의 제안을 거부했다. 셸링의 "대리적 문제해결"의 관점에서 보면 존슨의 제안은 합리적 선택이 아니었다. "어느 누가 [원조를 받아들이고] 조국의 통일을 위한 투쟁을 멈출 것인가?"[5]

모겐소는 합리적 선택론에 대해 보다 국제정치적인 관점에서 요약하고 있다. 그의 "합리적 재연(rational reenactment)"[6]이라는 개념에 따르면,

> "우리는 우리 스스로를 이러이러한 상황에서 저러저러한 문제를 해결해야 하는 국가 지도자의 입장에 놓고, (그가 항상 합리적으로 행동한다는 전제 위에) 그 지도자가 문제의 상황에서 문제를 해결하기 위해 취할 수 있는 합리적 대안이 무엇이 있는지를 따지고 그중 그가 무엇을 선택할 것인가를 따져봐야 한다."

모겐소는 위에서 모든 국가의 지도자들은 권력에 의해 정의되는 국가이익을 극대화하려 하기 때문에 분석가들도 권력에 의해 정의되는 이해관계를 기준으로, 즉 국가 지도자들이 생각하는 것처럼 생각할 수 있다는 점을 말하고 있는 것이다. 그는 『국제정치론』에서 정치적 현실주의의 6개 원칙을 제시하면서 정치적 현실주의가 국제

....

5 Robyn M. Dawes. 1990, "The Potential Nonfalsity of the False Consensus Effect," in Robin M. Hogarth (ed.), *Insights in Decision Making: A Tribute to Hillel J. Einhorn* (Chicago, IL: The University of Chicago Press), p. 180.

6 Allison and Zelikow(2005), p. 56에서 재인용.

정치학에서 자신의 위치를 발견하게 해주는 핵심 이정표는 권력에 의해 정의되는 국가이익이라는, 누구에게나 통용되는 보편적 개념이라고 강조하고 있다.

> "우리는 위정자들이 권력에 의해 정의되는 이해관계에 따라 생각하고 행동한다고 가정한다. 역사가 이러한 가정을 증명하고 있다. 이 가정을 통해 우리는 위정자가 정치의 무대에서 과거, 현재, 그리고 미래에 취했거나 취하려고 하는 행위를 추적하고 예측할 수 있다. 다른 위정자와 나누는 대화를 엿듣기도 하고, 그가 하고 있는 바로 그 생각을 추측하고 예측하기도 한다. 권력에 의해 정의되는 이해관계를 기준으로 생각함으로써, 우리는 그가 생각하는 것처럼 생각한다. 그리고 우리는 사심 없는 관찰자로서 정치의 무대에 놓여 있는 행위자인 그 위정자가 자신의 생각과 행위를 이해하는 것보다도 더 잘 이해하게 된다."

나아가 모겐소는 국가 지도자들의 관점에서 볼 때 국가이익이라는 개념은 그들에게 행동의 합리적 준칙을 제공해주고 그들의 외교정책에서 놀랄 만한 지속성을 만들어낸다고 지적하고 있다.

> "권력에 의해 정의되는 이익의 개념은 관찰자를 지적으로 훈련시키며, 주관적인 정치적 사건에 합리적인 질서가 스며들게 하고, 그럼으로써 정치를 이론적으로 이해할 수 있게[일반화할 수 있게] 해준다. 행위자의 측면에서 볼 때, 그 개념은 행동의 합리적 준칙을 제공해주고, 외교정책에 있어서 놀랄 만한 지속성을 만들어낸다. 다시 말

해, 이 개념은 미국, 영국, 러시아의 위정자들이 동기, 선호, 지적/도덕적 자질에 있어 상이함에도 불구하고 그들이 만들어내는 외교정책을 공통점이 있고 이해 가능한 합리적 연속체로 보이게 한다."

모겐소는 분석가들이 국제정치나 국가의 외교정책 행위를 이해하기 위해서는, 그리고 그것에 대한 이론적 일반화를 지향하기 위해서는 오로지 국가이익이라는 개념에만 의존해야 한다고 제시한다. 즉, 국가를 "명목적 국가"로만 보아야 한다는 것이다. "보다 두터운 파일"을 가지고 국가의 대외적 행위를 분석하려 한다면 오히려 오류를 범할 가능성이 높다는 것이다.

"국제정치에 관한 현실주의 이론은 동기에 대한 관심과 이념적 선호에 대한 관심에서 비롯되는 흔히 범하기 쉬운 두 가지 오류를 막아준다. 외교정책의 실마리를 전적으로 위정자의 동기에서 찾는 것은 무의미하며 신뢰할 수도 없다. 동기란 심리학적 자료 중에서 가장 착각을 일으키기 쉬운 것이기 때문에 무의미한 것이다. 동기는 행위자와 관찰자 모두의 이해관계와 감정으로 인해 종종 인식하기 어려울 정도로 왜곡되어 있다. 우리는 스스로의 동기가 무엇인지를 진정으로 알고 있는가? 우리는 다른 사람의 동기에 대해 무엇을 알고 있는가?"

합리적 행위자 모델의 구조와 주요 개념들

'명목적 국가', '대리적 문제해결', '합리적 재연' 등 국가 행위의 포괄적 합리성을 상정하는 개념들은 우리로 하여금 외교정책결정과 관련 형광등 노릇을 하는 합리적 행위자 모델에 대해 보다 구체적으로 논의할 수 있도록 방향을 설정해주었다. 아래에서는 이 지배적 모델과 관련하여 앨리슨이 들려주는 이야기를 들어보자.

합리적 행위자 모델

준거 틀	분석 단위	핵심 개념들	추론의 패턴
이익을 극대화한다는 의미에서의 합리성; 따라서 "왜(why)?"	여러 대안들 중 최적의 대안을 선택(choice)	목적/목표, 대안들, 선택, "결과의 논리(logic of consequences)"	관찰되는 합리적 행동에 기초해 조직의 목적/목표를 추론 또는 예측

앨리슨은 합리적 행위자 모델의 구조를 준거 틀(frame of reference), 분석 단위(unit of analysis), 핵심 개념, 추론의 패턴 등을 기준으로 설명하고 있다. 그는 합리적 행위자 모델과 비교되고 대비되는 '조직과정 모델'과 '정부정치 모델(또는 관료정치 모델)'의 구조를 설명할 때도 위와 같은 기준에 입각하고 있다. 준거 틀이란 일반적으로 분석의 대상이 되는 주제의 범주를 기본적 전제(가정)를 통해 한정하는 데 필요한 판단의 기준이라고 간주되나, 여기서 중요한 것은 그것이 가지는 비교·대조의 기능이라 할 수 있다. 즉, 준거 틀을 기준으로 우리는 우리의 분석 대상의 구조를 다른 대상들의 구조와 비교하고 대조함으로써 그것의 고유한 특징, 즉 '주소(住所)'를 찾을

수 있다는 것이다.

합리적 행위자 모델의 준거 틀은 '이익을 극대화한다는 의미에서의 합리성'이다. 즉, 행위자가 분명한 목표를 달성하기 위해 가성비가 가장 높은 대안을 의도적으로 선택한다는 의미이다. 따라서 이 모델에서 분석가는 의사결정자가 "왜(why)" 그러한 선택을 했는지, 즉 그의 의도를 찾아냄으로써 행동(또는 무행동)에 대한 설명이나 이해를 완성하게 되는 것이다. 분석 단위는 여러 대안들 중 최적의 대안에 대한 "선택(choice)"이 이루어짐을 가리킨다. 핵심 개념은 목표, 대안들, 선택 등을 포함한다. 추론의 패턴은 행위자에게서 관찰되는 합리적 행동에 기초하여 목표에 대한 추론 또는 예측이 가능하다는 것이다. 상대의 목적을 알았을 때 행동에 대한 설명이 완성된다.

앨리슨은 1962년 10월에 발생한 쿠바미사일 위기의 원인을 분석하기 위해 "소련은 왜 쿠바에 탄도미사일을 배치했을까?" 또는 "미국은 왜 해상봉쇄를 선택했을까?"와 같은 질문을 던졌다. 합리적 행위자 모델의 준거 틀에 입각하여 "왜?"라는 질문을 던지고 다양한 잠재적 원인들을 제시한 후 합리성이라는 기준에 미치지 못하는 원인들을 차례로 제거하는 방식으로 소련의 행동에 대한 설명과 이해를 완성하고자 했다. 이러한 질문, 특히 소련의 의도에 관한 질문은 선뜻 답을 찾기가 어려운 것이었다. 왜냐하면 소련이 쿠바에 탄도미사일을 배치하려 했던 그 시점은 소련이 미국과의 관계개선을 원한다는 다양한 신호를 보내고 있던 때였기 때문이다. 당시 부통령이었던 존슨은 "당시는 미소 간의 적대관계가 완화되기 시작하던 때였고, 그것을 방증하는 충분한 근거가 있었다. 그것은 대단한 역설(paradox)이었다."라고 회고했을 정도였다. 그런데 소련은 왜 이러한 역설적인 행동을 했는가? 이러한 질문은 분석가가 소련의 행동을 합리적 관점에서 의도적으로 선택된 것으로 볼 때 비로소 제기될 수 있는 것이다. 어쨌든 미국의 합리주의적 관점에서 보면 소련의 "합리적" 선택은 의아스러운 것일 수밖에 없었다.

소련은 왜 쿠바에 미사일을 배치했을까? 합리적 행위자 모델의 렌즈를 끼고 분석해보면, 첫 번째 가설은 쿠바를 방어하기 위해서였다는 것이다. 소련은 1961년 비록 실패로 끝났지만 미국 CIA가 훈련시킨 쿠바난민부대의 '피그스만(Bay of Pigs) 침공'과 같은 적대행위가 다시 일어나지 말라는 법은 없다고 판단했을 수 있다. 소련의 입장에서 볼 때 쿠바는 서방세계에 대한 공산진영의 모델하우스였고 소련의 힘과 명예의 상징이었다. 그러나 합리주의적 관점에서 보면 이러한 추론에는 허점이 있었다. 첫째, 미국의 재침을 억지하는 것이 목적이었다면 "왜 굳이 탄도미사일인가?"라는 의문이 생긴다. 탄도미사일이란 전면전을 상정하는 무기인데, 그렇다면 전면전을 억지하기 위한 수단으로 오히려 소련 지상군의 쿠바 주둔이 더 합리적인 조치였을 것이다. 둘째, 쿠바 방어를 위해서라면 굳이 병력을 파견할 필요 없이 공개적으로 방위조약을 체결할 수도 있었다. 셋째, 소련이 어떤 이유로든 핵 억지력이 필요하다고 판단했다면 단거리인 전술핵무기로도 충분했다. 그리고 이 무기는 훨씬 빨리 값싼 비용으로 몰래 배치할 수 있다는 이점이 있었다. 그런데 소련은 단거리 미사일보다 사정거리가 훨씬 더 긴 미사일을 배치하려 하지 않았는가? 넷째, 모종의 이유로 전략미사일이 필요했다 하더라도 중거리 탄도미사일(medium-range ballistic missiles, 사정거리 1,100

마일)이면 충분했는데 "왜 중장거리 탄도미사일(intermediate-range ballistic missiles, 사정거리 2,200마일)까지 배치하려 했는가?"라는 의문이 생긴다. 다섯째, 소련 미사일의 배치는 쿠바를 심각한 위험에 빠뜨릴 수 있었다. 미국은 자국에 실존적 위협이 된 쿠바를 완전히 파괴할 수 있는 핵 무력을 갖고 있었다. 요컨대, 쿠바방어설은 이와 같은 다수의 치명적인 문제를 갖고 있었다. 그래서 기각될 수밖에 없었다.

소련이 쿠바에 탄도미사일을 배치한 이유에 대한 두 번째 가설은 냉전적 경쟁과 관련이 있었다. 정치적 대결에서 우위를 차지하기 위한 "과시용"이라는 논리였다. 그러나 이 논리도 "왜 하필 쿠바인가?"라는 의문을 자아냈다. 특히 카리브해야말로 미국이 소련에 비해 압도적인 군사적 우위를 갖는 지역이었기 때문에 미국의 의지를 시험하기 위한 적절한 장소가 되지 못했다. 이 가설도 기각되었다.

세 번째 가설은 미사일 전력의 불균형 해소를 위한 조치였다는 것이다. 1962년 당시 소련은 미국과의 전략핵무기 경쟁에서 심각한 곤경에 빠져 있었다. 미국 본토를 공격할 수 있는 대륙간탄도미사일(ICBM)을 개발하기 위해서는 상당한 시간이 필요한 상황이었다. 특히 미국이 그간 소련이 우위에 있다고 믿어오던 "미사일 격차(missile gap)"가 오히려 미국에 유리한 격차라고 발표하자 소련의 전략적 취약성은 급격히 부각되었다. 당시 소련은 장거리 탄도미사일은 역부족이었지만 보다 사정거리가 짧은 탄도미사일은 적지 않게 보유하고 있었다. 따라서 이러한 미사일들을 미국 본토에 가깝게 배치하면 사실상 대륙간탄도미사일이나 다름없는 효과를 보게 될 것이었다. 특히 쿠바에 미사일을 배치하면 대서양을 향해 배치되어 있던 미국의 조기경보체계를 무력화할 수 있는 이점이 있었다. 이 가설은 그럴듯했다. 영어로 표현하면 "종을 울리는(It rings a bell)" 가설이었다.

네 번째 가설은 베를린 문제에서 실패를 거듭한 니키타 흐루쇼프(Nikita Khrushchev)가 정치적 입지를 강화하기 위해 미사일을 배치했다는 것이다. 그는 1958년과 1961년 미국 등에 서베를린의 문제를 해결하기 위한 최후통첩을 보냈지만 성과를 거두지 못해 정치적으로 타격을 입었을 가능성이 있었다. 게다가 그는 대미 강경책을 요구하는 동독의 "동무"들로부터 지속적인 압력을 받고 있었다. 베를린 문제를 해결하기 위한 지렛대로 쿠바 카드는 여러 모로 이점이 있었다. 흐루쇼프는 미국이 별 조치를 취하지 않으면 서베를린을 점령하면 되고 만일 미국이 서베를린을 지키려고 강경하게 나오면 쿠바의 미사일로 위협하면 될 터였다. 미국이 서베를린과 쿠바 미사일을 맞교환하고자 한다면 그것 또한 그가 바라던 바가 아니겠는가? 당연히 서베를린이 훨씬 중요했으므로 그것은 흐루쇼프의 승리인 것이었다. 이 가설도 매우 그럴듯했다.

위에서 제시된 가설들 중 그럴듯한 것은 마지막 2개였다. 따라서 앨리슨은 "미사일 전력의 불균형과 베를린 문제를 종합하면 소련이 쿠바에 미사일기지를 건설하려던 계획을 가장 그럴듯하게 설명할 수 있다."고 결론을 내린다. 드러난 행태에 합리적 질서를 세우면 소련의 목적과 의도를 간파할 수 있는 것이다. 즉, 소련은 쿠바 내 미사일 배치를 미소 간 미사일 전력의 불균형과 베를린 문제를 동시에 해결할 수 있는 양수겸장(兩手兼將)이라고 보았음에 틀림없다는 것이다(must have been). 합리적 행위자 모델에 따르면, 이제 행위자의 목적을 찾았고 설명이 완성되었다.

그러면 이제 소련이 아닌 미국의 결정에 대해 합리적 행위자의 관점에서 분석해보자. 앨리슨은 "미국은 왜 해상봉쇄를 선택했을까?"라는 질문을 던지고 합리적 행위자 모델의 관점에서 미국의 결정을 설명하고자 했다. 첫째, 미국은 소련의 행동에 대해 묵인을 선택할 수 있었다. 미국이 소련 탄도미사일의 사정거리 속에 들어간 것은 오래전 일이었다. 따라서 소련 탄도미사일의 쿠바 배치는 전략적 관점에서 보면 새로울 것이 없었다. 오히려 미국의 과잉대응은 소련이 베를린을 점령하는 등 상황의 악화를 초래할 가능성이 있었다. 그러나 합리적 관점에서 볼 때 이 대안은 문제가 많았다. 묵인은 미국이 베를린 문제를 방치할 것이라는 인상을 줌으로써 동맹국들 사이에 분열을 발생시킬 수 있었고 그것이 미국의 책임으로 귀결될 것이라는 점은 분명했다. 미국의 여론을 분열시킬 것이라는 점 또한 명약관화(明若觀火)했다. 나아가 2~3개월 후면 서베를린을 둘러싼 새로운 위기가 닥칠 것이고 그때쯤이면 소련의 쿠바기지가 완성될 터인데 그제서야 문제를 해결하려 한다면 이미 때가 너무 늦어버릴 수도 있었다. 묵인은 미국의 대통령이 받아들일 수 있는 대안이 아니었다.[7] 이 가설은 기각되었다.

....

7 앨리슨에 따르면, 국내정치는 더 큰 문제였다. 1962년 11월에는 하원 435석 전체, 상원 100석 중 39석, 주지사 35석이 걸려 있는 중간선거가 예정되어 있었다. 그렇지 않아도 쿠바 내의 수상한 움직임을 탐지한 공화당 의원들이 민주당의 케네디 정부에 맹공을 가하고 있었다. 케네디가 묵인했다는 것이 알려지면 그것으로 끝장이 날 것이었다. 아닌 게 아니라 대통령의 동생인 법무장관은 형에게 "묵인은 탄핵소추를 의미할 거야."라고 말했고, 형은 "나도 같은 생각이야."라고 답했다. 그러나 대통령의 개인적인 정치적 이익이 고려된다는 것은 포괄적 합리성이 아닌 맥락-의존적 합리성이나 상황적 합리성의 개념을 통해 조명될 수 있는 것이다. 따라서 앨리슨의 이러한 사례는 합리적 행위자 모

둘째, 외교적 압력이 제시되었다. 미국이 일단 최후통첩을 보내는 동시에 사찰을 추진하고 반대급부로 정상회담을 통해 쿠바의 중립화, 관타나모 미 해군기지의 반환, 터키에 배치된 주피터 미사일의 철수 등을 약속하는 것이었다. 그러나 외교적 압력은 흐루쇼프에게 외교적 주도권을 빼앗길 수 있는 약점을 가지고 있었다. 그가 "초강대국 미국이 작은 쿠바를 공격하면 전략무기로 보복하겠다."라고 기고만장할 수 있었다. 그가 "제2의 뮌헨회담"을 기획할 수도 있었다. 그 밖에도 정상회담을 열면 주고받기를 해야 하는데 터키 내의 미국 미사일이 외견상 쿠바 내의 소련 미사일과 유사하다는 점은 외교적으로나 국내정치적으로 부담스러운 것이었다. 터키와의 불화 및 동맹국들의 불신이 야기될 수도 있었다. 만약 이 카드를 사용해야 한다면 지금 수세적으로 사용해서는 안 되고 나중에 소련을 밀어붙이는 상황에서 협상 타결을 위한 '사탕발림(sugar coating)'으로 사용하는 것이 적절했다. 협상하는 동안 미사일 기지가 완성될 가능성도 있었다. 이 안은 거부되었다.

셋째, 쿠바의 피델 카스트로(Fidel Castro)에게 비밀리에 접근하는 방법이다. "소련과 결별하든지 아니면 미국의 공격을 감수하라."라는 메시지를 비밀리에 전달하는 것이었다. 그러나 얼마 전에 소련과 수교한 혁명적인 카스트로가 이 메시지를 받아들일 가능성은 당연히 높지 않았다. 게다가 최후통첩과 마찬가지로 미국이 외교적 수세에 몰릴 위험이 있었다. 미국의 방안을 미리 알려주는 셈이기 때문이었다. 무엇보다 중요한 것은 문제의 미사일이 쿠바의 것이 아니

....

델의 전제를 명확히 하기 위해 이 책의 텍스트에서 의도적으로 배제되었다.

라 소련군이 통제하는 소련의 것이라는 점이었다. 이 방법도 합리적 선택의 검증을 통과하지 못했다.

넷째, 전면 공격의 대안이었다. 이 기회에 미사일과 카스트로를 동시에 제기하면 공산주의 쿠바가 제기하는 미국의 안보 우려를 획기적으로 감축시킬 수 있기 때문이었다. 그러나 문제는 이로 인해 미국이 (1964년 이후의 베트남전과 같은) 늪에 빠질 가능성이었다. 게다가 소련이 그에 대한 보복으로 서베를린을 점령한다면 전면적 핵 대결로 확전될 수도 있었다. 이 역시 합리적으로 받아들이기 어려운 대안이었다.

다섯째, 공습이었다. 위협이 현실화되기 전에 "외과수술식 폭격(surgical airstrike)"으로 전쟁 없이 위협을 제거한다는 대안이었다. 그러나 문제는 외과수술식 폭격이 가능한가였다. 미그(Mig) 21기와 IL-28(Ilyushin Il-28) 폭격기들은 이미 쿠바 내에 실전 배치된 상태였다. 그런데 이 항공기들이 미국의 남동부 해안을 공습하면 첨예한 국내정치적 문제가 될 수 있으므로 미국으로서는 이들을 공습 대상에 포함시켜야 했다. 미국 공군이 공습을 위해 쿠바의 방공시설도 파괴해야 한다고 주장할 것이 분명했기 때문에 대규모 작전은 불가피했다. 이렇게 되면 소련군의 희생은 피할 수 없는 상황이었다. 그리고 미국의 군사적 관심이 쿠바에 쏠린 상태에서 소련군이 서베를린을 점령한다면 그곳의 미군이 전멸하리라는 것은 자명하고, 미국이 보복하면 미소 간에 전면 핵전쟁이 발발할 위험성마저 존재했다. 더구나 공습으로 미사일을 모조리 제거할 수 있다는 보장도 없고, 소련이 나중에 다시 배치하는 것도 막을 방법이 없었다. 공습은 쿠바와의 전쟁을 의미했고, 미국이 그들의 군사기지를 단기간에 점령하는 것은 불가능했다. 미국의 동맹국들의 반응도 부정적일 것이 뻔했다. 소련이 터키, 이탈리아, 서베를린 등에 국지적 공격을 가하면 더욱 치명적일 것이었다. 결국 미국은 쿠바와의 전면전에 한 발씩 끌려들어가 세계적인 핵전쟁의 위험만 높아질 뿐이었다. 미국의 위신, 명예, 신뢰성의 문제도 제기되었다. 의사결정과정에 참여한 몇 명의 관리들은 "기습공격이란 진주만(Pearl Harbor)과 같은 것이다. 소련이 기습공격을 한다면 어울리겠지만 미국에 어울리는 행동은 아니다. 경고 없이 기습하는 일은 '카인의 낙인'을 평생 동안 달고 다니는 것(carrying the mark of Cain on your brow for the rest of your lives)과 마찬가지"라고 말했다. 공습의 대안도 기각되었다.

여섯째, 해상봉쇄였다. 이는 간접적 군사행동으로 군사장비의 반입을 차단하는 상대적으로 안전한 수단이었지만 문제도 없지 않았다. 이것은 적대행위로 간주될 수 있는 조치였을 뿐 아니라 선전포고 없이 해상봉쇄를 실시하려면 적어도 미주기구(Organization of American States)의 결의 정도는 있어야 했고 3분의 2의 동의를 이끌어내는 일은 쉽지 않은 외교적 과제였다. 게다가 소련이 서베를린을 다시 봉쇄하면 결국 동시해제로 풀 수밖에 없을 터인데, 이는 결국 소련에 시간만 뺏긴 채 원점으로 돌아가는 격이었다. 또한 확전의 위험도 있었다. 예를 들어, 소련 함정이 정선명령에 응하지 않는 경우 또는 쿠바가 미국의 봉쇄를 수행하는 함정들을 배후에서 공격하는 경우 확전은 불가피했다. 그리고 이미 반입되어 조만간 실전 배치될 미사일은 또 어떻게 할 것인가?

그러나 봉쇄의 이점은 여러 측면에서 상당했다. 이 조치는 너무 약하지도 않고 너무 강경하지도 않은 일종의 중간책이었다. 더 중요한 것은 이렇게 함으로써 미국이 '뜨거운 감자'를 소련에 넘길 수 있다는 점이었다. 선택의 고민은 흐루쇼프가 해야 하는 것이었다. 만일 봉쇄로 인해 군사대결이 불가피하다면 미국은 자신의 앞마당에서 재해권을 가진 해군을 활용하는 것이 당연히 유리했다. 이의 연장선상에서 봉쇄는 핵대결에 이르기 전에 일련의 확전 단계들을 열어놓는 셈인데, 매 단계에서 상황이 미국에 유리하게 전개될 수 있었다. 이 대안은 그중 나은 것이었다.

의사결정과정의 참여자들이 제시한 대안들은 결국 두 가지의 안으로 좁혀졌다. 한 가지 대안은 일단 해상봉쇄로 시작하되 협상은 거부하고 추가적 군사행동의 가능성으로 위협하면서 미사일의 철수를 요구하는 것이었다. 다른 한 가지 대안은 봉쇄를 통해 일단 협상을 시작하는 것이었다. 봉쇄를 통해 현상을 동결하고, 기 배치된 미사일의 철수 문제는 정상회담을 통해 해결하며, 나아가 관타나모 미군 기지의 철수, 터키 및 이탈리아에 구축된 미 미사일 기지의 해체 등의 조건으로 거래하자는 것이었다. 결국 해상봉쇄와 최후통첩을 동시에 실시하는 안이 채택되었다. 봉쇄를 실시하면서 미사일 철수를 요구하되 핵심문제를 미루거나 모호하게 만들 정상회담이나 기타 어떠한 교섭도 거부하기로 결정한 것이다. 특히 문제의 심각성과 긴급성을 부각시키는 군사적 성격을 내포한 해상봉쇄는 경고사격처럼 1단계 조치로 취해져야 한다고 결정되었다. 당시의 상황하에서 미국에 현실적으로 가능한 대안들 중 위협을 가장 효율적으로 해소할 수 있는 안 2개가 결합된 형태로 채택된 것이다.

위에서 앨리슨이 보여주었듯이, 합리적 행위자 모델은 분명한 목표를 갖고 있는 행위자가 그 목표를 달성하게 해주는 최적의 대안을 선택하는 과정의 모습을 조명해준다. 합리적 행위자 모델은 "소련이 그와 같은 행동을 했다면, 그리고 미국이 그와 같은 결정을 내렸다면, 국가이익을 극대화하고 최적의 대안을 선택할 수 있는 이 두 국가는 이러저러한 목적을 가졌음이 틀림없다."라고 추론하는 것이다. 즉, 합리적 행위자 모델을 사용하는 분석가는 소련의 전략적 목표에 비추어볼 때 쿠바에 탄도미사일을 배치하는 것이, 그리고 미국의 전략적 목표에 비추어볼 때 해상봉쇄로 대응하는 것이 "합리적" 또는 합목적적이라는 것을 입증함으로써 그 사건을 "설명"하고 있는 것이다.

조직과정 모델

Organizational Process Model

앞서 말한 바와 같이, 대부분의 국제정치학자들이 사용한다는 의미에서 지배적인 패러다임인 '합리적 행위자 모델'이 교실 천장의 가운데에 위치한 대형 형광등이라면 '조직과정 모델'은 교실의 의자나 책상 밑 등 형광등이 빛을 비추지 못하는 어두운 곳에 빛을 비춰주는 손전등이라 할 수 있다. 조직과정 모델의 관점에서 보면, 정부는 "저마다 독자적 생명력을 지닌 여러 조직들이 느슨하게 엮인 대기업과 같은 복합체"이다. 정부는 문제를 인식할 때 조직의 촉수에 의존한다. 정부는 각 조직이 처리하는 정보에 따라 대안들을 정의하고 그에 따른 각 결과를 예상하며 조직들이 자신의 "루틴(routines)"을 작동시킴에 따라 비로소 행동하게 된다. 따라서 정부의 행위는 의식적이고 의도적인 선택이 아니라 거대한 조직들이 과거의 경험에서 축적된 지식들을 담아놓은 매뉴얼, 즉 조직의 '표준처리절차(SOP)'에 따라 기계적으로 처리되는 산출로 이해될 수 있다.

조직과정 모델

준거 틀	분석 단위	핵심 개념들	추론의 패턴
조직적 맥락과 조직의 압력; 따라서 "어떻게(how)?"	행동은 조직의 일상적인 산출(output)	문제의 분할과 할당(factored problems); 표준처리절차(standard operating procedure); "적당의 논리(logic of appropriateness)"; 제한적 합리성(bounded rationality)	조직의 행동을 그것의 표준처리절차에 기초하여 추론하거나 예측

조직과정 모델의 구조와 주요 개념들

조직과정 모델의 구조를 준거 틀, 분석 단위, 핵심 개념, 추론의 패턴 등을 기준으로 살펴보면, 먼저 조직적 맥락과 조직의 압력이라는 개념이 합리적 행위자 모델과의 차별성을 부각시킨다. 합리적 행위자 모델에서는 분석가들이 "왜?"라는 질문을 던졌다. 즉, 왜 흐루쇼프의 소련이 쿠바에 탄도미사일을 배치하려 했는지 혹은 왜 케네디의 미국이 해상봉쇄와 최후통첩을 겸한 방식으로 대응했는지를 물었다. 여기서 소련은 흐루쇼프로, 미국은 케네디로 '의인화'되었다. 국가나 정부가 마치 특정 목적을 위해 움직이는 하나의 개인인 것처럼 취급된 것이다. 조직과정 모델에서 행동의 주체는 조직이다. 그리고 그 행동은 조직을 구성하는 의도적인 개인들이 아닌 조직 그 자체의 모종의 목표와 관행에 의해 설명된다. 그러니까 던져지는 질문은 의도성을 가진 "왜?"가 아니라 "어떻게(how)?"로 시작된다.

분석 단위는 "조직의 산출(organizational output)"로서의 정부의 행동으로 세 가지 의미가 있다. 첫째, 정부 행위의 대부분은 미리 정해진 절차에 따라 이루어진다. 둘째, 조직의 현재 역량이 외교정책 문제를 해결해야 하는 정부 지도자들의 선택의 폭을 결정한다. 탁월한 아이디어도 조직이 갖고 있는 자원에 의해 뒷받침되지 않으면 선택 가능한 옵션이 될 수 없는 것이다. 셋째, 조직의 산출이 의사결정 구조를 협소하게 만든다. 산출은 문제를 제기하고 정보를 제공하며 문제의 성격을 규정하는 최초 조치들을 만들어냄으로써 결국 정부 지도자는 제한된 범위 내에서만 선택을 할 수 있다는 것이다. 상황의 구조와 문제의 성격이 이처럼 조직의 산출에 의해 규정된다고 할 때 정부 지도자의 선택이란 상황의 '마지막 단계'에 불과하다.

조직과정 모델 특유의 개념으로 "문제의 분할과 할당(factored problems)"이 중요하다. 국제정치적 문제는 다면적이고 복합적 성격을 지니며 한 개인이나 조직이 문제의 여러 측면을 동시에 파악할 수 없기 때문에, 문제의 덩어리는 여러 조각으로 쪼개져 유관 부서에 분산 배정될 수밖에 없다. 예를 들어, 군사 문제는 국방부에, 외교 문제는 외교부에, 정보 문제는 국정원에 배분되는 식이다.

앨리슨에 따르면, 대규모의 조직에 부인할 수 없는 사실이 하나 있다. 즉, 그 규모가 크기 때문에 단 하나의 중앙권위체가 모든 중요한 결정을 내리거나 모든 중요한 활동을 지휘·감독할 수 없다는 것이다. 그런데 문제를 분해하고 권한을 분산하는 것은 결국 한 자루의 칼이 지닌 양쪽의 날과 같다. 문제를 분해함으로써 정부 지도자들이 직접 보려고 했으면 도저히 보지 못했을 문제의 세부 측면을 보고 관리할 수 있다는 것이 한쪽 날이다. 그러나 조직이 그 재량에 따라 문제의 어느 측면을 보고 어떠한 프로그램 또는 SOP로 대응하는지에 대해서는 중앙권위체 또는 정부 지도자가 잘 알 수 없다는 것이 다른 쪽 날이다. 각 조직이 자신의 SOP에 따라 '따로 놀' 수 있는 가능성이 상존하는 것이다.

SOP는 조직과정 모델의 가장 중요한 개념이다. 정부는 많은 부처로 구성되어 있고, 각 조직은 업무 분장에 의해 운영된다. 따라서 각 주무 부처는 상호 독립적으로 업무를 처리한다. 각 부처는 많은 개인으로 구성된다. 그러다 보니 복잡한 업무, 특히 "치명적 과제를 안정적으로 수행"하기 위해서는 구성원의 업무 수행을 조율하거나 조정하는 데 기준이 되는 절차나 준칙, 즉 표준처리절차인 SOP가 필수적이다. 이것이 없으면 여러 개인의 행동 간의 조화가 불가능하다. SOP는 "경험에서 도출된 법칙(rule of thumb)"이라 할 수 있다. 이 경험법칙은 구성원이 쉽게 익히고 적용할 수 있도록 간단하고 단순하게 만들어져 있다. 그래서 개인들의 업무를 조율하고 조정하는 SOP가 존재할 때 개인들은 각 사안을 개별적으로 접근했을 때에 비해 안정적이고 효율적으로 업무처리능력을 발휘할 수 있다.

SOP의 한 예로 농구 게임에서의 루틴을 얘기해볼 수 있다. 5명의 선수로 구성된 한 팀이 제대로 경기를 운영하기 위해서는 각 선수가 자신이 필요하다고 생각하는 플레이를 하거나 코트 내에서의 지휘자(예를 들어, 포인트 가드)가 임기응변으로 정하는 대로 플레이를 해서는 안 된다. 선수 모두는 이미 정해져 있는, 그리고 오랫동안 연습해온 작전계획에 따라 플레이를 해야 하는 것이다. 우리는 코트에서 포인트 가드가 손가락을 사용하여 작전이나 전술의 변화를 팀메이트들에게 알려주는 모습을 발견한다. 손가락 1개는 맨투맨, 손가락 2개는 존 디펜스로의 변경을 의미하는 식이다. 그러나 이는 포인트 가드가 각 선수에게 이러저러한 플레이를 하라고 구체적인 지시를 하는 것이 아니라 단지 이미 정해져 있는 여러 가지의 수비 루틴 중 하나를 (감독의 지시에 따라) 호출(呼出)한 것이고, 선수들은 연습했던 대로 호출된 루틴에 따라 플레이를 수행하는 것이다.

SOP는 필요하지만 문제이기도 하다. 농구는 5명이 하는 게임이지만, 정부 부처에서는 수백, 수천 명이 함께 일한다. 따라서 이와 같이 수많은 사람들의 행동을 조율하고 조정하는 이 메커니즘의 특성으로 인해 조직의 행태는 때로 답답할 정도로 형식적이고 느리며 상황에 맞지 않을 때가 있다. SOP는 조직의 보상체계와 규범 혹은 구성원의 기본 태도, 직업문화, 그리고 행동스타일에 깊게 자리 잡고 있다. 그 깊이가 깊을수록 그것은 쉽게 변하지 않는다. 프랭클린 루스벨트(Franklin Roosevelt) 미국 대통령은 SOP에 고착되어 있는 미국 정부 부처의 행태를 다음과 같이 표현한 바 있다.

> "재무부는 조직이 방대한데다 업무영역도 넓고 고유의 관행에 깊이 물들어 있어서 이들로 하여금 내가 원하는 행동이나 결과를 가져오게 하는 것은 거의 불가능했다… 그러나 재무부는 국무부에 비할 바가 못 된다. 직업외교관들의 생각이나 정책, 행동에 모종의 변화를 가져오려고 한번 시도해보라. 그러면 진정한 문제가 무엇인지 알게 될 것이다. 그러나 재무부와 국무부를 합쳐도 그 '해--군(na-a-vy)'의 상대는 되지 못한다… 그 '해--군'에서 무언가를 바꾸려 하는 것은 마치 깃털 침대를 때리는 것과 같다. 오른 주먹으로 때리고, 왼 주먹으로 때리고, 녹초가 되도록 두들겨 패고 나서 돌아서면 때

리기 전과 다름없이 멀쩡한 그 빌어먹을 (깃털)침대 말이다."[1]

정부의 부처들이 작동하기 위해서는 SOP가 필수불가결하지만, 이들이 SOP에 매몰되거나 고착되면 일상 업무에서도 변화나 혁신을 기대하기 어렵다는 측면에서 정부의 업무처리 관련 수월성은 당연히 저해될 수밖에 없다. 그러나 더욱 중요하고 치명적인 문제는 예외적인 상황, 즉 표준을 벗어난 상황이 발생했을 때 그것에 대한 부처의 대처가 더욱 느리고 부적절할 수밖에 없다는 데 있다. 표준적이지 않은 상황은 대개 결정적이고 치명적인 상황이다.

정부 내 조직의 비효율성이나 보수성과 반동성은 그 자체로도 문제이지만, 더 큰 문제는 자신의 SOP에 고착되어 있는 조직들이 정부 지도자들에 의해 단지 부분적으로만 통제된다는 사실이다. 현실적으로 정부 지도자들은 이러한 조직들의 행동을 "충분히 귀찮게 할 수는 있으나 충분히 통제할 수는 없다." 정부 지도자들의 주의나 관심 여부에 따라 각 조직이 따로 놀 수 있는 가능성이 있고, 이는 "표준적이지 않은 상황"에서 국가를 재앙에 빠뜨릴 수도 있다.

이 책의 서두에서 언급한 바와 같이 오버도퍼의 말을 조금 더 확대하여 가정해본다면, 김일성은 당시 전두환 대통령을 제거해야만 하는 이유를 발견하고 해당 부처에 암살 명령을 내렸을 수 있다. 그리고 해당 부처(예를 들어, 인민무력부 정찰국)는 SOP에 따라 임무수행에 나섰을 것이다. 그런데 그 이후 김일성이 정세 변화를 감지하고 평화공세가 더 유리하다고 판단해서 다른 해당 부처에 임무

....

1 Allison and Zelikow(2005), p. 228.

를 주었을 수 있다. 그리고 그 해당 부처(예를 들어, 외교부)는 자신의 SOP에 따라 임무수행에 나서서 남한을 포함한 4자평화회담을 베이징에서 열자고 중국에 제의했을 수도 있다. 여기서 중요한 것은 "수령"의 명령을 받은 정찰국과 외교부가 중앙통제 없이 또는 부처 간의 조율과 조정 없이 자신의 SOP에 따라 기계적으로 움직였을 가능성이다. 실제로 그러했는지 지금으로서는 알 길이 없다. 통제사회인 북한에서 그러한 실수가 생겼을 가능성은 높지 않을 것으로 판단되나, 다른 한편으로 북한 정부의 의사결정과정의 경직성이나 낙후성을 고려하면 의도치 않은 실수가 발생했을 가능성을 배제할 수도 없다. 그러나 사실 여부는 여기서 중요하지 않다. 필자가 이러한 가상적 실험을 하는 이유는 외교정책결정과정론의 조직과정 모델의 잠재적 유용성을 설명하기 위해서이다. 이 모델은 SOP에 매몰되고 고착된 정부의 각 조직이 정부 지도자의 의도와 상관없이 서로 따로 놀 수 있는 가능성이 있고 이는 "표준적이지 않은 상황"에서 국가를 재앙으로 인도할 수도 있다는 점을 강조하고 있다.

남한(아마도 미국)의 대북 대응과 관련해서도 이 모델은 의미 있는 대안적 시각을 제시하고 있다. 앞서 말한 것을 반복하는 측면이 있지만, 당시 남한의 정부 지도자가 합리적 행위자 모델만 사용할 줄 알았다면 남북관계는 위험천만한 국면으로 치달았을 가능성이 있다. 북한이 기만적인 양동작전을 폈다고 판단하고 무력 보복이나 응징에 나섰을 수도 있기 때문이다. 그러나 그가 조직과정 모델을 사용할 줄 알았다면 그의 대북 응징과 관련한 전략계산은 사뭇 달랐을 수 있다. 북한 내의 의사소통이나 정책의 조정과 통제의 실패를 군사적으로 응징하는 것이 마땅한지 고려해볼 가능성이 생겼기 때문이다. 한국과 미국은 북한에 무력보복을 하지 않았다.

이와 같이 앨리슨에 따르면, SOP의 중요성을 강조하는 조직과정 모델은 조직의 행동이 기존의 룰이나 절차에 의해 결정된다고 본다는 점에서 분석과 계산을 상정하는 합리적 행위자 모델과 기본적인 차이를 갖는다. 그는 선택과 행동의 논리가 서로 다르다면서 제임스 마치(James March)와 허버트 사이먼의 저작인 『조직론(*Organization*)』을 거명하며 그들이 제시한 합리적 행위자의 논리와 조직의 논리를 "결과의 논리(logic of consequences)"와 "적당의 논리(logic of appropriateness)"로 구분했다.

> "분석적 합리성은 곧 결과의 논리(logic of consequences)이다. 행동을 선택할 때 가능한 여러 가지의 결과를 행위자의 선호에 비추어 평가하고 그에 따라 선택하기 때문에 붙인 이름이다. 예측, 분석, 계산 등이 이 행동의 논리에 동원된다. 이 논리가 작동하는 과정은 대안을 선택적이고 자기발견적으로 검색하는 과정으로 특징지어진다. 즉, 대안들은 그것의 예상되는 결과와 그 결과의 만족도에 따라 평가된다. 그러나 적당의 논리(logic of appropriateness)는 기존에 존재하는 규칙을 상황에 적용하는 것으로서 결과의 논리와 차별화된다. 즉, '규칙-기반(rule-based)' 또는 '인정-기반(recognition-based)'의 행동은 적당의 논리에 의해 지배되는 것이다. 행동은 구체적 상황에 적당한 규칙이 적용됨으로써 이뤄진다… 경험, 역할, 제도, 전문가적 지식 등이 이 논리에 동원된다. 여기서 계산이란 조직의 파일박스에서 또는 개인의 뇌리 속에서 기억을 끄집어내는 수단으로 쓰인다."[2]

조직과정 모델의 또 다른 중요 개념은, 앞서 대강 논의했지만 제한적 합리성에 따른 "충족적" 행동이다. 앨리슨은 사이먼의 통찰력을 수용하여 제한적 합리성의 개념이 합리적 행위자 모델에서도 사용되는 경향이 있다고 말한 바 있다. 그러나 그는 정부나 대규모 집단의 행동을 설명할 때 이 개념이 더욱 적절히 사용될 수 있으며, 따라서 제한적 합리성에 따른 '충족적 행동'은 조직의 행동을 설명하는 중요한 분석 도구라고 적시했다. 앞서 언급한 내용을 조직과정의 관점에서 다시 서술하자면, "제한적으로만 합리적(boundedly rational)"인 정부나 대규모 집단은 문제해결을 위한 최적의 대안을 찾지 않으며, 오히려 목표 달성을 위해 "그 정도면 충분히 만족스럽다"는 의미에서의 "충족적"인 대안이 발견되면 검색을 멈춘다. 과중한 업무에 시달리는 "관료조직들은 건초 더미에서 가장 뾰족한 바늘을 찾기보다는 어떤 형태이든 바늘 하나를 발견하면 그것에 만족한다."는 것이다.

조직의 '충족적' 행동은 의사결정과정의 포괄적 합리성을 저해한다. 앨리슨에 따르면, 일상적인 판단을 SOP에 의존하는 조직들이 충족의 원칙에 따라, 즉 "그만하면 충분히 만족스러운" 대안들 중 맨 처음 떠오르는 대안을 선택하게 되면 가성비가 아니라 대안들이 제출되는 순서가 결정적으로 중요해진다.

앨리슨은 앞서 조직과정 모델의 분석 단위를 논할 때 조직의 산출이 상황의 구조를 협소하게 만든다고 말한 바 있다. 이 문제를 좀 더 논의해보자. 앨리슨에 따르면, 조직의 산출은 문제를 인식하고

....

2 Allison and Zelikow(2005), p. 197.

필요한 관련 정보를 제공하며 문제의 성격을 규정한다. 따라서 정부 지도자는 제한된 범위 안에서만 선택을 할 수 있다. 케네디 대통령의 최측근 중 하나였던 시어도어 소렌슨(Theodore Sorensen)은 조직이 어떻게 지도자의 선택의 기회를 박탈하는지에 대해 다음과 같이 말했다.

> "특히 외교 문제에 있어서 대통령이 깨끗한 백지 위에 결론을 적는 식으로 결정을 내리는 일은 거의 없다… 그의 선택의 폭을 규정하는 기본적인 결정은 모두 진작 내려져 있다."[3]

조직과정 모델에 따르면, 상황의 구조와 문제의 성격이 이처럼 조직의 산출에 의해 규정된다고 할 때 정부 지도자의 선택이란 상황의 끝 단계에 불과하다. 그의 "공식적 의사결정(formal choice)"이 이루어지는 시점은 사실은 의사결정의 "절정의 단계가 아니며(anti-climactic)" 절정의 시점은 이미 지나가버린 것이다.[4]

이 맥락에서 강조되어야 하는 것은 조직의 산출이 상황의 구조를 결정하는 경향성을 고려하면 조직의 "충족적" 행동의 중요성과 위험성이 증폭된다는 점이다. 즉, 조직이 대인 검색을 대충 하고 목표를 대충 만족시키는 대안들만을 정부 지도자에게 제출한다면 그가 내리는 선택은 이미 합리성과는 거리가 먼 것일 수밖에 없다는 것이다. 조직의 SOP가 중요해지고 조직이 고려하거나 선택하지 않

....

3 Allison and Zelikow(2005), p. 218.

4 Allison and Zelikow(2005), p. 218.

은 대안의 장기적·포괄적 함의는 무시될 가능성이 높아진다.

제한적 합리성에 따른 조직의 충족적 행동, 조직의 산출 및 SOP의 역할은 합리적 행위자 이론이 보여주지 못하는 의사결정과정의 비합리적 맥락이다. 조직과정 모델은 이러한 어두운 구석을 비춰주는 손전등으로서의 역할을 하고 있는 것이다.

앨리슨은 쿠바미사일 위기 시에 미국 정부의 각 조직이 정부 지도자가 합리적이라고 판단한 선택을 '어떻게' 방해했는지를 조직과정 모델을 사용하여 조명해준다. 아래의 두 가지 사례는 사실상 연계되어 있는 하나의 사례라고도 할 수 있다. 1962년 10월 22일 저녁에 케네디 대통령은 10월 24일 그리니치 시간으로 오후 2시 이후부터 쿠바에 대한 공격용 무기 및 관련 재료의 반입을 금지한다며 "해상차단(naval quarantine)", 사실상 해상봉쇄(naval blockade)를 선언했다. 로버트 맥나마라(Robert McNamara) 국방장관의 건의에 따라 봉쇄선은 쿠바 내에 배치되어 있는 소련 폭격기들(Il-28)의 작전반경에서 벗어나기 위해 쿠바로부터 800해리 떨어진 해상에 '호(弧, arc)' 모양으로 설치되었다. 소련은 바르샤바조약기구(Warsaw Treaty Organization) 군에 비상경계령을 내렸고, 모든 소련 전력에 대해 경계태세를 상향 조정했다. 긴장이 최고로 고조되어 있던 상황에서 케네디 대통령은 주미 영국 대사 데이비드 옴스비-고어(David Ormsby-Gore)를 만나고 있었다. 영국 대사는 봉쇄선이 쿠바로부터 800해리의 거리에 설정되어 있다고 들었는데 소련에 생각할 시간을 주기 위해 이를 500해리로 줄이는 것이 어떻겠냐고 제안했다. 케네디는 일리가 있다며 쿠바와 봉쇄선 사이의 거리를 축소 조정했다. 그런데 대통령의 명령이 내려진 후인 다음날 오전 7시 50분에 위험한 상황이 발생했다. 미 해군의 '존피어스함(the John R. Pierce)'이 나소(Nassau)에서 동북 방향으로 180해리 떨어진 해상에서 '마르쿨라호(the Marcula)'를 정선시키고 검색을 실시했던 것이다. 미 해군은 전날 오전 10시 30분부터 이 선박을 추적하고 있었는데, 시간 계산을 해보면 '마르쿨라호'는 800해리에 설정된 원래의 봉쇄선상에서 정선과 검색을 당한 것이었다. 해군은 대통령의 명령에도 불구하고 봉쇄선을 쿠바 방향으로 300해리 이동시키지 않았던 것이다. 봉쇄선을 처음으로 무사 통과한 선박은 '부카레스트호(the Bucharest)'였다. 미 해군은 이 선박에 대해 10월 25일 오전에 통과를 허용했다. 그런데 이 또한 간단한 시간 계산을 해보면 미 해군이 대통령의 명령이 떨어진 이상 800해리에 위치한 봉쇄선상에서 정선을 실시할 수 없었기 때문에 봉쇄선을 쿠바 쪽으로 이동하기보다는 차라리 원래의 봉쇄선을 고수하면서 부카레스트호의 무사 통과를 선택했던 것으로 판단된다. '마르쿨라호'의 경우와 마찬가지로 대통령의 명령이 해군에 의해 결과적으로 무시되었던 것이다.

케네디 대통령은 불만이 가득한 해군이 "사고를 칠까봐" 전전긍긍했다. 이를 눈치챈 맥나마라 국방장관은 봉쇄작전이 제대로 이행되고 있는지 확인하고자 해군의 작전상황실을 방문했다. 불안한 맥나마라는 작전사령관(Chief of Naval Operations)인 조지 앤더슨(George Anderson) 제독에게 "첫 번째 정선은 어느 함정이 할 것인가?, 그 함정에는 러시아 말을 할 줄 아는 장교가 승선하고 있는가?, 소련의 잠수함은 어떻게 할 것인가?" 등 질문 공세를 퍼부었다. 맥나마라가 "만일 소련 선박의 선장이 화물과 관련한 미 해군의 취조에 협조하지 않는다면 어떻게 할 것인가?"라고 묻자, 앤더슨은 해군의 작전 매뉴얼을 집어들고 맥나마라의 얼굴 가까이에서 흔들어대며 "해군은 존 폴 존스(John Paul Jones) 시기부터 봉쇄작전을 수행해왔습니다. 어떻게 하는지는 여기 다 있습니다."라고 언성을 높였다. 맥나마라는 "나는 존 폴 존스든 나발이든 신경 쓰지 않는다. 나는 지금 제독이 어떻게 할 것인지를 묻고 있다."라고 말했다. 앤더슨은 "장관님이 장관 업무실로 돌아가시면 해군은 해상봉쇄작전을 알아서 잘 집행할 것입니다."라고 쏘아붙였다. 대통령과 국방장관의 입장에서 보면 인류 공멸의 백척간두의 위기에서 소련 지도자와 고도의 전략적 소통을 시도하고 있었지만, 해군이라는 거대 관료조직은 자신의 오래된 SOP에 입각하여 해군의 입장에서 업무를 '제대로' 수행하려 한 것이었다. 조직과정 모델은 이와 같이 의사결정자의 선택이 '제대로' 이행되지 않는 부분을 드러내준다.

정부정치 모델

Government Politics Model; Bureaucratic Politics Model

'합리적 행위자 모델'이 형광등이고 '조직과정 모델'이 손전등 1이라면 '정부정치 모델(또는 관료정치 모델)'은 손전등 2인 셈이다. 앨리슨의 정부정치 모델에 따르면, 정부의 행태는 의도적 선택도 조직의 산출도 아닌 "흥정게임(bargaining games)의 결과물(resultant)"로 이해될 수 있다. 정부정치 모델은 합리적 행위자 모델과는 달리 단일체적인 국가를 상정하지 않는다. 대신 의사결정이라는 게임에 참여하는 많은 플레이어들(players)을 주목한다. 그리고 이 모델은 이러한 플레이어들이 선험적으로 주어진 국가이익을 일관되게 추구하기보다는 "각자가 생각하는" 국가이익, 조직이익, 개인이익에 따라 "밀고 당기는(pulling and hauling)" 게임을 한다. 각 부처의 고위직 "공무원들(men in jobs)이 정치를 하는 것"이다.

정부정치 모델

준거 틀	분석 단위	핵심 개념들	추론의 패턴
행동은 협상의 결과; 따라서 "누가(who)?"	행동은 정치적 결과물(resultant)	관료들의 정치; 흥정; 게임에서의 상대적 권력; 콜라주(collage)	미래 행동을 게임에 참가하는 "행위자들"에 기초하여 추론 또는 예측; "어디에 서는지는 어디에 앉아 있는지에 달려 있다(Where you stand depends on where you sit)"

정부정치 모델의 구조와 주요 개념들

정부정치 모델의 구조를 준거 틀, 분석 단위, 핵심 개념, 추론의 패턴 등을 기준으로 살펴보면, 정부의 행동은 의사결정과정 참여자들 간의 협상과 흥정의 "정치적 결과물(political resultant)"이다. 따라서 이 모델이 주목하는 부분은 이익 극대화나 SOP가 아니라 게임에 "누가(who)" 참여하고 어떤 이익을 대변하는지, 누가 자신의 이익이나 자신이 대표하는 이익을 관철할 수 있는 능력을 보유하고 있는지의 여부이다.

정부정치 모델의 분석 단위는 "정치적 결과물"로서의 정부의 결정이고 행동이다. 여기서 "결과물"이란 문제를 해결하기 위해 의도적으로 도출된 해결책이나 조직과정의 기계적 산출을 의미하는 것이 아니라 다양한 이해관계와 권한을 가진 여러 관료가 서로 타협하고 갈등하며 때로는 혼란을 일으킨 결과로 나타나는 결정이나 행동을 말한다. 그리고 "정치적"이라는 것은 정부의 결정과 행동을 낳은 활동이 본질적으로 정부 각 부처의 고위관료들 사이에서 정규화된 채널을 따라 진행된 "흥정(bargaining)"이라는 의미이다.

이 모델의 핵심 개념들은 몇 가지 질문을 중심으로 정리될 수 있다. 누가 게임에 참여하는가? 무엇이 이들의 인식과 선호, 그리고 사안에 대한 입장을 결정하는가? 무엇이 결과에 대한 각 플레이어의 영향력을 결정하는가? 플레이어들의 입장, 영향력, 그리고 각자의 행마(行馬)가 어떻게 맞물려서 정부의 결정과 행동으로 나타나는가? 이 질문들에 하나하나 답해보자. 첫째, 유관 업무 수행자들이 "정부정치"의 게임에 참여한다. 이들은 통상적으로 "행동 채널(action channel, 누가 언제 게임에 참여할 것인지를 정해놓은 절차적 규정)" 속에서 일정한 지위를 차지하고 있는 사람들이다. 그리고 이들이 차지하고 있는 지위는 그들이 할 수 있는 것과 해야 하는 것을 상당부분 규정한다. 그러나 업무처리가 "맡고 있는 자리"에 의해 전적으로 결정되는 것은 아니다. 개인적인 차이가 있기 마련이다. 여기서 중요한 것은 이들이 고위 직책을 맡을 때 빈손으로 오지 않고 큰 "가방(baggages)"을 끌고 들어온다는 점이다. 그 가방 속에는 그가 평소 중요하게 생각했던 것, 다양한 프로젝트에 대한 약속, 그리고 그 자리에 오기까지 진 신세와 빚이 들어 있다.

둘째, 무엇이 이들의 인식과 선호, 그리고 사안에 대한 입장을 결정하는가? 여기서 가장 중요한 것은 "조직우선주의(organizational parochialism)"이다. "문제가 무엇인가?", "어떻게 대처해야 하는가?"라는 질문에 대한 대답은 그 문제를 어느 자리에 앉아서 보는지에 따라 달라진다. 이와 같은 '조직우선주의'를 조장하는 요인들은 이들 조직의 최고 직책을 맡고 있는 게임 플레이어들의 인식, 선호, 입장에 지대한 영향력을 행사한다. 조직의 장들은 자신의 조직의 구성원에게 동기를 부여하고 활력을 불어넣기 위해 예산, 인력 등 그들의 이익과 요구에 민감하지 않을 수 없다. 그들은 자신의 조직이 건강하고 확대되어야 자신의 이익과 권력도 증가한다고 믿는다. 같은 의미에서 대통령도 이러한 '정부정치'의 논리에서 벗어날 수 없다. 민주적·다원적 사회의 대통령은 '국내정치적' 결과에 민감하지 않을 수 없다.

셋째, 무엇이 결과에 대한 각 플레이어의 영향력을 결정하는가? 앨리슨은 플레이어의 권력이 그가 쓸 수 있는 자산, 그 자산을 사용하는 기술과 의지, 그리고 이 두 요소에 대한 다른 플레이어들의 평가 등으로 이루어진다고 보았다. 특히 협상 자산을 구성하는 요소로 직위가 부여하는 공식적 권한과 책임, 행동을 수행하는 데 필요한 자원에 대한 통제력, 문제의 성격을 규정하는 데 필요한 전문성과 정보에 대한 접근권 및 통제력, 보스들에게 결정이 어떻게 집행될 것인가를 구체적으로 보여줄 수 있는 능력, 국내정치 게임 등 다른 게임에서 다른 플레이어들의 목표에 영향을 줄 수 있는 능력, 인간관계나 카리스마에서 나오는 개인적인 호소력, 다른 플레이어들에 대한 접근 능력과 설득력 등을 꼽았다.

넷째, 플레이어들의 입장, 영향력, 그리고 각자의 행마가 어떻게 맞물려 정부의 결정과 행동으로 나타나는가? 정부정치 모델의 관점에서 보면, 결정을 하는 권한은 공유하면서 입장은 서로 다른 사람들이 벌이는 게임은 다름 아닌 "정치"이다. 각 플레이어는 스스로가 생각하는 국가이익, 조직이익, 개인이익을 증진하는 방향으로 결정을 끌고 가기 위해 주어진 권한과 보유하고 있는 권력을 동원하여 서로 "밀고 당기기"를 하는 것이다.

앨리슨의 정부정치 모델에 따르면, 이와 같은 협상과 흥정의 과정에서 서로 다른 입장과 의견의 조각들이 서서히 모양새를 갖춘 하나의 결과물로 모습을 드러내게 된다. 그러나 이 결과물은 특정 개인이나 조직이 의도했던 것과는 상관없는 일종의 절충이다. 그림에 비유하자면 여러 개의 잡다한 요소가 혼합되어 있는 "콜라주(collage)"와 같다고 할 수 있다.

정부정치 모델은 정해진 정책이 번복되거나 무시되는 상황을 드러내주기도 한다. 결정이 내려진 후 행동으로 옮겨지는 과정에서 누수(漏水)가 일어나는 일이 생각보다 많다는 것이다. 결정이 내려지면 게임의 판이 커지고 보다 많은 플레이어가 독자적인 권한과 권력을 가지고 게임에 참여하기 때문이다. 앨리슨은 프랭클린 루스벨트 대통령의 보좌관을 역임한 조너선 대니얼스(Jonathan Daniels)를 인용함으로써 이러한 누수현상이 정부정치 모델에 의해 포착되고 있음을 강조한다.

> "대통령의 제안이란 결과적으로 명령이나 다름없다. 그러나 그 절반은 각료들이 그냥 무시한다. 대통령이 그것에 대해 두 번째 물으면 검토 중이라고 말한다. 대통령이 세 번째 물으면 현명한 각료는 일부에 대해서만이라도 대답한다. 그러나 대통령이 세 번째 묻는 경우는 매우 중요한 문제를 제외하고는 거의 없다."[1]

....

1 Allison and Zelikow(2005), p. 372.

정부정치 모델의 추론의 패턴은 미래 행동을 게임에 참가하는 플레이어들에 기초하여 설명하거나 예측하는 것이다. 보다 구체적으로, 이 모델은 플레이어들이 "어디에 서는지는 어디에 앉아 있는지에 달려 있다(Where you stand depends on where you sit)."고 지적한다. 특히 예산이나 무기획득과 같은 구조적 문제의 경우 더욱 그러하다. 앨리슨은 "달려 있다."라는 말은 "결정된다."라기보다는 "상당한 정도로 영향을 받는다."로 해석해야 한다고 말한다. 게임의 플레이어가 직책이나 행동채널상의 위치로부터 오는 제약에 저항하거나 무시할 수도 있기 때문이다. 그럼에도 불구하고 자리의 영향력은 일반적으로 매우 의미심장하다. 앨리슨은 그렇기 때문에 플레이어가 어떤 조직에 속하느냐, 즉 어떤 좌석(seat)에 앉느냐를 알면 그의 주장을 상당 부분(with high reliability) 예측할 수 있다고 말하는 것이다.

우리에게 친숙한 정부정치의 사례들을 이야기해보자. 전형적인 것은 한국의 대북정책을 둘러싼 통일부와 국방부 및 정보기관 간의 정부 내부적 갈등과 투쟁이다. 대북정책은 독재 시대에는 정부정치의 대상이 되지 못했다. 정부정치는 노태우 정부가 공산권과의 관계 개선을 지향하는 '북방정책(Nordpolitik)'을 시작하면서 비로소 시작되었다. 통일부는 당연히 자신의 업무 영역이 넓어지는 북한과의 대화나 교류협력을 적극적으로 추진하려 했다. 그러나 국방부의 입장은 달랐다. 대화나 교류협력이 확대되면 남북 간 긴장이 완화될 것이고 그렇게 되면 무력을 관장하는 국방부는 업무 영역이나 예산 및 인력의 축소를 받아들여야 하는 문제에 직면하게 되었던 것이다. 국방부는 "군을 자극하는 행위"라며 북방정책을 공개적으로 비판하였다. 한 현직 육군 장성은 노태우 대통령의 면전에서 "우리가 지켜야 할 가치가 무엇이며, 우리의 적이 누구인지조차 흐려지기도 하며, 적성국과 우방국이 어느 나라인지도 기억에서 지워버리려는, 매우 해괴하고 위험한 일이 벌어지고 있다"며 북방정책을 노골적으로 비판했다.[2] 임기 말 노 정부가 레임덕에 빠지자 정부정치는 심화되었고, 1992년 9월 제8차 남북고위급회담을 파탄시킨 '훈령 조작 사건'은 정부정치의 '끝판왕'이었다. 회담의 남측 대표단의 핵심은 차석대표 임동원 통일원 차관과 대변인 이동복 안기부장 제1특보였다. 군 출신이지만 주호주 대사 등 외교관을 역임한 임동원은 국제정치의 '과정(process)'에 의미를 부여하는 실용주의자였고, 기자 출신으로 중앙정보부에서 남북회담 업무를 시작한 이동복은 북한에 대한 강한 불신과 이념적 적대감을 갖고 있던, 이를 테면 '힘으로 악한을 멸하자'는 미국의 신보수주의자들과[3] 유사한 이상주의

....

2 유용원, "미 합참의장의 소신 발언, 한국군에도 30여년전엔...", 『조선일보』 2021년 10월 12일.

3 미국 신보수주의는 미국 민주당의 평화주의적, 실용주의적 외교정책과 1960년대 반전 운동을 주도한 신좌파 및 반문화주의에 환멸을 느낀 반공주의적 자유주의자들이 내세운 미국적 가치에 충실한 보수주의적 이상주의를 일컫는 용어이다. 신보수주의의 대표적 인물은 폴 울포비츠(Paul Wolfowitz)였다. 흥미로운 것은 울포비츠가 외교 문서를 조작하여 한반도의 운명을 바꿔놓았다는 사실이다. 미국의 주중 부공사를 지낸 찰스 프리먼(Charles Freeman)에 따르면, 1980년대 초 덩샤오핑은 와인버거 국방장관에게 중국이 주선하고 미국이 참관하는 남북회담을 북경에서 개최할 것을 제안했다. 프리먼 등 북경 주재 미국 대사관 관리들은 그런 내용의 전문을 보내고 난 후에야 울포비츠 차관보가 덩샤오핑과 와인버거 사이에 오고 간 대화내용을 "편집/누락"했다는 사실을 알게 되었다. 그들에 따르면, 울포비츠는 오히려 그러한 내용을 보거나 들은 적이 없다고 우겼다. 게다가 그러한 내용은 애초에 언급된 적도 없다며 완강하게 부인하고 마치 "덩샤오핑이 그런 언급을 한 것마냥 그들이 꾸며댔다"고 비난했다. 당시 '워싱턴 사람들'은 중국이 한반도 문제에서 주도권을 행사하려 한다는 대사관의 보고를 접하고 의아해 했다는 것이다. 프리먼에 따르면, 1984년 조지 슐츠 국무장관이 레이건 대통령을 동반해

자였다. 대한민국 감사원에 따르면, 이 특보는 9월 17일 0시 30분쯤 서울에 타전한 청훈의 응답서(훈령)가 이날 아침까지 도착하지 않자 평양상황실에서 임의로 만들어 놓은 예비전문 중 "세 가지 조건을 북측이 충족하지 않으면 협의하지 말라"는 내용을 골자로 한 '기존 지침고수' 안을 빼 들고 가 그대로 대표단에 보고해 당시 대표단이 진짜 훈령처럼 믿도록 했다. 당시 평양상황실장은 이 특보에게 "그건 서울에서 보낸 훈령이 아니다."고 말했으나 이 특보는 "이거면 됐다."면서 오전 7시 반에 이를 훈령으로 발표했다. 뒤늦게 "세 가지 조건 중 두 가지만 충족되면 남북적십자 접촉의 즉각 재개"를 북측에 약속해도 좋다는 대통령 훈령이 오후 5시쯤 도착했지만 상황은 모두 끝난 뒤였다. 이동복은 자신이 생각하는 국가이익, 그리고 조직과 개인의 이익을 위해 대통령이 강하게 원했던 남북이산가족 방문단 교환 프로젝트를 무산시켰다. 이러한 희대의 정부정치의 배경

....

중국을 방문했을 당시에도 중국은 또 다시 남북한 및 미국이 참여하는 회담문제를 꺼냈다. 슐츠는 아서 허멜(Arthur Hummel) 대사를 통해 이 제안에 동의했다. 그러나 슐츠가 북경을 출발해 서울에 도착하는 사이 울포비츠 차관보는 또다시 이러한 내용의 메시지를 무력화시켰다. 프리먼은 당시 울포비츠가 4자회담에 반대한 이유로 두 가지를 들었는데, 하나는 그가 이념적으로 중국의 구상에 대해 의심하였고, 다른 하나는 그가 정치적으로 밀접히 연관되어 있는 공화당의 반공우파들의 반발을 의식했었다는 것이다. Nancy Bernkopf Tucker, "Interview with Charles W. Freeman", excerpted from *China Confidential: American Diplomats and Sino-American Relations, 1945-1996*, Columbia University Press, 2001. 만일 중국이 당시 제안한 4자회담이 성사되어 교차승인이 이루어졌다면 남한과 미국 등이 "북한 문제"로 수십 년 동안 시달리지 않아도 됐을지 모를 일이었다. 특히 북한이 오랫동안 미국에 대해 요구해온 바가 북핵 폐기와 북미관계정상화의 교환이라는 점을 고려할 때 더욱 그러하다. 이는 한반도와 동북아의 안정이나 평화, 그리고 그에 따른 미국의 지역적 국익을 위한 미국의 실용주의 외교가 '도덕적 마키아벨리주의자들'에 의해 좌절된 역사적 사례로 기록될 수 있는 사건이었다.

에 레임덕에 빠진 노태우 정부의 통제력 상실과 함께 남북관개 개선이 특정 대통령 후보에게 불리하다는 안기부 일부의 판단이 있었다면 앨리슨의 정부정치 모델은 어두운 구석에 빛을 비춰주는 이론적 손전등의 기능을 충실히 수행한 셈이 된다.

앨리슨이 자신의 모델을 적용한 사례는 1962년 10월의 쿠바미사일위기이다. 그는 쿠바미사일 위기 시 무력 위협을 동반한 해상봉쇄라는 대안이 도출되기까지 누가 어떤 "연합(coalition)"과 "반연합(counter-coalition)"을 형성하고 협상과 흥정에 참여했는지, 그리고 그러한 과정의 결과물이 어떤 모습인지를 정부정치 모델을 사용하여 조명해준다. 1962년 10월 16일 U2기가 찍어온 명징한 사진들은 케네디 대통령을 아연실색하게 만들었다. 선거를 앞두고 절대로 자신을 정치적 곤경에 빠뜨리지 않겠다고 약속한 흐루쇼프에게 속았다고 생각했기 때문에 분노도 걷잡을 수 없었다. 케네디는 탄핵을 당할 수 있다고 생각했고, 따라서 그가 내릴 수 있는 결정은 강경한 대응일 수밖에 없었다. 대통령은 문제해결을 논의하기 위해 자신이 직접 호명한 국무장관, 국방장관, CIA 국장, 법무장관, 합참의장과 각군 참모총장, 대통령 국가안보보좌관, 유관 전직 고위관리 등이 포함된 집행위원회(Excomm)를 소집했다. 그리고 대안들이 제시되었다. 합참은 정보를 더 모은 후 미사일, 항공기 등 모든 것을 단한 번에 파괴하는 공중폭격을 주장했다. 국무장관은 카스트로를 설득하자며 외교적 해결책을 제시했다. 그러나 케네디는 외교적 대안은 현실성이 없다고 생각했다. 맥나마라 국방장관은 쿠바에 미사일이 배치되더라도 미소 간의 전 세계적 차원의 전략적 균형에는 큰 영향이 없을 것이라고 말하면서 공습은 안 된다고 주장했다. 소련이 보복으로 미사일을 발사할 수 있다는 것이었다. 합참의장은 국방장관이 공습이 곧 침공인 것처럼 보이게 하기 위해 필요한 공습의 규모를 과장하고 있다고 생각했다. 국무부 사람들은 국방장관이 공습은 쿠바에서 빈란을 일으켜 결국 미국이 진면 침공에 나설 수밖에 없을 것이라는 과장된 논리를 펴고 있다고 판단했다. 한바탕 설전이 벌어졌고, 군사적 해결책에 대한 논의는 지체되었다.

대통령이 민주당을 위한 유세차 코네티컷주를 방문하고 10월 17일 오후에 백악관으로 돌아왔을 때 세 번째 안이 제시되었다. 맥나마라가 해상봉쇄안을 내민 것이었다. 대통령의 동생인 로버트 케네디(Robert Kennedy) 법무장관과 테드 소렌슨(Ted Sorensen) 대통령 법률보좌관이 맥나마라에 동조했다. 대통령이 가장 신뢰하는 참모들이 한데 뭉친 연합이 형성된 것이다. 대통령은 자신이 원했던 강경책을 지지했던 연합의 구성원이 누구였는지를 상기해보았다. 공습을 지지했던 사람들은 군부, CIA 국장 존 맥콘(John A. McCone), 국무장관 딘 러스크(Dean Rusk), 폴 니체(Paul Nitze), 그리고 딘 애치슨(Dean Acheson)이었다. 대통령에게는 그들이 어떤 대안을 어떻게 내세웠는가보다 그들이 누구인가가 더 중요했다. 정보책임자 맥콘은 전임 공화당 정부에서 일하던 사람이었고, 케네디의 측근들은 대통령에 대한 그의 충성심을 의심하고 있었다. 니체는 해리 트루먼(Harry Truman) 정부 때 국방예산을 네 배나 올려야 할 필요성을 적시한 '국가안보회의 메모랜덤-68호(NSC-68)'를 작성한 장본인이었다.

대통령의 국가안보보좌관 맥조지 번디(McGeorge Bundy)는 10월 18일 '베를린으로의 비화' 가능성 때문에 무행동을 주장했다가 다음날 마음을 바꿔서 미사일에 국한된 공습에 찬성했다. 10월 19일 과거 민주당 대통령 후보였던 UN 대사가 국방장관과 함께 공습 회의론에 동참했다. 맥콘 CIA 국장은 합참에 동조하여 공습을 지지했다. 그런데 이 때 중장거리 탄도미사일(IRBM)까지 쿠바에 반입된 것이 확인되었다. 합참의장은 기습적 공습에 이어 침공을 해야 한다고 태도를 바꿨다. 전 국무장관 딘 애치슨은 무차별 대규모 공습이 아닌 소규모 족집게 공습을 제안했고, 국가안보보좌관도 이에 동조했다. 케네디는 내키지는 않았지만 군부 쪽으로 기우는 듯했다. 이에 국무부 부장관 조지 볼(George Ball)은 기습을 일본의 진주만 공격에 비유하며 비겁한 행동이라고 반대했고, 형이 도조 히데키(東條英機)가 되면 안 된다고 생각한 대통령의 동생인 법무장관은 기습이란 "평생 '카인의 낙인'을 달고 살 일"이라며 고개를 가로저었다. 그러나 대통령이 가장 우려한 것은 '베를린으로의 비화'였다. 그렇게 되면 핵전쟁이 발발할 수도 있었기 때문이다. 고참 외교관 찰스 볼렌(Charles Bohlen)과 르웰린 톰슨(Llewellyn Thompson)은 흐루쇼프에게 퇴각로를 열어준다는 의미에서 최후통첩을 하자고 했지만 반대자가 나왔다. 그러자 재무장관 더글러스 딜론(Douglas Dillon)이 최초로 제안한, 봉쇄를 일종의 최후통첩의 방법으로 삼자는 안이 다시 고려되기 시작했다. 10월 19일 아침에 대통령은 합참의 장군들을 만났다. 그들은 기습이라는 효과를 놓치지 말아야 한다고 주문했다. 공군총장은 해상봉쇄나 정치적 행동 등은 "뮌헨에서의 유화책"과 마찬가지라며 노골적으로 대통령을 몰아세웠다.

이어서 국무부에서 열린 회의 때도 의견은 분분한 상태로 유지되었다. 팀별, 팀 간 토론을 거듭한 후 맥나마라 국방장관이 봉쇄와 협상을 겸한 대안을 제시하면서 미국은 터키와 이탈리아의 미사일을 포기해야 할지도 모른다고 말했다. 케네디 법무장관은 그건 너무 과하다고 생각했다. 그러나 이것이 봉쇄와 최후통첩을 겸하자는, 즉 봉쇄는 1차 단계일 뿐 언제든지 공격할 준비를 갖추자는 대안의 물꼬를 텄다.

정부정치 모델에 따르면, 최종 결정을 내린 집행위원회는 마치 "배우들이 주어진 역할에 따라 연기하고 사전에 결정된 결말로 이끌리는 그리스의 연극"과 같았다. 맥나마라 국방장관은 미사일의 철수를 요구하는 최후통첩이 너무 위험하다며 봉쇄-협상안을 고수하고 있었다. 애들레이 스티븐슨(Adlai Stevenson) UN대사는 그를 지지했다. 군부와 번디 국가안보보좌관은 이틀 후에 공습하자고 주장했다. 그러자 케네디 법무장관이 "봉쇄와 공습"을 조합하는 안을 제시하면서 봉쇄와 동시에 미사일 철수를 요구하는 최후통첩을 보내자고 했다. 그는 소련이 거부하면 그때 공습에 나서는 것으로 '진주만 기습' 문제를 해결할 수 있다고 주장했다. 그러자 전 주소 대사 르웰린 톰슨이 지지하고 나섰다. 대통령은 '봉쇄-협상 안'이 미국이 겁쟁이라는 인상을 줄 수 있다면서 '봉쇄-최후통첩 안'에 힘을 실어주며 법률보좌관 소렌슨에게 초안 작성을 지시했다. 강경파들은 소렌슨이 초안을 작성하며 모종의 꼼수를 부리지 않을까 의심했다. 그들의 우려는 현실로 드러났다. 대통령은 소렌슨이 작성한 초안에서 전쟁의 참화를 강조하는 문구와 미소정상회담을 제안하는 내용을 삭제하도록 지시했다.

앨리슨은 이와 같은 "선택의 정치(politics of choice)"를 상세히 서술하면서 이 정치적 협상과 흥정의 결과물이 색종이나 사진 등의 조각들을 붙여 만든 그림, 즉 "콜라주"와 닮았다고 말했다. 사실 미사일 문제는 단순히 미사일 문제만이 아니었다. 미국 정부의 최정상에 앉은 여러 플레이어들은 문제 자체를 달리 보았다. 같은 문제를 보더라도 다른 측면을 보았다. 그들의 성격, 직책, 그리고 경험에 따라 달리 접근했다. 그리고 이것이 진행된 과정은 매우 미묘하고 복잡한 분석을 하며 "서로 밀고 당기고, 이끌고, 설득하고, 자극하는, 그야말로 한 편의 극적인 스토리"였다. 그리고 최종적 결정은 결국 하나의 콜라주와 같은 모습으로 드러났던 것이다. 무언가 강도 높은 조치가 취해져야 한다는 대통령의 최초 결정이 하나의 요소였다. 그리고 공습에 대한 맥나마라를 비롯한 일부 사람들의 반대가 다른 하나의 요소였다. 또한 쿠바와 베를린을 끊임없이 연결시켜 생각한 여러 사람, 특히 대통령의 걱정도 또 다른 한 요소였다. 이처럼 다양한 요소들을 봉쇄와 공습을 조합한 정부의 결정으로 만들어내기 위해서는 일종의 담금질이 필요했고 로버트 케네디가 그 일을 했다. 그러나 그가 궁극적으로 지지한 대안은 자신이 처음에는 상상도 하지 않았던 것이었다. 게임의 플레이어들 간의 역동적인 대립, 협상, 흥정의 과정으로부터 절충안, 즉 정치적 결과물(political resultant)이 나온 것이다.[4]

....

4 Allison and Zelikow(2005), p. 421.

양면게임 모델

Two-Level Game Model

위에서 살펴본, 손전등 2라고 할 수 있는 앨리슨의 '정부정치 모델'에 따르면, 정부의 행태는 관료들 간의 "흥정게임"의 결과로 이해될 수 있다. 정부정치 모델은 '합리적 행위자 모델'과는 달리 단일체적인 국가를 상정하지 않는다. 대신 의사결정이라는 게임에 참여하는 많은 플레이어들을 주목한다. 그리고 이 모델은 이러한 플레이어들이 선험적으로 주어진 국가이익을 일관되게 추구하기보다는 "각자가 생각하는" 국가이익, 조직이익, 개인이익에 따라 "밀고 당기는" 게임을 한다. 각 부처의 고위직 "공무원들이 정치를 하는 것"이다.

'양면게임 모델'은 합리적 행위자 모델이 전제하는 단일체적 국가를 상정하지 않는다는 점에서 정부정치 모델과 문제의식을 공유한다. 그리고 양면게임 모델은 의사결정에 참여하는 행위자들 간에 벌어지는 정치적 흥정에 주목한다는 점에서도 정부정치 모델과 닮았다. 그리고 국가이익이 선험적으로 주어진다고 가정하지 않는다는 점에서도 그러하다. 그러나 양면게임 모델은 정부 내의 의사결정 과정에서 벌어지는 많은 정치적 행위자 간의 상호작용이 아니라 2개 이상의 국가나 정부 간에 벌어지는 국제적 협상 내의 역동적인 동학이 어떻게 국내적인 조건 및 제약과 동시적이고 쌍방향적으로 연계되고 영향을 미치는지에 초점을 맞춘다. 물론 국내정치와 국제관계는 서로 얽히고설켜 서로에 대해 영향력을 주고받는다는, 즉 국제관계와 국내정치 간의 연계(nexus)와 접점(interface)에 주목하는 비교정치학적·국제정치학적 연구는 꽤 많이 축적되어 있다.[1] 그러나 양 수준이 서로 관계가 있다는 단순하고 일반론적인 지적은 이론적 가치를 가질 수 없다. 국내정치가 국제관계를, 그리고 국제관계가 국내정치를 언제 어떻게 결정하는지에 대한 서술과 설명이 필요한 것이다. 로버트 퍼트남(Robert D. Putnam)은 국제적 협상과 같은 국제 요인들과 국내적 비준(ratification)과 같은 국내 요인들이 "어떻게", 그리고 "언제" 서로 "삽입(embedded)" 또는 "내포(nested)"의 관계에서 역동적으로 영향을 주고받는지에 대해 체계적이고

....

1 예를 들어 체제적 영향(systemic impact)만을 강조하는 월츠 등의 신현실주의(Neorealism)에 반기를 들고 모겐소 류의 정치적 현실주의의 영감과 통찰력을 수용한 기디온 로즈는 양자를 결합/절충하여 신고전적 현실주의(Neoclassical Realism)라는 개념을 제시하였다. 그에 따르면 한 국가의 외교정책의 범주와 야망은 첫째로 그리고 가장 중요하게 해당 국가의 상대적인 물질적 능력에 의해 좌우되지만 물리적 능력이 갖는 외교정책에 대한 영향력은 간접적이고 복합적이다. 왜냐하면 체제적 압력은 의사결정자들의 인식이나 국가 구조와 같은 "단위-수준" 변수들에 의해 매개되어야만 하기 때문이다. 따라서 로즈는 능력과 정책 간의 연관성을 이해하기 위해서는 외교정책이 만들어지고 집행되는 국제적 맥락과 국내적 맥락 모두에 대한 면밀한 검토가 필수불가결하다고 강조한다. Gideon Rose. 1998, "Review: Neoclassical Realism and Theories of Foreign Policy," *World Politics*, Vol. 51, No. 1: 144-172.

구체적으로 모형화하여 양면게임 모델을 제시했다.[2]

손전등 3이라고 할 수 있는 양면게임의 접근법은 국가중심주의 합리적 선택이론과는 달리 국가 간의 관계가 단일체적인 국가가 국가이익을 극대화하기 위해 상호작용하는 것이라고 파악하지 않는다. 이 모델은 정부를 대표하는 협상가가 타국 정부의 협상가와 흥정할 때 조건, 제약 혹은 기회로 작용하는 국내정치와 영향을 주고받으며, 따라서 무엇이 국가이익인지는 선험적·외부적으로 정의되는 것이 아니라 구체적인 협상의 상황과 국내 수준의 세력균형의 변동에 상응하여 그때그때 정해진다고 제시한다. 협상가 자신도 이러한 국제-국내 수준 간의 상호작용에 중요한 역할을 한다. 경우에 따라서는 그의 개인적 정치적 이익이 이른바 국가이익을 거부하거나 재정의하는 상황이 벌어질 수도 있다. 어쨌든 퍼트넘의 양면게임 모델은 "국가이익"이 무엇인가에 대한 국내정치적 갈등의 불가피성을 인정한다. 조금 현학적 용어를 빌리자면, 양면게임의 접근법은 "제2이미지(Second Image)" 또는 "역전된 제2이미지(Second Image Reversed)"[3]와는 달리 정책결정자들이 국내적 요구와 국제적 필요

....

2 Robert D. Putnam. 1988, "Diplomacy and domestic politics: the logic of two-level games," *International Organization*, Vol. 42, No. 3: 427-460.

3 월츠는 전쟁의 원인이 개인, 국가, 체제의 3개 수준에서 발견된다고 하며 이 수준들에 제1이미지, 제2이미지, 제3이미지라는 명칭을 부여했다. 제1이미지는 인간의 본성과 같은 개인적 요인에 의해 발발하는 전쟁을, 제2이미지는 레닌의 제국주의론과 같이 국가의 성격에 의해 발발하는 전쟁을, 그리고 제3이미지는 국제체계의 성격, 즉 무정부상태(anarchy)로 인해 발발하는 전쟁을 보여준다. Kenneth Waltz. 1959, *Man, the State, and War* (New York, NY: Columbia University Press). "국내정치의 국제적 원천(the international sources of domestic politics)"이라 할 수 있는 "역전된 제2이미지"라는 개념은 피터 거비치(Peter Gourevitch)에 의해 제시되었다. Peter Gourevitch. 1978, "The Second Image Reversed: The International Sources of Domestic Politics," *In-*

를 "동시에(simultaneously)" 만족시키려 노력한다는 사실을 인정하고 그것에 주목한다. 이러한 동시성의 조건하에 있는 정부 지도자들은 독특한 전략적 기회와 전략적 딜레마에 직면해 있는 셈이다. 퍼트넘은 양면게임이 "서구 국가들의 정상회담에서 발칸반도에서의 외교까지, 그리고 스리랑카의 정치적 이합집산에서 미국 의회 내의 정치공학적 행동들에 이르기까지 세계 도처에서 벌어지고 있는 사회적·정치적 현상"이라고 보고 있다. 여기서는 양면게임 모델이 제공하는 이론적 영감과 통찰력이 무엇인지, 과연 이 모델은 합리적 선택 모델이 보여주지 못하는 부분을 보여주는지, 보여준다면 어떻게 보여주는지에 초점을 맞춰 그 논리적 구조와 개념들, 그리고 이론적 확장의 가능성을 탐색해보기로 한다.

1978년 제4차 G7 정상회의: 본(Bonn) 회의

퍼트넘은 자신의 모델의 구조와 개념들을 제시하기 전에 하나의 사례를 먼저 소개한다. 이 사례를 들여다보면 자신의 논지와 개념적 도구들이 자연스럽게 부각되기 때문일 것이다. 그 역사적 사례는 1978년의 본 정상회의이다. 퍼트넘은 1976-79년 동안 G7 정상회담에 대한 연구에 참여했다. 그는 1978년 본에서 개최된 제4차 정상회의에서 그 이전과는 질적으로 다른 협상의 양태를 관찰할 수 있었다. 아마도 이러한 경험이 양면게임 모델에 대한 발상에 기여한

....

ternational Organization, Vol. 32, No. 4: 881-912.

것으로 보인다.

1978년 7월 미국(지미 카터, Jimmy Carter), 서독(헬무트 쉬미트, Helmut Schmidt), 일본(후쿠다 다케오, 福田赳夫), 캐나다, 프랑스, 이탈리아, 영국의 정상과 EC(European Community) 대표는 제1차 오일쇼크로부터 서방의 경제를 구출하기 위한 경기부양책을 논의하고 마련하기 위해 서독의 수도 본에서 회합했다. 당시 경기부양책은 신임 카터 정부와 OECD를 포함한 많은 국가가 지지하고 있었고, 경제학자들도 대부분 이 조치가 국제금융·국제통화의 불균형과 불안정을 해소하고 경제성장을 촉진할 수 있다며 그 필요성을 인정하고 있었다. 그러나 서독과 일본은 분별력 있고 짜임새 있게 성공적으로 경제를 운용한 국가들이 "헤프게 돈을 쓰고 낭비벽이 심한" 국가들을 구제해야 한다는 주장은 도덕적 해이를 가중할 뿐이라고 난색을 표명했다. 서독과 미국은 또 다른 차원에서 입장 차이를 노정하고 있었다. 카터 정부가 제출한 야심찬 국가에너지프로그램(National Energy Program) 법안은 의회의 열띤 논쟁 속에서 통과되지 못하고 있었다. 서독의 쉬미트 정부는 미국이 지나치게 수입 석유에 의존하고 있고 평가절하되고 있는 달러에 대해서는 전혀 신경쓰지 않는다고 불평했다. 참가국 지도자들은 세계경제가 심각한 불황에 놓여 있다는 점에 대해서는 모두 동의했지만, 그것이 서독과 일본의 긴축적인 재정정책 때문인지, 아니면 미국의 느슨한 에너지·통화정책 때문인지에 대해서는 의견이 갈렸다.

그러나 본 정상회의에서는 포괄적인 '패키지 딜(취사선택을 허용하지 않는 일괄 거래, 따라서 선호하지 않는 정책도 일부 포함될 수 있는 포괄적 합의)'을 성사시켰고, 참가국 모두가 만족해하는 역사상 유례를 찾아보기 힘든 성공적인 회담 결과를 산출했다. 쉬미트는 GNP의 1%에 달하는 추가적인 재정적 부양책에 동의했고, 카터는 1980년 말까지 국내 석유가에 대한 규제를 완화하겠다고 약속했으며, 후쿠다는 연 7% 성장을 위한 조치를 취하겠다고 선언했다. 이 외에도 프랑스와 영국은 도쿄 라운드 무역협상(1973-79)에서 협력하겠다고 약속했고, 일본은 수입을 늘리고 수출을 줄이는 조치를 취하기로 했으며, 미국도 인플레이션을 잡기 위한 최선의 노력을 경주하기로 했다. 본 회의에서는 범위와 구체성에서 균형 잡힌 합의를 산출했고, 더 경이롭게도 참가국가들은 '패키지 딜'의 사실상 모든 약속을 실제로 이행했다.

퍼트넘은 경제적 관점과는 별도로 정치적 시각에서 어떻게 이러한 성공적인 다자간 합의가 가능했을까 하는 질문을 던지면서 그 이유와 관련하여 두 가지 중요한 포인트를 강조했다. 하나는 본 회의 참가국들이 다자간 국제협상이 없었더라면 추진하지 않았을 정책을 추진하기로 결정했다는 점, 그리고 다른 하나는 각 정부 내의 강력한 소수파가 국내적인 이유로 국제적으로 협의되고 요구된 정책을 선호했기 때문에 그러한 합의가 가능했다는 점이었다. 서독의 경우를 먼저 들여다보면, 서독 내부에서는 국외적으로 조성된 압력에 의해 촉발된 정치과정이 쉬미트 정부 내의 통화팽창주의자들에 의해 은밀하고 주도면밀하게 관리되었다. 사실 서독 국민에게 알려진 바와는 달리 본 합의는 저항하는 또는 "이타적"인 서독에 강요된 것이 아니었다. 사민당과 노동조합들뿐 아니라 총리실과 경제부의 관리들도 경기부양책이 국내정치적으로 바람직하며, 특히 1980년 선거를 고려할 때 그러하다고 1978년 초부터 비공개적으로 주장해오고 있었다. 그러나 그들은 재무부, 자민당(연정 파트너), 재계 및 은행권, 특히 연방은행의 강한 반대를 극복하기 어렵다고 판단하고 있었다. 쉬미트 총리는 통화팽창정책에 대해 공개적으로는 끝까지 반대하는 모습을 보여주었다. 그러나 실상은 보여진 모습과 달랐으며 그의 최측근들만이 그것을 알고 있었다. 총리는 국제사회의 압력에 밀려 자신이 원하지 않는 것을 받아들이는 모양새를 취했지만 실제로 그것은 자신이 선호하는 정책이었던 것이다. 쉬미트는 자신의 선호를 드러낸다면 많은 비용을 지불해야 할 것이라고 생각했다. 쉬미트는 본 정상회의의 '패키지 딜'이 없었더라면 그가 실제로 선호하는 정책을 추진하고 법제화할 수 있는 정치적 동력을 얻지 못했을 것이다.

일본 내의 상황도 유사했다. 재계, 통산성, 경제계획청, 그리고 자민당 내에서 일부 통화팽창주의 정치인들은 대장성(大藏省)의 강력한 저항에도 불구하고 미국의 압력을 핑계 삼아 추가적인 경기부양책을 추진하려 했으나 반대가 절대 만만치 않았다. 이와 같이 일본 내부에 균열이 없었다면 '패키지 딜'이라는 국외적인 압력은 막강한 대장성의 반대로 전혀 먹혀들지 않았을 수도 있었다. 국내적 세력 판도가 통화팽창주의자들에게 말할 필요도 없을 정도로 불리했기 때문이다.

미국에서도 국제적 압력에 의해 내부적 갈등이 심화되었다. 정상회의를 준비하는 동안 미국의 협상가들은 외국의 협상 파트너들을 미국으로 초청하여 말할 기회를 줌으로써 미국인들에게 석유수입을 줄이도록 간접적으로 압력을 가했다. 카터 정부 내의 고위 경제관료들은 긴축적 에너지 정책을 선호했으나, 대통령의 정치적 측근들은 정상회담 이후까지도 그러한 정책에 제동을 걸었다. 정치적인 동기에서였다. 의회의 반대파는 리처드 닉슨과 제럴드 포드(Gerald Ford) 정부에서 그랬던 것처럼 석유가격의 자유화를 지속적으로 방해했다. 결국 카터 대통령은 1979년 4월 미국의 유가를 1981년 10월까지 세계 수준으로 조정할 것이라고 결정했다. 카터의 국내정치 참모들은 정치적으로 위험부담이 있는 이러한 조치를 1980년 대선 이후로 연기할 수 있었다는 데에서 위안을 찾았다. 그러나 중요한 것은 카터가 본 정상회담에서 약속한 것들 거의 모두를 이행했다는 점이었다. 유가 자유화의 지지자들과 반대자들 모두는 1978-79년 겨울 동안의 격렬한 논쟁과 대통령의 최종 결정에 영향을 미친 핵심적 요인이 정상회담에서 내놓은 카터 대통령의 공약이었다는 데 동의했다. 본 합의는 진정한 의미에서 국제적 정책 협력의 표본이 되었다. 강조하건대, 확실한 것은 그러한 국내적 정책 변경들이 국제적 합의가 없었다면 이뤄지지 않았을 것이라는 점이다.

퍼트넘이 위에서 서술했듯이, 각 국가의 내부에서 하나의 정치세력이 국제적으로 요구되는 정책 변경을 지지하지만 수적으로 그것에 반대하는 집단에 밀리는 경우 국제적 압력이 유효할 때가 있다. 어떻게 보면 이와 같은 경우 정책 변경을 위한 필수조건은 국제적 압력인 셈이다. 그러나 다른 한편으로 국내적인 공감대나 반향이 없는 경우 국제적 압력이 어떤 합의를 이끌어내기 어려울 수도 있다. 그 합의가 균형이 잡히고 설득력이 있는 것이라 하더라도 마찬가지이다. 그렇게 되면 결국 각국의 정부 지도자들은 자신들이 생각하는 국가이익을 위해, 그리고 아마도 자신들의 개인적인 정치적 이익을 위해 행동하게 될 것이다. 하지만 우리가 위에서 보았듯이, 본

합의는 국내적 압력과 국제적 압박을 성공적으로 교직(交織)한 사례였다. 퍼트넘에 따르면, 순수하게 국내적인 또는 순수하게 국제적인 관점이나 분석은 이러한 양 수준과 변수들이 쌍방향으로 교직된 사례를 설명하지 못한다. "제2이미지"나 "역전된 제2이미지"의 관점에서의 해석들은 완전한 그림의 일부만을 조명할 수 있을 뿐이다. 예를 들어, 국가들의 국내정치가 어떻게 국제적 협상을 통해 서로 얽히고설키게 되는지를 포함하는 그림 전체를 보여주지는 못한다. 이것이 외교와 국내정치가 어떻게 연결되고 상호작용하는지를 보여주는 이론적인 분석의 틀이 필요한 이유이다. 퍼트넘은 본 회의의 과정과 결과를 배경으로 두고 외교와 국내정치 간의 역동적인 연계에 대한 몇 가지 주요 개념을 제시하고 있다.

1 "의도적 배신(voluntary defection)"과 "비의도적 배신(involuntary defection)": 게임이론에서 자주 언급되는 '죄수의 딜레마(prisoner's dilemma)'에서 합리적인 피의자들은 자신의 이익을 극대화하기 위해 상대가 협력적으로 나온다 하더라도 그를 배신하는 선택을 하게 된다. 이것이 자발적 배신이다. 그런데 양면게임에서 흥미로운 것은 행위자가 의도하지 않게 결과적으로 배신하는 상황이 발생한다는 점이다. 이를 비의도적 배신이라고 부를 수 있는데, 이는 국제협상에서 도출된 합의가 국내 비준이 무산돼 어쩔 수 없이 약속을 이행하지 못하는 대리인의 행동을 지칭한다.

2 국내의 비준권자들의 "동질성과 이질성"이 국제협력의 가능성에 미치는 영향: 이를 분석하기 위해서는 이슈들을 나눠 생각해

야 할 필요가 있다. 즉, 국내적 이익집단이 전체적으로 동질적이고 단지 강경파와 온건파로만 나뉘어 있는 이슈와 국내적 이익집단이 이질적이어서 국내적 균열이 실제로 국제협력을 증가시키는 이슈를 분리해서 접근할 필요가 있다는 말이다.

3 하나의 게임 테이블에서의 전략적 행동이 다른 게임 테이블에서의 기대치 않은 동맹을 형성시키는 상승효과적 이슈-연계의 가능성, 즉 "시너지 연계(synergist linkage)"의 가능성.

4 의사결정자들의 국내적 위상을 강화하는 제도적 장치들이 그들의 국제적 협상력을 오히려 약화할 수 있다는 사실 또는 그 반대의 역설적 사실.

5 국내에서, 그리고 타국에서의 비준 과정을 의식한 국제적 위협, 제안, "측면 보상(side-payments)" 등 "목적타(targeting)"의 중요성: 경험 많은 협상가는 국내무대, 즉 레벨 II에서의 정치적 과정을 염두에 두고 '목적타'를 날림으로써 자국 내에서, 그리고 국외에서 자신의 요구와 위협들의 효율성을 극대화할 수 있을 뿐 아니라 타국에서의 비준을 용이하게 하기 위해 자신이 허용해야 하는 양보의 효율성도 극대화할 수 있다. 이 과정에서 국제무대, 즉 레벨 I의 협상가들은 자주 상호 의존의 관계에 놓이게 된다. 협상의 결과가 레벨 II에서 비준되도록 서로를 도와야 할 입장에 처하기 때문이다. 그들의 행동은 각자의 "정치적 무차별 곡선(political indifference curves)"이 만나는 접촉점(接觸點)으로 수렴하게 되는 것이다. 무역협상이나 무역전쟁에서 이러한 '목적타'가 얼마나 자주 발생하는지를 연구해보면 양면게임의 접근법이 '단일체적(unitary actor)' 분석에 비해 얼마나 더 설명력이 있

는지를 이해하게 될 것이다.

6 국내정치의 불확실성(uncertainty)을 활용하는 전술·전략과 자신의 국내적 형편이 특이함을 호소하며 상대의 양보를 요구하는 "특이 윈-셋(kinky win-sets)"의 특별한 효용성.

7 국제적 압력이 국내에서 반향을 일으키는 "메아리 효과(reverberation)."

8 그리고 국가 지도자와 국민의 이해관계가 충돌할 경우 자신의 국내정치적 이익을 우선시하는 국가 지도자가 국제협력을 위해 허용해야 하는 국내정치적 비용의 임계치(threshold).

양면게임: 국내-국제 간의 상호작용을 묘사하는 은유

비준과 윈-셋

퍼트넘의 양면게임 모델의 핵심 개념은 "비준(ratification)"과 "비준을 얻을 수 있는 모든 합의"의 집합으로 정의되는 "윈-셋(win-set)"을 포함한다. 이들을 설명하기 위해 우선 서로 다른 수준에서의 게임에 대해 논해보자. 퍼트넘에 따르면, 국가 수준, 즉 레벨 II의 수준에서는 국내집단들이 자신들이 선호하는 정책을 정부가 채택하도록 압력을 가하며 정치인들은 그러한 집단들을 엮어 정치적 기반을 형성함으로써 자신의 권력을 유지하고 확대하려 한다. 그리고 국제적 수준, 즉 레벨 I의 수준에서는 각국의 정부들이 국내적 요구를 만족시키는 동시에 국제적 합의가 국내정치에 미치는 부정적 결과를 최소화하려 한다. 레벨 II와 레벨 I에서 서로 독립적인, 그러나 동시에 상호 의존적인 게임이 펼쳐지는 것이다. 한 주권국가가 타 주권국가와 상호 의존적인 관계에 있는 한 의사결정자는 이 두 레벨에서 펼쳐지는 게임 중 어느 것도 무시할 수 없다. 각 국가의 정치지도자는 두 게임의 놀이판, 즉 협상 테이블에 모두 등장한다. 국제협상의 테이블 건너편에는 외국 상대방들이 앉아 있고, 그의 팔꿈치 쪽에는 그의 국제협상 자문역들이 앉아 있다. 그의 뒤편 국내 테이블에는 당원들과 국회의원들이 앉아 있고, 국내기관의 대변인, 주요 이익단체 대표, 그리고 지도자의 정치고문들도 앉아 있다.

이 양면게임에는 특이한 복잡성이 개재된다. 한 테이블에서 플레이어에게 합리적인 행동(에너지 가격의 인상 또는 자동차 수입의 제한 등)이 다른 테이블에서는 같은 플레이어에게 정치적으로 현명하지 못한 것일 수 있다는 것이다. 한국의 예를 들어보자. 2003년 5월 미국을 처음 방문한 노무현 대통령은 한미정상회담 후 "53년 전 미국이 우리를 도와주지 않았으면 저는 지금쯤 북한의 정치범수용소에 있을지도 모른다."라고 말했다. 이는 미국 대통령과 미국인들에게 호의를 보이려는 외교적 제스처였을 수 있으나, 한국 내에서는 그를 지지하던 이른바 진보세력의 상당수가 실망이나 반감을 느꼈다. 또한 양면게임을 조금 확장하면 노무현 대통령의 "외교적 발언"은 또 하나의 외교 상대인 북한에는 적어도 비외교적 또는 적대적 발언으로 받아들여졌을 수도 있다. 어쨌든 하나의 수준에서는 합리적 행동이 다른 수준에서는 현명하지 못한 것으로 받아들여질 수 있다면 행위 주체는 이러한 양면게임의 딜레마를 무엇을 기준으로 어떤 방식으로 관리해야 하는가 하는 근본적인 선택의 문제를 갖고 있는 셈이다. 결과에 만족하지 않는 국제협상 테이블의 플레이어는 국내정치를 의식하여 게임 판을 엎어버릴 수도 있다. 그럴 경우 결렬의 불이익은 어떻게 보상될 수 있는가? 반대로 협상은 성공시켰지만 국내 테이블에서 동료들을 만족시키지 못한 지도자는 자신의 자리에서 퇴출될 수도 있다. 그러나 딜레마는 하기에 따라 달라질 수도, 해소될 수도 있다. 때때로 영리한 플레이어들은 현재의 테이블에서 "정치적 재편(political realignment)"이나 세력균형의 변화를 촉발시킬 수 있는 자료를 다른 테이블에서 발견하여 활용함으로써 달성할 수 없을 것처럼 보였던 목표를 달성할 수도 있다.

양면게임 모델에 대해 한 걸음 더 들어가서 살펴보자. 두 국가를 대표하는 협상가들은 잠정적인 합의가 국내적으로 비준되어야 한다는 제약 하에 합의를 도출하기 위해 회합한다. 협상가들은 국가를 대표하는 정부 수반, 노사 대표, 정당의 지도자들, IMF 팀과 협상하는 재무장관, 하원-상원 위원회의 지도자들, 또는 민족 집단 지도자일 수도 있다. 우리는 양측이 단일 지도자 또는 "핵심 협상가"로 대표되고 있으며, 이들은 특정 정책에 대한 선호가 없고 단순히 그의 유권자들에게 호응받을 수 있는 합의를 달성하기 위해 노력한다고 가정한다. 이제 과정을 두 단계로 나누어 생각해보자.

1 협상가들 간의 흥정은 잠정적인 국제적 합의로 이어진다. 이것이 이뤄지는 장을 '레벨 I(Level I)'이라고 부른다.
2 협상가들이 마련한 잠정적 합의를 비준할 것인지를 두고 벌이는 유권자들 내부에서의 토론으로, 이를 '레벨 II(Level II)'라고 부른다.

이렇게 과정을 순차적으로 '협상 단계'와 '비준 단계'로 분리하는 것은 서술적으로 정확하지는 않지만 설명의 목적상 유용하다. 이렇게 하면 협상에서 실제로 작동하는 "기대 효과(expectational effects)"를 분리하고 도출해낼 수 있기 때문이다. 이 개념을 통해 양 수준에서의 게임들이 어떻게 상호작용하는지를 볼 수 있고 이해할 수 있게 된다. 이것이 합리적 선택 이론은 보여주지 못하나 양면게임 모델은 보여주는 부분들 중 하나이다.

국내 수준인 레벨 II에서는 국제 수준인 레벨 I에서의 협상을 위한 초기 입장을 조율하기 위해 사전 협의와 협상이 벌어질 가능성이 높다. 반대로 레벨 II에서의 비준의 필요성은 레벨 I에서의 협상에도 영향을 미칠 것이 확실하다. 실제로 레벨 II에서 "거부될 것"이라는 기대는 레벨 II에서 어떠한 공식적인 조치가 없어도 레벨 I에서의 협상을 중단시킬 수 있다. 이것이 '기대 효과'이다. 1985년에 시작된 "이란-콘트라 거래(Iran–Contra affair)" 스캔들을 예로 들어보자. 이때 미국과 이란 정부는 모두 무기와 인질을 교환하는 협정을 선호하는 것처럼 보였지만, 1986년에 그것이 공개되자마자 협상은 결렬되었다. 레벨 II에서 "거부될 것"이라는 기대, 즉 '기대 효과'가 '비준 거부'의 기능을 실제로 한 것이었다. 협상가들은 많은 협상에서 그들 간에 가능한 합의를 시도하면서 동시에(simultaneously) 그들의 유권자들의 견해도 파악하기 때문에, 이 레벨 I과 레벨 II 두 단계의 의사결정과정은 반복적으로 발생할 수 있다. 좀 더 복잡한 경우에는, 나중에 보게 되겠지만, 협상 과정에서 유권자들의 견해 자체가 바뀔 수도 있다. 그럼에도 불구하고 레벨 I의 합의가 결국 레벨 II의 유권자들에 의해 비준되어야 한다는 제약은 두 레벨 사이에 중요한 이론적 연계를 만들어낸다.

그런데 레벨 II에서의 비준은 법적 개념인가? 반드시 그렇지는 않다. 퍼트넘에 따르면, 그것은 헌법상 조약 비준을 위해 미국 상원의 3분의 2의 찬성을 필요로 하는 것과 같은 공식적인 투표 절차를 수반할 수 있지만, 레벨 II에서의 모든 의사결정과정, 즉 공식적으로든 비공식적으로든 간에 레벨 I의 합의를 지지하거나 이행하는 데 필요한 행위나 선택을 의미하기도 한다. 다시 말하면, 비준을 의회 기능으로 생각하는 것이 때로는 편리하지만 반드시 그렇게 생각할 필요는 없다는 것이다. 레벨 II의 행위자들은 의회뿐 아니라 관료적 기관, 이익단체, 사회계급 또는 심지어 "여론"일 수도 있다. 예를 들어, 채무국가의 노동조합이 정부가 IMF와 협상한 긴축 프로그램에 대해 필요한 협력을 거부한다면 그 협정의 비준은 실패했다고 말할 수 있다. 이와 같은 전망 또는 기대는 정부와 IMF 간의 레벨 I 협상에 분명히 영향을 미칠 것이기 때문이다. 국제협정의 국내 비준은 민주주의 국가 특유의 것으로 보일 수 있다. 독일 재무장관은 "협력 확대의 한계는 우리가 민주주의 국가라는 사실에 있으며, 우리는 국내에서 다수당의 지위를 확보할 필요가 있다."라고 말한 바 있다. 그러나 퍼트넘에 따르면, 비준이 "민주적"이어야만 할 이유는 없다. 예를 들어, 1930년 일본의 메이지 헌법은 런던 해군 조약의 비준(레벨 II)과 관련하여 일본 군부에 특별한 역할을 부여하는 것으로 해석되었다. 당시 일본은 민주국가가 아니었지만, 비준과 관련한 일본 군부의 특별한 위상은 레벨 I의 일본 협상가들에게 영향을 미쳤다.

비준과 관련해서는 중요한 공식적 제약이 있다. 비준은 주어진 합의의 일부만 취사선택할 수 없고 '예스냐 노냐', 즉 양단간에 이루어져야만 한다는 것이다. 동일한 합의가 '양국'에 의해 비준되어야 해서 (레벨 I 협상을 재개하지 않는 한) 각국의 레벨 II에서 레벨 I 합의를 수정할 수 없기 때문이다. 한 국가의 레벨 II에서 레벨 I 합의의 일부에 대해서만 비준을 한다 해도 상대국의 레벨 II에서 이에 대해 공식적·법적으로 반응할 수 없기 때문이기도 하다. 이와 같이 레벨 I 합의에 대한 수정은 거부로 간주된다. 따라서 최종 비준은 레벨 I 합의를 받아들이든지 아니면 거부하든지 둘 중 하나여야만 한다. 미국의 린 마틴(Lynn Martin) 하원의원은 소위에서 올라온 1986년 세제개혁 법안에 찬성하는 이유를 설명하면서 '비준의 논리'를 정확히 이해했음을 보여주었다. "오늘의 선택은 이 법안과 [보다] 완벽한 법안 사이에 있는 것이 아니다. 오늘의 선택은 이 법안과 세제개혁의 죽음 사이에서 놓여 있다." 올라온 법안의 일부만을 수정할 수는 없고 그 법안을 받아들이든지 죽이든지 해야만 한다는 말이다.

비준이든 거부이든 양단간에 결정된다는 전제하에 레벨 II의 윈-셋은, 레벨 II 유권자의 과반을 확보할 수 있는 합의 중 레벨 I에서 가능한 모든 합의의 집합으로 정의될 수 있다. 퍼트넘에 따르면, 상당히 다른 두 가지 이유로 레벨 II 윈-셋의 등고선은 레벨 I 합의를 이해하는 데 매우 중요하다. 첫째, 다른 사정에 변함이 없다면 윈-셋이 클수록 레벨 I 합의의 가능성이 높아진다. 정의상 성공적인 합의는 각 협상 당사자들의 레벨 II의 윈-셋들에 속해야 한다. 따라서 양국의 윈-셋들이 겹칠 경우에만 합의가 가능하며 양국의 윈-셋들의 크기가 클수록 겹칠 가능성이 높다. 반대로 양국의 윈-셋들의 크기가 작을수록 겹치는 영역이 작아 협상이 결렬될 위험이 커진다. 예를 들어, 포클랜드/말비나스(Falklands/Malvinas) 전쟁이 발발하기 전에 영국과 아르헨티나는 수차례 잠정 합의에 도달했으나 각자의 국내정치적인 이유로 성사되지 못했다. 영국과 아르헨티나의 윈-셋이 전혀 겹치지 않는다는 것이 명백해지자 전쟁밖에는 대안이 없게 된 것이다.

부정적 '기대 효과'로 인한 협상의 결렬과 관련하여 우리는 게임이론의 용어를 빌려 양면게임 모델의 분석적 의미를 제고할 수 있다. 강제집행 능력이 있는 공권력이 부재하는 '죄수의 딜레마' 게임에서 합리적 이기주의자는 자신의 이익을 극대화하기 위해 상대에 대한 협력이 아닌 배신을 선택하게 된다. '의도적 배신' 또는 '자발적 배신'인 것이다. 그런데 퍼트넘은 양면게임에서는 '비의도적 배신'이 중대한 의미를 갖는 대안적 개념이라고 지적한다. 비의도적 배신은 비준이 무산되어 어쩔 수 없이 약속을 이행하지 못하는 대리인의 행동을 지칭한다. 비록 이 두 가지 유형의 행동이 어떤 경우에는 분리하기가 어려울 수 있지만, 기저에 깔린 근본적인 논리는 상당히 다르다. 이에 대해 한 걸음 더 들어가보자. 많은 (신)현실주의 국제정치학자들은 무정부상태의 "자구적(self-help)" 세계에서는 국제협력에 대한 전망이 극히 낮다고 보고 있다. 이러한 체제하에서는 정책결정자들이 상대국을 속이고자 하는 인센티브를 가지고 있을 확률이 높기 때문일 것이다. 그러나 퍼트넘은 로버트 액셀로드(Robert Axelrod)나 로버트 커해인(Robert Keohane)을 인용하면서 '다시 만나게 될 것이라는 기대'를 가지고 있는 행위자들 간에는 배신의 유혹이 극적으로 줄어들 수 있다는 점을 상기한다.[4] 1978년 본 합의는 이들의 논지를 정당화한다. 사실 무정부상태의 정책결정자들이 실제로 계속해서 배신의 유혹을 받았다면 1978년 이야기의 몇몇 특징은 매우 이례적이다. 예를 들어, 본 회의 참가자들은 세심한 주의를 기울여 협정문을 만들었지만 예상치 못한 배신으로부터 당사자들을 보호할 수 있는 조건부적, 시차적 이행 등에 대한 조항을 포함하지 않았다. 더욱이 서독과 일본은 유가 통제에 대한 미국 대통령의 조치가 나오기 6개월 전, 그리고 그 결정이 실행되기 거의 2년 전에 협정의 일부를 돌이킬 수 없도록 법제화했다. 일단 서독과 일본이 그러한 조치를 취했기 때문에 미국 대통령에게 주어진 배신의 유혹은 압도적이었지만, 카터 정부 내에서 유가 통제를 둘러싸고 갈등하던 강경파와 온건파 중 본 협정을 무시해야 한다고 말한 사람은 아무도 없었다. 요컨대, 본에서의 "약속"은 상당한 정치적 무게가 실린 것으로 누구도 무시할 수 없었다. 왜냐하면 그들은 다시 만나야 하고 '배신의 평판'은 높은 정치적·외교적 비용을 수반하기 때문이었다.

그러나 협상가들은 본의 아니게 배신을 하게 될 수도 있다. 이는 '비의도적 배신'이다. 어떤 양면게임에서든 협상가는 비준을 보장할 수 없기 때문에, 비록 배신에 따른 "평판 비용(reputational costs)"이 높디라도 그의 공식적인 약속의 신뢰도는 낮을 수 있다. 케네디 라운드 무역협상에서 미국 의회가 이전에 합의된 "미국판매가(American Selling Price)" 제도[5]의 폐지를 비준하지 못한 것은 고

....

4 Robert Axelrod. 1984, *The Evolution of Cooperation* (New York, NY: Basic Books); Robert Keohane and Joseph Nye. 1975, "Transgovernmental Relations and International Organizations", *World Politics*, Vol. 27, No. 1: 39-62.

5 '미국판매가' 제도(Fordney-McCumber Act of 1922)에 따르면, 미국으로 수입되는 상

전적인 사례 중 하나이다. 또 다른 사례로는 사토 에이사쿠(佐藤英作) 일본 총리가 "섬유 전쟁" 때 닉슨 대통령에게 한 약속을 이행하지 못한 것을 들 수 있다. 1985-87년의 기간 동안 서구 국가들 간의 경제협력에 가장 큰 부담을 주었던 장애물은 미국의 로널드 레이건(Ronald Reagan) 대통령이 아무리 선의로 미국의 재정적자를 줄이겠다고 약속했더라도 정치적 이유 때문에 결국 약속을 이행할 수 없을 것이라는 독일인들의 우려였다. 요컨대, 이러한 사례를 동원하면서 퍼트넘이 주목한 것은 비의도적 배신과 윈-셋 간의 관계이다. 윈-셋이 작을수록 비의도적 배신의 위험성이 커지며, 따라서 '집단행동(collective actions)의 딜레마'에 관한 이론이 많은 설득력을 획득할 수 있다.[6]

윈-셋의 규모가 중요한 두 번째 이유는 각국의 레벨 II 윈-셋의 상대적 크기가 국제적 협상력과 흥정에 따른 공동 이익의 분배에 영향을 미친다는 것이다. 나의 윈-셋이 크다고 인식될수록 나는 레벨 I의 상대방 협상가들에게 더 많이 "끌려다닐" 수 있다. 반대로, 나의 국내 윈-셋이 작다고 인식될수록 "당신의 제안을 받아들이고 싶지만 본국에서 그것을 받아들이게 할 능력이 나에게는 없다."라고 말함으로써 나의 협상력을 높일 수 있다. 역설적이게도, 협상가

....

품에 대한 관세는 그것과 같은 미국 상품의 가격의 50%에 해당하는 액수로 책정된다. 예를 들어, 어떤 영국 상품이 20달러이고 같은 미국 상품의 가격이 50달러라면 영국 상품에 대한 관세는 50달러×50%=25달러이다. 따라서 영국 상품의 가격은 45달러가 되는 것이다.

6 협상 주체가 상대 주체와의 합의로부터 도출될 수 있는 보다 큰 집단적·장기적 이익보다 개별적이고 즉각적인 이익을 추구할 경우, 즉 윈-셋이 작다는 이유로 손쉬운 비자발적 배신을 선택할 경우 국가 간의 협력은 어려워진다.

의 힘은 양보할 수 없는 무능력, 상대방의 요구를 들어줄 수 없는 명백한 무능력에 달려 있다. 어떤 정부가 국내법에 의해 제약을 받고 있다고 인식하면 그 정부는 상대방에 대해 확고부동한 입장을 취할 수 있게 된다.

물론 이와 같은 전략들은 상대방의 양보 능력을 넘어서는 자승자박, 즉 자신의 운신의 폭을 좁힐 위험성을 갖고 있고, 따라서 교착이나 결렬의 가능성을 높일 수도 있다. 하지만 윈-셋이 협상가의 통제범위를 벗어나더라도 그는 이 윈-셋의 지렛대를 이용하여 협상을 유리한 방향으로 끌고 갈 수 있다. 미국 협상가들은 의회 비준의 어려움을 때때로 악용하기도 한다. 예를 들어, 파나마운하조약의 협상 과정에서 미국 국무장관은 파나마인들에게 "새 조약은 적어도 67명의 상원의원들에게 받아들여져야 할 것"이라고 여러 차례 경고했고, 카터는 파나마의 오마르 토리호스(Omar Torrijos)에게 보낸 친서에서 "미국의 추가 양보가 비준의 기회를 심각하게 위협할 것"이라고 경고했다. 그러나 상대방도 이런 전략에 선제적으로 대응할 수 있다. 그들은 "발목 잡히기(tying hands)" 전략을 구사할 것으로 의심되는 협상가에게 레벨 I 협상을 열기 전에 레벨 II에서 "협상할 수 있는 여지가 있음"을 보장하라고 요구할 수 있다. 윈-셋 크기의 "단맛과 신맛"의 의미는 〈그림 1〉에서와 같이 X와 Y의 단순한 제로섬 게임을 보여준다.

Xm과 Ym은 각각 X와 Y가 얻을 수 있는 최대 결과를 나타내며, X1과 Y1은 최소이지만 비준은 될 수 있는 결과를 나타낸다. X1과 Y1 사이는 양 당사자의 비준 가능 영역이 겹치는 부분으로 이 사이의 모든 합의는 비준될 수 있다. Y의 윈-셋이, 예를 들어 Y2(아마도

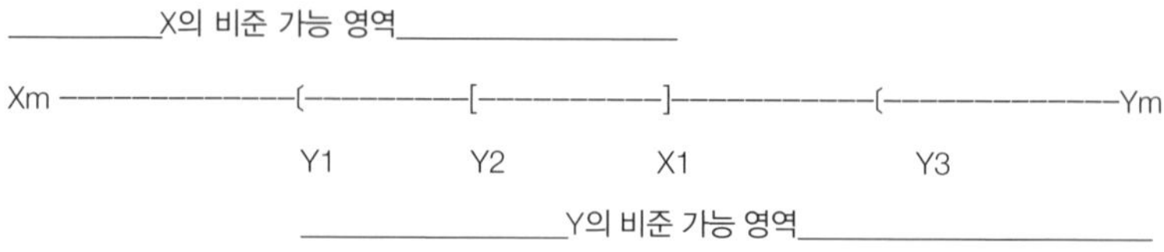

그림 1 윈-셋 규모 축소의 효과

비준을 위해 3분의 2 등 대다수의 찬성이 필요하다고 압력을 가함으로써)로 낙착이 된다면(Y1에서 Y2로 감소한다면) Y1과 Y2 사이의 합의는 더 이상 비준이 불가할 것이고, 따라서 실현 가능한 합의의 범위는 Y에게 이롭게 줄어들 것이다. 그러나 이번 성공으로 대담해진 Y가 윈-셋을 Y3(아마도 비준에 만장일치를 요구함으로써)으로 더 줄인다면 양자의 윈-셋들이 더 이상 겹치지 않기 때문에 협상은 갑자기 교착 상태에 빠지거나 결렬될 것이다.

윈-셋의 결정요인들

그렇다면 흥미로운 질문은 당연히 "윈-셋을 결정하는 요인은 무엇인가?"가 될 것이다. 퍼트넘에 따르면, 아래의 세 가지 요인이 특히 중요하다.

1 레벨 II에서의 권력, 선호, 연합들
2 레벨 II에서의 정치제도들
3 레벨 I에서의 협상가들의 전략들

1. 레벨 II에서의 권력, 선호, 연합들

윈-셋의 크기는 레벨 II 유권자들 간의 권력, 선호 및 가능한 연합들의 분포에 따라 달라진다. 퍼트넘은 국내정치이론들을 동원하면서 레벨 II에서의 정치와 흥정과 관련된 세부사항들을 추상화하면 윈-셋의 크기를 좌우하는 어떤 원칙을 스케치할 수 있다고 말한다. 예를 들어, 우리는 레벨 II 유권자들에 대해 매겨지는 "협상 결렬" 비용이 낮을수록 윈-셋이 작다는 것을 알 수 있다. 비준은 제안된 합의안을 다른 (아마도 매력적인) 대안들과 비교하는 과정이 아니라 오로지 협상 결렬, 즉 "무합의"에 대해서만 유권자들에게 그 찬반 여부를 묻는 과정이라는 것을 상기하라. 무합의는 대개 현상유지를 의미하지만, 어떤 경우에는 사실상 상황의 악화를 초래할 수도 있다. 미국의 베르사유 조약에 대한 비준 실패가 그러한 사례라고 할 수 있다. 어떤 유권자들은 낮은 무합의의 비용을 치르지만 어떤 유권자들은 높은 무합의의 비용을 치를 수 있다. 그리고 낮은 무합의의 비용을 치르게 되는 유권자들은 레벨 I에서의 합의에 대해 상대적으로 더 회의적일 것이다. 예를 들어, 맞벌이 가정의 구성원은 외벌이 가정의 구성원보다 파업에 더 적극적이고, 작은 마을의 이발사들은 국제은행가들보다 더 고립주의적일 수밖에 없다. 이러한 의미에서 어떤 유권자들은 레벨 I에서의 합의에 대해 그것의 구체적 내용과는 별 상관 없이 전적으로 반대하거나 전적으로 찬성할 수 있고, 그렇지 않은 유권자들은 합의의 구체적 내용을 판단하고 찬반을 결정하게 될 것이다. 요컨대, 윈-셋의 크기(따라서 레벨 I 협상장에서의 협상가의 운신의 폭)는 (일반적으로 국제협력에 반대하는) '고립주의' 세력과 (전적인 지원을 제공하는) '국제주의' 세력의 상대적 규모에 따라 달라진다. 국제협정에 대한 지지는 개방경제이고 무역의존적인 작은 국가들에서 아마도 더 클 것이다. 미국처럼 자급자족이 가능한 국가들은 국제협력에 대한 지지가 덜할 것이다. 이런 나라들의 국민은 무합의의 비용이 일반적으로 낮기 때문이다. 다른 조건이 같다면, 윈-셋이 작은 자급자족국들은 국제협정을 많이 체결할 이유가 없고 협정을 체결하는 경우에는 협상이 결렬되어도 아쉬울 것이 없기 때문에 상대국(들)에게 "아니면 말고"라는 식의 고자세로 나갈 가능성이 높다.

레벨 II에서의 유권자들의 선호가 동질적이냐 이질적이냐 하는 문제는 윈-셋의 크기 및 그 변화와 관련하여 중요한 요소이다. 이해관계가 동질적인 경우에는 무합의에 대한 찬성과 반대가 레벨 II 유권자들 사이에서 유일하게 유의미한 의견 불일치가 된다. 즉, 유권자들은 합의가 이뤄지지 않았을 때 발생하는 결과에 대해서만 의견이 나뉜다는 것이다. 1979년 도쿄 정상회담에서 추구되었던 것처럼, 석유소비국들이 석유수입을 제한하는 합의를 이끌어내기 위한 협상을 진행할 때 모든 참여국의 레벨 II 유권자들은 자국이 가능하면 더 많은 수입쿼터를 받아내기를 원했을 것이다. 아마 어떤 유권자들은 자국이 많은 쿼터를 확보하기 위해 너무 밀어붙이면 협상 자체가 깨질 수 있다고 우려할 정도였을지도 모른다. 이렇게 유권자들의 선호가 동질적이면 협상가는 고민할 필요 없이 "가능하면 많이"라는 원칙을 따르면 된다. 협상가가 레벨 I에서 더 많은 이익을 확보하면—미국의 경우 다자간석유수입제한 협상에서 더 많은 쿼터를 확보한다거나, 소련의 미사일 탄두중량을 더 감축한다거나, 파나마운하의 사용료를 더 낮춘다거나 하는 등—레벨 II에서 비준을 받을 확률이 더 높아진다. 미국의 카터 대통령과 사이러스 밴스(Cyrus Vance) 국무장관이 파나마인들에게 했듯이, 협상가는 합의에 반대하는 국내의 동질적 강경파의 위협을 거론하며 레벨 I에서 최대한의 이익을 도출할 수 있다. 국내의 이해관계가 상대적으로 동질적인 다른 국제적 사례로는 전략무기제한(SALT)을 위한 회담, 아랍-이스라엘 분쟁 등이 포함될 수 있다. 비록 각각의 경우에 협상 목표를 달성하기 위해 얼마나 협상 교착의 위험을 감수해야 하는지에 대한 의견이 다를 수는 있지만, 협상가는 도출된 합의가 상대국들의 무기를 너무 많이 줄인다거나, 외국의 양보에 대한 보상을 너무 적게 제공한다거나, 상대방에 대한 안전보장을 너무 적게 제공한다거나 하는 국내에서의 비난에 직면하지는 않을 것이다. 협상가는 협상이 깨지지 않을 정도로만 밀어붙이는 것으로 그의 임무를 다하게 되는 것이다. 이러한 동질적인 조건하에서 협상가의 가장 중요한 문제는 그의 유권자들의 기대와 협상 가능한 결과 사이에 간극이 너무 커지지 않도록 관리하는 것이다. 협상가는 상대국의 전술·전략에 대해 신경쓸 필요가 없다. 어차피 자신의 레벨 II에서는 적의 요구에 대해 동정적인 유권자들을 찾을 수 없을 것이고, 적의 진영, 즉 적의 레벨 II에서 그와 그의 유권자들의 입장을 지지하는 세력을 찾을 수 없을 것이기 때문이다. 즉, 침습(侵襲, suasion)이 발생하지 않는 경우인 것이다.

유권자들의 선호가 이질적인 경우는 보다 흥미롭다. 레벨 II 유권자들의 선호가 이질적인 경우 레벨 I에서의 합의는 유권자들에게 불균등하게 영향을 미치게 되므로 일부는 지지하고 일부는 공격할 것이다. 어떤 경우에는, 특히 협상가가 양 유권자 집단들의 이해관계의 중간에서 타협된 합의를 이끌어냈을 때는 양쪽 모두로부터 협공을 받을 수도 있다. 예를 들어, 국제적으로 조율된 경기부양책이 레벨 II에서 모든 이해세력에 공격당할 수 있다. 은행가들은 그것이 너무 지나치다고 비난할 것이고, 노조원들은 그것이 턱도 없이 부족하다고 비난할 것이다. 1919년에 미국인들 일부는 베르사유 조약이 패전국들에 너무 가혹하다고 반대했고, 다른 일부는 그 조약이 너무 관대하다고 반대했다. 한국의 노무현 정부는 2003년 이라크에 대한 대규모 전투병의 파견을 놓고 이를 요청하는 미국 및 그 국내 지지세력인 '동맹파'와 그에 반대하는 '자주파' 세력 사이에서 중도적 타협책을 추진했다. 한미동맹을 고려하여 전투병을 파견은 하되 규모를 상당히 하향 조정했던 것이다. 당시 상황에서는 선택지가 별로 없었지만 타협책은 양 세력 모두로부터 비판과 저항을 받은 바 있다. 유권자들의 선호가 극명히 이질적이었기 때문이다. 퍼트넘의 이론에 따르면, 이러한 패턴은, 예를 들어 해상무기와 공중무기 간의 제로섬적 문제를 다뤄야 하는 군비통제 협상이나 봉급과 연금 사이의 '트레이드오프(tradeoff)'[7] 관계를 다뤄야 하는 노동·임금 협상 등과 같이 협상이 복수의 이슈를 동시에 다룰 때 더 자주 발견된다.

유권자들의 선호가 이질적이어서 발생하는 국내적 분열의 효과는 '비의도적 배신'의 위험을 높여 레벨 I에서의 합의를 저해할 수 있다. 국내정치가 국제협력을 저해한다는 통념은 바로 이런 경우이다. 그러나 어떤 경우에는 이질적 조건이 국제협정의 타결에 기여할

7 트레이드오프는 어느 것을 얻으려면 반드시 다른 것을 희생해야 하는 관계를 말한다. 그 예로 완전고용과 물가안정은 서로 모순된 관계여서 실업을 줄이면 물가가 올라가고 물가를 안정시키면 실업률이 높아지는 것 등을 들 수 있다.

수도 있다. 예를 들어, 레벨 II의 유권자들의 선호가 이질적이어서 세 가지 대안, 즉 A, B, 그리고 무합의로 나뉘어 있다고 가정해보자. 첫째, 레벨 II에서 45%의 유권자들의 선호도는 A > 무합의 > B, 둘째, 레벨 II에서 45%의 유권자들의 선호도는 B > 무합의 > A, 셋째, 레벨 II에서 10%의 유권자들의 선호도는 B > A > 무합의라고 한다면, A와 B 모두는 윈-셋에 속하게 된다. 반면에, 90%의 유권자들의 선호도가 A > 무합의 > B이고, 10%의 유권자들은 선호도 B > A > 무합의를 고수한다면, A만이 윈-셋에 속하게 된다. 이와 같이 국내적으로 분열되어 있는 국가의 정부는 하나의 정책만을 고집하는 정부에 비해 국제협정을 타결할 수 있을 가능성이 더 높다. 반대로, 다른 조건이 같은 경우 구속력이 있는 훈령이 사전에 협상가들에게 부과된다면 양국에서 비준될 수도 있는 레벨 I의 결과들이 오히려 제외될 수 있다.

흥미로운 부분은 유권자들의 선호가 이질적일 때 "초국가적 연합(transnational coalitions)"이 형성될 수 있다는 점이다. 레벨 II 내의 분열이 레벨 I의 과정에 영향을 줄 수 있으며, 레벨 I 협상가가 상대국의 국내정치적 테이블에서 자신을 위한 "침묵하는 지지자들"을 발견할 수도 있다는 것이다. 예를 들어, 이탈리아의 은행가들은 이탈리아 정부가 보다 긴축적인 통화정책을 추진하도록 하기 위해 IMF 등과 같은 국제적 요구나 압력을 환영할 수도 있다. 이와 같이 암묵적 또는 명시적 '초국가적 연합'은 국제합의의 가능성을 높여줄 수 있다. 1978년 본 정상회의의 합의는 국내적 균열이 오히려 국제협력의 전망을 밝게 해준 전형적 사례였다.

"이슈의 정치화(politicization)"도 윈-셋을 결정하는 주요 요인이다. 이는 이슈를 통해 비활성화되어 있던 유권자들을 자극하여 활성화하는 전략이다. 우리는 지금까지 유권자들이 비준 과정에 참여한다고 암묵적으로 가정했다. 그러나 사실 참여율은 집단과 이슈에 따라 다르며 이러한 차이는 윈-셋의 크기와 관련하여 중요한 함의를 가질 수 있다. 예를 들어, 레벨 I 합의의 비용·수익이 상대적으로 한편에 집중되어 있다면 가장 크게 영향을 받는 유권자들은 비준 과정에서 특별히 강력한 영향력을 행사하려 할 것이다. 레벨 II 게임이 통화·금융 이슈보다 무역 이슈에서 더 중요한 이유는 참여율이 무역 이슈에서 상대적으로 더 높기 때문이다. 레벨 II 유권자들이 얼마나 참여적이냐 하는 문제는 이슈가 얼마나 "정치화"되느냐에 달려 있다. 이슈의 정치화는 무합의 비용을 걱정하지 않는 집단을 자극하여 관심을 갖게 하고 참여를 증진해서 윈-셋의 크기를 줄이는 역할을 할 수 있다. 예를 들어, 파나마운하 이슈의 정치화는 외교 테이블 양측의 운신의 폭과 협상의 유연성을 축소했다. 이것이 직업 외교관들이 '비밀외교(secret diplomacy)'를 선호하는 이유 중 하나이다. 우드로 윌슨(Woodrow Wilson) 미국 대통령이 행한 1919년의 대륙횡단 캠페인은 정반대의 아이디어를 활용한 데 따른 것이었다. 그는 베르사유 조약을 비준하기 위해 더 활동적인 유권자들의 수를 확대하고자 했던 것이다. 그러나 정치화된 유권자들이 반드시 그를 지지하게 된 것은 아니었기 때문에 그의 '이슈 정치화' 캠페인은 실패했다.

"이슈-연계(issue linkage)"도 윈-셋의 크기에 영향을 미치는 요인이다. 우리가 지금까지 사용한 가정은 협상이 단 하나의 이슈만을 다룬다는 것이었다. 퍼트넘은 이 가정을 완화하면 레벨 I과 레벨

II에서의 과정이 크게 달라질 수 있다고 강조한다. 레벨 II의 다양한 집단은 다중 이슈 협상과 관련된 여러 문제에 대해 서로 다른 선호도를 가질 가능성이 높다. 일반적으로, 특정 문제에 가장 큰 이해관계를 가진 집단은 그 문제에 대해 가장 극단적인 입장을 취할 가능성이 높다. 예를 들어, 국제해양법 협상에서 미국 국방부는 해상로 문제에 대해, 내무부는 해저채굴권 문제에 대해 예민하게 반응했다. 이 부서들이 '우리 문제는 건드리지 말라는 식'으로 레벨 I 협상가들의 입장을 경직되게 했다면 협상은 결렬될 수밖에 없었을 것이다. 더 정확히 말하자면, 이 경우 상대국의 레벨 II에서 비준될 수 없을 것이기 때문에 아예 협상이 가능하지 않았을 것이다.

이와 같이 협상 대표는 상이한 이슈들을 가지고 협상하면서 딜레마에 빠지게 된다. 하나의 이슈에서 이익을 얻으려면 다른 이슈에서 손실을 볼 수밖에 없기 때문이다. 해상로 문제에서 이익을 얻기 위해서는 해저채굴권 문제에서 얼마나 양보해야 하는가? 쇠고기 수출 문제에서 이익을 얻기 위해서는 오렌지 수출에서 얼마나 양보해야 하는가? 이와 같은 딜레마가 각각의 윈-셋에 대해 가지는 함의는 "정치적 무차별" 곡선에 의해 분석될 수 있다. 이 곡선은 경제학의 무차별 곡신(효용이 동일한 두 재화의 조합을 나타내는 점들을 연결한 선)과 같다. 단지 효용을 표(vote)로 대체하고 있을 뿐이다.

〈그림 2〉를 보자. A국가가 가장 선호하는 결과는 A_M이다. 예를 들어, A국가의 쇠고기 산업과 오렌지 산업 모두가 받아들일 수 있는 결과이다. A_M을 향해 오목한 곡선들은 이 A국가의 쇠고기 산업의 이익과 오렌지 산업의 이익 사이에 존재하는 모든 가능한 딜레마적 위치들, 즉 '트레이드오프'의 위치들을 나타낸다. A_1-A_2 곡선은 A

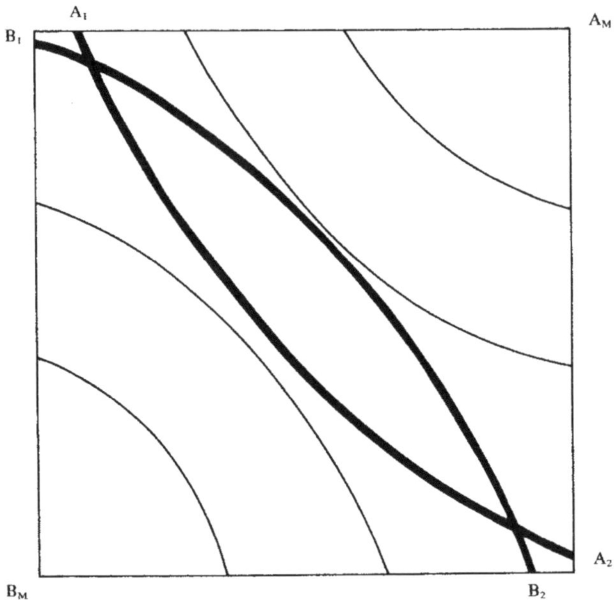

그림 2 정치적 무차별 곡선

국가에서의 비준에 필요한 최소한의 표의 수를 나타낸다. 그러니까 A_1-A_2-A_M의 영역은 A국가의 윈-셋이다. A_1-A_2 곡선과 B_1-B_2 곡선이 겹치는 렌즈 모양의 영역은 A국가와 B국가에서 공히 비준될 수 있는 일련의 합의들을 표시한다. 요컨대, 핵심은 이것이다. '패키지 딜(쇠고기 산업의 이익과 오렌지 산업의 이익이 동시에 고려되고 협상되는)'의 가능성은 양면게임에서 협상가들에게 다양한 전략적 대안을 제공한다. 이슈-연계는 국내 및 국제 정치가 어떻게 얽힐 수 있는지 이해하는 데 절대적으로 중요하다. 이슈를 바꿔 한 걸음 더 들어가 보자.

레벨 II에 있는 대다수의 유권자들이 주어진 정책(예를 들어, 유가 통제라는 레벨 I 합의)에는 반대하지만 그들 중의 일부는 더 많은 일

자리(예를 들어, 수출 산업에서의 일자리 증가)에 대한 대가로 해당 문제에 대한 투표를 기꺼이 바꿀 수 있다. 이슈들이 연계된 결과인 것이다. 협상이 레벨 II로 제한되는 경우에는 그 트레이드오프가 기술적으로 실현 가능하지 않지만, 레벨 I에서의 조작이 가능한 경우에는 수석 협상가가 더 많은 일자리를 제공하는 국제적 거래를 중개함으로써 레벨 II의 국내 테이블에서의 초기 결과를 뒤집을 수 있다.

이러한 "초국가적 이슈-연계(transnational issue linkage)"는 1978년 본 합의에서 매우 중요한 요소였다. 이 전략은 국내 유권자의 선호도를 변경하는 것이 아니라 국내적 통제에서 벗어나 있던 정책 옵션(예를 들어, 신속한 수출 성장)을 만들어내는 방식으로 작동한다. 퍼트넘은 이와 같은 레벨 II에서의 세력 분포를 변경시킬 수 있는 레벨 I의 '이슈-연계'를 "시너지 연계(synergist linkage)"라고 부른다. 사례를 들어보자. 도쿄 라운드[8] 당시 각국은 외부적 압력(그리고 트레이드오프 혜택)이 없었다면 유권자들의 압력이 국가 정책을 저지할 수도 있는 상황에 처해 있었다. 그러나 이들 국가의 지도자들은 국제협상을 활용하여 국내적 개혁을 추진하는 데 성공했다. '이슈-연계'는 경제적 상호 의존에 기초하여 실행 가능한 대안들의 집합을 확장했다. '이슈-연계'는 국가 경계를 넘어 국내외 국제 사이에 얽히고설킨 영역, 즉 "정치적 전결(缠结, political entangle-

....

8 1973-79년까지 개최된 가트(GATT, 관세 및 무역에 관한 일반 협정)의 일곱 번째 다자간 무역협상인 도쿄 라운드에서는 과거의 다자간 협상과 달리 관세 이외에 비관세장벽의 자유화도 다루어졌다. 그 결과 공산품의 관세율을 1987년까지 평균 33% 낮추기로 합의했고, 반덤핑·상계관세·기술장벽과 같은 비관세 분야에서 협정을 체결하는 성과를 거두었다. 도쿄 라운드 협상은 1948년 가트 출범 이후 가장 포괄적인 합의를 이루어낸, 자유무역주의의 성공이자 상징이라고 간주된다.

ments)"을 만들었고, 국내 연합(및 정책 결과)을 변경할 수 있는 기회를 배가했다. 퍼트넘은 이러한 '시너지 연계'가 국가 간의 상호 의존성이 증가하면 더 빈번해질 것이며 이것은 양면게임의 접근법으로만 설명 가능한 것이라고 강조하고 있다.

2. 윈-셋의 규모는 레벨 II 정치제도에 따라 다르다

하나의 정치적 제도인 비준 절차는 윈-셋의 규모에 분명히 영향을 미친다. 예를 들어, 비준을 위해 3분의 2의 찬성표가 필요한 경우에는 단순 과반수만 필요한 경우보다 윈-셋이 확실히 작아질 것이다. 퍼트넘은 한 경험 많은 관찰자를 인용하면서 "미국 헌법에 따르면, 상원의원 100명 중 34명은 어떤 조약이든 비준을 저지할 수 있다. 이것은 우리 민주주의의 불행하고 독특한 특징이다. 소규모 집단의 사실상의 거부권 때문에 많은 가치 있는 합의들이 거부되었고, 많은 조약들은 비준을 위해 고려될 기회도 갖지 못한다."라고 지적했다. 미국의 권력분립이라는 제도는 다른 나라들에 비해 미국의 윈-셋의 크기에 대해 구조적 제약을 가하고 있다. 이는, 앞서 말한 바와 같이, 미국이 자족적인 국가라는 점과 함께 미국이 협상력은 갖지만 동시에 국제협정을 자주 맺지 않는 이유를 설명하는 한 요인이기도 하다. 나아가 이러한 미국의 제도적 특징은 미국의 '비의도적 배신'의 가능성을 높이고 잠재적 협상 파트너들이 미국과의 협상에 대해 회의를 갖게 만들기도 한다.

미국의 1974년 무역확대법(Trade Expansion Act of 1974)은 미국의 비준 절차를 조정했다. 최종합의에 대해 의회가 개입할 가능성을 줄이기 위한 조치였다. 이로써 미국의 협상가들은 타국 협상가들의 신뢰를 어느 정도 회복할 수 있었다. 이 법은 "미국판매가" 소동 이후 국제합의에 대한 미국 의회의 임시방편적인 비준(즉, 처음부터 계획되거나 일관된 것이 아니라 때에 따라 달리 행해지는 비준)이 국제협상을 방해한다는 여론이 일면서 채택되었다. 이 법의 핵심은 의회가 국제합의에 대해 오로지 비준을 할 것인지 아닌지를 묻는 것이었다. 그럼에도 불구하고 국민을 대변하는 의회의 특수성을 고려하여 특별한 소통장치가 마련되었다. 레벨 I의 협상가들과 그들의 레벨 II 유권자들 간의 소통을 개선하기 위한 민간부문위원회 체제가 그것이다. 이는 이익집단들을 협상장으로 끌어들인 것으로, 그들로 하여금 그들의 요구가 직접적으로 협상 과정에 노출되도록 하는 효과를 노린 것이었다. "레벨 I의 협상가는 레벨 II의 유권자들에게 그들의 기대수준을 낮춰달라고 직접 설득하는 책임을 지기보다는 이익집단들이 (또는 그들을 보다 직접적으로 대표하는 주체들이) 자신들을 설득하게 될 상황을 만들어낼 수 있는 것이다."

모든 중요한 비준 절차가 공식화되어 있는 것은 아니다. 예를 들어, 일본은 다수결주의를 채택한 여타 국가들과는 달리 어떤 행동을 취하기 전에 가능한 한 광범위하게 국내적 의견 일치를 추구하는 경향이 있는데, 이는 일본의 윈 셋을 축소시키는 것이다. 윈 셋의 규모에 영향을 미치는 또 다른 국내정치적 제도나 관행이 있을 수 있다. 예를 들어, 여당 내에 강력한 규율과 기강이 서 있는 경우 이는 레벨 I의 협상가가 지원을 받을 것으로 기대할 수 있는 합의 범위를 넓혀 윈-셋을 확대할 수 있다. 당의 규율이나 기강이 약할 경우 결과는 반대가 될 것이다. 이 문제는 '국가 강도(state strength)' 또는 '국가의 자율성(state autonomy)'이라는 개념과 연결지어 생각해볼 수 있는 사안이기도 하다.

상식적으로 볼 때, 의사결정자들이 그들의 레벨 II 유권자들로부터 자율성을 더 많이 가질수록 국제합의가 이루어질 가능성이 높아진다고 말할 수 있다. 예를 들어, 중앙은행이 국내의 정치적 압력으로부터 자유롭다면 이는 윈-셋을 증가시켜서 국제통화 협력의 가능성을 높일 것이다. 그러나 양면게임 분석은 상식적으로 접근할 수 없는 부분에 빛을 비추어준다. 우리는 이를 통해 국제 합의 자체와 나의 이익이 관철된 국제 합의를 구분할 수 있게 된다. 양면게임 모델에 따르면, 위에서 말한 바와 같이, 다른 조건이 같다면 국내적 압력에 대해 더 큰 자율성을 가진 강력한 국가가 국제협상에서는 오히려 상대적으로 취약한 입장에 서게 될 수도 있다. 예를 들어, 독재정권을 대표하는 외교관은 자국의 국내 유권자들이 불리한 거래를 결코 받아들이지 않을 것이라는 등의 핑계로 협상 상대를 설득하는데 어려움을 겪을 수밖에 없다. 독재자들은 '독재자'이기 때문에 국내의 반대 압력이 존재한다 해도 그것을 무시하거나 힘으로 제거할 것이며 상대도 그 사실을 알고 있기 때문이다. 이것은 '국가 강도'라는 개념이 국가 간의 협상을 설명하기에는 모호한 부분이 있으므로 개념적 명료화가 필요하다는 것을 말해준다. 앞서 우리는 A국의 윈-셋이 '작아야' A국 협상가의 협상력이 증가한다고 제시한 바 있다. A국 협상가의 자율성이 작아야 B국 협상가에게서 더 많은 것을 얻어낼 수 있다는 말이다. 그런데 여기서는 A국 협상가가 국내정치적 자율성이 '커야' 국제합의의 가능성이 높아진다고 말한다. 얼핏 상호 모순적으로 보이는 이 두 가지 가설은 사실은 모순관계에 있지 않다. 왜냐하면 국제협상 자체의 성공 가능성과 협상가들이 각각 자신이 원하는 성공적인 국제협상 결과를 얻어내느냐는 별개의 문제이기 때문이다. 즉, A국 협상가의 자율성이 높고 따라서 윈-셋의 범위가 넓다는 것은 협상 가능성은 높아지지만 그만큼 B국을 압박할 수 있는 협상력은 낮아진다는 의미이다. 다시 말해 A국 협상가의 자율성이 높아지고 윈-셋이 커지면 B국 협상가는 그것을 이용하여 협상을 성공시킬 수 있을 뿐 아니라 A국 협상가가 윈-셋의 한계를 이유로 국가이익을 주장하지 못하게 함으로써 자신의 국가이익을 증대시킬 수 있게 되는 것이다. 반대로 국내정치적 자율성을 확보한 A국의 협상가는 B국의 협상가와 협상 자체를 성공시킬 수는 있겠지만 자신이 대변하는 국가의 이익을 극대화하기는 어려운 입장이 될 것이다. 국가 강도가 높은 그러나 정치적 정당성을 결여한 독재국가들은 종종 국제합의 그 자체에 큰 의미를 부여한다.

퍼트넘은 자신의 이론을 양면게임이라는 틀 속에서 전개하고 있지만 이러한 지평을 더 넓혀 생각해볼 수 있다고 말한다. 비준이 여러 개의 수준에서 이루어지는 제도하에서는 윈-셋 분석이 더 복잡해지는 동시에 더 중요한 의미를 갖게 된다는 것이다. 예를 들어, 미국과 EU 간의 농산물 교역 협상에 대해 생각해보자. 로마조약에 따르면, 공동농업정책을 수정하려면 EU의 각 회원국을 대표하는 각료위원회의 만장일치의 비준이 필요하다. 게다가 각 정부는 국내적 비준을 필요로 하는데 정부가 연합정부일 경우에는 그 연합정부에 참여하는 각 당의 비준을 필요로 한다. 마찬가지로 미국에서의 비준은 (공식적 또는 비공식적으로) 주요 농업 조직의 전부는 아니더라도 대부분의 지지를 필요로 하며, 해당 조직 내에서의 핵심세력 및 지역조직의 추가 비준을 필요로 할 수도 있다. 각 단계에서 균열 패턴,

이슈-연계, 비준 절차, 측면 보상(side-payment), 협상 전략 등이 고려되어야 한다. 이런 식으로 분석을 세분화하고 확대해가면 언젠가는 그 분석의 비용이 분석의 이익을 초과할 수 있을 테지만, 중요한 것은 협상과 윈-셋의 논리를 이해하기 위해서는 다중 게임 분석이 제공하는 통찰력을 깊이 인식해야 한다는 점이다.

3. 윈-셋의 크기는 레벨 I 협상가의 전략에 따라 달라진다

레벨 I 협상가는 상대방의 윈-셋을 최대화하는 데에는 분명한 관심을 가지고 있지만, 자신의 윈-셋에 관해서는 동기가 엇갈린다. 윈-셋이 클수록 합의를 쉽게 이룰 수 있지만 그럴수록 상대 협상가에 대한 그의 협상력이 약화된다는 전술적 딜레마를 피할 수 없기 때문이다.

그럼에도 불구하고 협상가가 이러한 딜레마를 잠시 무시하고 협정 비준을 용이하게 하기 위해 윈-셋을 확장하기를 원한다고 가정하면, 그는 전통적인 '측면 보상'과 일반적인 "호의(good will, 인기)"를 모두 이용할 수 있다. 한계 지지층을 끌어들이기 위해 '측면 보상'을 이용하는 것은 현실 정치는 물론 게임이론에서도 상당히 친숙한 방식이다. 예를 들어, 카터 정부는 파나마운하조약의 비준을 성사시킬 목적으로 흔들리는 상원의원들을 설득하기 위한 많은 유인책을 제시했다. '측면 보상'은 협정과 관련이 없는 국내적 필요에서 나올 수도 있지만 국제협상의 일환으로 제공될 수도 있다. 국제협상에서 '측면 보상'의 역할은 잘 알려져 있다. 그러나 양면게임의 접근법은 국제적 '측면 보상'의 가치가 보상을 받는 국가에 제공되는 전체적 가치의 관점보다 그것이 합의의 비준 가능성을 얼마나 높이는가 하는 관점에서 계산되어야 한다고 강조한다. 레벨 II에서 중요한 것은 총 비용이 아니라 그러한 비용이 얼마나 효율적으로 비준에 기여하는가 여부라는 것이다. 따라서, 전반적인 무역 양허는 비용만 크고 효과는 상대적으로 낮다. 국내적 세력균형을 바꿀 수 있는 부동층 유권자들(swing voters)을 정확히 겨냥하여 타격하는 양허가 더 효과적이다. 마찬가지 논리로 무역 보복은 "아직 결정하지 않은" 부동층을 표적으로 해야 한다. 자유무역주의자들에게는 목적타가 필요 없고, 보호무역주의자들에게는 목적타가 먹히지 않을 것이기 때문이다. 국내적 협상 테이블에 익숙한 경험 많은 협상가는 자국 및 상대국의 레벨 II에서의 정치적 과정을 염두에 두고 효과적인 "목적타"를 날림으로써 자신의 요구와 위협의 효율성을 극대화할 줄 안다. 그리고 이는 동시에 상대방 국가에서 비준을 용이하게 하기 위해서 그가 감수해야 하는 양보의 효율성도 극대화한다. 이러한 과정에서 레벨 I의 협상가들은 자주 상호 의존의 관계에 놓이게 된다. 협상의 결과가 레벨 II에서 비준되도록 서로를 도와야 할 입장이기 때문이다. 그들의 행동은 각자의 '정치적 무차별 곡선'이 만나는 접촉점(接觸點)으로 수렴하게 되는 것이다. 무역협상이나 무역전쟁에서 이러한 '목적타'가 얼마나 자주 발생하는지를 연구해 보면 양면게임의 접근법이 단일체적 분석(unitary-actor analysis)에 비해 얼마나 더 설명력이 있는지를 이해하게 될 것이다.

구체적인 '측면 보상'의 사용 외에도 국내정치적 입지가 좋은 협상 대표는 자신의 대외적 이니셔티브의 비준을 더 쉽게 얻을 수 있다. 그의 호의 또는 그에 따른 정치적 인기가 긍정적으로 작용하기 때문이다. 물론 우드로 윌슨이 발견한 것처럼 일반적 호의로는 비준을 보장할 수 없다. 그러나 그것은 윈-셋을 확대함으로써 레벨 I 합의를 용이하게 하는 데 생각보다 더 유용하다. 왜냐하면 이것은 그의 지지 연합에 일종의 '만능 접착제'가 되기 때문이다. 퍼트넘은 리처드 월튼(Richard E. Walton)과 로버트 맥커시(Robert B. McKersie)를 인용하면서[9] 미국 자동차노동자연맹의 회원들이 그들의 존경받는 리더인 월터 라우더(Walter Lauder)에 대해 "나는 이러한 이익 공유 아이디어를 이해하거나 동의할 수 없지만 '레드 헤드(Red Head, 월터 라우더의 별명)'가 원한다면 나도 따라갈 것이다."라고 말한 것을 강조하고 있다. 또한 트리에스테(Trieste) 분쟁의 유고슬라비아 협상가는 후일 "정부[즉, 티토]가 원하면 언제든지 여론에 영향을 줄 수 있다고 알고 있었기 때문에 이 협정을 수락하도록 슬로베니아를 설득하는 데 큰 어려움이 없었다."라고 말했다. '호의'는 '만능 접착제'의 역할을 수행할 수 있다.

퍼트넘은 레벨 I 협상가가 상대방 협상가의 국내적 인기에 강한 관심을 가지고 있다는 점에 유의할 것을 강조한다. 상대방의 인기는 그의 윈-셋의 크기를 증가시키고 비준의 성공 확률을 높이는 동시에 나의 상대적 협상력을 증가시키기 때문이다. 따라서 노련한 협상가는 상대방의 입지를 강화하려고 노력하는 것이 자신의 이익을 위하는 길이라는 점을 알고 있다. 그렇다면 노련한 협상가(A)의 상대방 협상가(B)는 협상력이 약해질 것을 우려하여 자신의 국내 입지가 강화되는 것을 거부할까? B는 자신의 협상력이 약화될 걸 알

....

9 Richard E. Walton and Robert B. McKersie. 1965, *A Behavioral Theory of Labor Negotiations: An Analysis of a Social Interaction System* (New York, NY: McGraw-Hill).

면서도 A의 바람과 같이 자신의 국내 입지를 강화하는 쪽을 선택한다. 왜냐하면 협상에서의 불이익, 즉 "거래비용(transaction costs)"보다 국내정치적 경쟁자에 대한 비교우위 등 챙길 수 있는 "거래이익(transaction benefits)"이 더 크기 때문이다. 그래서 B는 자신의 거래이익을 증가시키기 위해 세계무대에서의 활동을 늘리고 언론의 관심에 더 노출되려고 애쓰는 것이다. 이는 그의 국내정치적 경쟁자가 누리지 못하는 정치적 혜택이다. 최근 정상회담을 여는 서구의 지도자들은 실질적 내용보다 언론의 관심에 더 큰 의미를 두고 있다. 그들은 '거래이익'을 확보하기 위해 회담한다고 볼 수도 있다. 정치인 협상가들은 국내에서 더 많은 '측면 보상'과 더 많은 '호의', 즉 인기를 활용할 가능성이 높기 때문에 외국 협상가들은 하위직 공무원들보다 정부 수반과 협상하는 것을 선호한다. 한 국가의 협상 대표가 일개 사무관이라면 그 사무관은 협상에서 우위를 점할 수 있을 것이다. 그가 윈-셋을 넓힐 수 있는 능력이 없다는 것을 상대가 알기 때문이다. 따라서 외교관들은 상대의 직급이 낮으면 협상 자체를 거부하는 경향이 있다. 단지 자존심이 상해서 그러는 것은 아니다. 그들은 협상과 윈-셋의 논리를 알고 합리적으로 행동하고 있는 것이다. 미국의 협상 파트너들은 미국 대통령이 국내적으로 취약해지는 것을 절대로 원하지 않는다. 그가 인기가 있어야 그의 윈-셋이 넓고, 따라서 내가 이익을 용이하게 얻어낼 수 있기 때문이다. 요컨대, 우리는 이 사례에서 국내-국제 수준 간의 동시적 상호작용을 조명하는 양면모델의 진수를 음미할 수 있다. 국제협상은 국내정치적 논리에 연결되어 있고, 국내정치적 고려는 국제적 협상의 동학에 영향을 미친다.

불확실성과 흥정 전술

'완전정보(perfect information)'의 전제를 완화하면 어떤 흥정의 전술이 추가적으로 가능해질까? 퍼트넘은 레벨 I 협상가들이 레벨 II 정치, 특히 상대국의 레벨 II 정치에 대해 잘못 알고 있는 경우가 많다며 1978년 본에서의 협상가들이 타국의 국내정치에 대해 오판한 사례를 들어 불완전정보 상황하의 흥정 전술에 대해 논의하고 있다. 그에 따르면, 당시 대부분의 미국 관리들은 서독의 쉬미트 수상이 독일식 경기부양책을 놓고 벌이는 복잡한 국내 게임에 대해 제대로 파악하지 못하고 있었다. 사실 타국의 국내정치에 대해 잘 알기는 어렵다. 따라서 우리는 현실에 가까이 가기 위해 '완전정보'의 전제를 완화할 필요가 있다. 그렇게 함으로써 불확실성이 개재되는 것을 허용한다면 양면게임을 현실에 적용시키는 데 우리의 이해가 더 깊어질 것이다. 우선 불확실성이 갖는 몇 가지 함의를 짚어보자. 첫째, 윈-셋의 크기에 대한 불확실성은 양면게임에서 흥정의 수단이 될 수 있고 동시에 걸림돌이 될 수도 있다. 순수하게 분배적인[10] 레벨 I 협상에서 협상가들은 자신들의 윈-셋을 축소해서 말하려는 유인을 가지고 있다. 사실 각 협상가는 상대보다 자신의 레벨 II에 대해 더 많이 알고 있을 확률이 높기 때문에 그들의 주장은 어느 정

....

10 분배적 협상이란 총 이득의 규모가 정해져 있어 한쪽이 이득을 얻으면 다른 쪽이 손실을 보게 되는 경우를 말한다. 타협이 상대적으로 어려운 경우이다. 통합적 협상(integrative negotiation)은 양쪽이 합의를 이뤄내기 위해 타협의 준비가 되어 있는 상황을 지칭한다.

도 타당성이 있다. 따라서 그들은 상대에게 "나와 거래하는 것이 귀하에게 이익이 될 것이오. 우리나라의 레벨 II로 가게 되면 귀하는 나보다 훨씬 더 강경한 사람들을 만나게 될 것이니 말이오."라고 말하게 될 것이다. 둘째, 상대의 윈-셋에 대한 불확실성은 상대의 '비의도적 배신'의 위험에 대한 우려를 증가시킨다. 거래는 각 협상가가 레벨 I에서 이룬 합의가 상대방의 윈-셋에 포함되어 있고 비준될 것이라고 확신할 때에만 성사될 수 있다. A의 레벨 II에서 비준이 이루어질지 불확실한 경우 합의에 대한 B의 기대가치는 낮아질 것이고, 따라서 B는 A에게 보다 많은 '측면 보상'을 요구할 것이다. 비준이 확실한 상황과 비교할 때 비준이 불확실한 상황에서는 그 불확실한 만큼의 보상이 뒤따라야 한다는 것이다. 협상 전술·전략 차원에서도 B는 A가 자신과의 협상에서 이뤄진 합의를 레벨 II에서 관철시킬 수 있을지 의문시하는 것이 유리하다. 그렇게 해야만 A로부터 '측면 보상'을 더 많이 받아낼 수 있을 것이기 때문이다.

불확실성이 갖는 세 번째 함의는 "특이 윈-셋"과 관련이 있다. 효용성을 극대화하려는 협상가는 자신의 윈-셋을 특이한 것으로 '포장'하고, 제안된 협의안 그대로라면 비준될 것이 확실하지만 그것이 상대에게 조금이라도 더 유리한 쪽으로 수정된다면 비준의 가능성이 급격히 낮아진다는 점을 들어 상대를 설득할 수 있다. 즉, 자신이 내놓은 안에서 조금이라도 수정되면 비준에 실패할 것이므로 지금 제안한 자신의 안이 자신이 상대에게 줄 수 있는 최대한이라고 설득하는 것이다. 상대가 나의 레벨 II에 대해 정보가 부족한 것을 이용하는 것이다. 상대가 내가 내놓을 수 있는 것이 더 이상 없다고 인식하면 나는 그의 양보를 이끌어낼 수 있다. '특이 윈-셋'은 양국의 협상가들이 50 대 50과 같이 팽팽하게 경합하는 경우에 상대적으로 더 많은 신빙성을 확보할 수 있다. 왜냐하면 '특이 윈-셋'을 사용한 협상가는 자국으로 돌아가 자신이 천신만고 끝에 어렵게 합의를 이뤄냈다고 선전할 수 있기 때문이다. 레벨 II의 유권자들은 합의가 천만다행이라고 생각하게 마련이다. 예를 들어보자. 카터 대통령은 1978년 본 정상회담 직전에 에너지 이슈를 설명하기 위해 로버트 버드(Robert Byrd) 상원의원을 개인 고문으로 서독에 파견했다. 그는 버드 의원이 서독의 수상과 일대일 사담(私談)을 통해 자신의 국내정치적 곤경에 대해 설명하도록 했다. 버드는 만일 카터가 유가통제를 완화한다면 당시 상황을 고려할 때 그의 정치적 생명이 끝날지도 모른다고 말했을 것이다. 정치인에게 그보다 더 중요한 것이 어디 있겠는가? 이는 성공적인 전술이었다. 미국의 국내정치에 대해 정보가 부족할 수밖에 없었던 정치인 쉬미트 수상은 유가통제의 즉각적 완화는 정치적으로 불가능하고 1981년에는 가능하다는 카터의 입장을 수용하였다. 또 다른 전술은 협상가가 비준될 것 같지 않은 시험적 합의서를 자신의 레벨 II에 제출해보는 것이다. 그는 그 시험적 합의서가 비준되지 못한다는 것을 상대에게 선제적으로 보여줌으로써 자신의 협상력을 증진시킬 수 있다.

협상가들의 "정치적 무차별 곡선"의 등고선에 대한 불확실성은 이와 같이 여러 차원에서 전략적으로 활용될 수 있다. 그러나 양측 협상가들이 모두의 입장을 개선할 수 있는 새로운 패키지를 찾고 있을 때는 일방의 윈-셋을 잘못 표시하는 것이 역효과를 낳을 수 있다. 의도하지 않은 부정적 피드백이 발생할 수 있는 것이다. 그런데 공동이득의 범위를 확대하고 비준의 확률을 높이는 창의적 해법을 찾으려면 레벨 II 유권자들이 선호하는 것이 무엇인지, 그리고 어디를 찔러야 그들을 움직일 수 있는지에 대한 정확한 정보가 필요하다. 그러나 그 정보는 쉽게 얻어지지 않는다. 사실 모든 협상은 "부분적인 정보의 통제된 교환"을 수반한다. 협상가들은 상대에게 되도록 정보를 주고 싶지 않은 것이다. "정보의 비대칭성(informational asymmetries)"이 협상력을 좌지우지하기 때문이다. 불확실성이 현실이고, 따라서 협상가들은 그에 맞는 현실적인 흥정의 전술·전략을 갖춰야 한다. 이는 모든 협상가에게 주어진 과제인 셈이다.

재구조화와 메아리 효과(restructuring and reverberation)

공식적(formal)으로 말하면, 게임이론적 분석은 이슈와 보상의 구조를 미리 명시할 것을 요구한다. 그러나 실제로 어떤 협상 상황에서든 협상가들은 게임을 재구조화하여 게임의 득실구조를 자신에게 유리하게 바꾸려 하고, 나아가 무합의의 비용과 합의의 이익에 대한 서로의 인식을 변경하려 한다. 그러나 이런 전술은 일반적으로 상대편의 레벨 II 유권자들에 대한 접근이 제한되기 때문에 사용하기 어렵다. 그럼에도 불구하고 정부는 서로의 윈-셋을 확대하려고 부단히 노력한다. 정부는 바로 이러한 목적을 위해 상대 국가의 내부를 향해 '공공외교(public diplomacy)'를 펼치고 야당과 접촉하며 우호적이지만 불안정한 상대 정부에 원조를 제공하기도 한다. 일본 관리들이 미국의 의사당을 방문하거나 영국 외교관들이 아일랜드계 미국인 지도자들에게 로비할 때, 그들은 미국 정부가 자신들의 정부와 협력하는 것을 방해할 수도 있는 국내적 제약들을 완화하고 해소하려고 하는 것이다.

퍼트넘은 반대편 레벨 II의 비준 가능성을 높이기 위한 전술적 행동의 사례로 1977년 IMF와 이탈리아 정부 간의 협상을 예로 들고 있다. IMF의 초기 긴축 요구는 이탈리아의 노조와 좌파 정당의 강한 반발을 불러일으켰다. 비록 레벨 I에서의 IMF의 입장이 강경해 보였지만, IMF의 협상 대표는 이탈리아 정부의 '비의도적 배신'을 막기 위해 이탈리아 내에서 더 광범위한 동조를 얻고자 노력했다. 즉, IMF는 노조와 좌파 지도자들과 직접 협의한 끝에 단기적 요구를 철회하지 않으면서도 장기적 투자와 경제회복(흥미로운 '목적타'의 사례)에 초점을 맞추는 선에서 기존의 제안을 "재구조화"했다. 아이러니하게도 이 수정안에 대한 공산당의 지지는 당내 온건파와 교조주의자들 간의 갈등 때문에 철회되었지만, 이는 다중 분석의 중요성을 보여주는 중요한 사례로 남았다.

퍼트넘은 이러한 비정통적인 "외교 행위(ambassadorial activity)"를 포함한 국제적 차원에서의 압력이 상대국 레벨 II에서 지지를 이끌어내는 현상에 재미있는 이름을 붙였다. 국제적 압력은 적지 않은 사례에서, 그리고 의도하지 않은 상황에서도 국내정치에 "메아리 효과"를 냄으로써 국내적 세력균형에 변화를 야기하여 국제협상에 영향을 미칠 수 있다는 것이다. 이 '메아리 효과'가 두드러졌던 사례는 1978년 G7 정상회담이었다. 경기부양 프로그램이 독일의 이익이라고 믿었던 독일 외교관 디터 히스(Dieter Hiss)는 정상회담이 국가 정책을 변화시킨다고 썼다. 그에 따르면, 정상회담이 여론과 정치집단의 태도를 바꾸게 되면 그에 따라 의견의 균형에 변화가 생기고 상대적 소수파에 힘을 실어줄 수 있다는 것이다. 어떤 국가도 국익을 위반하지는 않는다. 그러나 국익이 무엇이냐 하는 문제는 상황에 따라 달라질 수 있다. 정상회담에서 트레이드오프와 "주고받기(give-and-take)"가 활발히 일어나는 과정에서 레벨 II의 구성원 사이에 국익의 정의는 달라질 수 있는 것이다.

퍼트넘은 효용, 즉 국익을 극대화하려는 "이기주의자들" 사이의 '메아리 효과'에 대해 두 가지 이유를 제시하고 있다. 첫째, 복잡하고 상호 의존적이지만 종종 비우호적인 세계에서 외국인들, 즉 협상 상대국의 국민을 불쾌하게 하는 것은 장기적으로 비용이 많이 들 수 있다는 점이다. "잘 지내려면 같이 길을 가라."라는 말이 합리적 격언이라는 뜻이다. 이는 물론 해외의존도가 높을수록(또는 상호의존도가 높을수록) 일반적일 가능성이 크며, 초국적기업이나 국제은행과 같이 국제적으로 더 많이 노출된 레벨 II 행위자들에게 더 설득력이 있는 격언일 것이다. 국가들은 국제협상력을 제고하기 위해 상대국의 국민에게 잘 보일 필요가 있다.

두 번째 이유는 인지적 요인과 불확실성을 고려한다는 점이다. 여기서 퍼트넘은 정치학자들이 협상에서 "설득의 요소(suasive element)"를 무시하는 경제학자들을 흉내 내는 것은 잘못되었다고 경고한다. 그에 따르면, 많은 국제 이슈를 둘러싼 만연한 불확실성을 감안할 때 해외에서 온 메시지는 사람들의 마음을 바꾸고 결정하지 못한 사람들을 움직이며 국내 소수파에게 용기를 줄 수 있다. 1978년 통화 문제에 대해 보수적이던 독일의 한 회의 참가자는 "결국 [각국 중앙은행들의 회의체인 보수적인] 국제결제은행(Bank for International Settlements)도 국제협력을 지지했다."라고 자신의 개종의 이유를 설명했다. 마찬가지로 이 프로그램의 열렬한 지지자는 국제적 압력이 독일의 국내정치에 유용한 "꼬리 바람"을 일으켰다며 환영했다. "침습적 반향(suasive reverberation)"은 긴밀한 관계를 맺고 있는 국가들 사이에서 더 발생할 가능성이 높으며 아마도 정치·군사 협상보다 경제 분야에서 더 빈번할 것이다. 서구 정상들의 공동성명은 그들의 정책을 정당화하는 방법으로 국내 관객들에게 자주 언급된다. 쉬미트 총리의 그러한(국내 정책을 정당화하기 위해 본 합의를 명분으로 내세운) 발언이 나온 후 그의 보좌관 중 한 사람은 그것은 "지적으로 타당하지는 않지만 정치적으로 유용하다."라고 주장했다.

퍼트넘은 '메아리 효과'가 국제협력의 관점에서 늘 긍정적인 것은 아니며 경우에 따라서는 외적 압력이 국내 반발을 일으켜 윈-셋을 오히려 좁힐 수 있다는 점을 지적하고 있다. '인지균형 이론(cognitive balance theory)'에 따르면, 국제적 압력은 국내 관객들이 그것이 동맹이 아닌 적으로부터 나왔다고 인식하는 경우 부정적 반향을 일으킬 가능성이 높다. 부정적 '메아리 효과'의 사례는 1998년 북한의 김정일이 내린 결정, 즉 대포동-1호 미사일의 실험발사에서 찾을 수 있다. 물론 가정이 필요하다. 그가 대포동-1호의 실험발사로 미국, 일본, 한국 등에서 자신에게 유리한 여론이 형성될 것이라고 판단했다는 가정이다. 아래에서 좀 더 상세히 이야기해보자.

1998년 6월의 한미정상회담은 새로운 대북정책의 출범을 확인하는 자리였다.[11] 김대중은 '햇볕정책'의 합리성과 현실성을 설명했

11 김정일의 오판에 관한 이하 내용은 박건영·정욱식. 2009, "김대중·부시 정부 시기 한미관계: 대북정책을 중심으로," 『역사비평』, 통권 86, 봄호에서 인용.

고, 철학과 일관성이 부재했던 김영삼 정부와 갈등을 빚었던 빌 클린턴(Bill Clinton)은 "김 대통령의 비중과 경륜으로 볼 때 이제 한반도 문제는 김 대통령이 주도해주기 바란다."라며 "김 대통령이 핸들을 잡아 운전하고 나는 옆자리로 옮겨 보조역할을 하겠다."라고 화답했다.[12] 같은 시기에 오랫동안 닫혀 있던 남북관계의 문도 다시 열리기 시작했다. 김 정부는 정경분리에 입각한 '남북경제협력활성화' 조치를 발표해 민간기업의 대북 진출을 적극 지원했다. 이에 힘입어 현대그룹의 정주영은 500마리의 소떼를 몰고 판문점을 통해 평양을 방문해 김정일과 금강산 관광사업에 합의했다.

그러나 1998년 여름 한미 간의 대북정책 공조에 부담을 줄 수 있는 사건이 발생했다. 7월 15일 소위 '럼스펠드 보고서'가 발표되었던 것이다. 클린턴 정부의 대북정책을 좌초시키기 위해 작성된 이 보고서는 이전의 CIA 국가정보보고서(National Intelligence Estimate)의 평가를 뒤집고 별 근거 없이 "북한이 5년 내에 미국 본토 공격이 가능한 ICBM 개발이 가능하다."라는 결론을 내렸다. 북한은 8월 31일 대포동-1호를 쏘아올렸다. '광명성-1호'라고 북한이 명명한 인공위성은 궤도에 오르지 못했지만 국제사회에서의 파장은 중대했다. 주목받지 못했던 럼스펠드 보고서에 대한 신뢰성이 급상승했고, 공화당이 주도한 의회에서는 1994년의 북미기본합의에 따른 대북 중유제공 예산을 삭감했으며, 군의 일부는 대북 선제공격을 거론했다. '대포동 충격'에 빠진 일본 역시 경수로 분담금에 대한 서명을 취소하고 대북 식량지원의 중단을 발표하는 한편 북한

12 임동원. 2008, 『피스메이커』(서울: 중앙북스), p. 377.

과의 수교협상도 중단했다. 그리고 의회의 위세에 눌린 클린턴 정부는 이듬해 7월 국가미사일방어체계(NMD) 구축 법안에 서명했다. 일본 역시 미국과의 전역미사일방어체계(TMD) 공동연구개발에 합의했다. 대북강경론이 지배하게 된 의회는 클린턴 정부에 대북정책을 전면 재검토할 것을 요구했다. 이에 대해 김정일은 아마도 크게 놀랐을 것이다. "조선민주주의인민공화국의 주체적 시각"을 가진 김정일이 북한이 중장거리 탄도미사일(IRBM)을 보유했으므로 기존의 핵탄두 등을 고려할 때 미국 등이 북한의 "물리적 능력"을 인정하고 대등한 차원에서 핵/미사일 협상을 제안할 것이라고 생각했을 공산이 컸기 때문이다. 김정일이 예측했던 '메아리 효과'는 일어나지 않았고, 오히려 그에게는 곤혹스러운 '역화(blowback)', 즉 부정적 '메아리 효과'가 발생했던 것이다.

위에서 본 바와 같이 부정적 '메아리 효과'가 발생할 수 있으나, 퍼트넘은 긍정적인 효과가 부정적인 효과보다 더 자주 발견된다고 제시하고 있다. 왜냐하면 외국인들, 더 구체적으로 말해 타국의 외교행위 주체들은 그것이 역효과를 낸다고 판단되면 압력을 중단할 것이기 때문이다. 예를 들어, 2020년 미국의 트럼프 정부는 한국과의 한미 방위비분담 특별협정(Special Measures Agreement)을 위한 협상에서 우위를 차지하기 위해 주한미군의 철수·감축 가능성이라는 전가(傳家)의 보도(寶刀)를 꺼냈으나 한국 정부뿐 아니라 국민 여론이 "예전 같지 않고" 오히려 역효과를 낼 가능성이 높아지자 분담금 500% 증액 요구를 사실상 철회했다.

물론 퍼트넘이 인정하듯이 외적 압력의 정확한 효과를 예측하는 것은 쉽지 않다. 협상이 전개되는 구체적인 시공간의 조건이 결정력을 가질 것이기 때문이다. 그러나 그가 강조하는 것은 '메아리 효과'가 자주 일어난다는 사실이고 이는 양면게임의 모델을 통해서만 확인할 수 있다는 것이다. 그는 학자들이 오랫동안 국제협상을 국가 대 국가의 '밀고 당기기'라고 생각해왔지만 현실은 그보다 더 복합적이라고 지적한다. 요컨대, 그는 국가가 상대 국가의 내부에 침투하여 국내정치의 동학에 영향을 미치려 하며 그러한 시도가 외교정책결정과정의 중요한 일부라는 사실을 설득력 있게 보여주고 있다.

이론적인 관점에서 말하자면, (앞서 설명한 종류의 '시너지 이슈-연계'와 함께) '메아리 현상'은 양면게임을 '경제적(적은 수의 변수로 현상을 설명한다는 의미)'으로 이론화하는 데 유익할 수 있는 '지름길' 하나를 배제했다고 말할 수 있다. 거꾸로 말하면, '메아리 효과'의 추가는 이론의 경제성을 떨어뜨리기는 하지만 보다 중요하게 국제정치나 외교정책결정과정을 분석하는 양면게임 접근법에 설명력과 이해력을 더욱 강화했다고 할 수 있는 것이다. 퍼트넘이 제시하는 다른 하나의 이론적 기여는 양면게임 모델이 국가중심주의 또는 합리적 선택이론이 상정하는 선험적·외생적(exogenous) 요소로서의 국가의 선호 또는 국가이익이라는 개념에 대해 재고 내지는 재해석을 요구하고 제공했다는 점이다. 그는 합리적 선택 이론가들이 말하듯이 국가의 선호가 국제관계의 관점에서 외생적이라면, 즉 국가의 이익이 선험적으로 주어진 것이라면 국내정치 게임은 별도로 만들어질 수 있고 그 게임의 "출력(outputs)"은 국제 게임의 "입력(inputs)"으로 작용할 것이라고 제시한다. 그리고 비교정치와 국제관계 사이의 노동 분업은 계속될 수 있을 것이다. 그러나 만약 국제적 압력이 국내정치 내에서 '울려 퍼지거나' 이슈들이 연계되어 시너지 효과를 낼 수 있다면 국내 결과는 외생적이지 않으며 국내-국제의 양 수준은 독립적으로 모형화될 수 없다. 두 가지 수준, 즉 국내 수준과 국제 수준에서의 국가 간 상호작용은 동시에, 그리고 통합적으로 모형화되어야만 원인, 과정, 결과가 현실적이고 타당한 의미를 갖게 될 것이다. 이런 의미에서 '시너지 이슈-연계'와 '메아리 효과' 등의 경험적 사례들은 양면게임 모델의 이론적 가치를 제고한다.

수석 협상가의 역할

수석 협상가(정부 수반)는 레벨 I과 레벨 II 사이의 유일한 공식적인 연결고리이다. 지금까지 퍼트넘은 수석 협상가가 독자적인 정책적 관점을 갖고 있지 않고 단지 정직한 브로커로서 또는 그의 유권자들을 대신하는 대리인으로서 행동한다고 가정해왔다. 이 가정은 양면게임의 분석을 단순화하는 장점을 가지고 있다. 그러나 그는 '주체-대리인 이론(Principal-Agent Theory)'이 우리에게 상기하듯이 이러한 가정이 현실로부터 유리되어 있다고 지적한다. 따라서 그는 전제를 완화하여 수석 협상가의 선호가 그의 유권자들의 선호와 다를 수 있다고 가정해보자고 제안한다. 레벨 II 협상은 수석 협상가에게 비용이 많이 들고 위험하며 그의 우선순위에 개입하고 간섭하는 경우가 많으므로 그가 이에 대해 어떻게 생각하는지가 중요하다. 퍼트넘은 수석 협상가의 동기(motives)를 세 가지로 나눠 생각해볼 수 있다고 말한다.

1 그는 정치적 자원을 증가시키거나 잠재적 손실을 최소화함으로써 레벨 II 게임에서 자신의 위상을 높이고자 한다. 예를 들어, 정부 수반은 성공적인 국제협정을 체결할 경우 자신에게 부여될 것으로 기대되는 인기를 추구할 수 있고, 합의의 결과(예를 들어, 더 빠른 성장이나 국방비의 절감)가 그에게 국내정치적 보상을 제공할 것으로 예상할 수도 있다.

2 그는 외생적인 이유, 즉 게임 외적 이유로 자신이 선호하는 국내정책에 유리하도록 레벨 II에서의 세력균형을 변경하고자 한다. 국제협상은 때때로 정부 지도자들이 개인적으로 하고 싶은 일을 할 수 있게 해주지만 그것을 국내 차원에서 관철하는 것은 쉽지 않은 일이다. 그럼에도 불구하고 이러한 패턴은 수시로 일어난다. 1978년 G7 정상회의의 사례가 그것이다. 그리고 이러한 패턴은 IMF가 부과한 것으로 잘못 알려진 많은 안정화 프로그램들의 특징이기도 하다. 예를 들어, 1974년과 1977년 이탈리아와 IMF의 협상에서 국내 보수세력은 IMF의 압력을 이용하여 내부적으로 실현 불가능한 정책을 가능하게 했다. 이는 수석 협상가가 IMF를 빙자하여 국내적 세력균형을 자신에게 유리한 쪽으로 변경하는 데 성공한 사례이다.

3 그는 "자신이 정의하는 국가이익"을 국제적 무대에서 추구하고자 한다. 이것은 파나마운하조약을 위해 카터 미국 대통령이 들인 공이나 베르사유 조약에 대해 윌슨 미국 대통령이 기울인 노력에서 잘 보인다. 양면게임의 경우, 만약 선택이 반드시 이루어져야 한다면 수석 협상가는 국내정치적 계산을 우선시할 것이다. 왜냐하면 그가 현직에 있는 이유는 레벨 II에서의 그의 지위

> 와 무관하지 않기 때문이다. 따라서 그에게 비준은 곧 국내정치라 해도 크게 무리가 없다. 그는 비준을 얻기 위해 자신의 정치적 자본을 너무 많이 소비하려 하지는 않는다. 그가 얼마나 자신의 정치적 자본을 소비할지는 비준된 합의가 그에게 얼마나 국내정치적 이익을 가져다줄지에 달려 있다. 그는 경제적으로 생각한다. 그는 가능하면 작은 정치적 자본을 들여 가능하면 많은 국내정치적 이익을 얻으려고 하는 것이다.

퍼트넘에 따르면, 수석 협상가의 역할에 대한 이러한 확대된 개념은 그가 실제로 가능한 합의에 대해서도 거부권을 행사할 수 있음을 암시한다. 제안된 거래가 그의 레벨 II 윈-셋에 들어 있다 하더라도 그가 그것을 반대한다면 그 거래는 성사되지 않을 수 있다. 이와 같은 수석 협상가의 특징은 레벨 I의 양쪽, 즉 본국과 타국에 공히 적용되기 때문에, 실제로 국제협상이 타결될 수 있는 영역은 개념이 확대되기 전에 레벨 II 윈-셋들 간에 중복되었던 영역보다 좁을 수 있다. 이러한 추가적인 제약은 레벨 II 게임의 결과에 결정적인 영향을 미칠 수 있다. 중요한 하나의 예가 베르사유 조약의 운명이었다. 첫째, 1919년 미국 국민과 상원의 80%는 유보 조항이 포함될 경우 비준에 찬성할 준비가 되어 있었다. 둘째, 그러한 유보 조항은 다른 주요 서명국들, 특히 영국과 프랑스가 수용할 수 있는 것이었다. 윌슨은 실망한 프랑스 대사에게 "나는 아무것에도 동의하지 않을 것이다."라고 말했다. '패키지 딜'로 제시되었다면 비준될 수 있었던 안에 거부권을 행사한 사람은 윌슨 자신이었다.

양면게임 협상의 성공에 대한 또 다른 제약은 지도자의 기존 국내 연합에서 비롯되기도 한다. 정치인들은 당연히 자신의 정치적 이익을 촉진하는 정책노선과 그것을 따르는 정치연합에 정치적으로 투자하고 그것을 유지하려고 노력한다. 만약 제안된 국제협정이 이러한 정치적 투자를 위협하거나 자신의 정치연합을 버릴 것을 요구한다면 그는 협정을 버리는 편이 낫다고 생각할 것이다. 정치인들은 몇 명의 지지자를 잃어버리는 이상의 잠재적 손실을 감수해야 한다면 국제협정을 결코 받아들이지 않는다. 퍼트넘은 정치연합 구축의 고정비용은 윈-셋에 다음과 같은 제약을 부과한다고 지적한다. 특정 협정을 비준하려면 레벨 II에서 얼마나 광범위한 정치적 재편이 필요한가? 예를 들어, 실리콘 밸리의 수출 기회를 확대할 수 있지만 알리키파(Aliquippa, 미국의 철강산업을 상징하는 지역의 이름)에는 해를 끼칠 수 있는 무역협정이 있다고 하자. 어떤 지도자들에게는 이러한 협정이 딜레마를 가져다주지 않는다. 예를 들어, 공화당의 로널드 레이건은 북부 캘리포니아의 "여피족들(Young Urban Professionals)"을 자신의 지지세력에 쉽게 추가할 수 있고 알리키파 철강 노동자들은 어차피 그를 지지하지 않기 때문이다. 그러나 다른 지지연합을 가진 다른 협상 대표[예를 들어, 민주당의 월터 몬데일(Walter Mondale)]는 같은 협정으로 얻은 이익을 정치적으로 이용 가능한 형태로 전환하는 것이 비용이 많이 들거나 불가능하다고 생각할 수 있다. 마찬가지로, 서독과 미국의 1978년 "중성자 폭탄" 협상에서 "미국이 서독에 [이 무기들을] 배치하는 것"은 기민당 정부에는 받아들여질 수 있었겠지만 사민당 정부에 받아들여질 가능성은 거의 없었다. 이와 같은 사안은 상대적으로 진보적인, 따라서 안보보다는 평화를 중시하는 사민당 누구에게도 팔릴 수 있는 상품이 아니었기 때문이다. 이를 받아들이는 협상가는 자신의 정치연합에 버림받을 것이었다. 1972년 '중공'을 방문한 미국의 대통령은 과거 "빨갱이 사냥꾼" 조지프 매카시(Joseph McCarthy) 상원의원의 오른팔이었던 리처드 닉슨이었다. 그는 자신이 '중공'의 마오쩌둥(毛澤東) 및 저우언라이(周恩來)와 악수해도 자신의 정치연합이 와해될 것이라고 생각하지 않았던 것이다. 같은 논리로 박근혜 대통령이 평양을 방문하여 전향적인 대북합의를 했다면 닉슨의 중공 방문의 효과에 버금가는 성과를 냈을 수도 있다. 한국의 보수세력이 박근혜 대통령이 "빨갱이의 수괴"와 내통했다고 비난할 가능성은 거의 없었을 터이기 때문에 그는 수석 협상가로서 운신의 폭이 넓은 상황에서 대한민국의 위대한 지도자로 기록될 수 있는 역사적인 기회를 갖게 되었을 것이다.

이와 같이 수석 협상가가 단지 정직한 브로커로서 행동하지 않고 자신의 이익을 개입시킬 수 있다고 가정하면, 우리는 레벨 II 유권자들이 국제합의에 대해 협상가보다 더 적극적일 수 있고, 반대로 무합의에 대해 협상가보다 더 우려할 수 있다는 것을 알게 된다. 경험적 예들을 찾기는 어렵지 않다. 1970년대 미국 국민(또는 적어도 정치적으로 활동적인 대중)은 협상에 의한 베트남 전쟁의 종식을 닉슨 행정부보다 더 열망했다. 또한 1987년 초 유럽의 대중은 유럽의 지도자들보다 미하일 고르바초프(Mikhail Gorbachev)의 "이중 제로(double-zero)" 군비통제안을 더 적극적으로 환영했다. 원칙적으로 협상가는 이러한 경우 제안된 합의에 대해 거부권을 갖는다. 그러나 만약 협상가가 자신의 레벨 II에서 비준될 수 있는 합의를 거부한다면 그 자신의 국내 지위(또는 실제로 그의 재임)가 위협받을 수 있고,

이것이 모든 당사자에게 알려지면 레벨 I의 상대방은 그에 대해 상당한 추가적 협상력을 획득하게 된다. 베트남전에 대한 미국의 국내적 불만은 파리 평화회담에서 이루어진 합의에 분명히 큰 영향을 미쳤다. 협상에 의한 해결이 대세라는 것이 이미 레벨 II에서 기정사실화된 이상 미국의 협상 대표 헨리 키신저(Henry Kissinger)는 레벨 I의 협상장에서 힘을 제대로 쓸 수 없었다는 것이다.

거꾸로, 유권자들이 경직되고 강경한 자세를 취하고 있는 경우(또는 그렇게 인식되고 있는 경우) 지도자의 국내적 취약성은 오히려 그의 협상 자산이 될 수 있다. 예를 들어, 1977년 미국인들은 "조약 협상의 지연"이 파나마의 토리호스 대통령의 입장을 어렵게 한다는 것을 알고 있었고, 그가 없이는 파나마와 협상하기가 거의 불가능하다는 것도 알고 있었다. 토리호스의 외교관들은 지도자의 국내적 취약성이 아이러니하게도 파나마에 유리한 방향으로 작용하고 있다며 의아하게 생각했을지도 모른다. 그들이 모르던 힘은 파나마 유권자들의 경직되고 강경한 태도에서 나왔던 것이다.

주지하듯이 자유주의적 패러다임에 따르면, 정부 지도자는 독자적인 정책적 관점을 갖고 있지 않고 단지 정직한 브로커로서 또는 자신의 유권자들을 대신하는 대리인으로서 행동한다. 퍼트넘의 양면게임 모델은 정부 지도자가 유권자들로부터 도출되지 않은 자율적이고 독자적인 위상과 관점을 가질 수 있다고 가정함으로써 협상의 전술·전략과 결과들의 경우의 수를 확장하고, 따라서 국제정치와 외교정책결정과정의 현실성을 제고하고 이해의 폭을 넓혔다고 할 수 있다.

양면게임 모델의 주요 개념들

퍼트넘은 국내-국제 상호작용을 동시에 포착하고 서술하고 설명하기 위해 몇 가지 은유나 개념을 사용했다. 우리는 위에서 그의 개념들과 그것들로 구성된 모델이 역사적 사례들로 볼 때 이론적으로 타당하고 경험적으로 유용함을 확인했다. 양면게임 모델의 전체적인 윤곽과 외형을 일견하기 위해 주요 개념들을 여기서 다시 한번 요약해보자.

1 '의도적 배신'과 '비의도적 배신'. 후자는 흥미로운 개념이다. 이는 국제협상에서 도출된 합의가 국내 비준이 무산되어 어쩔 수 없이 약속을 이행하지 못하는 대리인의 행동을 지칭한다.

2 국내의 비준권자들의 '동질성'과 '이질성'이 국제협력의 가능성에 미치는 영향을 분석하기 위해 이슈들을 분류해야 할 필요가 있다. 국내적 이익집단이 이질적이어서 국내적 균열이 실제로 국제협력을 증가시키는 이슈를 분리해내는 일이 중요하다. 나아가 하나의 게임 테이블에서의 전략적 행동이 다른 게임 테이블에서의 기대치 않은 동맹을 형성시키는 "시너지 연계"의 가능성에 주목해야 한다.

3 의사결정자들의 국내적 위상을 강화하는 제도적 장치들이 그들의 국제적 협상력을 오히려 약화시킬 수 있다. 그리고 그 반대의 역설적 사실도 가능하다.

4 국내에서, 그리고 타국에서의 비준 과정을 의식한 국제적 위협, 제안, "측면 보상" 등 "목적타"의 중요성, 국내정치의 불확실성

을 활용하는 전술·전략과 자신의 국내적 형편이 특이함을 호소하며 상대의 양보를 요구하는 "특이 윈-셋", 국제적 압력이 국내에서 반향을 일으키는 "메아리 효과", 그리고 국가 지도자와 국민의 이해관계가 충돌할 경우 자신의 국내정치적 이익을 우선시하는 국가 지도자가 국제협력을 위해 허용해야 하는 정치적 비용의 임계치에 대해 주목할 필요가 있다.

양면게임 모델의 쓸모와 미래

퍼트넘은 미국인으로서 자신의 모델을 경험적으로 검증하기 위해 주로 미국과 관련된 사례들을 활용했다. 그런데 역사적 조건이나 정치경제적 제도의 차이에도 불구하고 이 모델은 민주국가인 한국에 적용되는 데에도 무리가 없을 것으로 판단된다. 설명이나 예측의 정확성과는 별도로 이 모델을 통해 한국의 국내-국제 요인들의 동시적 상호작용의 기제나 과정에 대해 영감과 통찰력을 얻을 수 있을 것으로 보이기 때문이다. 쉽게 떠오르는 사례는 "효순이/미선이 사건"이다. 2002년 6월 이 두 여학생은 주한미군의 궤도차량에 의해 희생되었다. 2002년 11월 20일 미군들의 무죄판결 소식이 알려지면서 분노한 한국 국민은 반미구호를 외치며 촛불 추모 시위를 시작했다. 시위가 격화되자 한국과 미국은 고위급 협상에 나섰다. 결국 조지 부시(George W. Bush) 대통령은 김대중 대통령에게 전화하여 "유감을 표명"했다(부시 대통령이 김 대통령과의 통화에서 유감만 표명했는지는 확인할 수 없지만). 그런데 당시 국내 언론 등이 반미시위가 격화되면 주한미군의 철수가 고려될 수도 있다고 보도하는 상황이 벌어졌다. 주한미군 철수 카드가 은연중에 사과 수준을 둘러싼 정상 간의 협상에 영향을 미쳤을 수도 있었던 것이다. 즉, 양면모델에 따르면 김 대통령이 미국 대통령의 "사과" 대신 "유감 표명"을 수용한 이유는 주한미군 철수 카드가 한국의 레벨 II 윈-셋을 넓혀주었기 때문이라고 볼 수 있다. 그 시기 한국의 정치 및 안보 문화를 고려할 때 주한미군 철수 카드처럼 강력한 국제적 압력은 있을 수 없었고, 따라서 확대된 윈-셋 탓에 김 대통령은 그렇지 않았으면 수용하지 않았을 수도 있었던 "유감 표명"을 받아들였을 가능성이 있는 것이다. 주한미군 철수 카드는 상대적으로 자주적이고 진보적인 정권이라 할 수 있는 노무현 정부의 이라크 전투병 파병 협상, 문재인 정부의 방위비분담 협상에서도 레벨 II의 윈-셋을 넓히는 효과를 발휘했다고 판단된다. 2015년 박근혜 정부의 "위안부 협상"은 국내 반대세력을 활용하지 않았거나 못했던 사례로 꼽힌다. 박 정부가 레벨 II 윈-셋을 줄이려는 노력을 기울인 흔적은 없다. 협상가가 유연성이나 독자성을 잃어 합의 자체를 만들어내지 못할 수 있다는 우려가 있었는지도 모른다. 혹은 합의를 도출해내지 못하면 일본과의 관계를 개선할 수 없고 그렇게 되면 박근혜 대통령이나 그의 정치세력이 국내외 어젠다를 추진하는 데 필요한 외부 동력을 잃을 수 있다는 걱정 때문이었을 수도 있다. 또는 정반대로 일본과의 합의를 통해 정치적 자산을 확충하고 미래지향적 탄력을 확보할 수 있다는 계산이 있었을 수도 있다. 그러나 이유가 무엇이든 박 정부는 '발목잡히기' 등을 통해 한국의 윈-셋을 줄이고 '메아리 효과' 등을 통해 일본의 윈-셋은 늘리려는 정책적 노력을 기울이지 않았거나 기울이지 못했다.

양면게임 모델에 대한 비판도 적지 않다. 예를 들어, 비준이라는 제도가 사실상 존재하지 않는 국가들에는 정의상 이 모델이 적용될 수 없다. 이 모델은 협상가가 2개의 협상 테이블에 동시에 등장한다고 전제하기 때문이다. 나아가 국가들의 국력이 현격하게 차이가 날 때도 이 모델이 설명력을 가질지에 대한 합리적 의심이 가능하다. 예를 들어, 미국과 파나마 간의 운하 협정의 결과가 미국이나 파나마의 수석 협상가의 협상력이나 각 레벨 II의 동학 때문인지, 아니면 미국이 단순히 힘을 우아하게 사용한 때문인지 분별하기 쉽지 않다는 것이다. 혜택이 국민에게 상대적으로 골고루 배분되는 공공재(public goods)로서의 안보 문제와 상대적으로 집중되는 사유재(private goods)로서의 경제 문제에 양면게임의 논리가 균등하게 무차별적으로 적용될지도 의문시된다.[13] 행정부와 의회의 권력이 융합되어 있는 내각제 국가에 대해서도 대통령제 국가와 같이 모델이 적용될 수 있는지의 문제도 제기될 수 있다.

퍼트넘의 모델에 문제를 제기하고 수정·보완을 제시한 학자들도 적지 않다. 리 앤 패터슨(Lee Ann Patterson), 데이비드 미첼(David Mitchell), 제프리 크노프(Jeffrey W. Knopf) 등은 양면이 아니라 3면게임의 유용성을 강조하고 있다. 예를 들어, 패터슨은 유럽의 농업정책을 분석하면서 3면게임을 통해 국내정치, EC, 그리고 국제사회 간의 연계와 상호작용에 주목했다.[14] 레너드 쇼파(Leonard Schop-

....

13 Leonard Schoppa. 1993, "Two-Level Games and Bargaining Outcomes," *International Organization*, Vol. 47, No. 3: 610.

14 Lee Ann Patterson. 1997, "Agricultural Policy Reform in the European Commu-

pa)는 퍼트넘의 모델이 아직 충분히 발달하지 않은 상태라며 한 걸음 더 들어갈 것을 요구하고 있다. 그는 퍼트넘이 국내-국제 간 상호작용의 논리적으로 구분되는 세 가지 유형을 분명히 구별하지 않음으로써 상이한 종류의 상호작용이 국가 간의 협상에 상이한 영향을 미친다는 사실을 간과하고 있다고 지적한다. 그가 제시한 세 가지 유형은 "초정부적(transgovernmental)", "초국가적(transnational)", "교차형(cross-level)"의 연계이다. 그리고 이것들은 정부 내의 분파와 타국 정부 내의 분파 간, 국내집단들 간, 그리고 국가 지도자와 타국의 국내집단 간의 관계를 의미한다. 쇼파는 이 세 가지 유형을 비교 분석하면 그 결과나 효과가 각각 상이함을 알 수 있다고 말한다. 예를 들어, 초정부 간 연계의 경우 분파적 이견은 구체적인 이슈와 관련되지만 국내집단이 개재되는 다른 두 유형에서는 교섭되는 이슈가 보다 포괄적(예를 들어, 환경보호)일 수 있다. 나아가 쇼파는 퍼트넘의 이야기가 주로 우호국가들 간의 경제관계에 한정되어 있다고 지적한다. 그는 퍼트넘의 모델이 설명력을 더 가지려면, 그리고 더 흥미로운 이야기를 들려주려면 협상의 파트너로서 제3의

....

nity: A Three Level Game Analysis," *International Organization*, Vol. 51, No. 1: 135-165; David Mitchell. 2001, "International Institutions and Janus Faces: The Influence of International Institutions on Central Negotiators Within Two-Level Games," *International Negotiation*, Vo. 6, No. 1: 25-48; Jeffrey W. Knopf. 1993, "Beyond two-level games: domestic-international interaction in the intermediate-range nuclear forces negotiations," *International Organization*, Vol. 47, No. 4: 599-628. 퍼트넘은, 우리가 본문에서 보았듯이, "로마조약에 따르면 공동농업정책을 수정하려면 EU의 각 회원국을 대표하는 각료위원회의 만장일치의 비준이 필요하고, 각 정부는 국내적 비준을 필요로 하며, 정부가 연합정부일 경우에는 그 연합정부에 참여하는 각 당의 비준을 필요로 한다."라고 지적함으로써 3면게임과 유사한 발상을 제시한 바 있다.

집단을 상정해야 한다고 주장한다. 그는 이것이 안보 문제의 영역에서 더욱 적실한 수정·보완이라고 강조하면서 1958-63년 미국 및 영국과의 부분적핵실험금지(the Conference on the Discontinuance of Nuclear Tests) 협상에서 "교조주의자" 마오쩌둥의 중국을 의식한 소련 내부에서 분파적 긴장이 형성된 사례를 제시하고 있다.[15]

이러한 몇 가지 지적에도 불구하고 퍼트넘의 양면게임 모델이 국제정치학계에 제공한 이론적 통찰력은 광범위하게 인정되고 있다. 이 모델이 "제2이미지" 또는 "역전된 제2이미지"와는 달리 정책결정자들이 국내적 요구와 국제적 필요를 '동시에' 만족시키려 노력한다는 사실을 인정하고 그것에 주목한다는 점은 특기할 만하다. 국가를 하나의 형이상학적 추상물로 상정한다면 이러한 양 갈래를 함께 연결하는 것은 불가능할 것이다. 한편 로버트 커해인과 조지프 나이(Joseph Nye)의 '복합적 상호의존론'이나 그레이엄 앨리슨의 정부정치 모델은 국내-국제 간 상호작용에 주목하고 있으나, 퍼트넘의 모델처럼 국제적 협상과 국내적 비준이 서로 "삽입" 또는 "내포"의 관계에서 역동적으로 영향을 주고받는 동학을 체계적이고 구체적으로 모형화하지는 못했다. 또한 퍼트넘의 이론은 현실주의 패러다임에서 벗어나 국내의 거부권자들과 세도직 세악의 중요싱을 인정하고 있을 뿐 아니라 자유주의 패러다임에서도 벗어나 행정부가 유권자들에게 전적으로 포섭되지 않고 의사결정과정에서 상당한 정도의 자율성을 가지고 있음을 강조하고 있다는 점에서 발상의 전환이라 하지 않을 수 없다.

....

15 Schoppa(1993), p. 610.

퍼트넘의 모델이 제시된 지 5년 만에 그의 이론을 검증하고 확인하려는 중요한 시도가 이루어졌다. 미국 스탠포드 대학의 행동과학연구소(Center for Advanced Study in the Behavioral Sciences)가 주도한 여러 차례의 학술회의에 참여한 국제정치·국제정치경제 학자들은 퍼트넘의 모델을 핵무기 감축·폐기, 인권, 무역 등의 주제에 적용하여 국내 유권자들의 영향력을 무시한 국제협상이 어떻게 실패할 수 있지를 사례연구를 통해 보여주었다.[16]

앞으로 세계 수준에서 경제적 상호 의존의 수준이 증가하고 지구적 문제의 심각성이 더욱 부각되면, 나아가 국가 간, 그리고 국가 대 비국가 행위자들 간의 소통의 기술이 발전하면서 국제 요인과 국내 요인 들이 서로를 "삽입"하고 "내포"하는 영역이 확장되면, 이러한 경계들에서 일어나는 상호적이고 역동적인 흥정과 협상의 동학들을 "동시"에 설명하는 분석틀의 이론적·정책적 적실성과 중요성은 더욱 주목받게 될 것이다.

....

16 Peter B. Evans, Harold K. Jacobson, and Robert D. Putnam (eds). 1993, *Double-Edged Diplomacy: International Bargaining and Domestic Politics* (Berkeley, CA: University of California Press).

집단사고 모델

Groupthink Model

우리는 앞서 그레이엄 앨리슨의 세 가지 관념적 모델에서 형광등(합리적 행위자 모델), 손전등 1(조직과정 모델), 손전등 2(정부정치 모델)라는 명칭을 부여하면서 지배적 패러다임과 대안적 이론들 간의 차별성을 부각하면서도 그것의 용도와 관련한 상보적인 측면 또한 강조했다. 유사한 맥락에서 '양면게임 모델'이라는 손전등 3에 대해서도 논의했다. 지금부터 살펴볼 손전등 4, 즉 '집단사고 모델'은 정부와 같은 대규모 집단이 아닌 소규모 집단 내의 의사결정과정에서 발생하는 특유의 집단동학(group dynamics)에 빛을 비추어 준다.

집단사고 모델은 1972년에 발간된 사회심리학자 어빙 재니스(Irving Janis)의 저작 『집단사고의 희생자들(*Victims of Groupthink: A Psychological Study of Foreign-Policy Decisions and Fiascoes*)』에서 비롯되었다. 제2차 세계대전에 참전하여 군에서 군 사기(士氣)의 진작

에 관해 연구하던 그는 1947년 예일대 심리학과 교수에 부임하여 인간의 비합리적 행동의 원인을 규명하는 작업을 수행했다. 그는 높은 스트레스가 집단의 응집성에 미치는 영향에 관한 '미국 병사 프로젝트(American Soldier Project)'에 참여하면서 집단사고 연구의 초석을 놓았다.[1] 재니스는 이 프로젝트를 통해 관심 분야를 확장하던 중 케네디 정부가 추진한 피그스만 침공에 관한 문헌을 읽다가 중요한 문제의식을 갖게 되었다. 그가 던진 질문은 "천하의 수재들인, 케네디와 그의 참모들로 구성된 집단이 실패할 것이 뻔한 정책을 왜 밀어붙였는가"였다. 재니스가 이 문제에 대한 세미나를 거듭하면서 확신하게 된 것은 집단 내에 "우리"라는 연대의식이 고조되면 "동의추구(concurrence-seeking)" 현상이 발생하며 집단의 구성원은 집단에 대한 충성을 지고의 도덕으로 간주하게 된다는 점이었다.

재니스는 '피그스만'의 실패에서 도출된 문제의식을 바탕으로 사회심리학적인 이론적 도구를 사용하여 고도의 지적 능력을 가진 정부 지도자나 참모들로 구성된 집단이 실패할 것이 뻔하거나 실패한 것으로 판명난 정책을 고집스럽게 고수하는 이유는 "응집력(cohesive)이 높은 의사결정 집단 내에서 반대 의견과 대안적 관점을 억누르고 어떠한 비용에도 불구하고 의견의 일치를 형성하려는 심리적 욕구", 즉 "집단사고"와 관련이 있다고 결론을 내렸다. 그는 자신의 집단사고 모델을 경험적으로 검증하고 정당화하기 위해 네 가지 정책 실패, 두 가지 정책 성공의 사례를 제시했다. 즉, 피그

1 L. Irving Janis. 1949, "Morale attitudes of combat flying personnel in the Air Corps," in S. Stouffer (ed.), *The American Soldier II: Combat and its Aftermath* (Princeton, NJ: Princeton University Press).

스만 침공, 한국전쟁 시 북한 점령 시도, 진주만 피습의 예측 실패, 베트남전 확전 등과 관련된 미국의 결정은 '집단사고'로 인한 대재앙의 경우로, 그리고 쿠바미사일 위기에 대한 대처와 '마셜 플랜'은 '집단사고'가 발생하지 않았거나 방지된 사례로 적시되었다. 재니스는 1972년 저작에 대한 비판을 수용하고 최초의 구상을 더욱 체계화하여 1982년 『집단사고(*Groupthink: Psychological Studies of Policy Decisions and Fiascoes*)』를 출간했다. 그리고 1989년에는 『결정적 결정들(*Crucial Decisions: Leadership in Policymaking and Crisis Management*)』을 출간했는데, 이론의 골간이나 최초에 제기했던 통찰력은 그대로 유지했다.[2]

집단사고 모델의 구조와 주요 개념들

재니스는 『집단사고』에서 아래의 표에서 보듯이 위기 시에 발생하는 '집단사고'의 원인으로 3개의 선행조건과, 경험적 검증을 위한 8개의 가설(집단사고의 징후들)을 제시했다. 문제의 시작은 의사결정 집단의 높은 응집력이다. 재니스는 한국전쟁 때 38선을 넘어 북한에 대한 점령을 결정할 당시 "코리아 그룹(Korean group)"으로 알려진 트루먼 대통령의 참모들 간의 응집력에 대해 서술하면서 글렌 페이지(Glen Paige)의 저작을 인용했다.

....

2 L. Irving Janis. 1982, *Groupthink: Psychological Studies of Policy Decisions and Fiascoes* (Boston, MA: Houghton Mifflin); L. Irving Janis. 1989, *Crucial Decisions: Leadership in Policymaking and Crisis Management* (New York, NY: Free Press).

"트루먼 대통령의 참모집단은 강한 유대감을 형성하였다. 글렌 페이지는 모든 위기대응회의에서 드러난 집단 내 유대감을 주목할 것을 요구하고 있다. 그에 따르면 가장 도드라지는 점은 의사결정자들이 공유한 높은 수준의 만족도와 도덕적 우월감이었다… 집단의 구성원들은 같이 일한 수개월 동안 '한 몸 정신(*esprit de corps*)', 즉 강력한 동지애, 그리고 상호 존경심을 지속해서 서로에게 보여주었다. 그 집단의 구성원들은 미국 사회의 파워엘리트의 기본 가치와 지배적인 신념을 공유한, 특히 '자유 세계'를 방위하기 위해 '세계 공산주의'의 팽창을 봉쇄해야만 한다는 신념을 공유한 사람들이었다."[3]

재니스는 이렇게 응집력이 강한 집단이 걸려 있는 판돈이 크고 기습적으로 일어나 대처하는 데 시간적 제약이 있는 '위기(crisis)'가 발생하여 높은 수준의 스트레스에 시달리게 될 때 집단사고에 취약해진다고 지적했다. 그렇지 않아도 사회적 배경과 이념 등에서 동질적인 이 집단의 구성원들은 위기에 대응하기 위해 더 자주 만나고 더 많이 소통하게 된다. 왜냐하면 구성원들은 자신들이 직면하고 있는 위험에 대해 다른 동료들은 무엇을 알고 있는지, 어떻게 해석하는지, 해결책은 어떤 것이 있을 수 있는지에 관해 의견을 나누려고 하며, 나아가 자주 만나고 소통함으로써 자신들이 한 집단에 소속되어 있다는 심리적 안정감을 느끼려고 하기 때문이다.[4] 결과적으로 이 집단의 응집성은 고도로 강화된다. "소속감의 필요"가 증가

3 Janis(1982), p. 49.

4 Janis(1982), p. 555.

하면 구성원들은 자신이 속해 있는 집단에 더욱 의존하게 되고 집단의 규범을 준수하려는 경향이 심화된다. 그리고 이는 집단의 사기를 진작하고 스트레스 대처 능력을 증가시킨다. 그러나 역작용이 일어날 가능성도 있다. 집단 응집성의 증가가 비판적 사고를 무력화하고 동의추구 경향을 증가시키면 정책이 합리성과 현실성을 상실하는 등 부작용을 산출할 가능성이 높아지는 것이다.

재니스는 동의추구 경향성을 조장하거나 억지할 수 있는 조직체적 제약들의 존재 또는 부재와 관련된 개입변수(moderating variables)로 조직체의 구조적 결함들을 적시하고 있다. 아래의 〈그림 3〉에서 박스 B1이 이를 가리킨다. 그는 이 결함들 중 많은 문헌에서 자주 언급되는 '공정한 리더십(impartial leadership)의 부재' 또는 '판촉적 리더십(promotional leadership)'에 대해 '피그스만 침공'과 케네디의 사례를 들어 설명했다. 재니스에 따르면, 케네디 대통령은 피그스만 침공 시에 공평하지 못한 리더십으로 집단사고를 자초한 측면이 있었다:

> "케네디 대통령은 회의를 주재할 때마다 많은 사람들, 특히 반대 의견을 가진 사람들이 말할 수 있는 기회를 허용하지 않았고, CIA 대표들이 전체 회의를 지배할 수 있도록 회의를 운영하였다. 대통령은 합리적 의심이 제기될 때마다 그들이 즉각 반박하도록 하였다. 그는 의심을 갖는 다른 참가자가 있는지 확인하지 않았고, 새로운 우려가 표시된 문제가 갖는 함의를 따져볼 수 있는 기회를 허용하지 않았다."[5]

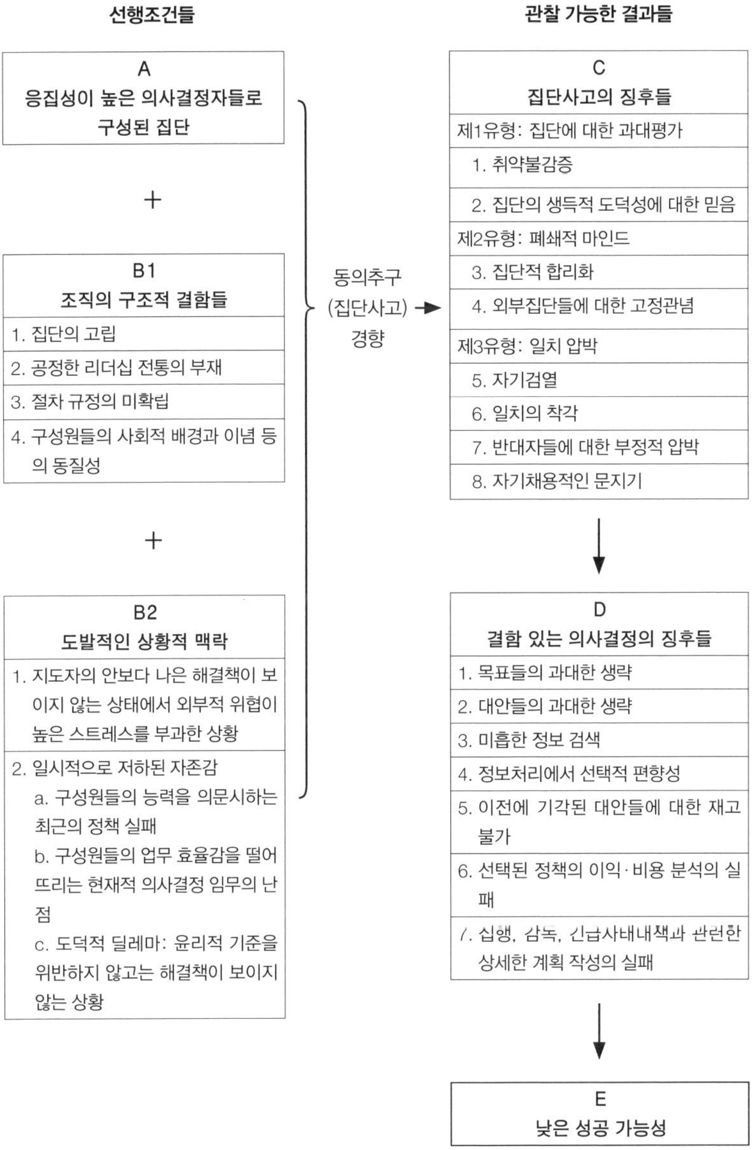

그림 3 집단사고 모델의 구조와 주요 개념들

....

5 Janis(1982), p. 42.

재니스는 집단사고의 발발에 대해 이 모든 제약과 변수가 동등한 중요성을 갖는 것은 아니라며 "도발적인 상황적 요인들이 압도적인 중요성을 갖는다(박스 B2)"라고 말했다.[6] 여기서 특히 중요한 상황적 맥락은 '높은 스트레스'와 '도덕적 딜레마'이다. 재니스에 따르면, 집단사고는 의사결정자들이 위기상황을 다루면서 높은 스트레스에 시달리고 있을 때 주로 발생하며, 이러한 상황하에서 의사결정자들은 불가해하고 도덕적으로 복잡한 문제들에 대해 결정을 내려야 하는 막중한 부담감으로 인해 인간으로서의 자긍심 내지 자존감이 위협받는다고 인식하는 경향이 있다. 자신들이 선호하는 정책이나 결정이 비판받거나 위협받으면 받을수록 이러한 도덕적 딜레마는 더욱 격화되고, 집단은 구성원 개인이 처음 생각했던 것보다 더 극단적인 결정을 내리게 되며, 구성원들은 집단의 결정과 행동이 가지고 올 초단기적 결과에만 몰두하게 되고, 보다 장기적이거나 도덕적인 결과에는 신경조차 쓰지 않는다. 구성원들이 심한 도덕적 딜레마에 빠지게 되면 그것으로부터 벗어나기 위해 집단의 단결과 일치를 찾게 된다. 자신이 속한 단합된 집단을 도덕적으로 비난받아야 하는 인간이 아니라 오히려 제대로 된 인간으로서의 자신의 자아성을 유지해주는 위로의 원천으로 인식하는 것이다. 이렇게 하여 이들의 자신의 집단에 대한 의존도가 심화된다. 재니스는 이와 관련하여 워터게이트(Watergate) 사건을 '사실 은폐(cover-up)'로 수습하려던 '닉슨 팀'을 전형적인 사례로 꼽았다.

....

6 Janis(1982), p. 259. 두 번째로 중요한 요인은 개입변수로서의 '조직의 구조적 결함들(박스 B1)'이다. Janis(1982), p. 301.

> "이와 같이 스트레스가 높은 기간 동안 그들은 무엇을 할 것인지에 대해 협의하면서 많은 시간을 보냈다. 그러나 그들의 장황하고 두서없는 대화는 '사실 은폐' 결정을 재확인하고 확대하는 것으로 끝났다. 이러한 장시간의 대화들은 집단적인 무비판적 사고를 노정하였다… 높은 스트레스의 조건하에서 집단의 구성원들은 동료들의 지지에서 위안을 얻기 위해, 자신들의 사기를 유지하기 위해, 대통령과의 연대를 통한 법적 대응을 위해 집단에 대한 충성심을 강화하는 모습을 보여준 것으로 보인다."[7]

재니스는 위의 〈그림 3〉에서 보듯이 동의추구, 즉 집단사고가 야기하는 관찰 가능한 여덟 가지 결과를 세 가지 유형으로 분류하여 제시했다. 제1유형은 "취약불감증(illusions of invulnerability)"을 포함하여 집단에 대한 과대평가를 야기하는 요인들, 제2유형은 "집단적 합리화(collective rationalization)"를 포함하여 폐쇄적 마인드를 야기하는 요인들, 그리고 제3유형은 "일치 압박(conformity pressure)"을 야기하는 요인들을 말한다. 이러한 특징들로부터 집단사고에 대한 부정적 평가가 제시된다. '일치 압박'은 과대한 '동의추구'를 나타내는 지표이고, 집단에 대한 과대평가와 폐쇄적 마인드는 이러한 '일치 압박'과 '동의추구'가 "나쁜" 정책들을 발생시키는 맥락이자 배경이 된다. 재니스는 '동의추구'가 집단적 의사결정과정에서 필수적인 요소라고 인정한다. 의견이 개진되고 토론이 진행된 후 지도자는 자신이 선호하는 대안으로 의견을 모아가기 마련인데,

7 Janis(1982), pp. 252-253.

그것 자체는 전혀 이상할 것이 없다. 그러나 지도자가 '동의추구'를 너무 조급하게 또는 너무 엄격하게 요구할 때 "과잉"이 발생한다. 이 단계에서의 과잉은 치명적이지는 않다. 이 단계에서도 집단이 건전한 대안들에 개방되어 있다면 실패나 재앙을 피할 수 있다는 것이다. 그러나 집단사고의 또 다른 특징은 이러한 개방성을 질식시키는 역할을 한다. 즉, 폐쇄적 마인드와 고정관념에 사로잡혀 있으며 자신감과 도덕적 우월감으로 가득 찬 의사결정자들은 올바른, 적어도 합리적으로 만족할 만한 정책을 선택하지 못한다. 재니스는 집단사고에서 '취약불감증'과 '집단적 합리화'가 동시에 작동한 사례로 미국이 1941년 12월 7일 하와이 진주만의 피습을 예측하는 데 실패한 것을 들었다. 그는 취약불감증과 집단적 합리화가 하와이에 주둔하던 미 해군과 육군의 경계 실패를 야기했다고 주장했다. 그에 따르면 취약불감증은 과도한 낙관주의로 이어졌고, 워싱턴으로부터의 경고에도 불구하고 하와이 태평양사령부의 의사결정자들은 일본이 결코 미국을 공격할 수 없을 것이라고 믿었다. 그리고 이렇게 형성된 집단의 전제에 대해 누구도 근본적인 문제제기를 하지 않았다. 그들이 한 것은 일본이 미국을 공격할 수 없는 이유를 가능하면 많이 찾아 기존의 전제를 합리화하는 것뿐이었다.

진주만 기습 10일 전에 워싱턴의 국방부는 하와이 진주만의 태평양사령부에 "전쟁이 발발할 가능성이 높으니(This dispatch is to be considered a war warning)" 그에 상응하는 "적절한 방어태세(appropriate defensive deployment)"를 갖추라고 지시했다. 그러나 이 전문에는 '하와이'가 언급되지는 않았다. 재니스에 따르면, 하와이의 미 해군과 육군의 지휘관들은 워싱턴의 경고를 진지하게 받아들이지 않았다. 그들은 일본이 하와이를 기습한다면 그것은 미국과의 전면전을 의미하는데 일본이 거의 확실한 패전의 위험부담을 감수하지는 않을 것이고, 일본이 바보같이 항공모함들을 보내더라도 미국은 이를 탐지하고 파괴할 수 있는 시간과 능력을 갖고 있으며, 일본군의 항공기에서 발사된 어뢰폭탄은 수심이 낮은 진주만에 정박해 있는 미 함정들을 파괴할 수 없다고 판단했다.[8] 특히 태평양함대사령관 허스밴드 킴멜(Husband E. Kimmel) 제독은 일본이 진주만을 공격한다는 것은 있을 수 없는 일이라고 생각했다. 그는 태평양사령부의 미 해군 함정들이 들키지 않고, 그리고, 해상 급유에 성공하고, 비밀리에 일본으로 항해하여 기습한 후 무사히 되돌아올 수 없는 것처럼 일본 해군도 마찬가지일 것이라고 판단했다. 워싱턴의 국방부와 합참은 킴멜이 함정들을 안전한 지역으로 이동시켰을 것이라고 생각했지만, 정작 그는 정박된 함대에 대해 특별한 방어조치를 취하지 않았다. 하와이 주둔 육군사령관 월터 쇼트(Walter C. Short) 장군은 워싱턴의 전문을 오해하여 현지 일본인들이나 첩자들에 의한 "파괴공작(sabotage)"에 대비하라는 의미로 받아들였다. 당시 그러한 파괴공작이 빈번했기 때문이다. 그는 항공기들을 감시가 용이하도록 밀집 배치했고, 일본 해군기들은 모여 있는 미국 항공기들을 손쉽게 폭격하고 파괴할 수 있었다.

요컨대, 재니스에 따르면 취약불감증은 과도한 낙관주의를 낳았고, 집단적 합리화는 집단이 가지고 있던 전제들에 도전하는 경고를

....

8 당시 미 해군은 항공기에서 투하된 어뢰폭탄이 효과를 내려면 수심이 60피트 이상 되어야 한다고 판단했다. 수심이 낮으면 어뢰폭탄이 투하된 후 솟아오르지 못하고 해저에 닿아 폭발할 것이었다. 진주만의 수심은 30-40피트였다.

무시하게 만들었으며, 따라서 그러한 전제들에 대한 재고는 일어나지 않았다. 결국 그 결과는 재앙이었다.

재니스에 따르면, 집단사고가 발생한 다른 하나의 주요 사례는 1950년 가을 북한의 공산 정권을 무너뜨리고 친미 국가를 한반도에 세우기 위해 38선 너머로의 진군을 허용한 트루먼 정부의 결정이었다. 당시 트루먼 대통령의 안보팀은 1950년 9월 인천상륙작전의 성공으로 "성공에 취해 있었고", "희망적 사고에 빠져 있었으며", "황홀감과 낙관주의"의 상태에서 위험감수적인 심리 상태에 놓여 있었다. 그런데 재니스가 지적하듯이, 이 안보팀원들은 고도의 응집성을 이미 갖고 있던 상황이었다. '코리아 그룹'의 구성원은 대통령 트루먼을 필두로 해서 국무장관 딘 애치슨, 국방장관 루이스 존슨(Louis A. Johnson), 육군장관 프랭크 페이스(Frank Pace), 해군장관 프랜시스 매튜스(Francis P. Mathews), 공군장관 토머스 핀레터(Thomas K. Finletter)를 포함했다. 이들 외에도 4군 참모총장들, 그리고 국무부와 국방부의 고위간부들이 비정규적으로 회의에 참석했다. 이들 중 핵심 구성원은 국가안보회의의 멤버이기도 했다. 재니스에 따르면, 이들 구성원들은 한국전쟁이 발발하자 누구보다 자주 만나게 되었고 이후 높은 수준의 연대의식을 공유하게 되었다. 그들 모두는 미국의 참전 결정에 대해 더할 수 없는 만족감과 도덕적 자부심을 나누었고 이들 사이에 내부적 균열이나 갈등은 전혀 존재하지 않았다. 참전을 결정한 이후에도 "세계공산주의를 무찌르고 자유세계를 지켜야 한다."라는 명분을 중심으로 이들의 '한 몸 정신'은 탄탄하게 유지되었다. 케네디 정부 초기에 발견되었던 군인과 민간인 사이의 반목이나 긴장은 찾아볼 수 없을 정도였다. 애치슨의 위상은 도전받지 않았다. 육군참모총장 오마르 브래들리(Omar N. Bradley)와 합참의 장군들은 예스맨으로 보일 정도로 그의 의견을 지지했다. 로버트 태프트(Robert A. Taft) 상원의원이 이들을 "정치군인"이라고 비난할 정도였다. '코리아 그룹'의 응집성은 조지 마셜(George Marshall) 장군이 국방장관이 되어 회의에 참석하면서 극에 달했다. 군인과 민간인 할 것 없이 구성원 모두는 마셜 장군에게 엄청난 경외심을 갖고 있었다. 특히 그간 좌장 노릇을 했던 애치슨은 내색하지는 않았지만 관계가 껄끄럽던 존슨 장관이 퇴출되고 평상시에 존경했던, 그리고 과거(1947-49) 국무부에서 상관으로 모셨던 마셜의 등장을 진심으로 환영했다. '코리아 그룹'의 응집성의 수준은 트루먼 대통령과 애치슨 국무장관의 관계를 보면 더 이상의 강조가 필요 없을 정도였다. 이들은 각자의 회고록에서 상대를 "미국이 역사상 가져보지 못한 최고의 외교관" 또는 "대통령"이라고 입에 침이 마를 정도로 칭찬했다. 재니스의 모델에 따르면, 이 정도면 집단사고가 발생할 수 있는 모든 기본 조건이 마련된 셈이었다.

재니스는 한국전쟁의 확전(북진) 결정은 많은 집단사고 유발 요인을 포함하고 있었다고 말했다. 그중 재니스가 가장 중요하게 생각한 요인은 위험감수적으로 행동하게 하는 "공유된 취약불감증(shared illusion of invulnerability)"이었다. 재니스는 트루먼 대통령이 맥아더의 '북진'을 승인하기 오래전부터 중국으로부터의 경고음이 울리고 있었다고 지적했다. 중국 공산당은 미국이 타이완 해협에 제7함대를 파견하자 이를 취약한 중국을 붕괴시키기 위한 술책이라고 보고 전국적으로 반미시위를 주문했다. 미국은 이에 큰 의미를 부여하지 않고 무시했다. 한편 중국은 9월 초부터 UN군의 북한 점령에 대해 다각적으로 우려를 표명했다. 9월 3일 인민해방군 총참모장 대리는 베이징 주재 인도 대사에게 중국은 미군이 중국 영토에 접근하는 것을 용인하지 않을 것이라고 말했다. 인도의 외교장관은 뉴델리의 미국 대사에게 이를 전했다. 주미 영국 대사도 같은 메시지를 미 국무부에 전달했다. 중국 외교부 대변인은 9월 22일에 성명을 발표하여 "중국은 조선 인민들의 편에 설 것이다… 조선에 대한 미제 침략의 범죄행위와 전쟁을 확대하려는 그들의 음모에 결연히 반대한다는 사실을 확인하고자 한다."라는 입장을 공식적으로 천명했다. 이와 함께 많은 수의 인민해방군이 남·중부에서 북중 국경지역으로 이동했다. 미국 정보기관은 이를 알고 있었으나 이번에도 중국의 위협을 과소평가했다. 미국의 생각에 중국 공산당은 국내 문제에 몰두해 있고, 인민해방군은 [게릴라전이 아닌] 통상적인 전쟁에 적합하지 않으며, 애치슨 국무장관이 말한 것처럼 중소동맹의 체결에도 불구하고 중국의 실제적 위협이 "만주를 지배하려는 소련"에 있는 상태에서 한반도에 파병을 한다는 것은 "완전히 미친 짓(sheer madness)"일 것이기 때문이었다.[9] 트루먼의 '코리아 그룹' 구성원은 중공의 경고가 "엄포(bluff)이자" "공갈(empty threat)"이라는 데 모두 동의했다.

맥아더의 '북진안'은 인천상륙작전의 대성공이 가져온 자신감과 황홀감에 빠진 의사결정자들의 합리적 사고를 방해했다. 기술적·절차적 문제제기가 있었지만, 결국 맥아더는 자신이 원하는 것을 가질

9 T. V. Paul. 1994, *Asymmetric Conflicts: War Initiation by Weaker Powers* (New York, NY: Cambridge University Press), p. 89.

수 있었다. 트루먼 대통령은 9월 27일 합참을 통해 맥아더 장군에게 다음과 같이 지시했다.

> 귀관의 군사적 목표는 북한군의 파괴에 있다. 이 목표 달성을 위해 귀관은 상륙, 공수, 지상 작전 등을 통해 한반도의 '38선'을 넘어 북진할 수 있다. 단, '38선' 이북으로의 진격은 소련 또는 중공의 주력군이 북한에 진입해 있지 않거나, 참전 기도에 대한 발표가 없거나 또는 그 밖에 북한 지역 내에서 군사적으로 소련 및 중공군의 위협에 직면하지 않을 것이라는 확신이 있는 경우에 한한다. 어떠한 경우에도 귀관의 부대는 만주나 소련의 국경을 넘어서는 안 되며, 특히 소련과 마주하고 있는 동북지역이나 한만 국경지역에서 비한국인 병력이 사용되어서는 안 된다. 추가적으로 귀관의 작전은 만주나 소련 영토에 대한 공군·해군의 사용을 포함하지 않는다.[10]

9월 말에 이르러 중국의 무력개입 가능성이 높아졌다. 주소 미국 대사는 소련 및 중국 측과 접촉한 영국 및 네덜란드 대사로부터 정보를 입수하여 "외국군이 '38선'을 넘으면 중국이 개입할 것"이라고 워싱턴에 보고했다. 이 경고는 언론에도 전달되었다. 9월 29일 AP통신은 모스크바발로 중국과 소련이 UN군의 '38선' 통과를 중대한 문제로 보고 있다고 보도했다. 결정적으로 저우언라이는 9월 30일 중화인민공화국 창립 1주년 기념사를 통해 미국은 중국의 "최악의 적이고, 중국은 이웃 국가가 침략당하는 것을 허용하지 않을

10 박건영(2020), p. 506.

것"임을 공공연히 밝혔다. 바로 이때 대한민국 국군은 동부전선의 '38선'을 넘고 있었다.

트루먼 대통령은 10월 15일 전쟁 중인 상황을 감안하여 지휘관을 워싱턴으로 호출하지 않고 맥아더가 전쟁을 지휘하던 도쿄와 워싱턴의 중간쯤에 위치한 웨이크 섬(Wake Island)에서 전황을 보고받았다. 맥아더는 중국군의 개입 가능성이 매우 낮다고 보고했다. 그는 11월 23일 추수감사절까지는 전쟁이 끝날 것이고 미군은 12월 25일 크리스마스 전에 고향에 돌아가 있을 것이라고 말했다. 만에 하나 중국이 개입하더라도 공군력을 보유하지 못했기 때문에 쉽게 격퇴할 수 있으며 소련이 한국전에 개입할 가능성은 중국의 개입 가능성보다 더 낮다고 전망했다. 이러한 맥아더의 낙관론에 만족한 트루먼은 귀로에 기착한 샌프란시스코에서 "UN군은 조만간 전 한반도의 평화를 회복하리라고 확신한다."라고 선언했다.[11]

재니스는 당시 미국 정보기관의 보고가 여러 모로 부정확하고 미흡하기는 했지만 중공의 전면적 참전 가능성에 대해 정책결정자들의 주의를 촉구하는 보고와 정보는 충분했다고 말한다. 그들이 "취약불감증"을 공유하지 않았더라면 그러한 주의나 경고를 그렇게 쉽게 엄포나 공갈로 일축하지 않았을 수도 있었다는 말이다. 그는 미국에 막대한 피해를 준 '북진 결정'은 고도로 응집력을 갖고 있던 '코리아 그룹' 내에 무모하고 위험감수적으로 행동하게 하는 "공유된 취약불감증"이 만연했던 데서 비롯되었다고 결론지었다.

집단사고는 한국전의 확전을 결정할 때뿐만 아니라 베트남전의

11 박건영(2020), p. 521.

확전을 결정할 때에도 발생했다. 사실 재니스의 이론적 문제의식은 '피그스만 침공'의 실패에 관한 그의 문헌조사에서 비롯되었지만, 1972년 『집단사고』를 집필하게 된 직접적 배경 중 하나는 미국의 베트남전 확전 정책과 관련이 있었다. 재니스가 던진 질문은 케네디 정부의 "수재들을 인수받은 미국 존슨 정부의 안보팀이 1960년 중반에 누가 보더라도 실패하고 있는 베트남 정책을 왜 고집스럽게 고수하여 미국에 대재앙을 가져다주었는가?"였다. 아래에서는 재니스가 집단사고 모델을 사용하여 이 질문에 어떻게 답했는지를 알아보기로 한다.

재니스의 연구 목표는 어떻게 존슨 대통령을 포함한 "양심적인 정치인들과 지력이 뛰어난 고위관리들"이 베트남전 참전 자체의 부도덕성과 '확전(擴戰, escalation)'의 부정적인 정치적 결과와 관련한 "수많은 저명한 미국인들의 우호적이고 적대적인 경고를 무시할 수 있었는지"를 이해하는 데 있었다. 그는 존슨의 '내부 서클(inner circle)'이 가지고 있던 "공유된 착각(shared illusions)"을 분석해보면 어떻게 그렇게 훌륭한 사람들이 양심의 내적 목소리를 낼 수 없었는지를 설명하는 데 영감과 통찰력을 제공받을 수 있을 것이라고 보았다.

"화요 점심 그룹(Tuesday Luncheon group)" 또는 "화요 각료회의(Tuesday cabinet)"라 불린 존슨의 '내부 서클'의 구성원들은 공동의 역경을 겪으면서 강화되고 심화된 상호 존경과 충성심으로 가득 찬 지적이고 양심적인 인물들이었다. 그들은 모임을 지속하면서 마음이 맞는 모든 사람들이 그러하듯이 의견이 다른 경우에도 결코 직접적이거나 격한 언어를 사용하지 않았고 동료의 비위가 상하지 않게 말하는 방법을 터득해갔다.

베트남전의 악화와 관련된 위기는 사전경고 없이 기습처럼 찾아왔고, 따라서 '화요 점심 그룹'은 그야말로 중대한 판돈이 걸린 사안에 대해 엄청난 시간적 압박 속에서 해결책을 찾아야 했다. 이러한 상황하에서 구성원들은 소속감의 필요성을 더욱 절감하게 되었고, 따라서 집단 내의 응집성이 급증했으며, 이들의 이와 같은 동의 추구 경향은 결국 자신들과 집단을 집단사고에 빠지게 했다. 재니스에 따르면, 구성원의 집단적 유대감과 '한 몸 정신', 즉 강력한 동지애를 강화해주는 만장일치의 추구는 집단사고의 모든 징후들의 심리적 근본이다. 그는 집단사고의 징후 중 "일치 압박" 또는 "동조 압박"의 중요성을 강조하면서 사례를 들어 설명한다.

'화요 점심 그룹'이 이미 내린 결정이나 정책은 회의석상에서 다시 거론되지 않았다. 이를 재론하고자 하거나 대안적 시각을 제시하는 구성원은 조직의 규범을 무시하며 개인 플레이를 하는 것으로 간주되었다. 그들은 이내 '동조 압박'을 느끼며 집단정신에 길들여졌다. "튀려는 사람은 배척되었다(odd man out)." '화요 점심 그룹'의 모든 구성원은 '동조 압박'의 대상이 되었다. '동조 압박'은 문제를 제기하는 사람에게 뼈 있는 말이 간접적으로 전달되도록 하는 식으로 이루어졌다. "그가 요새 감이 많이 떨어진 것 같아 걱정이야.", "그가 총기(聰氣)가 많이 떨어져서 어떻게 하나."라는 식이었다. 그러나 이를 간접적으로 듣는 사람은 위협을 느낄 수밖에 없었다. "한물간 사람(has-been)"은 권력의 의자에 대한 접근권이 제한되거나 박탈될 것이기 때문이었다. 이런 말을 들은 사람은 퇴장하지 않으려면 자신의 주장을 적어도 누그러뜨리지 않으면 안 되었다.

어떤 경우에는 유머를 빙자하여 은근히 놀리는 식으로 '동조 압박'이 가해지기도 했다. 예를 들어, 회의석상에서 "튀는 발언"을 한 구성원은 나중에 복도 등에서 동료들과 마주쳤을 때 "폭격중단 씨(Mr. Stop-the-Bombing)" 또는 "우리의 친애하는 비둘기파(our favorite dove)"라는 불길한 별명으로 불리기도 했다. 한편 '화요 점심 그룹'의 이른바 주류에 속하는 구성원들은 반대자의 입장에 귀를 기울였다고 자화자찬했고, 어떤 이들은 주류 동료의 등을 가볍게 두드리면서 반대의견에 대해 너그럽고 민주적인 태도를 보여주었다며 칭찬하기도 했다. 불길한 별명을 얻은 "튀는 사람"은 한물갔고 너그럽지 못하며 민주적이지 못한 사람으로 낙인 찍힐 것을 두려워하게 되었다.[12]

대통령의 '불공정한 리더십' 또는 "판촉적 리더십"은 이러한 '동조 압박'의 구조적 제약을 더욱 경직화했다. 전쟁의 출구가 보이지 않고 국내외적인 여론이 악화하자 전략과 수단에 대한 존슨 정부의 고민은 깊어졌다. 존슨의 안보팀은 더 이상 상상력과 비범함을 추구하던 "케네디의 수재들"이 아니었다(존슨 대통령은 그 수재들을 모두 인수했다). 존슨은 "예스맨들"만을 주변에 두었고 희소식만을 원했다. 국무장관 딘 러스크에 따르면, 존슨은 국무장관과 국방장관에게 먼저 의견을 구한 후 다른 참모들에게 "질문이나 이야기할 것이 있는가?" 하고 묻곤 했다. 그들은 차라리 침묵을 선택했다. 대통령의 구미에 맞는 이야기를 할 여건이 아니었기 때문이다. 1966년 최측근 정무보좌관 잭 발렌티(Jack Valenti), 국가안보보좌관 맥조지

....

12 Janis(1982), p. 115.

번디, 홍보수석 빌 모이어스(Bill Moyers), 국무차관 조지 볼(George Ball)이 존슨을 떠났다. 대통령과의 불화 때문이라기보다는 "지배하고 군림하는 대통령"의 존재감으로 인한 피로감과 좌절감 때문이었다. 1967년 11월 29일 끝까지 남아 있던 맥나마라 국방장관도 사임 형식으로 해임되었다. 대통령을 포함한 "동질적 매파그룹(gatherings of homogeneous hawks)"에 의해 밀려난 것이었다. 맥나마라는 회의석상에서 존슨의 전쟁전략에 몇 차례 회의를 표시하여 대통령의 격노를 산 바 있었다.

존슨의 강박적인 자존심과 참모들의 "한 몸 정신"은 존슨의 전쟁전략에 대한 재고를 허용하지 않았다. 존슨은 베트남을 직접 방문했다. 그는 1967년 12월 23일 캄란만(Cam Ranh Bay)에 도착하여 "미국은 모든 도전을 이겨낼 것이다. 적들은 이제 임자를 만났다." 라고 선언했다. 1967년 말에 베트남 주둔 미군의 수는 463,000명으로 늘어났다. 그때까지의 전사자 수는 16,000여 명에 달했다. 같은 해 90,000여 명의 북베트남군이 호치민 루트를 통해 남베트남으로 침투했다. 남베트남 내에서 작전 중인 "베트콩"과 북베트남군의 수는 300,000여 명으로 증가했다. 미국으로서는 이길 수 있는 전쟁이 아니었다.

집단사고는 대통령 자신도 공격했다. 대통령제하의 미국에서 총사령관(commander-in-chief)으로서의 대통령의 외교안보 관련 권한은 거의 무제한적이다. 그렇기 때문에 존슨 대통령은 자신의 확전정책을 포함하여 베트남전에 관한 전략 전체를 취소하거나 변경할 수 있는 위치에 있었고, 자신도 그것을 잘 알고 있었다. 자신이 원하지 않는 것은 하지 않으면 되는 것이었다. 그러나 재니스는 최고 권력자인 대통령조차도 집단사고에서 벗어날 수 없었다고 지적했다. 자신과 자신의 집단이 이미 정한 정책을 되돌릴 수 없다고 생각했다는 것이다. 스스로도 '집단적 일치'를 깨는 것이 두려웠던 것이다. 재니스는 집단사고의 지배력과 위험성을 압축적으로 담고 있는 한 에피소드를 들려준다.

> 1966년 6월 29일 존슨 대통령은 1962년 10월 부통령으로서 겪은 쿠바미사일 위기에 못지않은, 제3차대전을 떠올리는 절대절명의 위기에 직면하였다. 당시 존슨은 북폭을 잠정 중단하고 북베트남의 태도 변화를 유도하고 있었다. 그러나 북베트남은 호응하지 않고 오히려 종전보다 더 많은 북베트남군을 남베트남으로 침투시키고 있었다. 존슨은 자발적으로 결정한 북폭 중단을 끝내고 북베트남에 치명적 타격을 주기로 결정하였다. 존슨 정부는 북베트남의 '석유, 오일, 윤활유(petroleum, oil, lubricant)' 저장시설을 폭격한다고 발표하였다. 그런데 이 시설들은 인구밀집지역인 하노이와 하이퐁에 위치하고 있어 민간인 살상의 위험이 부담스러웠다. 존슨에게 훨씬 더 큰 문제는 미군의 오폭이 중국과 소련의 무력개입을 자극할 가능성이 있다는 것이었다. 당시 소련 선박이 하이퐁항에 정박하고 있었다. 존슨은 자신의 북폭 결정이 대규모 전쟁으로 비화할까 전전긍긍하였다. 29일 저녁 존슨의 딸 루시(Luci)는 "피곤해하고 크게 걱정하는 듯한 대통령의 모습"을 보았다. 맥나마라 국방장관이 "첫 번째 폭격이 개시되었다."는 보고를 마친 직후였다. 루시는 "무슨 걱정을 하고 계세요?"라고 물었다. 존슨은 "너의 아빠가 3차대전을 시작한 인물로 역사에 기록될지도 모르겠구나."라고 답하였다. 자정이 임

박했을 때 루시는 존슨을 워싱턴 내 성 도미니크(St. Dominic) 성당으로 인도하였다. 두 사람은 무릎을 꿇고 긴 시간 기도하였다. 존슨은 백악관의 침실로 돌아왔으나 폭격이 무사히 완료되었다는 보고를 받고서야 잠을 이룰 수 있었다.[13]

집단사고 방지책(safeguards)

재니스는 집단사고가 방지될 수 있다고 보았다. '마셜 플랜'의 기획과 집행, 그리고 쿠바미사일 위기에 대한 대처는 집단사고의 반대사례(counterpoints)이다. 그는 집단사고를 막을 수 있는 방법으로 첫째, 집단의 지도자가 각 구성원에게 "비판적 평가자(critical evaluator)"의 역할을 하도록 임무를 부여할 것을 제시했다. 그렇게 함으로써 구성원들은 '문제제기가 금기시되어 있는 정책(sacred cows)'을 포함하여 제안된 모든 대안에 대해 자유롭게 반대와 의심을 표현할 수 있을 것이다. 둘째, 지도자는 임무를 부여할 때 자신의 의견을 개진해서는 안 된다. 셋째, 지도자는 토론 결과에 지나치게 영향을 미치는 것을 피하기 위해 회의에 정규적으로 참석하기보다는 많은 회의에 의도적으로 불참해야 한다. 넷째, 조직은 몇 개의 독립적 그룹을 만들어 같은 문제를 따로 논의하도록 해야 한다. 분임토의 같은 방식을 통해 좋은 아이디어를 내는 팀을 보상하는 경쟁적 분

13 Tom Wells. 1994, *The War Within: America's Battle Over Vietnam* (Berkley, CA: University of California Press). Janis(1982), pp. 124-125에서 재인용.

위기를 만들어낼 수도 있다. 다섯째, 대안들을 쉽게 기각하지 말아야 한다. 효과가 있을 것으로 판단되는 모든 대안을 검토해야 한다. 여섯째, 구성원들은 집단의 아이디어에 대해 집단 외부의 신뢰할 만한 사람들과 토론해야 한다. 일곱째, 집단은 외부 전문가들을 회의에 초대해서 구성원들이 그들에게 질문하고 그들과 자유롭게 토론할 수 있도록 해야 한다. 여덟째, 적어도 구성원 중 한 사람은 열띤 논의가 이뤄지도록 일부러 반대 입장을 취하는 사람, 즉 선의의 비판자 또는 '악마의 변호인(devil's advocate)' 역할을 하도록 해야 한다.

재니스는 집단사고가 방지되거나 완화된 사례들을 제시하며 자신의 방지책이 현실성이 있음을 증명하려 했다. 그는 케네디 대통령이 피그스만 침공 작전이 실패로 돌아가자 당시의 의사결정의 과정과 결과를 효과적으로 학습함으로써 후일 같은 실수를 반복하지 않았다고 보았다. 미국의 취약불감증, 강제적인 일치를 위한 개인적 회의(懷疑)의 억제, 적에 대한 고정관념 등과 같이 피그스만 침공에 이를 때까지의 회의 과정에서 나타났던 집단사고의 징후들이 쿠바미사일 위기를 해소하는 과정에서는 제시된 대안들에 대한 "면밀한 평가(vigilant appraisal)"에 의해 대체되었다는 것이다.[14] 케네디는 중요한 집행위원회(Excomm) 회의에 외부 전문가들을 초대하여 의견을 청취했고, 회의 구성원이 자유롭게 질문하고 토론하도록 유도했다. 또한 그는 집행위 위원들이 자신들의 부처에 속하는 신뢰할 만한 참모들과 해결책에 관해 숙의하도록 권장했다. 케네디는 집단

....

14 Janis(1982), pp. 148-153.

응집성이 강화되는 것을 막기 위해 분임토의를 활용했고, 피그스만의 실패를 상기하며 자신이 회의를 주도하려 하지 않았으며, 자신의 존재 자체가 갖는 무게를 의식하여 회의에 의도적으로 불참하는 경우도 있었다.

우리에게 좀 더 가까운 사례로 2000년 남북정상회담과 집단사고를 연결해보자. 이 회담은 분단 이후 남과 북의 최고지도자가 최초로 만난다는 면에서 국제정치나 외교정책적으로 갖는 의미 못지않게 국내정치적으로 가히 의미심장한 함의를 갖는 쾌거이면서 동시에 외교적 재앙이 될 수 있는 잠재성을 가지고 있었다. 그만큼 걸려 있는 정치적 판돈이 큰 모험이기도 했다. 더구나 오랫동안 정치적으로 금기시되어 오던 전인미답(前人未踏)의 인민공화국의 평양이라는 "고립된 공간"에서 촉박한 시간적 제약하에서 정치적으로 역화할 수 있는 중대한 결정을 내려야 하는 상황은 집단사고를 야기할 수 있는 조건을 충족했다. 게다가 김대중 정부의 대북정책 설계자 임동원 국정원장과 그의 천거로 청와대에 진출한 외교안보수석 황원탁, 정상회담을 성사시킨 대통령 밀사이자 문화관광부 장관 박지원 등 대통령의 '동질적'인 최측근 대북정책·외교안보 참모들이 모두 대통령과 함께 평양이라는 위기유발적 시공간에 집결해 있었다는 점은 집단사고와 관련하여 매우 우려스러웠다. 평양에서의 논리와 감정은 서울에서 체크가 되어야 하는 것이었는데, 그러한 능력과 권한을 가진 인물은 청와대 내에 존재하지 않았다. 아닌 게 아니라 평양에서 위기가 발생했다. 황원탁은 2000년 7월 20일 이북도민회 중앙연합회가 주최한 강연회에서 김정일 국방위원장이 정상회담 기간 중 남한 내 일부 대학가의 인공기 게양과 관련해 검찰의

사법처리 움직임이 있자 이에 항의하면서 "듣자니 이번 정상회담은 만나는 데 의의가 있다는데 이렇게 만났고 열렬한 환영도 받으셨으니 이만 돌아가시는 것이 좋겠습니다."라고 말해 남측 수행원 모두가 적지 않게 당황했다고 말했다. 그러나 청와대는 그의 발언으로 인해 파문이 일자 "김 위원장이 '돌아갈 것을 요구했다.'는 표현은 인공기 게양건과 관련이 없고 공동선언 작성 당시 의견이 엇갈리자 '김 대통령도 만남에 의미가 있다고 했으니 나머지는 다음에 하자'는 말은 했었다."라고 해명했다. 우리가 정확한 사실을 알 수는 없으나 남측이 상당한 위기에 직면했었음을 부인할 수는 없을 것으로 보인다. 그러나 중요한 것은 이와 같이 집단사고의 조건이 상당 부분 충족되었고 위기가 발생했음에도 불구하고 집단사고의 실수를 저지르지 않았다는 사실이다. 남과 북은 6·15남북공동선언 제2항에서 보듯이 인위적으로 결말을 낼 수 없는 또는 역사적 정상회담 자체를 탈선시킬 수 있는 통일 방법의 문제에 대해서는 전략적 모호성(strategic ambiguity)의 개념에 기초하여 "합의하지 않기로 합의(agreed to disagree)"했고, 교류협력 등 실익을 나누는 데 있어서는 윈-윈(win-win)의 영역, 퍼트넘의 용어를 빌리면 상당한 크기의 '윈-셋'을 찾아내는 데 성공했다.[15]

....

15 이와 같은 소위 '전략적 모호성'에 의한 접근은 현상(現狀, status quo)을 유지하고 실익을 취하는 가운데 정책적 운신의 폭을 확보한다는 차원에서 국제정치에서 흔히 사용된다. 남북정상회담에 임하는 남한의 입장은 소위 근본적인 문제에 관한 논의를 가능한 한 피한다는 데 있었을 것이다. 특히 일국양제와 관련한 남북 간의 시각차는 강제적 흡수통합을 배제한다는 대전제하에 지속적인 연구·논의 과정을 거쳐 해소해나간다는 식으로 정리할 것으로 예상되었다. 통일의 지향점이 현 시점에서 상호 수용이 불가한 것이라면 통일 논의 자체가 남북의 실익인 남북관계의 개선에 장애요소로 작용할 수 있기 때문이었다. 그러나 북한의 입장에서는 수십 년간 대남정책의 근간이었던 통일방안에

집단사고 모델의 쓸모와 미래

집단사고 모델은 적지 않은 경험적 검증의 대상이 되어왔다. 로더릭 크레이머(Roderick M. Kramer)는 재니스가 실패의 전형으로 꼽은 피그스만 침공과 베트남전 확대와 관련된 비밀 해제된 문건들과 구두 역사(oral histories), 회고록 등을 살펴본바, 정책 실패의 핵심 변수는 집단사고라기보다는 대통령이 인식한 개인적인 국내정치적 (불)이익이었다고 지적하면서 재니스가 취한 사회심리적 방법이 아닌 정치심리적 과정에 초점을 맞춘 접근법이 타당하다고 했다.[16] 테틀록 등(P. E. Tetlock, R. S. Peterson, C. McGuire, S. Chang,

....

관한 논의 없이 "비근본적인 문제"에 관한 합의만을 도출한다는 것은 자기부정에 가까운 어불성설(語不成說)이었을 가능성이 높다. 그렇다고 해도 북한의 입장은 통일방안에 관한 합의가 이루어질 가능성이 없는 상태에서 이에 무모하게 접근할 수도 없는 형편이었다. 경제위기에서 탈출할 수 있는 길이 남북합의에서 시작될 수 있으며, 남한의 정정(政情) 변화에 따라 대북포용정책이 반전(反轉)할 가능성도 간과할 수 없었기 때문이다. 통일 논의를 피하면서 교류협력을 추진하고자 하는 남한과 남북관계의 개선과 경협을 바라지만 통일을 말하지 않을 수 없는 북한을 동시에 만족시켜줄 수 있는 방법은 남과 북의 정상이 전략적으로 합의 제2항에 모호성을 남겨두는 것이었다. "연합제와 낮은 단계의 연방제" 간의 공통점이 '통일'로 이어지기는 어렵다는 판단을 하고 있었으면서도 그것이 남과 북의 실익인 대화해에 장애로 작용하지 않도록 모호하게 처리했다는 것이다. 아울러 남과 북은 "전략적 모호성" 전략을 활용함으로써 각각의 청중들을 대상으로 정책적 운신의 폭을 넓게 확보했으며 미래의 발전에 유연하게 대처할 수 있게 된 것이었다. 요컨대, 남북 정상 간의 합의는 전체적으로는 "윈-윈(win-win)"이고, 제2항에 대한 합의는 "무결정(undetermined)"이었다. 즉, 남과 북이 실제로 원하는 바를 얻게 되었기 때문에 "윈-윈"이고, 통일방안과 관련해서는 현상이 유지되었기 때문에 "무결정"인 것이다. 박건영. 2000, "남북정상회담과 한반도의 국제정치," 『신아세아』, 24권, 3호에서 재인용.

16 Roderick M Kramer. 1998, "Revisiting the Bay of Pigs and Vietnam Decisions 25 Years Later: How Well Has the Groupthink Hypothesis Stood the Test of Time?," *Organizational Behavior and Human Decision Processes*, Volume 73, Issues 2-3,

and P. Feld)은 구조적이고 절차적인 요인들(예를 들어, "편측적 리더십"이나 의사결정의 절차 등)은 집단사고의 징후를 예측했지만, 집단의 응집성과 높은 수준의 스트레스가 집단사고의 징후를 야기한 변수라고 보기는 어렵다는 연구 결과를 내놓았다.[17]

그러나 재니스의 집단사고 모델이 제공한 이론적·정책적 통찰력은 학계뿐 아니라 정책 커뮤니티에서도 폭넓게 인정되고 있다. 예를 들어, 집단사고 모델은 학교, 기업, 군대, 연구소 등에서 자주 강의되고 연구되는 의사결정과정론의 일부로 국가정책에 직접적인 영향을 미치기도 했다. 2005년에 미국 대통령의 지시에 따라 만들어진 미국대량파괴무기정보위원회는 보고서에서 서방의 정보기관 모두가 "이라크는 확실한 대량파괴무기 위협"이라고 사실과 다르게 결론 내린 이유 중 하나가 국제적 수준의 집단사고였다고 적고 있다. 미국의 CIA는 이러한 문제제기를 받아들여 집단사고를 방지할 수 있는 대책을 마련했다. 2006년 4월 CIA 정보관리국(Directorate of Intelligence)의 국장 존 크링엔(John A. Kringen)은 「워싱턴 포스트」에 "우리는 정보를 어떻게 개선하였나: 집단사고의 위험성을 최소화하기 위한 방안(How We've Improved Intelligence: Minimizing the Risk of 'Groupthink')"이라는 칼럼을 게재했다. 그는 이 칼럼에서 정기적으로 학자와 외부전문가를 초청하여 의견을 공유하는 토론회, "대안적 분석" 팀의 설치 등 다양하고 새로운 절차와 방안들

....

February.

17 P. E. Tetlock, R. S. Peterson, C. McGuire, S. Chang, and P. Feld. 1992, "Assessing Political Group Dynamics: A Test of the Groupthink Model," *Journal of Personality and Social Psychology*, Vol. 63.

의 중요성을 강조했다.

학자들도 재니스의 이론적 통찰력을 기초로 경험적·정책적 연구를 진행했다. 예를 들어, 클라크 맥콜리(Clark McCauley)는 자신의 사회적 영향의 성격에 관한 경험적 연구에서 응집성이나 상황적 조건의 중요성을 평가절하하면서도 순응(compliance)과 같은 요인은 집단사고로 인한 잘못된 결정의 주요 일부로 판단되며, "판촉적 리더십"과 "집단의 고립(group isolation)"과 같은 구조적 조건들은 예측력을 갖는다고 보고했다.[18] 프란츠 에더(Franz Eder)는 담론네트워크분석(discourse network analysis) 기법을 활용하여 집단사고 모델을 2004년 미국 부시 정부의 이라크 침공에 적용했다. 에더는 이 논문에서 부시 안보팀이 '동의추구'라는 집단사고의 틀에 갇혀 "돌발적이고 반박의 여지가 없는 위협인식"을 공유하게 되었고 그에 따라 경솔하게 전쟁을 결정했다고 분석했다.[19] 집단사고 모델의 흥미로운 적용은 에더의 논문과 함께 폴 트하트(Paul 't Hart)의 논문에서도 발견된다.[20] 트하트는 위기가 아닌 기회가 전망되는 상황에서는 위험부담을 추구하는, 즉 위험감수적 행동이 발생할 수 있다고 지적했다. 기회의 상황에서 단호한 행동에 의해 성공 가능성을

....

18 Clark McCauley. 1989, "The Nature of Social Influence in Groupthink: Compliance and Internalization," *Journal of Personality and Social Psychology*, Vol. 57, No. 2: 250-260.

19 Franz Eder. 2017, "Making Concurrence-Seeking Visible: Groupthink, Discourse Networks, and the 2003 Iraq War," *Foreign Policy Analysis*, Vol. 15, No. 1 (October).

20 Paul 't Hart. 1990, *Groupthink in Government: A Study of Small Groups and Policy Failure* (Leyden University: Ph.D. Thesis, Rev. ed., Amsterdam: Swets and Zeitlinger).

극대화하려는 욕망은, 예를 들어 정치인들 그리고/또는 관료들의 "모험적 사업가 정신(political entrepreneurship)"[21]의 경우에서 볼 수 있듯이 모험주의와 "집단적 과신(collective overconfidence)"을 낳게 된다는 것이다. 트하트에 따르면, 기회가 전망되는 상황에서의 위험감수적 행동, 즉 '관료적 모험가 정신'은 1985년 미국의 레이건 정부가 이란 내에 억류되어 있던 미국인 인질들을 석방시키기 위해 불법적으로 이란에 무기를 판매한 사건인 '이란-콘트라 사건'의 핵심 주체들(포인덱스터-맥팔레인-노스, Poindexter-McFarlane-North) 간의 의사결정과정에서 발견되었다.[22]

집단사고 모델은 지배적 패러다임인 합리적 행위자 모델이 보여주지 못하는 비합리적 의사결정과정에 빛을 비춰주는 이른바 손전등 4로, 정부와 같은 대규모 집단이 아닌 소규모 집단 내에서 위기 시에 발생하는 특유의 '결정 동학(decisional dynamics)'을 보여주었다. 아래에서는 분석의 수준을 더욱 낮춰 집단이 아닌 개인의 수준에서 이뤄지는 비합리적 의사결정과정에 대해 살펴보기로 한다. 이 책에서 우리가 손전등 5로 부를 수 있는 전망이론(prospect theory)은 불확실한 상황하에서 인간의 '생래적인 편향성(inherent human bias)'이 의사결정과정에 미치는 영향에 주목하는 심리학적·행동경제학적 이론으로, 최근에는 법학, 정치학, 경제학, 국제정치학과 외교정책결정과정론의 논의에서 광범위하게 활용되고 있다.

....

21 정치적인 모험적 사업가란 사회에 공공재를 제공함으로써 자신의 정치적·사회적 이득을 추구하는 정치적 행위자를 말한다.

22 Hart(1990), pp. 305-309.

전망이론

Prospect Theory

우리는 앞서 그레이엄 앨리슨의 세 가지 관념적 모델에 형광등(합리적 행위자 모델), 손전등 1(조직과정 모델), 손전등 2(정부정치 모델)라고 명칭을 부여하면서 이들 이론의 차별성을 부각하면서도 그 용도와 관련한 상보적인 측면 또한 강조했다. 손전등 3인 '양면게임 모델'은 현실주의적·합리적 선택이론의 전제들에서 벗어나 정책결정자들이 국내적 요구와 국제적 필요를 '동시에' 만족시키려고 노력한다는 사실을 인정하고 그것에 주목했다. 손전등 4로 이름 붙여진 '집단사고 모델'은 정부와 같은 대규모 집단이 아닌 소규모 집단 내의 의사결정과정에서 발생하는 특유의 집단동학에 빛을 비추어주었다. 우리는 이제 분석의 수준을 더욱 내려서 개인의 수준에서 합리주의적 전제가 어떻게 얼마나 부인되고 잠식되는지를 살펴보게 될 것이다. 전망이론은 불확실한 상황에서 위험부담이 있는 결정을 내릴 때 의사결정자가 합리적 선택론이 예측하는 것과는 다른 방식으로 행동한다는 점을 다양한 종류의 실험을 통해 밝혀준다. '운용코드 모델'은 의사결정자의 정치적 신념이 정책결정에 미치는 영향을 드러내준다. '오인 모델'은 의사결정자의 인지적 편향성이나 왜곡이 합리적 결정을 내리는 데 부정적 영향을 미친다고 제시한다. 그리고 우리가 이 책에서 다루는 마지막 모델인 '대통령성격 모델'은 대통령이 정책을 '가성비' 기준으로 합리적으로 결정하는 것 같지만 사실은 대통령의 성과에 미치는 주요 요인이 캐릭터, 세계관, 스타일을 포함하는 그의 성격적 특질이라며 합리주의가 간과하는 심리적·정신적 요인들을 강조한다. 먼저 전망이론에 대해 논의해보자.

전망이론은 인간의 합리적 선택을 전제하는 '기대효용론(expected utility theory)'이 사람들이 실생활에서 내리는 결정을 제대로 예측하지 못한다면서 제시된, 불확실한 상황하에서의 선택을 결정하는 인지적·심리적 요인들과 관련된 대안적 접근법이다. 전망이론은 인간이 "왜" 비합리적으로 행동하는지에 대한 답을 제공하는 분석적(analytical) 이론이나 이러저러하게 결정을 내려야 한다는 규범적(normative) 이론이 아니라, 인간의 본성적 속성(human bias)으로 인해 노정되는 일정한 행동패턴을 실험을 통해 포착하고 일반화의 가능성을 탐색하는 기술적(記述的, descriptive) 이론이다.[1] 전망이

....

1 행태주의적 의사결정이론은 서로 밀접하게 연관된 두 가지 양상, 즉 규범적인 측면과 기술적인 측면을 가지고 있다. 규범적 이론은 의사결정자의 신념과 가치에 가장 근접한 선택과 행동을 처방하는 데 목적을 두고 있는 반면, 기술적 이론의 목적은 이러한 신념과 가치 등을 행위자들이 자신들의 의사결정에 포함하고 투입하는 방식을 기술하는 데 있다. Paul Slovic, Baruch Fischhoff, and Sarah Lichtenstein. 1977, "Behavioral Decision Theory," *Annual Reviews of Psychology*, Vol. 28: 1.

론의 의의를 이해하기 위해서는 이론적 비판의 대상인 기대효용론에 대한 이해가 필수적이다.

기대효용론의 역사

불확실한 상황하에서의 의사결정에 관한 최초의 이론은 '기대가치론(expected value theory)'이다. 이에 따르면, 어떤 결과의 기대가치는 그 결과가 발생시키는 이득(payoff) 곱하기 그것이 일어날 확률로 표현된다. 특정 행동의 기대가치를 계산하는 '리스크(risk)의 수학'—예를 들어, 도박이나 복권에서 성공할 가능성에 대한 연구—은 18세기 경제이론의 기반을 이루었다. 도박을 예로 들자면, 기대가치 E는 베팅 횟수 i가 1에서 n이라 할 때 이득 I_i 곱하기 그것들이 일어날 확률 P_i의 총합이다.

$$E = \sum_{i=1}^{n} P_{i.} \cdot I_{i.}$$

그러나 이와 같이 단순하고 추상적인 '리스크의 수학'으로서의 기대가치론은 인간의 실생활에서 적용되기 어려운 것이었다. 스위스 제네바의 수학자 가브리엘 크라머(Gabriel Cramer)는 인간이 예상되는 이득의 크기보다 그러한 이득을 용도와 관련하여 어떻게 보느냐에 따라 결정을 다르게 내린다고 보았다. 그는 1728년 후일 '상트페테르부르크의 역설(St. Petersburg paradox)'로 알려지게 될 이 문제를 풀기 위한 자신의 해(解)를 제시하면서 “수학자들은 돈을 양에 비례하여 평가하지만 사리를 분별하는 사람들은 돈을 그들이 의미를 부여하는 용도에 비례하여 평가한다.”라고 적었다. 상트페테르부르크 제국과학원에 머물고 있던 수학자 다니엘 베르누이(Daniel Bernoulli)는 ‘상트페테르부르크의 역설’을 실제로 도박장에서 실험했다. 도박의 룰은 다음과 같았다.

입장료는 100루블이다. 참가자는 동전을 앞면이 나올 때까지 던진다. 앞면이 나오면 도박은 종료된다. 첫 번째에 앞면이 나오면 2루블, 두 번째에 처음으로 앞면이 나오면 4루블, 세 번째에 처음으로 앞면이 나오면 8루블, n번째에 처음으로 앞면이 나오면 2^n 루블을 받게 된다. 동전의 앞면이 나오지 않으면 동전 던지기는 계속된다.

‘기대가치론’에 따라 기대가치를 계산해보면 다음과 같이 동전을 던질 때마다 1루블이 된다.

n	확률	이득	기대가치
1	$^1/_2$	2	1
2	$^1/_4$	4	1
3	$^1/_8$	8	1
⋮	⋮	⋮	⋮
N	$^1/_{2^n}$	2^n	1

그리고 이 도박의 기대가치는 아래의 공식에서 보듯이 무한대가 된다.

$$EV = \sum_{n=1}^{\infty} p_n 2^n = \sum_{n=1}^{\infty} 1 = \infty$$

기대가치론의 입장에서 합리적 도박꾼들은 입장료가 기대가치보다 낮으면 도박에 참가할 것이다. 그리고 이 도박은 무한대로 동전을 던질 수 있는 '가능성'을 주기 때문에 입장료는 사실상 어떻게 되든 상관이 없는 문제이다. 그런데 도박장의 사람들 중 이 도박에 참가한 사람은 없었다. 베르누이가 이 도박의 기대가치를 알려주었음에도 그러했다. 무한대로 이익을 얻을 수 있는데 누구도 참가 의사가 없다? 역설(paradox)인 것이다. 이 역설의 원인은 사람들이 위험회피적(risk-aversive)임을 고려하지 않은 데 있었다. 즉, 사람들을 기대가치에만 반응하는 위험중립자(risk-neutral)로만 고려한 것이었다. 사람들은 무한대의 액수가 탐이 나지만 그것을 탈 수 있는 가능성이 낮기 때문에 100루블의 입장료 중 상당 부분이 상실되는 위험부담을 감수하려 하지 않았다(동전을 6번 던져서 계속 앞면이 나와야만 본전을 조금 상회하는 액수인데 그것을 획득할 확률은 64분의 1이다). 나아가 사람들은 무한대로 많은 돈이 생활에서 실제로는 필요하지 않은 액수라고 생각했다. 베르누이는 재화·용역의 소유, 사용, 소비로부터 얻어지는 만족감 또는 즐거움이라는 의미에서의 효용(utility)이라는 개념을 도입했다. 그는 "사물의 가치에 대한 결정은 가격이 아니라 그것이 산출하는 효용에 기초해야 한다."라며 '수학적 기대(mathematical expectation)'로 알려져 있던 기대가치를 '도덕적 기대(moral expectation)'인 기대효용으로 대체한 것이다. 그는 1783년 『상트페테르부르크 제국과학회논총(*Commentaries of the Imperial Academy of Science of Saint Petersburg*)』을 통해 부에 대해 사람들이 가지는 효용은 돈의 액수의 로그(logarithm) 함수에 해당된다면서 액수가 크지만 당첨될 확률이 낮은 상금은 액수가 상대적으로 작지만 당첨 확률이 상대적으로 높은 상금에 비해 도박의 기대효용에 미치는 영향이 더 적다고 주장했다.

아래의 〈그래프 1〉이 보여주듯이 기대효용은 기대가치와 달리 일정한 단계나 액수를 지나면 그 한계효용(marginal utility)이 감소하게 된다. 예를 들어, 행위자는 자신이 가진 부가 먹고살기에 충분하다고 느끼는 단계를 넘어서 발생하는 부의 증가로 인한 만족감이 그러한 단계 이전에 발생했던 같은 양의 부의 증가로 인한 만족감보다 덜하다고 느끼며, 계속해서 부가 증가하면 결국에는 그것에 대해 무감각해질 수 있다.

기대효용론은 수학자 존 폰 노이만(John von Neumann)과 경제학자 오스카 모르겐슈테른(Oskar Morgenstern)이 1944년 『게임이론

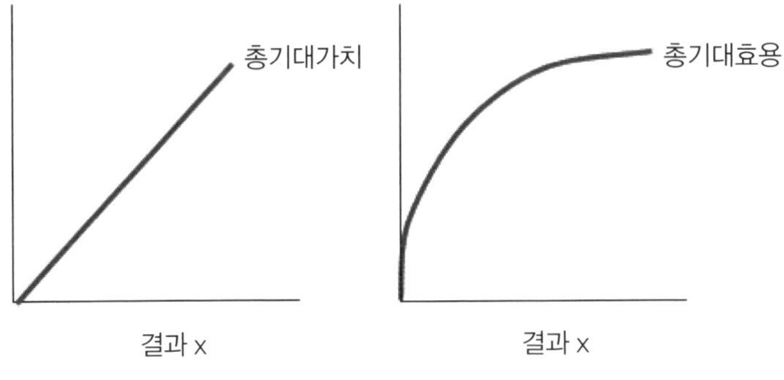

그래프 1 기대가치론, 기대효용론

과 경제적 행위(*Theory of Games and Economic Behavior*)』에서 수학으로서의 게임이론을 제시하고 간단한 수학적 모형을 경제학에 적용하면서 1960년대 존 하사니(John Harsanyi)의 불완전 정보하에서의 게임[토머스 베이즈(Thomas Bayes)의 확률론적 정리를 이용한 불완전 정보하에서의 의사결정론][2]을 포함한 게임이론 전반에 지대한 영향

....

2 하사니는 합리적 행동의 이론을 세 분야로 구분하고 있다. 첫째는 불확실성이 없는 상황하에서의 합리적 행동을 설명하는 이론으로, 고전적인 효용이론이 이에 속한다. John C. Harsanyi. 2009, *Rational Behaviour and Bargaining Equilibrium in Games and Social Situations*(London, UK: Cambridge University Press). 효용이론은 1950년대에 수학적인 기법을 통해 매우 정밀한 이론으로 발전했으며 효용이라는 형이상학적 개념이 선호(preference)라는 행동주의적 개념으로 대체되었다. 효용이론에서 가장 큰 논란은 합리성이 규범적(normative)인지 또는 기술적(descriptive)인지에 대한 것이다. 실제 경제현상을 설명할 때 합리적 행동의 가정이 얼마나 타당한지에 대한 논란은 계속되고 있다. 둘째는 불확실한 상황하에서의 행동이론이다. 존 폰 노이만과 오스카 모르겐슈테른, 레너드 새비지(Leonard Savage) 등이 정립한 기대효용론이 이 분야의 대표적인 이론이다. 이 이론은 효용이론과 같이 도구적 합리성과 결과주의적인 관점을 견지하면서 불확실한 상황하에서도 효용극대화분석이 가능함을 보여준다. 전통적으로 경제학에서는 불확실성(uncertainty)과 위험(risk)을 구분한다. 객관적인 확률을 계산할 수 있는 상황을 위험이라고 부르고, 객관적인 확률을 계산할 수 없는 상황, 예를 들어 일회적인 사건의 경우에는 불확실성이라고 부를 수 있다. 후자의 경우에는 베이즈의 공식으로 주관적인 확률을 계산하여 기대효용을 극대화하는 이론이 제시되고 있다. 이것을 "베이즈 합리성(Bayes rationality)"이라고 한다. 최근에는 불확실한 상황하에서는 결과뿐 아니라 선택의 과정도 매우 중요해지는 사례가 제기됨으로써 결과주의적인 관점에 의문을 제기하는 이론도 생겨났다. 불확실성하의 행동이론에서 중요한 응용 분야의 하나는 윤리학이다. 불확실성하의 행동이론은 공리주의 윤리학의 강력한 근거로 제시되었다(Harsanyi, 1953, 1955). 이 점에서 윤리학도 합리적인 의사결정이론의 한 분야로 분류할 수 있게 된다. 셋째는 게임적인 상황하에서의 합리적 행동이론이다. 게임적인 상황이란 나의 선택이 타인에게 영향을 미치고 그로 인한 타인의 행동의 변화가 다시 나의 선택에 영향을 미치게 되는 상황을 말하는데, 다른 말로 표현하면 행동의 결과가 상호 의존적인 상황이라고 할 수 있다. 이런 상황하에서는 상대방의 행동에 대한 예측이나 기대를 바탕으로 나의 행동을 결정하는 전략적 행동(strategic behavior)이 합리적인 행동이 된다. 노이만과 모르겐슈테른의 저작은 이러한 전략적 행위의 중요성을 제기하고 이론적으로 분석한 최초의 시도였다. 그 후 게임이론은 경제이론에서 필수불가결한 분석 도

을 미치게 되었다. 아래에서는 기대효용론의 골간을 요약하고, 이어서 게임이론을 이용한 국제정치학의 전쟁억지이론의 사례를 들여다보기로 한다.

먼저 개념적 이해를 도모해보자. 위에서 말했듯이 효용은 재화·용역의 소유, 사용, 소비로부터 얻어지는 만족감 또는 즐거움이라는 개념으로, 우리가 일상적으로 사용하는 가치(value)라는 개념은 객관적 가치(objective value)로, 효용은 주관적 가치(subjective value)로 부를 수 있다. 개인이 소비할 때 느끼는 만족의 수준을 도식화한 것을 효용함수(utility functions)라고 한다.

기대효용론은 효용함수와 행위자의 선호(preference)의 관계에 대한 중요한 전제를 갖는다. 첫째, 개인의 선호는 외생적, 즉 외부로부터 "주어진 것(given exogenously)"으로 일관성이 있고 변하지 않는다. 사람의 선호는 상황에 따라 달라지지 않는다는 것이다. 따라서 효용함수도 상황에 따라 변하지 않는다. 눈치가 있는 독자는 이러한 전제가 현실을 지나치게 단순화한다고 느낄 것이다. 예를 들어, "궁지에 몰린 쥐"는 평상시와는 달리 고양이를 물 수도 있지 않은가? 우리는 사람도 궁지에 몰리면 믿기지 않는 행동을 할 수 있음을 안다. 사람의 성격에 따라 또는 나이에 따라 선호가 달라질 수도 있다. 모험을 좋아하는 사람과 그렇지 않은 사람의 선호는 같지 않고, 젊은 사람과 나이 든 사람의 선호도 같지 않을 것이다. 어쨌든 두 번째 전제로 넘어가보면, 기대효용론은 선호가 이행적(移行的,

....

구로 자리 잡게 되었으며 경제현상뿐 아니라 다양한 사회현상을 설명하는 포괄적인 이론으로 발전했다. 김완진. 2005, "합리성과 게임이론," 『철학사상』, 제20권.

transitive)이어서, 예를 들어 A가 B보다 선호되고[$U(A)>U(B)$], B가 C보다 선호된다면[$U(B)>U(C)$] A는 C보다 선호되는 것[$U(A)>U(C)$]으로 인정되어야 한다고 전제한다. 이러한 전제하에서 기대효용론이 제시하는 가설은 "사람들은 확률에 의해 할인된(확률을 가중치로 해서) 기대효용이 더 높은 대안을 더 선호한다."라는 것이다. 즉, 특정한 행위의 기대효용은 그 행위로 초래될 각 결과가 주는 효용에 그 결과가 일어날 확률을 곱한 것의 총합이고, 행위자는 이 총합, 즉 최고의 기대효용을 가져다줄 것으로 예상되는 대안을 선택한다는 것이다. 기대효용론이 구체적으로 어떻게 작동하는지를 보기 위해 국제정치학의 전쟁억지이론에 적용해보자. 예를 들어, 한 국가가 타국을 공격하려 할 때 그러한 행동의 기대효용은 아래와 같이 표시된다.

$$E(U)a = Ps(Us) + (1 - Ps)(Uf)$$

여기서 $E(U)a$ 는 공격의 기대효용, Ps는 공격이 성공할 확률, Us는 성공적 공격이 가지고 올 효용, Uf는 공격의 실패에 따른 역효용.

기대효용론에 따르면, 합리적 행위자는 공격의 기대효용이 현상유지의 효용 U(SQ)보다 클 때, 즉 아래의 부등식이 성립할 때 공격한다.

$$Ps(Us) + (1 - Ps)(Uf) > U(SQ)$$

Us는 성공적인 현상변경에 따른 효용으로 현상유지의 효용 U(SQ)

보다 크다.

Uf는 현상변경의 실패에 따른 역효용으로 U(SQ)보다 작다. 즉, Uf<U(SQ)<Us의 관계가 성립한다.

Ps는 현상변경의 시도가 성공할 확률을 나타내며 확률의 정의상 0≤Ps≤1이다.

위의 식을 Ps에 대하여 풀면

$$Ps > \frac{U(SQ) - Uf}{Us - Uf}$$

[공격 가능]

이 부등식이 성립할 때 공격이 가능하며, 아래와 같이 그 반대일 때 억지(deterrence)가 성공한다.

$$Ps < \frac{U(SQ) - Uf}{Us - Uf}$$

[억지 가능]

어떤 국가가 잠재적 적국의 공격을 억지하기 위해서는 공격이 성공할 확률(Ps)에 대한 잠재적 적국의 주관적 평가를 0에 가까울 정도로 낮게 만들어야 한다. 또는 현상변경의 시도가 실패할 경우 동반되는 역효용(Uf)이 매우 크거나 현상변경의 성공이 가져다주는 효용(Us)이 매우 작아 우변의 값이 1에 근접하도록 만들어야 한다.

이럴 경우 현상변경의 시도가 성공할 확률이 아무리 높아도 1보다는 크지 않기 때문에 억지가 성공한다.

기대효용론에 기초한 국제정치이론은 1980년대, 특히 실증주의(positivism, 과학적 방법에 의한 이론의 검증, positive affirmation of theories through scientific method)에 기초한 행태주의(behavioralism, 제도나 환경보다는 개인의 행태에 초점을 두는 접근법)가 지배하던 미국 국제정치학계에서는 요지부동의 주류를 자처했고 실제도 그러했다. 브루스 부에노 데 메스키타(Bruce Bueno De Mesquita)는 1981년 『전쟁의 함정(*The War Trap*)』[3]에서 자신은 각국의 외교정책 결정자들이 자신들의 기대효용을 극대화하려 한다는 전제에 기초한 국제갈등의 "연역적(deductive)" 이론을 제시한다고 주장했다. 이후 부에노 데 메스키타의 영향력은 모겐소나 월츠에 버금갈 정도로 성장했고, 비판에 대해서는[4] 제임스 모로우(James Morrow) 등과 함께 수정과 반론으로 지도력을 유지해나갔다.[5] 그럼에도 불구하고 인간이나 인간들로 이뤄진 국가가 선택의 결과가 불확실한 상황하에서 전쟁과 같은 중대결정을 내릴 때 실제로 합리적으로 사고하고 행동

....

3 Bruce Bueno De Mesquita. 1981, *The War Trap* (New Haven, CT: Yale University Press).

4 예를 들어, 마이클 니콜슨(Michael Nicholson)은 기대효용이라는 개념에 대한 부에노 데 메스키타의 해석이 불필요할 뿐 아니라 왜곡의 가능성을 가지고 있으며 자신의 이론이 전쟁 개시의 필수조건을 제공한다는 그의 주장에 대해서도 경험적 증거로 확인되지 않는다고 비판했다. Michael Nicholson. 1987, "The Conceptual Bases of the War Trap," *Journal of Conflict Resolution*, Vol. 31, No. 2 (June).

5 Bruce Bueno De Mesquita. 1985, "The War Trap Revisited: A Revised Expected Utility Model," *American Political Science Review*, Vol. 79: 156-173; James Morrow. 1987, "On the Theoretical Basis of a Measure of National Risk Attitudes," *International Studies Quarterly*, Vol. 31: 423-438.

하는지의 여부는 지속적으로 논쟁의 대상이 되었다. 1979년 행동경제학자 다니엘 카네만(Daniel Kahneman)과 인지심리학자 아모스 트버스키(Amos Tversky)가 심리학적·행태주의적 실험을 통해 인간은 본성적 편향성(human bias)으로 인해 기대효용론이 예측하는 대로 행동하지 않을 수 있다는 전망이론이라는 대안적 시각을 제시하면서[6] 기대효용론이 국제정치학에서 차지하던 지배적 위상이 흔들리게 되었다.

전망이론의 구조와 핵심 개념들

앞서 말했듯이, 카네만과 트버스키의 전망이론은 위험부담이 있는 선택과 관련하여 경제학, 경영학, 금융학, 국제정치학에서 오랫동안 지배적 패러다임으로 사용되어온 기대효용론의 경험적 불일치를 지적하면서 그것에 대한 대안으로 제시되었다. 전망이론가들에 따르면, 기대효용론은 딜레마에 빠져 있다. 예를 들어, 이 이론은 도박과 보험의 인기를 "동시적"으로 설명할 수 없다. 기대효용론은 '증가함수(convex Bernoulli utility functions)'를 가정함으로써 위험감수적(risk-seeking)인 도박행위를 설명할 수 있다고 할 것이다. 아래의 〈그래프 2〉에서 보듯이 도박을 즐기는 사람은 확정된 작은 손실을 감수하면서 작은 확률이지만 큰 이득을 취하려고 한다. 그는

....

6 Daniel Kahneman and Amos Tversky. 1979, "Prospect Theory: An Analysis of Decision under Risk," *Econometrica*, Vol. 47, No. 2 (March): 263-292.

기대되는 이익에 따른 효용을 기대되는 같은 크기의 손실에 따른 역효용보다 더 크게 생각하는 행위자이다.

그러나 기대효용론의 증가함수는 보험구매 행위와 같은 "위험회피적(risk-aversive)"인 행위들을 설명할 수 없다. 사람들은 보험을 구매함으로써 작은 확률이지만 예상되는 큰 손실을 피하기 위해 확정된 작은 손실을 감수하는 것이다. 기대효용론은 '감소함수(concave Bernoulli utility functions)'를 가정함으로써 보험구매 행위를 설명할 수 있다고 하겠지만, 그것으로는 앞서 제시된 도박 행위를 설명할 수 없다. 요컨대, 기대효용론은 도박 또는 보험구매 행위를 따로따로 설명할 수 있지만 동일인에 의한 그러한 행위들 모두를 동시에 설명할 수는 없다. 이것이 딜레마인 것이다. 기대효용론에서 사람들이 행위의 상이한 영역에서는 상이한 효용함수를 갖는다고 가정한다면 이러한 딜레마는 해소될 수 있다. 그러나 이는 설명의 복잡성을 증가시키고 이론적 간결성을 저하시킬 뿐 아니라 행위이론에 동의반복적 요소를 부가할 가능성이 있다.

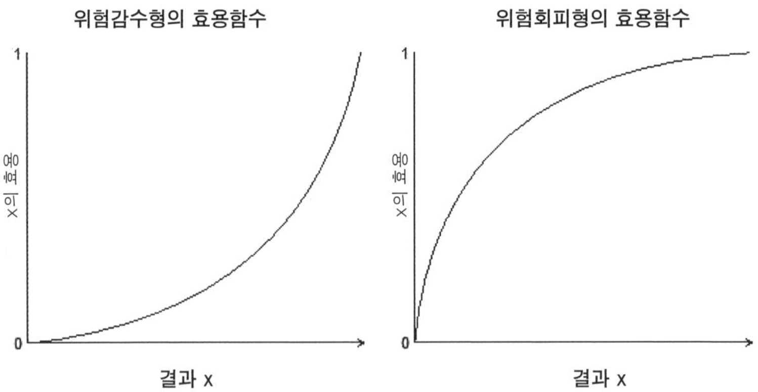

그래프 2 위험감수형과 위험회피형 효용함수들

카네만과 트버스키는 인간이 자신에게 주어진 상황과 상관없이 "주어진 선호"에 따라 일관되게 합리적으로 행동한다는 기대효용론의 전제가 실제로 적용되지 않을 수 있다는 의심을 품고 일련의 심리학적 실험을 진행했다.

실험 1

대안 A: 3,000달러의 확정된 상금을 취하는 것[기대가치는 3,000×1.0 = 3,000달러].

대안 B: 3,000달러의 확정된 상금을 취하는 대신 4,000달러의 상금을 받을 수 있는 확률이 80%, 아무것도 받지 못할 확률이 20%인 제안을 받아들이는 것[기대가치는 (4,000×0.8) + (0×0.2) = 3,200달러].

실험 1의 결과 80%의 피실험자들이 3,000달러의 확정된 상금을 취하는 대안 A를 선택했다. 그런데 이 결과는 개인의 선호가 고정되어 있다고 전제하고 더 큰 기대가치의 대안이 선택될 것이라는 기대효용론의 예측과는 대조적으로 대다수의 피실험자들이 상대적으로 낮은 기대가치의 대안(option with the lower expected value, 즉 3,200달러가 아닌 3,000달러의 기대가치)을 선택했음을 보여주었다.

실험 2

대안 A: 3,000달러의 확정된 손실을 감수하는 것[기대치는 -3,000×1.0 = -3,000달러].

대안 B: 3,000달러의 확정된 손실을 감수하는 대신 4,000달러의 손실이 발생할 확률이 80%이지만 손실이 전혀 발생하지 않을 확률이 20%인 제안을 받아들이는 것[기대가치는 (-4,000 ×0.8) + (0×0.2) = -3,200달러].

실험 2의 결과 92%의 피실험자들이 3,000달러의 확정된 손실을 감수하는 대신 4,000달러의 손실이 발생할 확률이 80%이지만 손실이 발생하지 않을 확률이 20%인 제안을 받아들이는 대안 B를 선택했다. 그런데 이 결과 역시 개인의 선호가 고정되어 있다고 전제하고 더 큰 기대가치의 대안이 선택될 것이라는 기대효용론의 예측과는 달리 대다수의 피실험자들이 상대적으로 낮은 기대가치의 대안(즉 -3,000달러가 아닌 -3,200달러의 기대가치)을 선택했음을 보여주었다.

이 실험들의 결과와 관련하여 전망이론가들은 두 가지 개념을 제시했다. 첫째, 실험 1에서 확정된 상금 3,000달러는 "확실성 등가(certainty equivalent)"이다. 즉, 확실성 등가란 위험부담이 있는 불확실한 상황하에서 그 위험을 부담하는 대신 보다 적은 수익이라도 확실하게 실현될 수 있다면 위험부담이 있는 기대가치와 맞바꿀 수 있는 최소한의 기대가치이다. 그리고 확실성을 중시하는 이러한 인간의 편향적 성향이 가지는 효과를 "확실성 효과(certainty effect)"라고 한다. 둘째, 실험 1과 실험 2의 결과는 대조적이다. 긍정적 전망의 실험과 부정적 전망의 실험이 서로 거울에 비친 것처럼 정반대의 결과로 나타났다. 이와 같이 같은 양이지만 전망이 긍정이냐 부정이냐에 따라 인간의 선호가 정반대로 나타나는 현상을 "반사효과(reflection effect)"라고 한다. 이 두 가지 효과는 사람들이 기대효용론의 예측과는 달리 단순 계산이 아닌 모종의 심리적 과정을 통해 상대적으로 낮은 기대가치의 대안을 선택할 수 있다는 점을 보여주고 있다.

기대효용론의 예측과는 다른 '경험적 불일치'의 사례들은 카네만과 트버스키로 하여금 불확실한 상황하에서의 의사결정에 관한 대안적 이론을 찾아나서도록 했다. 그들은 당시 지배적인 패러다임인 기대효용론이 인간의 생래적 편향성을 고려하지 못하기 때문에 불확실한 상황하에서의 인간 행동을 예측하는 수단으로 부족하다고 판단했다. 그들은 실험과 이론적 추론을 통해 이른바 "준거점(reference point, 행동과 선택이 행해지는 시점에서의 주관적 상황, 많은 경우 현재의 상태, status quo)"을 기준으로 전망되는 결과들을 이득과 손실의 영역으로 구분함으로써 한 사람이 동시에 위험감수적이고 위험회피적으로 행동할 수 있음을 표현할 수 있다면서 기대효용론에 대한 대안적 접근법을 제시했던 것이다.

카네만과 트버스키에 따르면, 가치의 변화가 효용의 크기에 주는 영향은 전망되는 결과에 대한 행위 주체의 태도에 따라 달라지게 된다. 같은 크기의 가치의 변화에도 어떨 때는 위험감수적으로, 어떨 때는 위험회피적으로 행동한다는 것이다. 즉, 기대효용론의 전제와는 달리 행위자의 선호는 상황에 따라 달라질 수 있으며 선호의 변화에 따라 효용의 크기가 달라진다는 것이다. 이들에 따르면, 행위자의 선호는 문제가 어떻게 제시되는가, 즉 "어떻게 프레임(frame)되는가?"에 달려 있다. 〈그래프 3〉의 전망이론의 효용함수에서 보듯이, 전망되는 결과들이 손실로 잡히도록 준거점이 정해지면 효용함수가 '증가함수(convex)'가 되고 위험감수적으로 행동하며, 전망되는 결과들이 준거점을 기준으로 이득으로 판단될 때는 효용함수가 '감소함수(concave)'가 되고 위험회피적으로 행동한다는 것이다.

요컨대, 전망이론의 논지(論旨, argument)는 첫째, 사람들은 준거점을 기준으로 기대가치를 분리하여 판단하고 절대적 이득과 손실보다는 준거점으로부터의 거리로서의 상대적 이득과 손실에 더 민감하다. 즉, 사람들은 "준거의존적(reference dependence)"으로 행동한다. 둘째, 이득과 관련해서는 "위험회피적"으로, 손실과 관련해서는 "위험감수적"으로 행동한다. 즉, 준거점을 기준으로 선호가 변한다. 위험감수적 행동과 관련하여, 확정된 손실을 기피하는 인간의

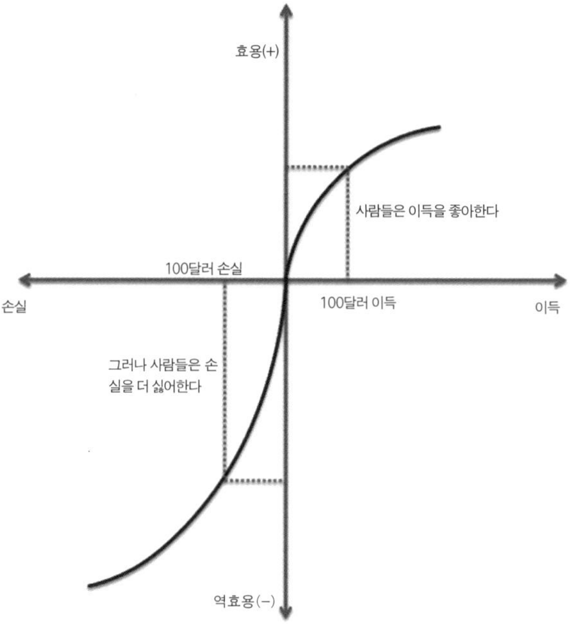

그래프 3 전망이론의 효용함수

성향은 "인간은 같은 양의 이득보다 손실을 더 중시한다."라는 인간의 "손실-회피적(loss-aversion)" 편향성과 맞닿아 있다. 인간은 전망되는 결과가 이득 또는 손실 중 어느 영역에 속한다고 보느냐에 따라 선택과 관련된 선호를 달리한다는 전망이론가들의 인간 행동 패턴에 대한 새로운 발견은 당시로서는 가히 혁신적인 연구 성과였다. 전망이론의 구조와 핵심 개념에 대해서는 아래에서 진행될 의사결정의 "프레임 단계"와 "평가 단계"에 관한 논의에서 보다 상세히 살펴보기로 한다.

전망이론과 의사결정의 두 단계: 프레임 단계(framing phase)와 평가 단계(evaluation phase)

전망이론은 2개의 단계로 구조화되어 있다. 첫 번째는 프레임이 이루어지는 단계이다. 프레임을 설명하기 위해 일상생활에서 우리가 느끼든 느끼지 못하든 프레임 효과가 발생하는 친근한 예를 들어보자. 동네 주유소들은 고객들에게 두 가지 선택지를 줄 수 있다. 즉, 현금 결제 시 할인을 해주는 경우와 신용가드 사용 시 수수료를 물리는 경우가 있을 수 있다. 동일한 금액을 고객에게 돌려주는 것이지만 현금이 아닌 신용카드를 사용하는 고객에게 손실을 요구하는 주유소보다 가격을 올려놓고 현금할인을 제공하는 주유소가 더 장사가 잘된다. 고객은 같은 액수를 이득(할인 받음) 또는 손실(수수료를 냄)로 볼 수 있는데, 이득으로 프레임된 경우 고객의 선호를 더 많이 유발할 수 있는 것이다. 이러한 일상생활의 예로 우리는 프레임 효과를 직관적으로 단박에 이해할 수 있지만, 실증적인 이론화를 위해 논증적(論證的)이고 개념적(概念的)으로 이해할 필요가 있다.

프레임 단계

프레임 단계 또는 "편집 단계(editing phase)"에서 행위자는 문제의 특정 측면을 강조하는 방식으로 정보를 접수하고 처리한다. 즉, 프레임 단계는 문제가 제시되는 각도, 예를 들어 문제가 이득의 상황에서 발생하는 것으로 제시되는지, 아니면 손실의 상황에서 발생하는 것으로 제시되는지가 정해지는 단계이다. 그런데 이득이냐 손실이냐는 준거점과의 관계에서 평가된다. 행위자들은 결과들을 순자산(net asset, 순이익)의 수준이 아니라 준거점으로부터의 거리의 관점에서 평가한다. 사람들은 절대적 변화보다는 상대적 변화에 민감한데, 준거점에 비해 얼마나 이득이고 손실이냐를 따진다는 것이다. 이러한 인간의 심리적 특성은 앞서 말한 바와 같이 "준거의존성"이라고 개념화된다.

트버스키와 카네만이 실시한 아래와 같은 실험은 이러한 준거의존성, 즉 '프레임 효과'를 명확히 보여준다.[7] 이들은 실험대상자들에게 600명의 사망을 야기할 것으로 예상되는 감염병을 퇴치하기 위한 2개의 프로그램을 제시했다. 이들은 한 집단에는 감염병의 예상되는 결과(600명 사망 예상)를 알려주면서 "얼마나 많은 사람들이 완치될 수 있는지"의 관점에서 A와 B두 가지 치료 프로그램을 제시했

....

7 Tversky and Kahneman(1981), p. 453.

고, 다른 한 집단에는 같은 수치를 제시하면서 이번에는 "얼마나 많은 사람들이 희생될 수 있는지"의 관점에서 프레임했다. 구체적으로, 실험자들은 한 집단에 A 프로그램으로는 200명을 살릴 수 있고 B 프로그램으로는 600명 모두를 살릴 수 있는 확률이 3분의 1, 그리고 1명도 살릴 수 없는 확률이 3분의 2라고 말하면서 실험을 실시했고, 다른 집단에는 말을 바꿔서 이번에는 A 프로그램하에서는 400명이 사망할 것이고 B 프로그램하에서는 사망자가 발생하지 않을 확률이 3분의 1이고 600명 모두가 사망할 확률이 3분의 2라고 말했다. 동일한 수치이지만 문제가 첫 번째는 '생존 프레임', 두 번째는 '사망 프레임'으로 제시된 것이다.

사망 프레임과 생존 프레임

600명 사망 예상
집단 1 – **생존 프레임** – A 프로그램: 200명 생존 = 200명 B 프로그램: (600명 생존×1/3)+(0 x 2/3) = 200명

600명 사망 예상
집단 2 – **사망 프레임** – A 프로그램: 400명 사망 = 400명 B 프로그램: (0×1/3)+(600×2/3) = 400명

실험 결과는 '생존 프레임'하에서는 피실험자들의 72%가 모험회피적 대안인 A 프로그램을 선택했고, '사망 프레임'하에서는 78%의 피실험자들이 모험감수적인 대안인 B 프로그램을 선택했다. 이 실험의 결과는 '생존 프레임'이 준거점의 하향(그래프의 왼쪽 방향) 이동을 야기하여 모든 결과에 양(陽)의 상수를 더해주는 효과를

냈음을 보여준다. 이와 같은 "이동 효과(translation effect)"[8]는 인간의 선호에 영향을 주어 위험회피적 경향성을 증폭한다. 요컨대, 피실험자가 이슈를 이득의 관점에서 보는지 아니면 손실의 시각에서 보는지는 두 가지 선택의 결과들이 수학적으로 등가인 가치를 가지고 있음에도 불구하고 그의 선호와 선택에 큰 영향을 미치게 된다는 것이다.

평가 단계

편집 단계에서 프레임이 정해지면 전망이론은 의사결정자가 프레임된 전망들을 검토하고 최고의 효용을 가져올 것으로 기대되는 대안을 선택하는 평가 단계로 진입하게 된다. 이 단계는 2개의 요소로 구성되는데, 하나의 요소는 아래의 〈그래프 4〉에서 보듯이 효용함수의 왼쪽 부분이 기대효용론의 함수곡선과 다르다는 점과 관련이 있다. 전망이론의 함수곡선이 손실의 영역에서 기대효용론의 함수곡선보다 훨씬 더 아래쪽으로 처져 있다. 인간에게는 같은 크기라도 이득으로 인한 효용(오른쪽)보다 손실로 인한 역효용(왼쪽)이 더 크게 느껴진다는 의미이다. 평가 단계를 구성하는 다른 하나의 요소는 객관적인 확률 그 자체가 아니라 성향적·심리적 요소가 포함된 '확률가중함수(probability weighting functions)'가 선택에 영향을 준다는 사실이다. 먼저 첫 번째 요소에 대해 논의해보자면, 우리는

8 R. Abelson and A. Levi. 1985, "Decision Making," in G. Lindzey and E. Aronson (eds.), *Handbook of Social Psychology* (New York, NY: Random House), p. 248.

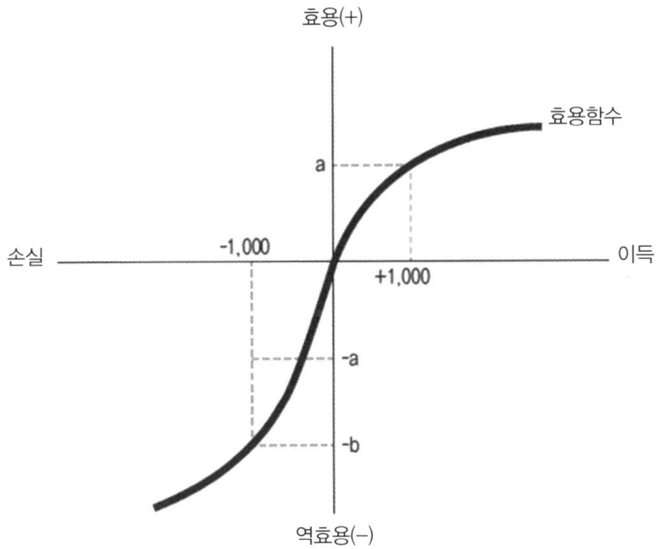

그래프 4 전망이론에서 가정하는 효용함수

〈그래프 4〉의 왼쪽의 전망이론의 효용함수가 세 가지 점에서 기대효용론과 차별화된다는 것을 알 수 있다. 첫째, 평가 단계에서 가장 중요한 것은 준거점이 어떻게 결정되느냐에 따라 효용이 달라진다는 점이다. 효용은 '순자산'에 의존하는 것이 아니라 전망되는 결과들과 준거점 사이의 거리에 의존한다는 것이다. 대부분의 경우 준거점은 행위자의 현재의 위치(status quo)를 말한다. 그러나 준거점은 행위자가 예를 들어 완벽주의자라면 자신이 미래의 시점에서 원하는 상황이 될 수 있고(상대적 박탈감[9]과 같은) 모종의 사회적 비교에

9 테드 거어(Ted Robert Gurr)는 개인이 비교대상보다 능력 면에서 더 우월하다고 생각하지만 현실은 그에게 더 열악하다고 느낄 때 상대적 박탈감을 갖게 된다고 지적하였다. 그는 상대적 박탈감이 봉기나 혁명의 주요 동인 중 하나라고 보았다. Ted Robert Gurr. 2011, *Why Men Rebel* (Routledge).

의해 정해질 수도 있다. 그러나 여기서 전망이론이 제공하는 가장 중요한 통찰력은 효용이 사람들이 현재 위치(또는 그들이 가고 싶은 위치)와 특정한 선택이 가져다줄 미래의 위치 사이의 차이를 평가하는 태도에 의해 달라진다는 점이다. 즉, 절대적 결과들보다 준거점을 기준으로 하는 상대적 결과들이 더 중요하게 평가된다는 것이다. "준거점으로부터의 이탈(deviations from reference point)"에 대해 한 걸음 더 들어가보자.

카네만과 트버스키는, 앞서 논의한 바와 같이, 사람들이 순자산이 아니라 이득과 손실이라는 이분법적 시각에서 사고하는 경향이 있기 때문에 대안들에 대해 준거점에서의 거리라는 관점에서 이득인지 손실인지 판단한다고 하면서 자산의 변동에 대한 민감성이 행위 주체가 준거점으로부터 좌우 양 방향으로 멀어질 때 감소한다는 "반사효과"를 제시한 바 있다. 이와 같은 '반사효과'에 따른 행동 패턴은 준거점이 없이 전적으로 오목하거나 전적으로 볼록한 효용함수가 보여줄 수 없는 패턴이다.

사람에 따라 준거점은 다르게 설정될 수 있다. 현재일 수도 미래일 수도, 또한 과거일 수도 있다. 이에 못지않게 중요한 것은 준거점이 설정되었다고 해도 그것이 고정되어 있지 않고 이동할 수 있다는 점이다. 이는 새로운 상황에 익숙해지면 그것을 당연하게 여기는 인간의 보편적 성질 때문이다. 이와 같이 준거점이 좌우로 조정된 경우를 "적응(adaptation)"이라고 한다. 특히 좋은 것을 경험할 때 사람들이 그것에 익숙해지면 '쾌락적응(hedonic adaptation)'[10]이 일

10 전망이론가들이 자주 사용하는 이 용어를 최초로 사용한 학자는 필립 브릭먼(Philip

어난다. 준거점이 부지불식간에 상향으로 이동한 것이다. 즉, 인간은 신체적·경제적으로 보상을 받아도 행복감을 오래 느끼지 못하는데 이러한 '쾌락적응'은 물질적 보상으로 인한 행복감이 오래 지속되지 않고(no permanent gain in happiness) 원래의 감정 상태로 돌아오기 때문에 발생하는 것이다. "돌아온 탕자" 성 아우구스티누스는 "욕망은 쉴 줄 모른다. 그것은 그 자체로 무한하고 끝이 없다. 그것은 누군가 말했듯이 영원한 고문대(拷問臺)이거나 말방에(연자방아, horse-driven mill)이다."라고 말했다. 쾌락적응의 악순환이 "쾌락의 쳇바퀴(hedonic treadmill)"로 표현된 것이다. 준거점의 이동으로 만족이 실망으로 변할 수도 있다. 요점은 인간의 기대가 준거점과의 관계에 따라 변한다는 것이다. 유발 하라리(Yuval N. Harari)의 비유가 이를 직관적으로 담고 있다.

> "가장 중요한 발견은 행복이 부, 건강, 공동체 등 객관적 조건들에 따른 것이 아니라는 사실이다. 행복은 객관적 조건들과 주관적 기대들 사이의 상관관계에 달려 있다. 당신이 달구지를 원했고 그것을 얻었을 때 당신은 만족할 것이다. 그러나 당신이 최신형 페라리를 원했는데 피아트 중고차를 얻었을 때는 박탈감을 느낄 것이다."[11]

....

Brickman)과 도널드 캠벨(Donald T. Campbell)이다. P. Brickman and D. T. Campbell. 1971, "Hedonic Relativism and Planning the Good Society," in M. H. Appley (ed.), *Adaptation Level Theory: A Symposium* (New York, NY: Academic Press), pp. 287-304.

11 Yuval Noah Harari. 2015, *Sapiens: A Brief History of Humankind* (New York, NY: Harper Perennial), p. 382.

둘째, 프레임과 준거점이 설정되면 사람들은 자신에게 주어진 선택지들이 준거점을 기준으로 이득을 가져올 것으로 전망되는 경우, 즉 이득의 영역(gain frame, domain of gain)에 있을 때는 위험회피적으로, 그 반대의 상황인 손실의 영역(loss frame, domain of loss)에 있을 때는 위험감수적으로 행동한다. 이와 같이 인간이 어떠한 상황에 위치하느냐에 따라 선호가 달라진다는 것은 인간의 선호의 불변을 전제로 하는 기대효용론의 기본 전제에 문제를 제기하는 중대한 발견이다. 인간은 왜 그렇게 행동하는가? 전망이론가들은 인간의 생래적인 편향성이 그 원인이라고 본다. 그러나 그들의 관심사는 이러한 인간의 본성에 있지 않고 일정한 패턴을 보이는 인간의 비합리적 심리와 행태가 갖는 경제학적, 경영학적, 금융학적, 국제정치학적 함의에 있다. 그렇기 때문에 전망이론은 분석적이거나 규범적인 이론이라기보다는 기술적이고 서술적인 접근법인 것이다.

사람들의 선호가 주관적 준거점의 위치에 따라 위험회피적으로 또는 위험감수적으로 변한다는 사실은 위에서 논의한 '적응'이라는 개념, 그리고 사람들이 보유하고 있는 것에 더 큰 가치를 부여한다는 "보유효과(endowment effect)"라는 개념과 결합하여 중대한 국제정치적 의미를 갖게 된다. 먼저, 이득과 손실에 대한 적응이라는 개념은 국제정치에서 발생하는 국가들의 극단적인 행동이나 예상을 벗어난 과잉반응을 설명할 수 있는 "누적적 프레임(cumulative frame)"이라는 개념으로 우리를 인도한다. 준거점은 최초의 자산 위치에 대하여 누적적으로 프레임되는가? 아니면 각각의 선택이 이뤄지는 시점에서의 자산의 위치에 대하여 프레임되는가? 일상생활에서의 예를 들어보자. 어느 날 연속해서 돈을 잃은 도박꾼은 당일 최초의 베팅을 시작한 때부터 계산하여 자산 위치의 누적적 프레임을 채택하고 잃은 돈을 만회하려고 할 경우 더욱 위험감수적이 될 것이다. 그러나 그가 당일 최초가 아니라 현재의 자산 수준을 준거점으로 사용할 경우 상대적으로 덜 위험감수적이 될 것이다. 계속해서 돈을 딴 도박꾼은 새롭게 베팅할 때마다 남아 있는 총자산이 아니라 처음 베팅했을 때 가지고 있던 자산 수준의 관점에서 프레임할 경우 더욱 위험회피적이 될 것이다. 이와 같은 사례는 사람들이 어떻게 이득과 손실에 적응하는지를 보여준다. "손실에 대한 적응(뉴노멀, new normal)"은 위험회피적 경향성을 유도하고, "이득에 대한 적응(뉴 노멀)"은 상대적으로 위험감수적인 행위를 유발한다.

그런데 "보유효과"에서 보듯이 사람들은 이미 가지고 있는 것에 대해 방어적 태도를 보인다. 사람들은 연속해서 이득을 보면 '뉴 노멀'의 입장에서 차후 발생할 수 있는 손실의 가능성을 아예 손실로 간주하고 그 의미를 과대평가하면서 누적된 이득을 유지하기 위해 위험감수적이 된다. 최초 자산의 위치에서 보면 도박꾼의 누적된 이득이 손실로 돌아설 가능성은 상대적으로 낮고, 따라서 그가 전망한 결과들이 아직 이득의 영역에 남아 있음에도 불구하고 그가 뉴노멀의 입장에서 판단한다면 그의 선호는 위험회피적이 아니라 오히려 위험감수적으로 변하는 것이다. 연속해서 손실을 본 도박꾼은 상대적으로 더디게 적응 또는 "재정상화(renormalize)"하며, 따라서 그는 뉴 노멀이 아닌 누적적 프레임을 채택하여 누적된 손실을 만회하기 위해 위험감수적이 된다.

셋째, 인간의 "손실회피적" 편향성이다. 인간은 같은 양인데도 이득보다 손실을 더 중시한다는 것이다. 합리적 선택론 또는 기대효용론에 따르면, 사람은 동일한 이득과 손실에 대해 "대칭적(symmetrically)"으로 반응한다. 1,000만 원의 횡재로부터 얻는 즐거움과 뜻하지 않은 1,000만 원의 분실로부터 유발되는 고통은 방향은 다르지만 그 크기가 같다는 것이다. 그러나 위의 그래프에서 보듯이 전망이론에서는 인간이 같은 양이라도 손실을 더 아파하고 피하려 한다고 지적한다. 동일한 금액의 이득과 손실(1,000만 원)이 발생한 경우 1,000만 원의 이득(+1,000만 원)에서 얻는 기쁨(a)의 절대값보다 1,000만 원의 손실(-1,000만 원)에서 느끼는 고통(-b)의 절대값이 더 크기 때문에 사람들은 '손실회피적'으로 행동하는 것이다. 이득은 손실과 다르게 취급된다. 손실이 이득보다 더 크게 보이는 것이다. 전망이론에 따르면, "나는 이기고 싶은 정도보다 더 심한 정도로 지길 싫어한다."라고 유명한 테니스 선수 지미 코너스(Jimmy Connors)가 말했듯이(Levy, 1992: 175) '손실회피'는 인지상정(人之常情)이다.

이와 같은 인간의 '손실회피적' 편향성은 손실의 영역에 처한 사람들의 위험감수적 선택과 행동을 설명해준다. 사람들은 손실이 너무 싫기 때문에 손실들 중에서 고르라고 한다면 '확정된 손실(certain loss)'을 기피하고 더 큰 손실이 발생할 수 있지만 확정되지 않은 손실을 선택하는 것이다. 여기서 더 중요한 것은 '손실회피적' 편향성이 확정된 손실을 거부하는 "처분효과(disposition effect)"를 일으킨다는 점이다. 전망이론에 따르면, 게임이나 도박을 하면서 돈을 잃었을 때 사람들이 쉽게 그만두지 못하는 이유는 지금 그만두면 잃은 돈을 만회할 수 없지만(확정된 손실) 계속하면 만회할 수 있다고 믿기 때문(불확정된 손실)이다. 주식투자와 관련된 많은 연구에 따르면, 개인 투자자들은 너무 서둘러 차익 실현에 나선다. 주가가 떨어질 때 너무 오랫동안 붙들고 있고(확정된 손실을 회피), 주가가 반등할 때 너무 서둘러 팔아 치운다(잠재적 손실을 선제적으로 회피).

확정된 손실을 거부하고 '한 방'에 의한 만회 가능성에 '올인'한 역사적 사례로는 일본의 가미카제(Kamikaze, 神風 特別攻擊隊) 자살 공격을 꼽을 수 있다. 일본은 1942년 6월 미드웨이 패전 이후 1944년 7월에 사이판을 상실했고 필리핀의 방어에도 어려움을 겪고 있었다. 사이판은 일본 본토를 폭격할 수 있는 B-29 폭격기들의 기지가 되었고, 동남아의 유전지대와 일본 사이에 위치한 필리핀은 미국에 결정적인 전략적 이득을 가져다주고 일본에는 치명적인 전략적 손실을 야기할 것으로 전망되었다. 1944년 9월에 시작된 일본의 가미카제 특공전술은 확정된 손실을 수용하지 않고 확정되지 않은 손실을 좇은 손실회피적 도박이었던 것이다.

또한 인간의 '손실회피적' 성향은 "보유효과(endowment effect, status quo biases)"를 설명한다.[12] 사람들은 '손실회피적'이기 때문에, 즉 이득을 봐서 행복한 정도보다 손실을 봐서 아픈 정도가 더 크기 때문에 갖고 있지 않은 비슷한 가치의 사물보다 지금 갖고 있는 사물을 더 중시하는 경향이 있다는 것이다. '보유효과'는 개인이 특정 사물이나 상품을 더 오래 소유할수록, 특히 그것을 획득하는 데 들어간 비용이 크면 클수록 그것에 부여하는 가치가 더 커진다는 사실을 알려준다. 손실회피에 따른 '보유효과'는 경제나 법의 영역

....

12 Daniel Kahneman, J. Knetsch, and R. Thaler. 1990, "Experimental Test of the Endowment Effect and the Coase Theorem," *Journal of Political Economy*, Vol. 98, No. 6: 1325-1348.

에서 광범위하게 적용되고 있다. 예를 들어, '보유효과'에 따른 심리는 사람들이 지갑에서 내는 돈(손실)을 기회비용(포기된 이득)보다 더 중시하는 경향을 설명해준다. 이것이 공평함과 정의에 관한 사람들의 판단에 영향을 준다는 증거는 충분하다. 나아가 이러한 보유효과는 작위적 행위와 부작위적 행위 간의 비대칭성을 인정하는 사법적 원칙, 그리고 비용에 따른 손실과 이득 실현의 실패를 구별하는 사법적 원칙에도 반영되어 있다. 따라서 이러한 법체제하에서 사람들은 이득을 실현할 수 있는 기회가 거부된 것에 따른 보상보다 실제로 발생한 손실에 대한 보상을 받을 가능성이 더 높다.

국제정치에서 국가의 정치적·경제적 자산이 지니는 상징적 가치는 이러한 '보유효과'를 더욱 증폭한다. 전형적인 예로 침략을 막아내고 영토를 보전함에 따라 발생하는 효용은 식민지를 획득함으로써 생기는 이득보다 더 크게 인식된다. 이와 같이 전망이론의 '보유효과'의 관점에서 보면 제1, 2차 아편전쟁 이후(1842년의 난징조약, 1858년의 톈진조약) '100년의 수모'와 국가 해체의 위기를 경험한 혁명적 중화인민공화국과 개인의 자유와 시장경제의 원리를 내세우는 미국 간의 분쟁, 냉전 후 소련과 중공을 잃고 실존적 위협을 인식하여 핵무기에 손을 댄 북한과 국제사회의 안정과 안전을 해치는 그 무기를 없애려는 미국·한국·일본 사이의 갈등, 그리고 한국 내에서 친일파의 청산을 주장하는 세력과 일본과의 관계개선이 가져올 이득을 내세우는 세력 간의 투쟁이 어떻게 전개될 것인지에 대한 설명과 이해의 단초를 찾을 수 있을 것이다.

전망이론의 평가 단계를 구성하는 첫 번째 요소가 효용함수의 왼쪽 부분이 기대효용론의 함수곡선과 다르다는 점과 관련된 것이라면, 두 번째 요소는 '확률가중함수', 즉 각 결과들의 확률에 부가되는 가중치(weighting the probabilities)와 관련이 있다. 주지하듯이, 기대효용론에서는 확률을 가중치로 사용해서 기대가치가 높은 대안이 선호된다고 주장한다. 전망이론에서는 사람들이 객관적 확률보다는 "얼마나 확실한 확률이냐."를 따지는 "확실성(certainty) 추구 성향", 그리고 낮은 확률의 결과에 더 큰 의미를 부여하는 편향성을 반영하는 '주관적 결정가중치(subjective decision weight)'를 사용해서 기대가치의 효용을 판단한다고 본다.

확률가중함수가 제공하는 첫 번째 통찰력은 확정된 결과에 더 큰 가치를 부여하는 '확실성 효과'와 관련이 있다. 트버스키와 카네만(1981)에 따르면, 이득이나 손실이 발생할 확률의 변동은 그러한 변동의 의미나 효과에 대한 사람들의 주관적 평가에 "선형(linear)적"이 아닌 "비선형(non-linear)적"으로 영향을 미친다. 예를 들어, 상금을 탈 수 있는 확률이 중간 지점에서, 예를 들어 50%에서 60%로 증가하는 것보다 그 확률이 확실성에 가까운 지점에서, 예를 들어 95%에서 100%로 증가하는 것이 사람들의 의사결정에 미치는 영향력 면에서 더 효과적이고 강력하다는 것이다. 확률이 10%의 절반인 5%로 변했는데도 확실성(100%)으로의 변화는 더 큰 심리적 가중치를 받는 것이다. 확률이 확실성으로 이동하는 경우와 함께 그것이 불가능(0%)으로 이동하는 경우에도 마찬가지로 큰 가중치를 부여받는다. 요컨대, 전망이론에 따르면 사람들의 의사결정에 영향을 미치는 것은 객관적 확률이라기보다는 주관적 결정가중치이다. 사람들은 "그저 높은 가능성(merely probable)"보다는 "확실성"에 더 높은 가중치를 부여한다.[13]

확률가중함수 또는 주관적 결정가중치의 두 번째 통찰력은 사람들이 낮은 확률의 결과에 더 큰 의미를 부여한다는 점이다.[14] 전망이론에 따르면, 사람들은 이득의 경우이든 손실의 경우이든 잘 일어나지 않을 확률을 과대평가하는 경향이 있다. 이러한 인간의 성향 때문에 전망이론의 예측은 낮은 확률대(確率帶)에서 "반전(reverse)"한다. 즉, 전망이론에서는 사람들이 준거점을 기준으로 이득의 영역에서는 위험회피적으로, 손실의 영역에서는 위험감수적으로 행동할 것으로 예측하지만, 확률이 0에 가까운 대역(帶域)에 있을 때는 이득의 영역에서는 위험감수적으로, 손실의 영역에서는 위험회피적으로 행동한다고 인간의 예외적 행태를 인정하고 있다. 〈그래프 5〉에서 보듯이 이득의 경우(w^+)이든 손실의 경우(w^-)이든 확률가중함수는 낮은 확률에서 과대평가되고 중간이나 높은 확률의 대역에서 과소평가되고 있다. 경마에서 특히 이러한 경향이 잘 드러난다. 객관적으로 우승 확률이 낮은 복병마에 대한 베팅이 상당히 많

....

13 Daniel Kahneman and Amos Tversky(1979), pp. 263-292. '확실성 효과'는 '의사적(擬似的) 확실성 효과(pseudocertainty effect)'와 구별되어야 한다. 이것들은 모두 인간의 생래적 편향성이고 기대효용론의 전제와 불일치하는 경험적 현상을 드러내주는 관념적 도구이기는 하지만, 인간의 선호가 달라지는 서로 다른 방법을 지시(指示)한다는 점에서 구별해서 이해해야 한다. 선택을 할 때 공통된 요소를 분리해서 생각하느냐에 따라 선호도가 달라질 수 있다는 이 '의사적 확실성 효과'는 "부각효과(浮刻效果)", "분리효과" 또는 "고립효과(isolation effect)"라는 명칭으로도 알려져 있다. 카네만과 트버스키에 따르면, '부각효과'는 사람들이 다단계의 의사결정과정에서 실제로는 불확정된 결과를 확정된 것이라고 인식할 때 발생한다. 사람들은 "인지적 무게(cognitive load)"를 가볍게 하기 위해 각 단계에서 공통되는 정보는 무시하고 간과하는 경향이 있고, 그 결과 대안들이 어떻게 프레임되느냐에 따라 결론이 달라진다는 것이다.

14 Scott Plous. 1993, *The Psychology of Judgment and Decision Making* (New York, NY: McGraw-Hill), p. 98.

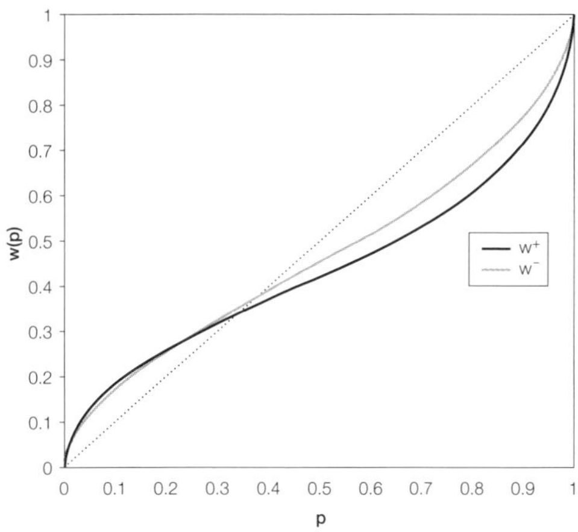

그래프 5 전망이론의 확률가중함수

Kahneman and Tversky, 1979.

은 현상은 결정가중치를 실감할 수 있는 좋은 사례이다.

잘 일어나지 않을 확률을 과대평가하는 인간의 심리적 경향, 다른 말로 하면 낮은 확률을 과대평가하는 결정가중치의 특성은 "장기적 시각(long shots)"에서의 대비(對備)가 갖는 가치를 증가시키며[15] 낮은 확률의 중대한 손실에 대한 회피 경향[또는 유비무환(有備無患)의 가치]을 증폭시킨다. 낮은 확률의 큰 손실(unlikely losses)을 피하기 위해 현재 확정된 손실을 선택하는 보험구매 행위가 전형적이다. 같은 맥락에서 사람들은 확률이 낮은 큰 이득(unlikely gains)을 바라고 위험감수적이 될 수 있다. 낮은 확률의 큰 이득에 대해 현재 확정된 손실을 선택하는 복권구매 행위가 그러한 예이다.[16]

....

15 Tversky and Kahneman(1986), p. S258.

16 Daniel Kahneman and Amos Tversky. 2000, "Choices, Values, and Frames," in Daniel Kahneman and Amos Tversky (eds.), *Choices, Values, and Frames* (London,

이와 같이 낮은 확률을 과대평가하는 인간의 성향은 전망이론의 일반적 예측과는 다른 행태적 결과를 산출한다. "극단적인 손실(catastrophic losses)"이 예상되는 경우 확률가중함수의 작동에 의해 '선호의 역전(preference reversal)'이 더욱 명백해진다. 비행기 사고가 일어날 확률은 자동차 사고가 일어날 확률보다 훨씬 낮다. 그러나 사람들은 자동차 운전보다 비행기 탑승을 더 두려워한다. 비행기 사고가 날 낮은 확률에 더 큰 심리적 가중치를 부여하는 것이다.

확실성을 확보하고 극단적 손실의 확률을 줄이기 위해 기대효용론이 예측하는 것보다 훨씬 많은 비용을 기꺼이 치르고자 하는 인간의 심리적 성향은 '러시안 룰렛(Russian roulette)'이라는 게임에서 선명히 드러난다. 사람들은 재앙적 손실의 위험에 직면하여 그것이 일어날 확률이 20%에서 10%로 줄어드는 경우와 10%에서 0%로 줄어드는 경우 당연히 후자에 더 많은 비용을 기꺼이 치르는 경향을 보여준다는 것이다. 러시안 룰렛 게임은 아래와 같다.

> 총알 6개가 장전될 수 있는 권총에 4발이 장전되어 있다. 게임 참여자가 자신에게 방아쇠를 당겨 죽을 확률은 6분의 4(67%)이다. 그런데 돈을 내면 총알 하나를 제거해준다.

총알이 4개에서 3개로 줄어들 경우와 1개에서 0개로 줄어들 경우 사람들은 후자를 위해 훨씬 많은 돈을 지불하고자 한다는 것이 실험의 결과이다.[17] 극단적 손실(죽음)이 감소된 확률의 크기는 A와 B

....

UK: Cambridge University Press), p. 8.

의 경우 모두 17%로 동일하다.

A		B
4/6(67%) → 3/6(50%)	vs.	1/6(17%) → 0(0%)
[총알이 4개 → 3개]		[총알이 1개 → 0개]

기대효용론에 따르면 죽음의 확률이 각각 17% 감소한 것이므로 동일한 양의 효용이 발생한 것이지만, 사람들은 낮은 확률을 더 중시(50%보다 0%를 더 선호)할 뿐 아니라 극단적 손실에 대해 위험회피적으로 행동하는 것이다. 이는 결과의 효용이 그 결과가 발생할 확률에 의해 선형적(linearly)으로 또는 일률적으로 영향을 받는다는 기대효용론과 배치되는 결과이자, 극단적 손실이 전망되는 경우에는 "일반적인 손실(moderate losses)"에 대한 전망이론의 예측에 반하는 행동이 선택된다는 것을 보여주는 사례이다.

전망이론의 프레임 단계와 평가 단계의 요점을 정리해보자. 행위자는 주어지거나 자신이 정한 준거점을 기준으로 대안들을 이득과 손실의 영역으로 분간한다. 그는 이와 같이 프레임된 전망들을 평가하고 가장 큰 효용을 가져올 것으로 예상되는 대안을 선택한다. 그리고 여기서의 효용은 결과의 가치와 확률가중함수, 즉 주관적 결정가중치의 곱에 의해 결정된다. 결정가중치에 의해 조정된 U라는 전망의 효용은 아래와 같이 공식적으로 표현될 수 있다.

....

17 George A. Quattrone and Amos Tversky. 1988, "Contrasting Rational and Psychological Analyses of Political Choice," *The American Political Science Review*, Vol. 82, No. 3 (September): 730.

$$U = \Sigma w(Pi) \times v(Xi)$$

여기서 P는 결과 X가 일어날 확률, w(P)는 확률가중함수, 그리고 v(X)는 가치함수.

우리는 〈그래프 6〉에서 기대효용론과 전망이론이 각각 제시하는 효용함수와 가중함수를 비교하고 대조해볼 수 있다. 기대효용론에서는 결과와 효용이 비선형적 관계이고 결과의 한계효용이 체감하는 모양이다. 전망이론에서는 준거점을 기준으로 이득과 손실의 영역이 나눠지며, 손실 영역에서의 효용함수가 역효용 방면으로 치우쳐 있어서 두 영역에서의 효용함수가 비대칭적이고 결정가중치는 낮은 확률대에서 과대평가된다.

우리는 위와 같이 전망이론의 구조와 개념들을 정리해보았다. 전망이론은 한마디로 말하자면 미래에 대한 의사결정자의 이분법적인 주관적 전망이 그가 내리는 현재의 결정에 영향을 미친다는 심리학적·행동경제학적 이론이다. 이에 따르면, 사람들은 미래가 준거점을 기준으로 분간된 이득들 중에서 선택하는 상황으로 전망될 경우 보수적이고 현상유지적으로, 즉 위험회피적으로 행동한다.

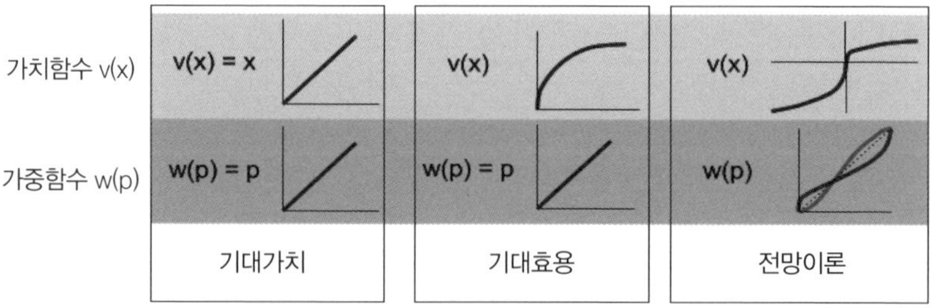

그래프 6 기대가치론, 기대효용론, 전망이론의 가중함수들

그러나 미래가 손실들 중에서 선택해야만 하는 상황으로 전망될 경우 위험감수적으로 또는 손실회피적으로 행동한다. 사람들의 의사결정에 영향을 미치는 확률도 객관적 확률이라기보다는 주관적 결정가중치이다. 사람들은 "그저 높은 가능성"보다는 확정성에 더 높은 가중치를 부여한다. 이와 같이 인간은 효용 극대화를 일관되게 추구하기보다는 문제가 던져지는 방식, 즉 프레임이 어떻게 설정되는지, 그리고 확실성을 중시하는 인간의 내재적 편향성에 영향을 받는다. 요컨데 행위자가 어떠한 상황에 위치하고 있다고 인식하느냐에 따라 그의 선호가 달라진다는 것은 인간의 선호의 불변을 전제로 하는 합리적 선택론이나 기대효용론의 기본 전제에 문제를 제기하는 대안적 접근법에 정당성을 부여한다. 표현을 달리하면 포괄적 합리성 또는 객관적 합리성에 기초한 시각이 보여주지 못하는 의사결정과정의 실제를 제한적 합리성 또는 상황적 합리성에 기초한 관점이 보여주고 있다고 말할 수 있다.[18]

국제정치에 대한 전망이론의 적용

전망이론을 국제정치에 적용한 최초의 시도는 국제정치학자 로즈 맥더모트(Rose McDermott)의 논문 「국제관계에서의 전망이론: 이란인질구조작전(Prospect Theory in International Relations: The

....

18 Konstantinos V. Katsikopoulos. 2014, "Bounded Rationality: The Two Cultures," *Journal of Economic Methodology*, Vol. 21, Iss. 4.

Iranian Hostage Rescue Mission)」이다.[19] 그는 이 논문에서 1980년 초 이란 내에서 미국인 인질사건이 발생했을 때 당시 미국의 카터 대통령과 그의 참모들이 어떠한 과정을 통해 의사결정했는지를 들여다보면서, 자신이 선택할 수 있는 대안들의 결과가 모두 손실로 프레임되었을 때 카터가 전망이론이 예측한 대로 최종적 선택을 할 때 위험감수적인 행태를 보여주었다고 확인하고 있다.

사례 적용에 바로 들어가기 전에 심리학적 이론으로서의 전망이론의 의의와 전망이론의 사례 분석이 가지는 이론적, 정치적, 정책적, 가치관적 의미에 관한 맥더모트의 이야기를 들어보는 것이 유익할 듯하다. 그에 따르면, 정치적 현상이나 사건에 대한 이해를 돕는 심리학적 이론은 기술적·서술적 힘을 가진다. 심리학적 이론은 연역적 이론처럼 분석가에게 "직관에 어긋나는 특정한 방식"으로 사람들이 행동할 것이라든지 그렇게 행동해야 마땅하다든지 하는 공식적(formal)이거나 규범적(normative)인 강요를 하지 않는다. 대신 심리학적 이론은 사람들이 "실제로 어떻게 결정하는지"에 관한 경험적 증거에 근거를 두고 있는, 즉 경험적으로 검증된 이론으로서 외적 현실에 대한 타당성(validity), 정확성(accuracy), 실제성(authenticity)을 가지고 있다.

전망이론의 실제적 현실에 대한 타당성, 정확성, 실제성을 검증하기 위한 맥더모트의 사례 분석은 몇 가지 점에서 의미가 크다. 첫째, 이 시도는 전망이론이 단순한 심리적 실험실이 아니라 위험부담

....

19 Rose McDermott. 1992, "Prospect Theory in International Relations: The Iranian Hostage Rescue Mission," *Political Psychology*, Vol. 13, No. 2 (June): 237-263.

이 훨씬 큰 국제적 상황에서 내려지는 의사결정에 대해서도 정확하고 강력한 예측력과 설명력을 갖는지 확인할 수 있는 기회를 제공한다. 심리학적 실험실에서는 선택되는 대안들이 가져올 결과와 확률이 알려져 있지만 국제정치적 상황에서는 사실상 모든 것이 불확정적이기 때문에 이 사례에서 이론이 실제와 부합하는지의 여부를 확인하는 것은 이론의 공고화와 국제정치학으로의 확대를 위해 필수적이라고 할 수 있다. 맥더모트는 전문가들도 대학생과 똑같은 정도로 프레임에 영향을 받는다는 연구를 인용하면서 실험실의 결과가 국제정치적 상황에서도 확인될 것이라고 예측하고 있다.[20]

둘째, 전망이론이 국제정치적 상황에서도 타당성과 정확성을 갖는다면 이는 이론적 영역뿐 아니라 보다 근본적인 인류적 가치를 촉진하는 데 큰 의미를 갖게 된다. 우리는 게임이나 도박에서의 실수가 아닌 국제정치적 위기상황에서의 실수나 실패가 인간에게 막대한 영향을 준다는 사실을 잘 알고 있다. 따라서 프레임, 즉 단순한 "언어적 조작"에 의한 인간의 편향성의 발현이 국제정치적 상황하에서의 의사결정과정에 체계적, 일관적, 예측 가능한 방식으로 부정적 영향을 미치는지의 여부를 확인하는 연구는 단순히 이론이나 정책적 측면뿐 아니라 자유, 정의, 민주주의 등 이념적 가치, 나아가 인류의 생존 자체를 위협하는 근본적인 인권적·실존적 문제를 해결하는 단초를 제공할 수 있다는 면에서 의미심장한 함의를 갖고 있다고 하겠다. 이론과 실제 간의 일치(empirical fit)가 상당 부분 담보된다면 국가 지도자들은 이를 기초로 해서 이러한 인간의 심리적,

....

20 McDermott(1992), p. 34.

동기적, 인지적 취약점으로 인한 위협과 위험을 예방하고 통제하기 위한 절차나 제도들을 만들 수 있을 것이다. 구체적으로, 지도자들은 프레임의 효과를 보다 투명하게 하기 위해, 그래서 그들이 프레임에 무의식적·무비판적으로 노출되어 영향받는 것을 최소화하기 위해 같은 대안을 여러 가지 프레임으로 동시에 제시하는 방법 등을 활용할 수 있을 것이다.[21] 이제 합리적 선택론 또는 기대효용론이 보여주지 못하는 부분을 전망이론이 어떻게 조명해주는지를 염두에 두고 전망이론에 대한 맥더모트의 경험적 검증을 살펴보기로 하자.

카터의 위험감수적 선택

전망이론에 따르면, 우리는 우선 카터의 준거점을 알기 위해 그의 주관적 관점을 알아야 한다. 물론 우리는 그의 머릿속에 실제로 들어가볼 수는 없다. 그러나 사람들이 더운지 추운지를 알기 위해 온도계를 쳐다보듯이 우리는 카터가 어떠한 전망의 영역에서 의사결정을 해야 했는지를 다른 지표를 통해 알 수 있다.

인질사건이 발발한 1979년 11월 당시부터 카터는 국내외적으로 비난과 조롱의 십자포화를 맞고 있었다. 이란은 미국과의 직접협상을 거부하고 있었다. 카터의 난국에 대해 먼저 국내정치적 측면에서 살펴보자. 카터 정부에 대한 미국 국민과 의회의 불신은 위험수위에

....

21 Rose McDermott. 1998, *Risk-Taking in International Politics: Prospect Theory in American Foreign Policy* (Ann Arbor, MI: University of Michigan Press), p. 35.

도달했다. 사실 카터 정부의 외교정책에 대한 국민적 평가는 인질사건이 터지기 전에 이미 부정적이었다. 1979년 6월에 실시된 여론조사에 따르면, 카터의 외교정책을 지지하는 국민은 20%였다. 이러한 추세는 지속되었다. 1980년 3월에는 60%의 미국인들이 카터가 이란에 너무 끌려다닌다며 불만족을 표시했다. 카터는 3월 마지막 두 주 동안 실시되었던 미국 민주당 대선후보 경선에서 에드워드 케네디(Edward Kennedy) 상원의원에게 두 곳(뉴욕과 코네티컷)에서 패했다. 카터는 4월 1일의 위스콘신주 경선에서 승리했으나 "인질석방이 임박했다는 언론플레이 덕분이었다."라는 보도가 나왔다. 카터는 이 무렵 처음으로 공화당 대선 후보 로널드 레이건에게 밀리기 시작했다. 1979년 12월에 실시된 조사에 따르면 그가 레이건에 대해 2:1의 우위를 점하고 있었기 때문에 1980년 초의 이러한 여론의 급반전은 그에게 대단한 충격이었다. 이어진 여론조사에서 81%의 미국인들은 미국이 심각한 난국에 처해 있다고 답했으며, 70%는 대통령의 교체를 원했다. 의회와의 관계도 악화되어 카터 정부의 법안이 통과된 비율이 급강하했다.

국제정치적 측면을 보자. 미국의 국제적 지위와 신뢰성은 땅에 떨어졌다. 사이러스 밴스(Cyrus Vance Jr.) 국무장관은 대이란 경제 제재를 위해 동맹국들의 협력을 요청했으나 성과를 거두지 못했다. 이란을 겨냥한 UN 안보리 결의안도 소련의 거부권 행사로 인해 채택되지 못했다. 한편 아랍국이면서도 친서방적인 이집트의 안와르 사다트(Anwar Sadat) 대통령까지 미국이 지나치게 수동적이어서 국제적 권위가 훼손되고 있다고 카터를 비판하기에 이르렀다.

카터에게는 국내외 상황이 모두 비관적이었고, 이란은 미국과의 직접협상을 거부하고 있었다. 맥더모트에 따르면, 당시 카터가 고려할 수 있는 선택지는 대략 5개 정도였다. 첫째, 정치적·군사적 압박을 유지하는 가운데 다른 조치를 취하지 않고 이란의 정치상황이 정리될 때까지 기다리는 안이었다. 이 안을 제시한 국무장관 밴스는 이란인들을 자극하지 말아야 하며 인질들에 대한 위해를 막는 것이 가장 중요하다고 주장했다. 그러나 카터가 이 안을 채택하면 공화당의 정적들이 "무능한" 대통령을 조롱하면서 정치적 이득을 대거 가져갈 것은 불문가지(不問可知)였다. 이는 대선을 코앞에 둔 카터가 받아들일 수 있는 안이 아니었다. 더구나 카터와 그의 안보팀 구성원 대부분은 이란의 종교 지도자 호메이니(Sayyid Ruhollah Musavi Khomeini, Ayatollah Khomeini)가 미국에 가한 의도적인 모욕에 모종의 강력한 조치로 반드시 응징해야만 한다는 입장이었다.

둘째, 이란과의 정치·경제관계를 단절하고 대이란 제재를 강화하는 안이었다. 그러나 미국은 이미 1980년 4월 7일 외교관계를 단절했고 이란의 외교관 및 유학생 추방, 대이란 수출금지를 실시하고 있었다. 수출금지목록에는 쫓겨난 이란 국왕 샤(모하마드 레자 팔라비, Mohammad Reza Pahlavi)가 이미 지불했지만 아직 인도되지 않은 미국 무기가 포함되었다. 미국 내의 이란 자산이 동결되었고, 언론인을 포함한 미국 시민의 이란 방문을 막기 위해 모든 형태의 대이란 금융거래를 불법화하는 조치가 이루어졌다. 그러나 이 대안은 카터의 목표인 인질구출에 직접적으로 기여할 수 있는 방책이 아니었다.

셋째, 인질구출작전을 하는 안이었다. 이 안은 카터의 입장에서 정치적 손실과 군사적 모험 사이의 균형점인 셈이었다. 카터는 밴스의 안이 정치적 자살이나 마찬가지였기 때문에 그 손실을 줄이는 방향으로 이동해야 했지만 전면전이 가져올 재앙적 손실 또한 피해야 했기 때문에 양 극단 사이에 존재하는 인질구출작전이 현실적이고 합리적인 방법이라고 판단했다. 특단의 조치를 취하지 않으면 자신의 정치적 생명이 끝장날 수도 있다고 인식한 카터는 모든 난관을 '한 방'에 날려버릴 수 있는 방법이 높은 위험을 감수하더라도 인질을 구출하는 것이라고 판단했다. 그는 이제 주사위는 던져졌고 작전의 성공 확률을 높이는 일이 자신과 군사참모들이 해야 할 일이라고 생각했다. 참모들은 작전요원들이 주말 야간을 틈타 대사관 건물을 급습할 수 있고, 대사관 주변에는 상당한 규모의 공터가 있으며, 요원들은 소음기를 장착한 총기를 사용할 것이기 때문에 외부에 발각되지 않을 것이고, 전투 경험이 없는 학생들을 쉽게 제압하여 순식간에 작전을 수행할 수 있다고 보고했다.

넷째, 이란의 항구에 기뢰를 매설하는 안이었다. 이는 상선의 접근을 금지하는, 사실상 해상봉쇄에 준하는 조치였다. 그러나 기뢰매설은 사실상의 전쟁행위로 간주되어 이란이 기뢰 제거를 위한 소련의 개입을 요청할 수도 있는 부담스러운 방법이었다. 미국은 소련이 중동으로 세력권을 확장하도록 방치할 수 없었는데, 그러자니 소련에 대한 무력행사가 불가피할 수도 있었던 것이다. 더구나 이 안은 인질구출이라는 본래 목표와는 거리가 있었다.

다섯째, 전면전이었다. 이 역시 인질구출과는 직접 상관이 없고 오히려 중동지역 전체를 대규모 전쟁으로 유도할 가능성을 가지고 있었다. 이 안은 국내외적으로 지나치게 위험부담이 커서 진지하게 고려될 수 있는 것이 아니었다.

참모들은 자신들이 적절하다고 생각한 "역사적 유비(historical analogies)"에 기초하여 프레임된 해결방안을 대통령에게 제시했다. 국무장관 밴스의 프레임은 인질들의 "목숨(mortality)"이었다. 그는 미국의 정책 초점을 인질의 안전한 귀환에 맞춰야 한다고 강하게 주장했다. 따라서 그는 위험한 군사작전에 극력 반대했다. 카터는 밴스가 휴가중이던 4월 11일에 회의를 열어 인질구출을 위한 군사작전을 실시하기로 결정했다. 카터는 업무에 복귀한 밴스가 항의하자 4월 15일에 회의를 다시 소집했다. 이 회의에서 밴스는 프레임을 국익 방향으로 조정하면서 "작전이 성공하여 대사관 직원들의 일부를 구출할 수 있다 하더라도 아직 테헤란에 남아 있는 미국 언론인들의 안전이 위협받게 될 것"이기 때문에 "미국의 입장은 전보다 악화될 것이며, 나아가 중동지역의 안정이 크게 훼손되어 미국의 국가이득이 침해될 것"이라고 말했다. 그는 그뿐 아니라 미국의 군사작전으로 인해 "이란이 소련 진영으로 넘어갈 가능성이 높다."라고 지적했다. 사실 밴스는 인질사건 발발 직후 대통령에게 '애그너스 워드(Agnus Ward)' 사건과 북한에 의해 피랍된 '푸에블로호(the Pueblo)' 사건과 관련된 역사적 사례들을 제시하면서 신중한 대처를 권고한 바 있었다. 그는 "2차 대전이 끝나고 묵던(Mukden, 심양)에서 중국공산당에 의해 스파이 혐의로 억류(1949년 10월)되었던 미국 영사 애그너스 워드는 트루먼 정부가 인내심을 갖고 기다린 덕에 자연스럽게 석방되었다."라고 카터에게 말했다. 중국공산당이 워드를 국내정치적으로 충분히 활용한 다음 효용이 줄어들자 그를 풀어주었다는 것이다. 밴스는 당시 트루먼 대통령에게 "무력사용을 자제할 것을 권고한" 합참의 메모를 전달하면서 이란의 경우도 이와 같은 방법으로 대처하는 것이 현명하다고 건의했다.

국가안보보좌관 즈비그뉴 브레진스키(Zbigniew Brzezinski)의 프레임은 국가이익이었다. 그는 인질의 안전도 중요하지만 미국의 국가이익이 더 중요하다고 생각했다. 국가적 위신과 명예도 중요한 국익의 요소였다. 밴스가 '이상주의자'였다면, '브레진스키'는 전통적인 현실주의자였다.

브레진스키는 군사작전이 위험하다는 것을 알고 있었지만 그것은 국가이익의 관점에서 볼 때 불가피하게 감수해야만 하는 것이라고 판단했다. 그는 인질의 구출이냐 국가이익이냐를 선택해야 했을 때 결국 고통스럽게도 후자를 택할 수밖에 없었다고 후일 회고한 바 있다. 브레진스키는 1976년 7월 '엔테베(Entebbe) 작전'의 성공이라는 역사적 사례에서 영감과 자신감을 얻었고, 인질구출작전을 성공시킨 이스라엘의 특공대를 벤치마킹하면 '제2의 엔테베'가 가능하다면서 자신의 해결책을 국익을 수호하기 위한 "효과적 군사작전"의 관점에서 프레임했다.

밴스는 당시의 '새로운 현상(現狀, new status quo, 뉴 노멀)'이 최적은 아니지만 이란이 인질을 해치지만 않는다면 수용 가능한 대안이라고 생각했다. 즉, 그는 자신, 그리고 카터의 준거점을 이동시켜서 인질이 잡힌 상황을 '뉴 노멀'로 인정하는 "재정상화(renormalize)"를 시도한 것이었다. 따라서 그는 손실의 영역에서 사태를 보지 않았기 때문에 위험을 감수하는 행동을 받아들일 수가 없었다. 그러나 브레진스키, 그리고 당시 국내정치를 중시할 수밖에 없던 대통령 비서실장 해밀턴 조던(Hamilton Jordan)은 동의하지 않았다. 조던은 "사이(사이러스 밴스)가 베트남전의 트라우마에 시달리던

'좋은 사람(good man)'의 전형"이라며 그의 도덕적 견지를 존중했지만, 카터에게 가장 중요한 것은 국내정치이고 재선의 성공이며 준거점의 상향 조정은 수용할 수 없는 대안이라고 판단했다. 또한 그는 공군 참모차장의 브리핑을 듣고 군사작전이 위험하기는 하지만 해볼 만하며 성공했을 때 카터가 결코 결단력이 없는 지도자가 아님을 국내외에 과시할 수 있는 이점이 있다고 생각했다.

카터에게 대안들과 관련하여 가장 중요했던 것은 기뢰 매설과 전면전이 인질을 구출하여 상황을 '과거의 현상(status quo)'으로 되돌릴 수 있는 대안이 아니라는 데 있었다. 따라서 이것들을 제외하면 인질구출작전이 가장 위험한 대안이었다. 그러나 카터의 입장에서 그것은 자신의 모든 개인적, 국내정치적, 국제정치적 손실들을 '한 방'에 날릴 수 있고 잘만 하면 성공할 수 있는, 따라서 그에게 강력한 호소력을 갖는 대안이었다.[22] 요컨대, 카터에게 주어진 선택지들의 결과는 모두 부정적인 것이었다. 그러나 그는 그중 하나를 선택해야 했다. 그는 성공 확률이 낮지만 '한 방'에 모든 문제를 해결해줄 수 있는 대안인 인질구출작전을 선택했다.

미국인 인질구출을 위한 '독수리 발톱 작전(Operation Eagle Claw, 계획 단계에서는 Rice Bowl)'은 카터와 미국의 입장에서는 처참하게 실패했다. 카터 대통령은 4월 26일 작전의 실패를 발표했다. 호메이니는 "신이 미국의 침략을 물리치셨다(A Plot foiled by God)."라고 선언했다. 미국인 인질들은 이란 전역에 분산 수용되

22 맥더모트에 따르면, 이러한 상황에서 소련의 아프가니스탄 침공은 그간 대소 강경파를 이끌어온 브레진스키의 프레임에 탄력을 부여했다.

었다.

이란인들은 제국주의 미국이 1953년 모하마드 모사덱(Mohammad Mosaddeq) 총리의 강제축출에 이어 다시 한번 이란의 국가주권을 무력으로 침해했다며 호메이니가 제창한 '거대한 사탄, 미국'이라는 운율에 맞춰 극도의 분노를 표출했다. 이제 이란 내에서 반미는 신실한 무슬림에게 부여된 애국적 의무로 자리매김하게 되었다. CIA가 1953년 이란의 쿠데타를 주도했던 역사에 대해 잘 알지 못했던 대다수의 미국인들은 문명을 거부하는 이슬람 광신도들이 국제법상 치외법권 지역인 미국 대사관을 공격하여 야만성을 적나라하게 드러냈고 죄 없는 미국 민간인들을 1년 넘게 억류함으로써 인류의 보편적 가치인 인권을 심각하게 유린했다고 치를 떨었다. 1981년 1월 19일 알제리의 알제(Algiers)에서 이란은 인질을 석방하고 미국은 이란의 내정에 불간섭하며 자산동결을 해지한다는 합의가 이루어졌고 1월 20일에 인질들이 석방되었으나, 이후 미국과 이란 간의 상호 혐오는 줄어들지 않았다.

카터는 손실의 영역에 있었다. 인질사건의 발발은 미국의 힘과 명예, 그리고 국제정치에서의 신뢰도에 일대 타격을 가했다. 이란 제재에 대한 동맹국들이나 UN의 비협력은 수모에 가까웠다. 국내정치는 엉망이 되어갔고 재선의 가능성은 급격히 축소되었다. 그는 인질구출작전이 실패해도 잃을 것이 거의 없었지만 그것이 성공하면 모든 것을 원하는 위치로 되돌릴 수 있을 것이라고 판단했다. 후일의 관점에서 보면 밴스가 옳았다. 이란은 미국인 인질들을 정치적으로 충분히 이용한 후 더 이상 필요가 없게 된 상태에서 석방했던 것이다. 그러나 전망이론이 예측하듯이, 카터 대통령이라는 의사결정자는 자신의 대안들이 모두 손실의 영역에 속해 있다고 믿고 위험감수적으로, 즉 확률이 낮더라도 '한 방'에 모든 문제를 해결해줄 수 있는 대안을 선택했다. 맥더모트의 이 연구는 단순한 "언어적 조작"에 의한 인간의 편향성의 발현이 얼마나 큰 개인적, 국가적, 국제정치적 영향력을 가질 수 있는지를 설득력 있게 보여주고 있다. 이런 면에서 그는 이론과 실제 간의 상당한 일치를 보여주며 전망이론의 확장성을 제고하고 있을 뿐 아니라 전망이론이 지배적 패러다임인 합리적 선택론 또는 기대효용론이라는 '형광등'이 보여주지 못하는 "어두운 구석"에 "여기 봐!(Look here!)"라며 주의를 환기하고 빛을 비춰주는 '손전등'의 역할을 수행하고 있음을 시현(示現)하고 있다.

전망이론과 그 이후

전망이론에 대한 비판이 존재하지 않는 것은 아니다. 예를 들어, "신행태주의"[23]의 창시자 존 스태든(John Staddon)은 전망이론의 각종 "효과들"이 구체적 과정에 대한 설명 없이 무분별하게 남용되고 있으며 전망이론가들이 실시한 실험들에서 이론을 반박하는 거의 3분의 1에 달하는 피실험자들이 무시되고 있다고 비판한다.[24] 일단의

....

23 John Staddon. 2014, *The New Behaviorism: Mind, Mechanism and Society* (Hove, UK: Psychology Press).

24 John Staddon (ed.). 2017, *Scientific Method: How Science Works, Fails to Work and Pretends to Work* (London, UK: Routledge), p. 107.

국제정치학·정치심리학 이론가들은 행위자들이 '어떻게', '왜' 자신들이 사용하는 프레임을 만들고 찾고 채택하는지를 설명하는 이른바 "프레임에 관한 이론"을 전망이론이 제시하지 못한다고 지적한다.[25] 또 일련의 심리학자들은 전망이론이 인간의 감정적, 정서적, 동기적 반응을 충분히 재현해내지 못한다고 비판한다.[26]

카네만은 이러한 비판에 대해 최근에 의사결정에서의 "쾌락적(hedonic)" 측면을 주목할 것을 주문했지만, 동시에 전망이론이 미시경제학과 행동경제학의 범주를 넘어 확대 적용되는 현상을 우려하고 있다. 전망이론이 무분별하게 영역을 넘나드는 것을 경계하고 있는 것이다. 그럼에도 불구하고 그간의 전망이론의 이론적 공고화와 정교화는 인간의 심리와 행동을 다루는 타 연구영역으로 점점 확대되고 있다. 국제정치학에서는 맥더모트의 선구자적인 연구가 호평을 받은 이후 이론이 적용되고 검증되는 주제나 지역[예를 들어, 1998년의 북아일랜드, 1999년의 요르단강 서안(西岸) 지구에서의 봉기들]이 다양화되고 있으며, 이 과정에서 "문화-경계적(culture-bounded)" 측면과 정치·역사적인 맥락을 좀 더 강조하는 관념적 대안의

....

25 William A. Boettcher III. 2004, "The Prospects for Prospect Theory: An Empirical Evaluation of International Relations Applications of Framing and Loss Aversion," *Political Psychology*, Vol. 25, No. 3 (June); Rose McDermott. 2004, "Prospect Theory in Political Science: Gains and Losses from the First Decade," *Political Psychology*, Vol. 25, No. 2 (April): 289-312.

26 스태든은 감정의 요소들을, 벤저민 뉴웰(Benjamin R. Newell) 등은 의사결정에 학습과정이 미치는 영향을 강조하고 있다. 그러나 이는 비판이라기보다는 기술적 이론인 전망이론의 분석적 능력을 강화하기 위한 심리학자들의 후속 연구주제라고 봐야 할 것이다. Benjamin R. Newell, David A. Lagnado, and David R. Shanks. 2007, *Straight Choices: The Psychology of Decision Making* (Hove, UK: Psychology Press).

가능성이 탐색되고 있다.[27]

·······

27 Daniel Masters. 2004, "Support and Nonsupport for Nationalist Rebellion: A Prospect Theory Approach," *Political Psychology*, Vol. 25, No. 5; McDermott(2004); Landon E. Hancock, Joshua N. Weiss, and Glen M. E. Duerr. 2011, "Prospect Theory and the Framing of the Good Friday Agreement," *Conflict Resolution Quarterly* Vol. 28, No. 2: 183-203.

운용코드 모델

Operational Code Analysis Model

우리는 앞서 그레이엄 앨리슨의 세 가지 관념적 모델에 '형광등(합리적 행위자 모델)', '손전등 1(조직과정 모델)', '손전등 2(정부정치 모델)'라는 명칭을 부여하면서 지배적 패러다임과 대안적 이론들 간의 차별성을 부각하면서도 그것의 용도와 관련한 상보적인 측면 또한 강조했다. 우리는 외교정책결정과정론을 연구하는 여정에서 '손전등 3(양면게임 모델)'과 '손전등 4(집단사고 모델)', '손전등 5(전망이론)'를 거쳐 이제 '손전등 6'이라고 부를 수 있는 '운용코드 모델'에 당도했다. 이 과정에서 우리는 한 국가의 외교정책결정과정이 국가 간 또는 행위자 간의 전략적 상호작용(strategic interaction)뿐 아니라 조직과정, 정부정치, 국내-국제 상호작용, 집단사고, 의사결정자들의 인지적 편향성 등 국가·개인 내부적 요인들에 의해 영향을 받는다는 것을 알게 되었다. 지금부터 살펴볼 이 운용코드 모델은 집단이나 개인이 가지고 있는 정치적 신념들(political beliefs)－정치의 속성과 권력의 사용에 대한 그들의 믿음이나 세계관—이 의사결정과정에 미치는 영향을 분석하는 정치심리학적 접근법이다. 이 모델을 최초로 체계화한 알렉산더 조지(Alexander George)는 포괄적 합리성에 기초한 합리적 행위자 모델의 전제와는 달리 사람들이 선험적으로 "주어진 이익"을 모두 "같은 방법"으로 극대화하려 하기보다는 상이한 정치적 신념에 따라 각기 다른 방식으로 자신들이 정의한 이익을 극대화하려 한다는 대안적 시각을 수용하고 제시했다는 점에서 역시 지배적 패러다임이 조명하지 못하는 '어두운 구석'에 빛을 비추고 있는 셈이다. 조지의 이러한 메타이론적 문제제기는 아래에서 보다 자세히 다루기로 한다.

운용코드라는 명칭을 최초로 제시한 사회학자 로버트 머튼(Robert K. Merton)[1]은 그것을 "개인이 획득하고 조직의 타 구성원과 공유하는 가치, 세계관, 대응목록(response repertoire)"이라고 정의했다. 네이선 라이츠(Nathan Leites)는 머튼의 사회학적 접근법의 범위를 확장하여 운용코드분석을 사회심리학과 심리분석학의 영역으로 도입했다. 소련 태생으로 1936년에 미국으로 이주한 라이츠는 1938년 시카고 대학교의 정치학과 교수가 되면서 미국 내의 소련 전문가로 두각을 나타내기 시작했다. 그는 미국 연방정부나 군이 발주한 연구 등을 수행하면서 소련의 협상전략 연구에 몰두했다. 그는 소련의 협상전략을 간파하기 위해서는 소련의 대외인식에 영향을 미치는 소련 정부 내의 엘리트 집단의 정치적 신념을 이해해야 하며,

....

1 Robert K. Merton. 1940, "Bureaucratic Structure and Personality," in R. Merton (ed.), *Reader in Bureaucracy* (New York, NY: Free Press).

그들의 발언, 연설문, 언론기고문, 기자회견문, 인터뷰 내용, 회고록과 같은 저작물 등을 분석하면 그들의 전술과 전략 선택에 영향을 미치는 일련의 정치적 신념체계인 운용코드를 추론할 수 있다고 생각했다. 그는 미 공군 출연 연구기관인 랜드연구소(the Rand Corporation)가 발주한 프로젝트의 결과물로 자신의 이론적 통찰력과 소련과 볼셰비키에 대한 전문적 식견을 담은 『정치국의 운용코드(*The Operational Code of the Politburo*)』를 1951년에 발간했다. 여기서 그는 블라디미르 레닌(Vladimir Lenin)과 이오시프 스탈린(Joseph Stalin)의 저작들에 기초한 볼셰비즘의 정치전략과 그 기원, 즉 소련 정치국의 운용코드를 도출하고 분석했다. "효과적인 정치 행위를 위해 볼셰비키들이 필수적이라고 간주한 규칙들"[2]에 관한 그의 후속 연구는 1953년에 발간된 『볼셰비키 연구(*A Study of Bolshevism*)』에서 이루어졌다. 라이츠의 기여는 두 가지로 요약될 수 있다. 첫째, 그는 소련 정치국원들의 공유된 대응목록—예를 들어, "갈등상황에서는 벼랑 끝까지 간다(push to the limit)", "정치는 전쟁이다(politics is a war)"—을 그들의 일련의 의사결정 규칙들로 확인했다. 이러한 규칙들은 그들의 세계관을 구성하고, 이 세계관은 그들의 의사결정 규칙들을 결정한다. 둘째, 그는 이러한 규칙들과 세계관의 기원이 볼셰비즘의 근본적인 동기, 그리고 (레닌과 스탈린의 성격에서 나타나는) 그러한 동기의 구체적 발현에 대한 '심리-문화적 분석'에 의해 이해될 수 있다고 제시했다.

....

2 Nathan Leites. 1951, *The Operational Code of the Politburo* (Santa Monica, CA: the Rand Corporation), p. 100.

라이츠의 식견과 통찰력에도 불구하고 그의 연구는 지나치게 복잡하고 난해하여 일반화된 이론으로서의 가치를 가지지 못한 것으로 간주되었다. 알렉산더 조지는 라이츠의 연구를 단순화하고 경험적 검증이 가능한 가설의 형태로 이론화하는 작업을 시작했다. 그 결실은 1967년 랜드연구소에 메모랜덤 형식으로 제출된 『운용코드: 정치 지도자들과 의사결정 연구에 대한 접근(*The "Operational Code": A Neglected Approach to the Study of Political Leaders and Decision-Making*)』에 포함되었다. 요점은 소련 지배집단의 대외적 정치 전술·전략은 그들의 운용코드(또는 그들의 "정치적 계산에 대한 접근법")를 분석함으로써 이해할 수 있다는 것이다. 나아가 레닌이나 스탈린 등 볼셰비키 지도자들의 세계관이나 정치전술·전략관은 정치국원들에 의해 공유되고 내면화되며, 이 "정체성의 전환(identity transformation)" 과정에서 그들의 운용코드가 신뢰할 수 있는, 핵심 볼셰비키를 구성하는 새로운 성격구조로 자리를 잡게 되었다는 것이다.

조지는 이러한 형태의 운용코드를 정서적이고 감정적인 현상이 아닌 인지적 현상이라고 보고 정치학자가 분석하기에 적절한 대상이라고 판단했다. 따라서 이 메모랜덤에서 그는 라이츠의 저작에서 운용코드분석의 "성격논리적(characterological personality traits)" 측면을 제거하고 신념들로서의 "정치전략의 준칙들"에 초점을 맞추었다.[3] 조지는 행위자의 의사결정에 영향을 주는 이러한 일련의 신념

....

3 Stephen G. Walker. 1990, "The Evolution of Operational Code Analysis," *Political Psychology*, Vol. 11, No. 2 (June): 403-418.

들이 어디서 오는지를 규명하는 것이 중요하다고 보았다. 그는 정치에 관한 신념체계가 정치적 갈등의 성격에 대해 행위자가 갖는 전제들—의식적이거나 무의식적인 행동수칙이나 처세술—에 의해, 그리고 과거의 정치 경험에서 도출된 적이나 경쟁자들에 대한 그의 이미지에 의해 크게 영향을 받는다고 보았다.

조지는 오빌 브림(Orville G. Brim Jr.)과 같은 사회심리학자들이[4] 인식론적 신념과 도구적 신념을 구분한 것에 착안하여 볼셰비키의 정치적 신념들을 간파하기 위해 자신이 고안한 질문들을 두 가지 유형으로 구분했다. 즉, 그는 질문들을 두 가지로 나누어 정치의 본질적 성격, 정치적 갈등의 성격, 역사에서 개인의 역할 등에 관한 전제들인 "철학적 신념(philosophical beliefs)"과 정치행동의 맥락에서 "결과-수단(ends-means)"의 관계에 관한 준칙이라고 할 수 있는 "도구적 신념(instrumental beliefs)"으로 분류했다.[5] 그는 이렇게 각각에 대해 5개의 질문을 던지고 라이츠의 연구 결과가 답하는 방식으로 볼셰비키의 신념들과 정치전략을 드러내며 그것들이 어떻게 소련의 정책결정과정에 영향을 미치는지를 분석했다. 조지가 수행한 분석은 소련의 볼셰비키의 신념체계에 관한 것이지만, 그가 제공하는 영감이나 통찰력은 예를 들어 북한의 김일성·김정일·김정은 정권의 신념과 외교 행태를 이해하는 데도 충분히 유익하다. 뒤에서 보다 상세히 언급하겠지만, 우리는 볼셰비키를 김일성·김

....

4 Orville G. Brim Jr., David C. Glass, and Norman Goodman. 1962, *Personality and Decision Processes: Studies in the Social Psychology of Thinking* (Palo Alto, CA: Stanford University Press).

5 George(1969), pp. 199-216.

정일·김정은 정권으로 치환해서 이들에게 조지의 분석을 투영한다면 흥미로운 경험적 일치를 발견할 수 있을 것이다. 어쨌든 우리는 아래에서 이러한 철학적·도구적 질문과 라이츠가 제시한 볼셰비키의 대답을 살펴볼 테지만, 이에 앞서 조지의 운용코드 모델의 핵심 개념과 합리성과 관련해서 이 모델이 채택한 인식론적 제약에 대한 간단한 토론이 유익할 것으로 사료된다.

운용코드와 합리적 의사결정에 대한 인지적 제약들

우선 조지는 운용코드 모델에서 경험적 검증이 가능하고 일반화될 수 있는 가능성을 확보하기 위해 개념들을 분명히 하고자 한다. 그는 일단 엘리트 신념체계를 운용코드라고 명명하는 것은 부적절하다고 문제를 제기한다. 그는 라이츠가 운용코드에 부여한 의미는 정치 지도자들의 행동에 영향을 미치는 근본적인 역사 문제들과 핵심적인 정치적 질문들에 대한 일련의 일반적 신념들로 자신의 통찰력을 담아내기 위해서는 운용코드라는 명칭보다 훨씬 포괄적인 이름이 필요하다고 했다. 그는 보다 직확한 명칭이 "정치적 계산에 대한 접근법(approaches to political calculation)"이라고 말했다. 그러나 그는 편의상 운용코드라는 명칭을 자신의 저작에서 사용하고 있는 것으로 보인다.

조지에 따르면, 정치 지도자의 "철학적 신념"과 "도구적 신념"은 정치적 과정에 대한 그의 인식과 진단, 구체적 상황에 대한 정의와 평가에 영향을 미치는 프리즘의 역할을 하며, 나아가 그의 정책적 선택에 영향을 미치는 규범, 기준, 지침을 제공한다. 조지가 자신의 연구에서 중시하는 것은 정치 행위자들에게 영향을 미치는 모든 신념과 태도가 아니라 개인이 갖는 정치적 신념들 중 핵심을 이루는 운용코드, 즉 지식과 행위 간의 관계인 것이다.

물론 조지는 운용코드가 정치 행위를 설명하는 가장 중요한 요인이라고 말하지는 않는다. 오히려 그는 운용코드가 현상을 설명하거나 이해하기 위한 조력자의 역할을 할 수 있을 것이라고 말했다. 즉, 신념체계가 정치 행위에 영향을 미친다는 운용코드 모델은 정치 행위자들이 생각할 수 있다고 여겨지는 수많은 대안이나 행동방식에 일정한 '한계'나 '울타리'를 설정함으로써 그가 '현실적으로 선택 가능한' 행동이나 결정, 그리고 그러한 행동이나 결정에 이르게 한 그의 일반적인 기준, 조건, 규범 들을 관찰자들이나 분석가들(또는 정치 행위자들)에게 보다 명료하게 드러내주는 역할을 한다는 것이다.

이와 같이 조지는 인식론과 관련하여 제한적 합리성의 개념이 볼셰비키의 신념과 정치 행위를 분석하는 데 유용하고 현실적인 접근법이라는 입장을 취하고 있다. 포괄적 합리성에 기초한 지배적 패러다임인 합리적 선택이론 또는 합리적 행위자 모델에 도전을 제기한 셈이다. 제한적 합리성의 개념에 대해서는 앞서 앨리슨의 모델들을 토론할 때 이미 논의했지만, 조지가 운용코드의 개념과 자신의 이론을 그것에 직접적으로 연결하면서 독립된 하나의 절을 할애하고 있다는 점에서 그의 이야기를 더 들어볼 필요가 있다.

제한적 합리성과 관련한 조지의 전제는 세 가지로 요약될 수 있다. 첫째, 정치적 행위자는 자신이 다루어야 할 상황에 대한 정보를 충분히 갖고 있지 못하다. 둘째, 그는 자신의 선택의 결과를 예측하기 위해 필요한 '결과-수단' 간의 관계에 대한 정확한 지식을 갖고 있지 않다. 셋째, 그는 여러 대안 중 최선을 선택하기 위해 필요한 단일한 기준을 설정하는 데 어려움을 겪는다.

조지에 따르면, 행위자는 이러한 제약들하에서 합리적 결정을 내리기 위해 자신이 직면하고 있는 상황의 성격과 의미를 파악하려고 한다. 이를 달리 표현하면 "상황의 인지적 구조화"라고 할 수 있는데, 행위자는 이를 통해 문제의 성격을 이해하고 그것을 이전의 경험과 연결시키며 현실적으로 해결할 수 있는 형태로 만들려고 노력한다. 요컨대, 행위자는 정치에 대한 그의 "인지적 지도(cognitive map)"라는 프리즘을 통해 현실을 단순화하는 것이다. 이러한 행위는 제한적 합리성에 기초한 행동, 즉 외부적이고 구조적인 한계와 더불어 정책결정자의 지식과 계산능력 등 내적 한계가 부과하는 제약들 내에서 행위자가 목적을 달성하기 위해 그러한 제약들에 합리적이고 효과적으로 적응하는 행위, 즉 "제한적으로 계산적인 능력(limited deliberative/calculative capacities)"을 발휘하는 것이다.

정치적 행위자들은 자신의 인지적 한계들에 적응하거나 합리적 의사결정에 부과된 제약들에 어떻게든 효과적으로 대처하려고 노력한다. 이러한 문제들에 대처하는 방법은 지도자마다 각양각색이다. 그러나 공통된 부분은 이들이 지식과 행위 간의 관계에 대해 끊임없이 고민한다는 사실이다. 한계를 조금이라도 극복하고자 하는 것이다. 조지는 정치 지도자들이 갖는 이러한 지식과 행위 간의 관계에 대한 문제들을 보다 엄밀한 실증적 기준에 입각하여 보다 체계적으로 개념화하는 작업을 여기서 시도하고 있다. 그는 이와 같은 작업을 통해 신념들이 의사결정자들의 행동에 미치는 영향을 일반화할 수 있다면, 그렇게 만들어진 이론이 비교학적 검증을 거치면서 시공을 초월해서 각 국가 지도자들의 정치 전략이나 전술에 상당 수준의 설명력과 예측력을 제공할 수 있을 것으로 기대하고 있다.

이제 우리는 조지의 운용코드 모델을 구성하는 개념과 그의 인식론을 이해했으므로, 그가 소련의 협상전략의 기저에 존재한다고 본 소련 지도자들의 정치적 신념체계에 대해 보다 상세히 살펴볼 수 있게 되었다. 운용코드의 첫 번째 유형은 철학적 신념들인데 이는 가치관이자 세계관이라 할 수 있고, 두 번째 유형은 도구적 신념들인데 이는 그러한 가치관에 뿌리를 두고 있는 '결과-수단'의 관계에 관한 준칙들이라고 할 수 있다. 예를 들어, 누군가가 "국제정치는 약육강식이다."(철학적 신념), 그렇기 때문에 "국제정치에서 윤리나 도덕은 필요 없고 냉철한 이익계산만이 상책이다."(도구적 신념)라고 생각한다면 이는 그의 가치관과 정치적 전술·전략을 보여주는 것이라고 할 수 있다.

운용코드 내의 철학적 신념들

1 정치적 삶의 본질은 무엇인가? 정치세계는 조화로운가, 아니면 갈등적인가? 정치적 적들의 근본적인 성격은 어떠한가?

조지는 1967년의 메모랜덤과 1969년 『국제연구논총(*Interna-*

tional Studies Quarterly)』 논문의 여러 군데에서 이 질문들의 중요성을 강조하고 있다. 그에 따르면, 이 질문들은 "하나의 전체로서의 신념체계"의 성격이 형성되는 데, 그리고 정치 행위에 대한 행위자의 영향력이 조절되는 데 결정적으로 중요하게 작용한다. 특히 그는 "적의 이미지"가 고전적 볼셰비키의 신념체계의 초석으로 정치에 대한 그들의 다양한 접근법들의 기초를 이루고 있다고 보았다. 볼셰비키들은 자본주의 적들이 자신들에게 뼛속까지 적대적이라고 인식했다. 그들이 보여준 얼굴이 어찌되었든 그들은 상상할 수 없을 정도로 약삭빠르고 그들 계급의 적을 박멸하고자 하는 결의에 차 있는 것으로 본 것이다. 따라서 볼셰비키에게 정치세계는 "누가 누구를 파괴하는가?"로 요약될 수 있는 첨예한 갈등과 투쟁의 장이었다. 그들은 민족과 국가 간의 근본적인 "이익의 조화(fundamental harmony of interests)"를 전제하고 전쟁과 같은 갈등은 그러한 조화가 일시적으로 깨진 것이라는 이른바 전간기 자유주의적 이상주의자들의 주장을 알고 있었다. 그러나 볼셰비키는 이를 공허한 환상이자 "사악한 선전(capitalist propaganda)"이라고 일축했다. 그들은 공산주의자들과 그들 계급의 적들 간의 갈등이 근본적이고 화해 불가한 것으로 그것은 어느 개인의 문제가 아니라 마르크스주의적 변증법이 묘사하는 "객관적인(objective)" 역사적 조건으로부터 비롯된 구조적인 문제라고 보았다.

2 근본적인 정치적 가치와 열망들이 궁극적으로 실현될 가능성은 얼마나 되는가? 우리는 이를 낙관적으로 보아야 하는가? 아니면 이 문제에 대해 비관적 관점을 유지해야만

하는가? 어떤 점에서 그러한가 또는 그렇지 아니한가?

볼셰비키의 입장은 낙관주의였다. 그들은 마르크스의 예언과 같이 공산주의가 전 세계 수준에서 궁극적으로 승리할 것이라고 믿었다. 그러나 그것은 쉽게 찾아오는 미래는 아니라고 보았다. 전쟁과 같은 재앙의 가능성은 항상 존재하는 위험이었다. 볼셰비키는 이러한 재앙의 가능성을 한시도 몰각해서는 안 되며 그것이 현실화되지 않도록 하기 위해 전략과 정치 행위에서 실수해서는 안 된다고 믿었다.

3 정치적 미래는 예측 가능한가? 어떤 의미에서, 그리고 어느 정도 가능한가?

볼셰비키의 입장은 결정론과 비결정론이 융합된 것이다. 자본주의로부터 공산주의로의 이행의 방향과 최종적 결과는 예측 가능하지만, 그럼에도 불구하고 그 이행의 속도와 발전의 특정한 경로들은 그렇지 않다. 따라서 역사적 발전의 많은 교차점에서 하나 이상의 결과들이 "객관적으로 가능하다."

4 개인은 역사적 발전을 얼마나 주체적으로 통제할 수 있는가? 역사를 바람직한 방향으로 이끌고 만들어가는 데 볼셰비키 개인의 역할은 무엇인가?

볼셰비키의 입장은 공산당이 전진을 위한 "기회"를 포착하고 현실화하는 데 책임을 지고 있다는 것이다. 책임을 지고 있다는 말은 개인이 역사를 만들어가는 의미 있는 주체라는 것을 뜻한다. 그들에 따르면, 인간은 "불가피한" 사회 변동의 비용을 얼마나 지불해야 하는지, 그리고 그 기간을 얼마나 단축할 수 있는지의 여부와 관련하여 "꽤 넓은 한계 내"에서 선택하고 결정할 수 있다. 역사의 발전과정에서 개인적 주체가 가지는 운신의 폭이 상당하다는 의미이다. 이러한 볼셰비키의 대답은 헌신적이고 훈련된, 그리고 지적 능력을 갖춘 정치 주체들이 역사를 바람직한 방향으로 이끄는 중요한 역할을 한다는 점을 강조한 것이다.

5 인간의 일상사와 역사적 발전에서 "우연"의 역할은 얼마나 되는가?

정치적으로 중요한 모든 사건은 마르크스-레닌주의로 설명 가능하다. 따라서 역사가 "우연적인" 사건들에 의해 의미 있는 수준으로 영향을 받는다는 주장은 거부되어야 한다. "아무리 작은 단계라도 그 비용과 이익이 면밀히 계산되어야 한다."라는 준칙은 이러한 볼셰비키의 믿음에서 비롯된 것이다. 우연히 일어나는 일은 없다.

조지에 따르면, 위에서 언급된 볼셰비키의 다섯 가지 "철학적 신념"은 지식과 행동 간의 관계의 핵심적 측면을 보다 구체적 상황과 연계하여 지시하는 일련의 "도구적" 신념들과 논리적이고 심리적으로 연결되어 있다. 정치의 성격에 관한 철학적 신념들은 "결과-수단"의 관계에 관한 준칙인 도구적 신념들에 직접적 영향을 미치는 상위개념인 셈이다.

운용코드 내에서의 도구적 신념들

1 정치적 행동에서 목표나 목적을 선정하는 가장 좋은 접근법은 무엇인가?

정치적 행동의 목표를 설정하는 가장 좋은 방법이 무엇이냐는 질문에 볼셰비키의 대답은 이미 위에서 언급된 철학적 신념 중 두 가지에 영향을 받았다. 즉, 볼셰비키들은 역사를 옳은 방향으로 "움직이는 데에서의" 개인의 역할에 대해서 결정론과 비결정론이 혼합된 관점을 가지고 있다. 볼셰비키의 대답에 암시된 "명령"은, 앞서 언급된 철학적 신념의 세 번째와 네 번째, 즉 공산당은 앞으로 전진하기 위하여 주어진 모든 "기회"를 붙잡을 의무가 있다는 말과 연결해서 생각해야 한다. 그러면 볼셰비키는 다음과 같은 중요한 질문, 즉 우리는 무엇을 위하여 싸워야 하며 이익을 얻을 "기회"가 왔을 때는 어떤 목표와 목적을 택해야 하는가 하는 질문에 뭐라고 답했을까? 고전적 볼셰비키의 "대답"은 다음과 같은 맥락에서 찾을 수 있다.

(a) 주어진 상황 속에서 추구할 수 있는 모든 대안의 성공 확률을 정확히 계산하고 나서 목표와 대상을 설정하려고 해서는 안 된다.
(b) 또한 특정한 상황 속에서 목표를 선택할 때 계산을 해보니 성공

확률이 상당히 높거나 마음만 먹으면 거의 확실히 해낼 수 있을 듯한 것들 중에서만 선택해서는 안 된다(활용할 수 있는 수단들과 그것들의 효능을 추정해보되 그 추정의 결과로 추구하는 목표의 규모나 진도를 부적절하게 한정지어서는 안 된다).

(c) 그러므로 정치 행동의 목표를 세울 때는 지나치게 보수적으로 접근해서는 안 된다. 즉, 가능할 것 같지 않다고 하여 유용한 이익을 포기한다거나, 같은 맥락에서 확실히 실행 가능하고 성취 확률이 높은 것으로만 목표를 '축소하는(pare down)' 것을 경계해야 한다.

(d) '결과-수단'을 계산하는 보수적·수구적 접근에 맞서서 볼셰비키는 주어진 상황에서 도출될 수 있는 이익을 최적화하거나 극대화하는 전략을 옹호해야 한다. 볼셰비키는 다른 많은 정책결정자들이 "최적(optimizing)"의 전략보다 더 선호하는 "충족적(satisficing)" 선택, 즉 "그 정도면 충분히 만족스럽다."라며 선택하는 전략을 거부하는 것이다.

조지는 행동의 선택과 관련된 지식이 불명확하거나 불충분할 때 볼셰비키들이 이 문제들 특별한 방법으로, 서구의 이론가들이 사용하는 '제한적 합리성'을 인정하면서도 그것을 가능한 대로 타파할 수 있는 방식으로 최적의 전략을 추구하려는 경향을 갖고 있다고 본다. 이와 관련해서 볼셰비키의 운용코드는 다음과 같이 "비현실적이지만은 않은" 대답을 내놓는다.

(a) 정치 행동은 대부분 가능한 결과에 대한 불완전한 지식을 바탕

으로 시작할 수밖에 없다. 직접 행동해보아야 지식이 증가한다.

(b) 특정한 상황에서 무엇이 성취될지는 예측할 수 없다. 그것은 그 상황에서 최대한의 결과를 내려고 "투쟁"하는 과정에서 비로소 알게 될 것이다.

(c) 그러므로 목표와 목적을 정할 때에는 주어진 상황에서 "객관적으로 가능한" 것을 평가하여 적용해야 하며 주어진 자원을 "잘(intelligently)" 사용하기만 한다면 "불가능하지는 않을 것 같은 것들"을 고려대상으로 삼아서는 안 된다.

다시 말하지만, 운용·도구적 신념(operative belief)이란 당이 행동을 개시하는 단계에서 세울 목표로 "성공 확률이 높은 것이냐."가 아니라 "객관적으로 가능한 것이냐."만을 고려해야 한다는 것을 의미한다. 무엇이 성취될지는 예측할 수 없다. 이는 "끝을 볼 때까지" 이어지는 "투쟁"의 과정에서 드러나게 될 "세력 간의 관계"에 달렸다. 그러므로 중요한 것은 여러 가지 대안적 행동의 결과를 예측할 때 행위 주체가 가지고 있는 제한적인 지식이 그로 하여금 지나치게 보수적으로 '결과-수단'을 계산하는 접근법으로 목표를 정하게 해서는 안 된다는 것이다.

볼셰비키는 이러한 신념을 행동의 문제에 적용시켜서 특별한 종류의 '최적화 전략(optimizing strategy)'을 발전시켰다. 그들은 이익을 증진하기 위한 행동을 시작하기 전에 대개 단일 목표가 아니라 "등급이 매겨진(graduated)", 즉 분도적(分度的)인 복수의 목표들을 설정한다. 소위 바람직한 것과 실제로 가능하다고 생각되는 것 사이에 타협을 해야 한다는, 모든 의사결정자가 기본적으로 감내해야 하는 이 숙명은 볼셰비키의 최적화 전략에서는 상당히 유연하게 규정된다. 오히려 구체적 상황하에서 효용과 현실성의 정도에 따라 등급이 매겨진 일련의 목표들의 방향으로 행동이 결정된다(아마도 효용과 현실성은 반비례 관계일 것이다). 최적화 전략은, 성공 확률은 낮아 보이지만 이익은 큰 결과와, 성공 확률은 높아 보이지만 이익은 상대적으로 적어 보이는 결과를 동시에 추구하라고 요구한다. 이러한 전략은 주어진 상황에서 최대의 결과를 도출할 기회를 줄 수도 있다. 하지만 이 전략에는, 만약 그렇게 안 될 것 같거나 되더라도 기회비용이 너무 높고 위험해 보일 경우, 필요하다면 최상의 결과는 아니지만 등급이 매겨진 목표들 중 그 상황에서 가장 나은 차선의 결과를 선택할 "기회"를 줄 수도 있다는 암묵적인 가정이 존재하는 것으로 보인다. 이는 모험주의와 대비된다. 볼셰비키는 중간적 목표가 아예 없고 무조건 최대 결과냐 아니면 심각한 손실이냐를 택해야 하는 양단 간의 선택만을 주장하는 맹동주의와 모험주의를 배격한다.

그러므로 이러한 최적화 전략은 앞서 언급된 일반적인 철학적 신념과 일치한다. 즉, 특정한 상황에서 무엇이 성취될지는 미리 예측할 수 없다는 것, 가능한 결과에 대한 불완전한 지식과 어느 정도의 불확실성을 감수하고 일단 행동이 시작되어야 한다는 것, 그리고 주어진 "기회"가 얼마만큼의 진전을 이루어낼지는 "투쟁"을 통해서만 밝혀진다는 것이다. 이와 같은 종류의 최적화 전략을 적용한다는 것이 반드시 위기와 비용을 계산하지 않는다는 뜻이라고 해석해서는 안 된다. 그렇지만 이 전략의 옹호자들은 이 전략에 따라 최대의 결과를 추구할 경우 특별한 위기와 비용이 동반될 수 있다는 가능성을 인지하지 못할 수도 있다. 그러므로 최적화 전략은 적들에 의해 그렇게 정확하게 인식되지 않을 경우 그들의 위기의식을 부적절하게 높일 수 있고, "더 온건한 목표를 추구하려면 아예 시도하지 않는 게 낫다."라는 식으로 적들의 잠재적 저항과 반작용을 야기할 수 있다. 볼셰비키의 입장에서는 최적화 전략의 공격적인 측면이 노출되어(또는 부각되어) 의도하지 않은 역작용이 발생할 수 있는 것이다.

조지는 이어서 위험의 계산, 위기의 관리, 그리고 위기의 수용에 관한 볼셰비키의 신념에 대해서 이야기한다. 그에 따르면, 볼셰비키는 여기서 제기된 질문과 관련하여 그들의 최적화 전략에 중요한 제한조건이 필요하다고 생각한다. 최적화하라는 볼셰비키의 명령은 어찌 보면 모순적인 준칙으로 한계가 설정된다고 할 수 있다. 그 준칙은 "모험을 피하라."이다. 최적화해야 하지만 모험은 피해야 한다는 것이다. 어쨌든 "모험을 피하라."라는 준칙 혹은 행동 수칙은 몇 가지 다른 명령을 의미한다.

(a) 무사안일주의에 빠져서 자신의 능력은 과대평가하고 적의 능력은 과소평가하는 것을 피하기 위해 사전에 면밀히 평가되지 않은 적에 대해서는 작전을 개시하지 말라는 일반 명령.

안일함에서 비롯된 계산착오는 이익 극대화를 위한 책임 있는 노력을 받쳐줄 "객관적 조건들"이 갖추어졌는지, 그리고 만약 그렇다면 주어진 상황에서 안전하게 추구할 수 있는 목표의 범위는 무엇인지를 적절하게 평가하지 못하게 한다.

(b) 결과를 도출할 수 있을지 불확실한데다 동시에 만약 실패할 경우 손실의 위험이 큰 행동을 해서는 안 된다는 일반 명령.

"등급이 매겨진 목표와 이익(graduated objectives and payoffs)"을 추구하는 데 위에 언급된 최적화 전략을 활용할 수 없다면 이익을 증대하는 행동이라고 해도 피해야 한다. 상대적으로 낮은 목표나 작은 결과물을 선택할 수 없는 행동은 용납되지 않는다. 바꿔 말해서 예상되는 결과가 최상의 결과냐 아니면 심각한 손실이냐로만 한정되는 행동은 피해야 하는 "모험"이다.

(c) 즉각적이고 단기적인 이득 전망만 보고 그 행동이 장기적으로 초래할 비용과 위험의 가능성을 무시하는 계산과 행동은 피해야 한다는 일반 명령.

조지에 따르면, 볼셰비키의 운용코드에서 첫 번째 도구적 신념에 대한 토론은 이렇게 요약될 수 있다. "등급이 매겨진 복수의 목표들"을 추구하는 최적화 전략을 선택하되 "모험은 피하라."

조지는 갈등상황에서 소련의 행동 방향을 결정짓은 요소가 하나가 아니라 "등급이 매겨진 여러 목표"였다는 사실이 국제정치 영역에서 특히 중요하다고 강조했다. 그러면서 소련 외교정책의 이면에 존재하는 최적화 전략은 서방 정부들이 소련의 의도를 파악하고 적절한 대응책을 찾는 일을 어렵게 했다고 주장하고 있다. 과거 냉전 시대의 여러 경우를 보면, 그들은 소련의 운용코드에 익숙하지 않았기 때문에 소련의 의도를 평가하는 데에서 불필요한 복잡성, 혼란,

그리고 경악을 경험해야 했다. 서방의 관찰자들은 소련의 도발(1948년의 '베를린 봉쇄' 등과 같은)에 대해 소련 지도자들이 1개의 목표를 추구하고 있다고 가정하고 대응했다. 소련이 원하는 것이 무엇인지를 보여준다는 엇갈린 지표들은 소련이 원하는 "바로 그" 목표에 대한 다양한 해석을 낳았다. 서방의 일부는 소련이 극히 야심찬 목표를 추구하고 있다는 지표를 제시하면서 소련 정책이 공격적인 방향으로 선회한 것이다, 소련 지도자들이 "위험"을 무릅쓰고 있다, 전쟁의 "위험"이 고조되고 있다고 우려를 쏟아냈다. 하지만 다른 일부는 소련이 상당히 낮은, 심지어는 "수동적인" 목표를 가지고 있다는 지표를 인용하면서 소련을 "자극했던" 서방 정책을 바꾸고 소련이 만족하도록 일정 정도 양보한다면 위기는 금방 쉽게 종료될 것이라고 주장했다. 모두 소련이 "등급이 매겨진 다수의 목표들"이 아니라 단일 목표를 추구하고 있다는 가정에서 비롯된 것이었다.

조지는 여기서 서방이 소련의 최적화 전략의 본질을 오인하여 행한 대응의 결과가 어떠했는지를 자세히 논할 수는 없다고 하면서도, 그런 상황에서 서방 국가들이 소련은 상당히 온건한 것부터 아주 야심 찬 것까지 등급화된 다수의 목표들을 추구하고 있다는 것, 그리고 그들이 어디까지 밀어붙일지는 서방이 어떤 반응을 보이느냐에 따라 달라질 수 있다는 것을 알았더라면 서방의 대응이 더 효과적이었을 수도 있다고 말한다.

북한과의 협상을 경험해본 한국이나 미국의 관리들은 조지의 분석에 공감하지 않을 수 없을 것이다. 그들은 상대가 상상하기도 어려운 협상조건을 내세우며 결코 한 치도 물러서지 않을 것처럼 온갖 수사와 위협수단을 사용한다. 그러나 지나고 나서 보면 그것은 북한의 단일목표가 아니라 단지 "등급이 매겨진 목표와 이익" 중 하나였을 뿐이며 그들이 어떤 "목표와 이익"을 택하여 어디까지 밀어붙일지는 한국이나 미국이 어떤 반응을 보이느냐에 따라 달라질 수 있는 문제였던 것이다. 북한은 오랫동안 1972년 7·4공동성명의 '자주'가 주한미군의 철수와 유엔사의 해체를 의미한다며 한국이 받아들일 수 없는 조건을 고수했다. 그러나 북한은 냉전의 종식이 체제 위협으로 다가오자 목표를 수정하여 연방제 통일의 점차적 완성, 이른바 "낮은 단계의 연방제"를 제시했다. 물론 북한은 이의 선행조건으로 주한미군의 철수를 여전히 포함했지만, 후일 2000년 남북정상회담 등을 통해 우리는 이 조건이 사실상 협상용이고 김정일의 국내정치적 필요에 따른 것임을 알게 되었다. 또한 북한은 2000년 7월 12일 쿠알라룸푸르에서 열린 북미미사일협상에서 미사일 수출을 포기하는 대가로 매년 10억 달러를 요구했고 이 요구가 관철되지 않자 회의 결렬을 선언했다.[6] 2010년에는 핵문제를 해결하기 위해서는 미국과 자국이 동등한 위상으로 핵군축 양자회의에 임해야 한다고 주장했으며, 이는 2020년 1월 1일 조선로동당 중앙위원회 제7기 제5차전원회의에서 행한 김정은의 연설에서도 유지되었다. 이렇게 북한의 일련의 행태에서 알 수 있듯이, 북한을 깡패국가(rogue state)로 간주하던 당시 미국에 제시한 북한의 협상조건은 북한이 단일 목표가 아닌 "등급이 매겨진 목표와 이익"을 추구하고 있고 어디까지 밀어붙일지의 여부는 미국이 어떤 반응을 보이느냐

....

6 Kelsey Davenport. 2020, "Chronology of U.S.-North Korean Nuclear and Missile Diplomacy," Arms Control Association. https://www.armscontrol.org/factsheets/dprkchron

에 따라 달라질 수 있다는 북한의 도구적 운용코드의 시각에서 이해될 수 있다. 반면 이에 대한 몰이해는 결과적으로 문제해결을 어렵게 했을 것이다.

2 목표들을 가장 효과적으로 추구할 수 있는 방법은 무엇일까?

이 질문에 대한 볼셰비키의 대답은 3개의 준칙으로 요약될 수 있다. "벼랑 끝까지 간다.", 퇴각하거나 밀리기 시작하는 적을 "전력을 다해 밀어붙여라.", 그러나 "언제 멈출지도 알아야 한다." "벼랑 끝까지 간다." 또는 "끝까지 밀어붙여라."라는 준칙은 목표들을 달성하기 위해 최대한의 에너지를 쏟아부어야 한다는 명령을 말한다. 목표들을 달성하기 위한 "투쟁"이 어정쩡하게 중지되어서는 안 된다. 적에 대한 압박은 적이 항복의 조짐을 보이더라도, 그리고 처음에는 그것이 적의 저항을 오히려 부채질하는 것처럼 보일지라도 끝까지 유지되어야 한다는 것이다. 대답의 두 번째 부분은 "밀어붙임(pursuit)"의 원칙을 말한다. 일단 진전이 보이고 적의 자세가 약해진 것을 보게 되면 적에 대한 압박을 좀 느슨하게 하려는 유혹이 생길 수 있다. 그러나 유혹에 빠져서는 절대 안 된다. 적이 양보를 입에 올리거나 실제로 양보하기 시작할 때 그것이 적의 약점의 징후라는 것을 인지해야 한다. 이런 상황에서 적을 계속 압박해야만 추가적이고 아마도 더 큰 이득을 얻을 수 있다.

그러나 조지에 따르면, 볼셰비키의 운용코드는 앞의 두 준칙에 중요한 제한을 가하고 있다. 이 제한은 "언제 멈추어야 할지를 알라."라는 일반 명령에 깔려 있는데, 이는 승리에 도취해서 적을 지속적으로 압박하기 위해 치러야 할 비용과 위험을 냉정하게 계산하지 못하는 위험에 대한 경고이다. 그러나 이런 유형의 일반 명령은 실제 운용에서 명확하고 구체적인 지침을 결여하고 있다. 이것은 그 준칙이 구체적 상황에서 어떻게 의미 있게 적용되는지를 보여주지 못한다는 것이다. 조지는 이런 운용적 문제에도 불구하고 "언제 멈추어야 할지를 알라."라는 일반 명령이 "올바른 볼셰비키"가 가져야 할 인지적·정서적 덕목의 일부로 여겨지고 있다는 점을 강조하고 있다.

조지에 따르면, 소련 지도자가 서로 모순되는 것으로 보이는 일련의 신념과 준칙들을 통해 어떻게 자신의 행동의 문제를 구조화하는지를 이해하는 것은 서방 지도자들에게 상당히 가치 있는 일이었다. 결과적으로 그는 그들의 행동의 문제와 관련된 인지적 구조 내에는 "대립물 간의 긴장"이라고 할 수 있는 것이 존재한다고 말한다. 우리는 이것을 이미 "최적의 이익을 취하려 노력하라.", 그러나 "모험에 빠지지는 말라."라는 첫 번째 도구적 이슈의 측면에서 살펴보았다. 그리고 이번엔 두 번째 도구적 이슈의 측면에서 다시 살펴보면, "끝까지 밀어붙여라", 그리고 후퇴하는 적을 끝까지 "추격하라", 그러나 "언제 멈추어야 할지를 알아야 한다."라는 준칙이 그러한 "대립물 간의 긴장"을 잘 보여준다는 것을 알 수 있다.

이 시점에서 볼셰비키가 적의 행동에 의해 수세에 몰렸다고 생각할 때 적용되는 또 다른 "대립물 간의 긴장"에 대해 토론해볼 수 있다. 이러한 행동의 문제에 한계를 설정하고 긴장을 조성하는 준칙은 적의 침략에 대해 그것이 얼마나 하찮게 보이든지 간에 "초장부터 저지하라."라는 것이다. 그러나 준칙은 "적의 도발에 항복하지 말라.", 하지만 "더 센 적 앞에서는 후퇴하라."라는 것도 포함한다.

적에게 "항복"하는 것은 볼셰비키의 운용코드에서 너무도 두려운 위험이다(그리고 아마도 나이든 볼셰비키의 정신 속에서는 공황을 일으킬 정도의 악몽일 수도 있다). 이 때문에 그들은 어떤 종류의 침략에도 과감하게 맞서라는 강력한 명령을 떠받들고 있는 것이다. 아무리 사소해 보여도 적의 침략은 저지되어야 한다. 왜냐하면 "처음부터 저지"하지 않으면 적은 공격의 수위를 높이도록 고무될지도 모르기 때문이다(이것은 두 번째 철학적 신념과 연관된 공포와 관계가 있다. 그 내용은 공산주의의 최종 승리에 관한 이념적 낙관주의가 일종의 비관론의 기저에 흐르는 "어찌 되었든 재앙과 큰 좌절은 피할 수 없다."라는 믿음과 혼재되어 있는 것이다.)

3 정치적 행동의 위험은 어떻게 계산되고 관리되며 수용되는가?

이 질문에 대한 볼셰비키의 대답은 그들이 자신들보다 훨씬 더 강하고 위험한 적들—처음엔 차르 왕정, 그리고 혁명 후에는 자본주의 세력들—에 맞서 투쟁한 경험으로부터 크게 영향을 받았다. 정치적 행동을 개시하기에 앞서 목표들을 선택하는 것에 대한 이전 질문에 볼셰비키가 어떻게 대답했는지를 상기해보면 이번 질문은 이렇게 바꿔서 물어볼 수 있다. 어떻게 최적화 전략의 위험을 계산하고 관리하는 동시에 그것을 추진할 수 있을 것인가? 조지는 아래와 같이 볼셰비키의 도구적 신념을 요약하고 있다.

(a) 볼셰비키는 강한 상대를 “자극”하면 그들이 볼셰비키당(후에 소비에트연방)을 말살할 수 있는 대규모 공격을 해올 수도 있기 때문에 적을 무모하게 자극하는 행위는 절대적으로 피해야 한다고 생각했다. 그럼에도 불구하고 볼셰비키는 자신보다 강력한 적을 자극하지 않으면서도 하기에 따라서는 적이 비용을 치르고 자신들은 이익을 취할 수 있는 상당한 공간이 존재한다는 것을 알았다. 그들은 적이 자신들을 말살하기에는 장애가 너무 많아 공격이 억지될 것이라고 생각했다. 과거에 적이 볼셰비키를 말살하려 했으나 볼셰비키가 집요하게 저항함으로써 저지되었다는 의미이다. 그들은 적이 볼셰비키당에 대한 적대감으로 공격할 수도 있었지만 그러한 행동은 자신들의 이익과 부합하지 않는다고 생각하고 자제했다고 믿고 있다.

(b) 더 강한 상대가 비용을 감당하도록 하면서 중요한 목표를 추구하는 것이 오히려 안전할 때가 있다(1948-49년 ‘베를린 봉쇄’와 ‘쿠바미사일 위기’에서와 같이). 소련은 공격적 행동으로 인한 위험이 목표 달성을 위한 수단들을 제한함으로써 통제할 수 있다고 보았다. 너무 세기나 원치 않는 반응을 야기할 수 있는 행동을 삼가면서 상대방에게 대가를 치르게 하고 자신은 큰 이익을 얻을 수 있다고 생각했던 것이다. 여기서 조지는 냉전시대에 미소 양국이 위험을 계산하고 수용했던 접근방식에 큰 특징적 차이점이 있다고 주장한다. 그들 사이의 갈등상황이 확대되는 것을 막는 데 사용된 양국의 “제한(limitation)” 이론이 서로 다르다는 것이다. 한국전쟁의 경험에서 도출된 미국의 이론은 ‘목표들을 제

한하는 것'이 갈등이 위험하게 비화되는 것을 막는 필수요소라고 보았다. 이는 한국전쟁에서 미국이 자신의 목표를 제한하는 것에 실패하여 중공군의 개입을 가져왔다는 경험으로부터 비롯된 것으로 보인다. 미국은 북한을 38선 이북으로 패퇴시킨 이후 전쟁의 목표를 남북통일로 확대 설정했고, 그것이 중공군의 개입을 촉발했으며, 원하지 않았던 대국과의 전쟁에 휘말리게 되었다. 반면에 소련의 "제한 이론"에 따르면, 많은 경우 즉각적인 위험이나 과도한 확전의 위험이 없는 국지적 갈등상황에서는 차라리 더 크고 높은 목표를 추구하는 것이 안전하다고 제시한다. 소련의 관점에서 핵심 포인트는 목표들을 제한하는 것이 아니고 그 '목표를 위해 사용하는 수단들을 제한하는 것'이다('베를린 봉쇄'에서 소련이 한 행동과 1958년 '금문도 위기'에서 중국이 보여준 행위가 소련의 "제한 이론"의 예라고 할 수 있다. 두 경우 모두 높은 목표가 설정되었으나 실제로는 제한적 수단만 사용되도록 통제가 이루어졌다).

조지에 따르면, 소련은 갈등 국면에서 고강도 위험(소련과 미국의 전쟁 위험)이 존재한다는 사실이 아래의 두 요소보다 덜 중요하다고 믿었다.

(1) 그들이 원치 않는 결과가 "현재 시점"에서 우려되는지, 아니면 지금은 그렇게 위험한 상태가 아닌지의 여부, 그리고

(2) 전쟁을 촉발할 수 있는 사건들이 이어질 때 소련 지도자들이 (전쟁이 일어나기 전에) 자신들이 그 중간의 사건들을 통제할 능력이

있다고 믿는지의 여부.

조지에 따르면, 소련 지도자들은 절대 용납할 수는 없으나 임박하지 않은 위험에 대해서는 자신들이 통제하고 피할 수 있다는 데 상당한 자신감을 피력해왔다. 많은 경우 소련의 위험 계산은 서방 지도자들의 계산보다 더 정교했다. 왜냐하면 그들은 위험의 규모뿐 아니라 '임박한 위험'이냐와 '좀 먼 미래의 위험'이냐까지도 계산했기 때문이다.

이와 같이 소련 지도자들은 중요한 것을 얻기 위한 투쟁에서 불가피하게 개재되는 위험 또는 위험으로 인도하는 일련의 사건들을 사전에 스스로 통제할 수 있다고 믿었기 때문에 고강도 위험도 수용할 수 있다고 믿었고, 또 가끔 그렇게 행동하기도 했다. 여러 사례(북한의 남한 침공, 베를린 위기의 일부, 쿠바미사일 위기)에서 보듯이, 소련은 서방 지도자들이나 대중에게 자국이 위험을 받아들일 준비가 되어 있고 정말로 전면전을 벌이려 한다고 해석되는 방식으로 행동했다. 그러나 전면전의 위험은 사실 몇 발짝 전에 해소되었다. 당시 소련 지도자들은 필요하다면 자기들이 그 위기상황을 끝내거나, 아니면 덜 위험한 경로로 방향을 들 수 있다고 확실히 믿고 있었다.

바꿔 말해서 소련 지도자들은 미래에 발생할 수 있는 원치 않는 위험을 평가할 때 "단일 개연성(single probability)"보다는 오히려 "연속성을 가진 복수의 개연성을 분석(sequential analysis)"하여 평가해야 한다고 생각했다. 조지는 이러한 소련의 위험 계산 스타일을 서방 지도자들과 대중의 성향과 비교하고 대조해서 볼 필요가 있다고 말한다. 즉, 서방은 소련의 도발 혹은 자신들의 행동이 만들어낸 위험의 수위가 시간의 흐름에 따라 달라진다는 점을 명확히 보지 못하는 경향이 있으며 이 때문에 때로는 특정 시점에 존재하는 위험을 과대평가해서 위험을 수용하는 데 더 보수적이 된다. 즉, 소련에 비해 서방이 위험회피적으로 행동하게 된다는 것이다.

이와 같이 위험을 계산하고 수용하는 소련과 미국의 접근법에는 차이가 있다. 조지는 원치 않는 위험을 계산하고 통제하는 것에 대하여 소련이 이해하는 방식이 대개는(미국의 방식보다) 더 유리하다고 보았다. 서방 지도자들과 대중은 소련의 위험 수용 행위를 인식하고 해석할 때 자신들이 위험 계산에 접근하는 관점을 적용하는 실수를 범하는 경향이 있다. 그리고 이는 그들로 하여금 소련의 도발 의도 및 그 위험성과 관련하여 부정확한 판단을 하게 하는 결과를 가져왔다(그러나 시간이 지남에 따라 서방의 지도자들도 소련의 위험 계산과 위험 수용의 접근방식을 더 잘 이해하게 된 것으로 보인다).

4 이익을 증진하기 위하여 행동을 취해야 할 최적의 "타이밍"은 언제인가?

다시 한번 볼셰비키는 극과 극(중간 입장을 배제하고)의 개념으로 이 문제에 접근하는 경향을 보여준다. 즉, 볼셰비키의 운용코드는 이에 대해 수수께끼 같고 진부한 표현이지만 "미루어져서도 안 되고, 예정보다 일러서도 안 된다."라고 명령한다. 당은 필요하다면 완벽한 때가 올 때까지 무한정이라도 기다릴 수 있어야 한다. 하지만 앞으로 전진할 수 있는 길이 손에 잡히는데도 (비록 험난할 수는 있지만) 나중에는 더 쉬워질 수도 있다는 불확실한 기대로 실행을 미루는 것은 허락되지 않는다. 그러므로 행동은 (반드시 행하도록) 필수적이거나 (절대로 행하면 안 되도록) 허락되지 않거나 둘 중에 하나이다. 그 중간은 존재하지 않는다.

5 이익을 증대시키는 여러 가지 수단의 효용과 역할은 무엇인가?

조지는 여러 가지 수단의 효용에 관한 많은 볼셰비키의 관점 가운데서 서방 사람들에게는 좀 낯설고 특이한 관점 한 가지를 소개하고 있다. 그것은 강한 적이 나를 공격하지 못하게 저지하려면 "때로는 무례하게 행동하는 것이 효과적이다(it often pays to be rude)."라는 신념이다. 볼셰비키에 따르면, 무례하고 때로는 폭력적인 언어는 소규모의 피해를 입히는 행동과 동반될 수 있고 그렇지 않을 수도 있지만 적이 자신들의 힘과 결단을 더 높게 평가하게 함으로써, 그리고/또는 상대방 지도자의 정책에 대한 대중의 지지를 약화시킴으로써 이익을 증대하려는 목적을 달성하게 해줄 수 있다.

볼셰비키들은 무례함이라는 전술의 위험부담이 크지는 않다고 생각했다. 왜냐하면 그들의 입장에서 보면 "진지한" 강대국은 그런 '같잖은' 전술·전략 따위에 감정적으로 휘둘리는 자신을 용납할 수 없을 것이라고 예상되었기 때문이다. 그들은 말하자면 고상하고 관용적인 하이클래스 부르주아지들이 천하고 질이 낮은 프롤레타리아와 동급으로 행동하는 것을 수치스럽게 생각할 터이기 때문에 바로 이 빈틈을 공략함으로써 수월찮은 이익을 도모할 수 있다고 믿었다는 것이다.

운용코드 모델과 그 이후

조지의 운용코드 모델을 요약하고 정리해보면, 정치 지도자의 정치적 신념체계는 그의 정치 전략과 관련된 의사결정에 의미 있는 영향력을 행사한다. 따라서 그의 신념체계가 어떠한지를 이해하면 그의 협상전략을 간파할 수 있다. 분석가들은 정치 지도자들의 발언들과 저작물 등을 분석함으로써 그가 어떤 철학적·도구적 신념들을 갖고 있는지를 알아낼 수 있다. 소련 지도자들에 대한 분석의 결과는 미국이나 서방이 기존에 갖고 있던 접근법이 '소련의 이해'라는 관점에서 볼 때 표적을 한참 빗나갔음을 드러내주고 있다.

그러나 라이츠의 관념적 틀을 실증적으로 체계화한 조지의 운용코드 모델은 그 이론적 통찰력에도 불구하고 몇 가지 난점을 가지고 있었다. 정치 지도자들의 신념체계를 알아내기 위해서는 그들의 생각에 직접 접근할 필요가 있는데, 이는 특히 적국이나 적대적 국가의 경우 사실상 불가능하다. 그들의 발언, 연설문, 언론기고문, 기자회견문, 인터뷰 내용, 회고록과 같은 저작물 등을 통해 추론이 가능하지만, 어디까지나 간접적인 지식일 수밖에 없다. 나아가 이러한 질적 연구법은 분석가들이 정치 지도자들의 "의도(意圖)의 은폐(隱蔽)" 또는 고의적 왜곡이나 고의로 유포한 허위정보라는 함정에 빠지게 할 가능성이 있을 뿐 아니라 분석가 자신의 주관적 해석이 개재될 수 있다. 따라서 연구 결과나 과정의 "재현 가능성이 낮거나

(non-reproducible)" 신뢰성에 대한 우려가 제기될 수 있는 문제를 갖고 있다.[7]

후속 연구자들은 조지의 운용코드 모델이 갖고 있는 이러한 문제점을 개선했다. 조지의 모델은 이론적으로는 올레 홀스티(Ole Holsti)와 스티븐 워커(Stephen Walker) 등에 의해 더욱 정교화되었고,[8] 질적 연구가 갖는 문제는 양적 연구 기법의 발달로 부분적으로 해소되었다. 특히 내용분석(content analysis)의 통계처리 기법이 발전함으로써 이 모델의 유용성이 증대해 이것이 다양한 수준에서 광범위하게 사용되는 데 기여했다.

1970년대 이후 학자들은 지도자들의 운용코드의 검색과 분석을 목적으로 "맥락체계의 동사들(Verbs in Context System of Content Analysis, VICS)"이라는 심리언어적(psycholinguistic) 코딩법(coding scheme)과 "프로파일러 플러스(Profiler Plus)"라는 컴퓨터 기반의 내용분석 프로그램을 개발했다. VICS가 작동하는 방법을 설명하자면, 일단 연설문에서 동사와 동사적 표현 들을 추출한다. 동사가 중요한 이유는 그것이 행동의 주체, 그리고 주체로서의 위치를 포착해주기 때문이다. 특히 타동사들(transitive verbs)은 대상에 가해지는 직접적 행동을 전달해준다는 의미에서 중요하다.[9] VICS는 추출된 동사들을 갈등적인지 협력적인지에 따라 분류하고, 나아가 그 표

....

7 Young and Schafer(1998).

8 Walker(1990), pp. 403-418.

9 Stephen G. Walker, Mark Schafer, and Michael D. Young. 1998, "Systematic Procedures for Operational Code Analysis: Measuring and Modeling Jimmy Carter's Operational Code," *International Studies Quarterly*, Vol. 42, No. 1 (March): 175-189.

현들의 강도를 측정하여 1등급(구두의 반대 또는 수용), 2등급(구두의 위협 또는 공약), 3등급(행동으로서의 응징 또는 보상)으로 차별화하며 문법적 주체가 자신인지 타자인지도 구별한다. 이렇게 산출된 지표들은 '프로파일러 플러스' 소프트웨어 프로그램에 입력되어 지도자의 철학적 신념과 도구적 신념으로 구성된 운용코드를 재생이 가능한 형태로 전환한다. 많은 양의 텍스트를 신속히 검색하고 분석하여 VICS값을 산출해주는 '프로파일러 플러스' 소프트웨어는 표본의 양을 크게 증대함으로써 질적 연구의 주관성, 간접성, 제한성이 갖는 표본 추출상의 오류(sampling error)를 혁신적으로 완화해주었다.

운용코드 모델에 대한 이론적·통계기술적 개선과 혁신은 후속 연구의 양산을 가져왔다. 예를 들어, 카이허(Kai He)와 후이윈펑(Huiyun Feng)은 후진타오(胡錦濤)와 시진핑(習近平)의 정치적 신념 체계를 비교 분석했다. 그들은 중국의 두 지도자가 철학적·도구적 신념을 상당 부분 공유하지만 전략적 태도와 관련해서는 차이가 있는데 시진핑이 좀 더 공격적이라고 판단했다. 나아가 그들은 시진핑이 현상유지를 원하고 기존의 국제체계를 낙관적으로 보는 지도자이지만 동시에 외적 압박이 자신이 설정한 임계점을 넘으면 자신의 전략적 목표를 달성하기 위해 공격적인 외교정책을 선택할 수도 있다고 결론을 내렸다.[10] 2017년 스티븐 다이슨(Stephen B. Dyson)과 매튜 페어런트(Matthew J. Parent)는 블라디미르 푸틴(Vladimir

....

10 Kai He and Huiyun Feng. 2013, "Xi Jinping's Operational Code Beliefs and China's Foreign Policy," *The Chinese Journal of International Politics*, Vol. 6, Iss. 3 (Autumn): 209-231.

Putin) 러시아 대통령이 발언한 1백만 개가 넘는 단어들을 분석하여 그를 프로파일한 결과 그가 국제정치에 대해서 이른바 주류적 신념을 갖고 있지만 전략가라기보다는 기회주의자라는 결론을 내렸다.[11]

....

11 Stephen Benedict Dyson and Matthew J. Parent. 2018, "The Operational Code Approach to Profiling Political Leaders: Understanding Vladimir Putin," *Journal of Intelligence and National Security*, Vol. 33, Iss. 111.

오인 모델

Misperception Model

우리는 앞서 그레이엄 앨리슨의 세 가지 관념적 모델을 '형광등(합리적 행위자 모델)', '손전등 1(조직과정 모델)', '손전등 2(정부정치 모델)'라고 칭하면서 지배적 패러다임과 대안적 이론들 간의 차별성과 그것의 용도와 관련한 상보적인 측면들을 동시에 강조했다. 우리는 외교정책결정과정론을 연구하는 여정에서 '손전등 3(양면게임 모델)'과 '손전등 4(집단사고 모델)', '손전등 5(전망이론)', '손전등 6(운용코드 모델)'을 거쳐 이제 '손전등 7'이라고 부를 수 있는 '오인 모델'에 당도했다. 지금부터 살펴볼 이 오인 모델은 앞서 논의된 행동경제학·심리학적 이론들과 유사하게 인간의 인지적 편향(cognitive bias)이나 한계로 인해 발생하는 오인, 오해, 오판이 의사결정과정에 미치는 영향에 주목하는 또 하나의 대안적 접근법이다. 그러나 전망이론이 미래에 대한 의사결정자의 주관적 전망이 그가 내리는 현재의 결정에 영향을 미친다는 '일방적'이고 '정태적'인 접근법이라면,

오인 모델은 행위자가 인식하는 또 다른 행위자의 의도(intention)에 관한, 또는 그러한 의도를 오인하는 것에 관한 '쌍방향적'이고 상대적으로 '동태적'인 접근법이다. 또한 개인이나 집단의 정치적 신념이 의사결정에 영향을 미친다는 운용코드 모델과 달리 오인 모델은 의사결정자가 가지고 있는 "세상을 보여주는 이론(정치적 신념을 포함)"이나 자신이나 상대에 대해 가지고 있는 이미지가 야기하는 인지적 장애나 왜곡, 즉 오인이 의사결정에 영향을 준다고 강조한다는 면에서 전자보다 포괄적인 관념적 독립변수를 상정한다고 할 수 있다.

오인이 국제적 갈등이나 전쟁에 미친 영향은 수많은 국제정치학자들에 의해 논의되어왔다. 랠프 화이트(Ralph White)나 스탠리 호프먼(Stanley Hoffmann) 같은 저명한 학자들은 양차 세계대전과 베트남전을 포함한 많은 대규모 전쟁이 오인에서 비롯되었음을 지적한 바 있다. 그러나 오인이 국제갈등에 미치는 영향과 관련하여 가장 체계적인 분석을 제시한 학자는 로버트 저비스(Robert Jervis)이다. 아래에서는 그가 오인의 유형을 분류하고 각 유형이나 가설들에 적합한 사례를 제시한 「오인에 관한 가설들(Hypotheses on Misperception)」[1]이라는 논문을 중심으로 오인 모델의 구조와 가설들을 살펴보기로 한다.

....

1 Robert Jervis. 1968, "Hypotheses on Misperception," *World Politics* 20, 3 (April): 454-479.

오인 모델의 구조와 가설들

먼저 저비스의 핵심 논지는 다음과 같이 요약될 수 있다.

> "인간의 판단과 의사결정은 일련의 인지적(cognitive), 인식적(perceptual), 동기적(motivational) 편향성에 의해 왜곡된다. 그 결과인 오인(misperception)은 지배적 패러다임인 합리적 선택론의 "국가는 합리적으로 행동한다."는 기본 가정을 무력화할 수 있다. 하나의 과정(process)으로서의 정보 수집/분석/평가는 행위자의 과거 경험과 그의 마음속에 이미 형성되어 있는 개념과 관념들에 전적으로 의존한다. 행위자에게 주어지는 정보는 이미 형성되어 있는 개념들과의 관계에서만, 즉 이미지들의 맥락에서만 이해되며, "있는 그대로의 사실"을 파악할 수 있다는 "순전한 경험주의(pure empiricism)"는 불가능하고 타당하지 않다."[2]

저비스는 14개의 가설을 제시하면서 인간이 저지르는 오인의 유형과 패턴을 역사적 사례들과 연결시켜 설명하고 있다. 아래에서는 이 가설들의 경험적 일치 여부를 염두에 두고 그 의미를 하나하나 파악해보기로 한다. 물론 독자들은 저비스의 가설들, 그리고 그것들의 경험적 일치 여부에 동의할 수도 그렇지 않을 수도 있다. 동의하는 사람이 많으면 일반화의 가능성이 높아지고, 그렇지 않으면 황량미몽(黄粱美夢, pipe dream)이 될 수 있다. 그러나 많은 국제정치학

....

2 Jervis(1968), p. 457.

자들은 이 가설들의 경험적 일치 여부와는 별도로 이 가설들이 제공하는 이론적 통찰력에 주목해왔다. 그동안 사람들이 진지하게 생각해보지 않은 방향이나 시각을 그가 체계적으로 제시하고 있음을 인정하는 것이다. 우리도 저비스의 오인 모델이 가지는 경험적 일치 여부와 함께 우리가 생각해보지 못한 부분들이 어떻게 그의 가설과 모델에 의해 조명되는지에 관심과 흥미를 가지고 살펴보자.

가설 1: 의사결정자는 새로운 정보를 자신이 머릿속에 품고 있는 기존의 이론들 및 이미지들에 합치하려는 경향이 있다. 이론과 개념들은 그가 무엇에 주목할지("여기 봐"의 경우처럼)를 결정하는 데 중요한 역할을 한다. 다시 말해, 그는 자신이 기대하는 것을 보게 된다는 것이다. 나아가 이론은 사실에 대한 의사결정자의 해석에 큰 영향을 미친다. 사실이 모호하면 할수록, 그가 이론을 믿는 정도가 강하면 강할수록 더 큰 영향을 미친다.

이 가설의 함의는 들어오는 정보를 의사결정자가 모종의 관념적 필터를 통해 받아들인다면 그 필터가 어떠하냐에 따라 그의 결정이 좌지우지될 것이라는 점이다. 인간은 지각 능력에 한계가 있어서 세상 어느 누구도 "있는 그대로의 사실"에 직접 접근할 수 없기 때문에 내려진 결정이 "좋은지"의 여부는 "필터가 좋은지(사용되는 이론이 타당하고 정확한지)"에 달려 있다. 좋은 필터를 찾고 장착하는 것이 중요하지만, 아마도 의사결정자가 자신이 필터를 통해서만 사실에 접근할 수밖에 없다는 사실을 이해하는 것이 더욱 중요할 것이다.

저비스에 따르면, 사람들은 자신이 기대하고 있는 것을 기대하고 있지 않은 것보다 더 신속히 인지한다. 그는 자신의 가설을 정당화하기 위해 "부조화스러운 색이나 모양으로 되어 있는(붉은색 스페이드 또는 검은색 다이아몬드 등) 놀이용 카드의 "인지 임계점(recognition threshold)"이 정상적인 카드의 인지 임계점에 비해 유의미한 수준에서 높다."라는 제롬 브루너(Jerome S. Bruner)와 리오 포스트먼(Leo Postman)의 연구를 인용하고 있다.[3] 저비스는 이들의 실험 결과를 이용하여 인간이 정형화되어 있고 일상화되어 있는(그래서 기대되는) 현상이나 대상물을 상대적으로 신속히 인지할 수 있다고 지적하는 것이다.

가설 1과 관련하여 흥미로운 점은 저비스가 새로운 정보를 자신의 신념이나 이미지에 부합하도록 조정하고 왜곡하는 의사결정자의 행위를 반드시 비이성적(irrational)이라고 보지 않는다는 것이다. 그는 "심리-논리적(psycho-logic)"이라는 개념을 사용하면서 의사결정자가 자신의 인식 틀 내에서 이성적일 수 있다고 보는 것이다. 소련 사람들을 공격적이라고 믿는 사람은 소련 사람들의 동기를 의심하는 것이 그로서는 논리적 행동인 것이다. 따라서 새로운 정보를 자신의 신념이나 이미지에 부합하도록 조정하고 왜곡하는 의사결정자의 행위는 비이성적이거나 반이성적이라기보다는 딜레마에서 비롯된 것으로 보아야 한다. 저비스에 따르면, 이러한 딜레마는

....

3 '인지 인계점'이 상대적으로 높다는 말은 대상물을 인지하는 데 소요되는 시간이 상대적으로 많이 필요하다는 의미이다. Jerome S. Bruner and Leo Postman. 2006, "On the Perception of Incongruity: A Paradigm," *Journal of Personality*, Vol. 18, No. 2 (April).

타국들의 의도를 간파하려는 의사결정자에게서 자주 발생한다. 의사결정자는 타국이 자신을 기만하려 한다는 위험성을 늘 감안해서 전략 판단을 내려야 하기 때문이다. 저비스의 이러한 딜레마에 대한 관찰은 우리를 가설 2로 인도한다.

가설 2: 실수가 일어나는 경로는 두 가지이다. 행위자가 자신의 이론과 충돌하는 정보에 직면했음에도 자신의 생각을 바꾸지 않는 경우, 그리고 행위자가 너무 쉽게 생각을 바꾸는 경우이다.

학자들이나 의사결정자들은 대부분 전자에 속한다. 자존심, 신념, 고집이 센 유형이다. 그들은 정설에 지나치게 집착하고 새로운 정보를 너무 폐쇄적으로 대한다. 이를 다른 각도에서 말하면, 이들은 자신들의 이론과 기대를 너무 성급히 형성하는 경향이 있다. 이러한 경향은 무의식적 수준에서도 일어난다. 이들은 어떤 가설에 대한 최소한의 확인만 있으면 바로 그것을 이론으로 수용한다.

저비스는 이러한 행동들을 "인지적 왜곡(cognitive distortion)"이라는 개념으로 분석하는 것에 대해 신중해야 한다고 말한다. 두 가지 이유에서이다. 첫째, 의사결정자에게 주어지는 증거는 대개의 경우 다양한 해석을 허용한다는 것이다. 그는 안과적(眼科的) 실험을 인용한다. 실험 결과에 따르면, 서로 다른 자극들이 정확히 같은 패턴을 망막에 맺게 하는 시각적 인식의 사례들이 존재한다. 한쪽 눈만을 사용하는 관찰자에게는 그와 가까이 있는 골프공 사이즈의 구체(球體)가 만들어내는 패턴이나 그에게서 조금 떨어져 있는 야구공 사이즈의 구체가 만들어내는 패턴이 같은 것으로 보인다. 그에게 아주 많이 떨어져 있는 농구공 사이즈의 구체도 같은 패턴을 그의 망막에 만들어낸다. 다른 단서가 없다면 관찰자는 이 세 가지 다른 구체를 구별할 수 없고, 우리는 그의 부정확한 인식을 왜곡된 인식이라고 부를 수 없을 것이다. 저비스에 따르면, 이러한 경우는 국제관계에서 자주 발견된다. 의사결정자들에게 주어지는 증거는 늘 모호하다. 왜냐하면 타국의 의도에 관한 정확한 단서는 잡음 및 기만과 함께 섞여 있기 때문이다. 따라서 증거가 아무리 면밀하고 심도 있게 "객관적"으로 분석된다고 하더라도 사람들은 다양한 해석들을 내놓기 마련이다. 그리고 어떤 해석이 정확한지를 가려주는 일반적인 규칙은 존재하지 않는다.

'인지적 왜곡'이라는 용어를 피해야 하는 두 번째 이유는 국제정치에서 인식(perception)과 판단(judgment)의 차이가 늘 불분명하기 때문이다. 자신들의 관점과 충돌하는 정보를 거부하는 의사결정자들은 무의식적이 아니라 의식적이고 분명하게 인식하면서 그렇게 하는 것이다. 증거가 자신의 이론과 충돌하면 의사결정자는 그 증거를 거부한다. 그 상태에서 어떤 추론을 한다면 그것은 많은 정보를 무시하는 추론이 될 뿐 아니라 다른 입장에 서 있는 사람들이 괴로워하는 추론이 된다. 우리는 선택이 결정될 당시에 의사결정자에게 주어진 증거만을 고려한다면 나중에 "틀린 것"으로 판명된 판단도 "옳은 판단"의 증거만큼 또는 그보다 더 많은 증거에 의해 정당화될 수 있다는 것을 알아야 한다.

학자들은 후일에 판단을 잘못했다고 판명된 사람들을 너무 가혹하게 대하는 경향이 있다. 자세히 살펴보면, 판단을 잘한 사람들과 잘못한 사람들을 새로운 정보에 대한 개방성과 기존의 시각을 수정하는 유연성의 관점에서 명확히 구별하는 것은 결코 쉽지 않다. 윈스턴 처칠(Winston Churchill)도 나치의 행동에 대해 객관적 시각을 유지하려고 하기보다는 모호한 정보들을 자신의 가설들에 끼워 맞추려 했다는 점에서 유화론자로 알려진 네빌 챔벌린(Neville Chamberlain)과 결코 다르지 않았다. 처칠이 결과적으로 "옳은 판단"을 내렸다는 이유로 인지적 일관성을 유지하기 위해 그가 사용한 분석 방법과 이론이 유화론자들의 그것과 별반 다르지 않았다는 사실을 간과해서는 안 된다.

저비스는 인식에 영향을 미치는 기대(expectations)의 중요성이 특기할 만하다고 말한다. 행위자가 가지고 있는 이론의 중요성을 강조하는 것으로서 가설 1과 연결되는 부분이다. 기대는 '희망적 사고'와는 달리 "무의식적 합리성(unconscious rationality)"에 기초해 있다.[4] 많은 정보는 행위자가 기존에 갖고 있는 이론에 동화된다. 사람들은 바라는 것을 본다기보다는 기대하는 것을 보게 되는 것이다. 저비스는 '희망적 사고(wishful thinking)'가 아닌 기대가 오인을 설명하는 변수라는 점을 강조하기 위해 1948년 미국 대선을 사례로 들고 있다. 자기가 지지하는 후보의 정책적 입장에 동의하지 않는 많은 지지자들은 그 후보의 입장이 자신의 그것과 유사하다고 오인하였다.[5] 국제정치에서도 기대가 오인을 야기한다. 저비스에 따르면, 타국의 행동을 해석함에 있어 기대는 행위자들로 하여금 어떤 것은 인지하게 하고 어떤 것은 간과 또는 무시하도록 한다. 행위자

....

4 Robert Jervis, *Perception and Misperception in International Politics*, Princeton University Press, 1976, p. 359.

5 Jervis(1976), p. 360.

들은 그것을 알지 못하기 때문에 무의식적으로 그들이 인지한 것들로부터만 추론을 한다. 그렇게 되면 그에 대한 대안적 추론은 불가능에 가깝다.

저비스에 따르면, '희망적 사고'라는 개념이 유행처럼 번지고 있지만 우리는 그것이 부적합한 자료에 기초한, 그래서 실제로는 근거가 부족한 개념일 수도 있다는 것을 알아야 한다. 심리학자들은 "애착(愛着, affect)"이 인식에 미치는 영향에 대해 많은 연구 성과를 내놓았다. 분명한 것은 바람(desires)이나 갈망이 인식에 영향을 줄 수는 있지만 바람이 기대와 충돌할 때 후자의 효과가 전자의 효과를 능가한다는 사실이다. 아닌 게 아니라 '애착의 효과'로 여겨졌던 많은 증거들은 후일 '기대의 효과'를 정당화하는 증거들로 판명되었다. 1961년 4월 쿠바 내 "정치적 기후(political climate)"를 오판한 미국의 경우가 적절한 사례이다. 미국의 실패는 처음에는 '희망적 사고' 때문인 것으로 간주되었으나, 결국 전문가들은 그것이 미국의 '잘못된 기대'—예를 들어, 쿠바에서 공산정부는 인기가 없을 것이라는 기대—때문이었다고 결론을 내렸다. 저비스에 따르면, 미국은 북베트남이 협상 테이블에 나올 것이라고 믿고 싶었다. 그리고 미국은 소련이 세계 지배라는 야욕을 포기할 자세가 되어 있다고 믿고 싶었다. 그러나 모호한 정보와 증거들은 미국이 "믿고 싶었던(would like to believe)" 방향이 아니라 미국의 정책결정자들이 가지고 있던 이론들, 즉 그들의 "기대"를 충족시키는 방향으로 처리되었다. 저비스는 "세상에 대한 우리의 고정관념은 우리의 바람이라기보다는 우리의 기대와 부합하는 것"이라는 리프먼(Walter Lippmann)의 판단이 옳은 것 같다는 결론을 내리고 있다.[6]

실수방지책(Safeguards)

저비스는 여기서 가설 3을 비롯한 일련의 가설들에 대한 논의를 논리적으로 유도하고 진행하기 위해 분석가나 의사결정자가 범할 수 있는 실수를 최소화해줄 수 있는 방법, 즉 문제해결을 위한 처방을 제시하고 있다. 첫째, 의사결정자들은 비편향적 해석이 불가능하다는 점, 거꾸로 말하면 모든 해석은 편향적일 수밖에 없다는 사실을 알아야 한다. 다시 말해, 그들이 새로운 정보를 접할 때 자신은 객관적인 시각으로 임하고 있다는 착각에서 벗어나 자신이 갖고 있는 이론에 영향을 받을 수밖에 없다는 것을 인정해야 한다. 무언가 자명하거나 명백한 추론으로 보이는 것이 있다면 그것은 자신이 갖고 있는 이론 때문이라는 것을 알아야 한다. 그들은 타자가 제시하는 증거가 자신의 이론에 부합하지 않을 때에도 이를 면밀히 들여다볼 줄 알아야 한다.

둘째, 의사결정자는 자신이 상호 논리적 연관성이 없는 신념을 갖고 있는지 확인해볼 필요가 있다. 이것이 '심리-논리'의 예가 될 수 있다. 미국이 베트남전에서 승리하는 것이 미국에 중요하다고 믿는 사람들은 또한 미국이 이 전쟁에서 승리할 것이라고 믿는 경향이 있다. 그런데 이 두 가지 신념은 논리적으로 아무런 관련이 없다. 미국의 패배가 미국의 안보를 위협하지도, 많은 다른 가치를 손상하지도 않는다고 믿는 사람들은 또한 미국이 전쟁에서 승리할 수 없다고 믿는 경향이 있다. 역시 이 두 가지 신념도 논리적으로 아무런

6 Jervis(1976), p. 372.

관련이 없다. 전쟁의 승리가 중요하기 "때문에" 전쟁에서 승리할 것이라는, 또는 전쟁의 승리가 그렇게 중요하지 않기 "때문에" 전쟁에서 승리하지 못할 것이라는 무논리 또는 논리의 비약은 사람이라면 누구나 저지를 수 있는 오류이며, 따라서 의사결정자는 자신의 신념이나 규범이 사실 판단에 영향을 미치지 않도록 조심해야 한다는 것이다.

셋째, 의사결정자는 자신의 이론이나 신념, 그리고 그것들로부터 도출되는 예측들을 가능한 한 명백히 드러낼 필요가 있다. 사건이 발생하기 전에 어떤 증거가 자신의 이론을 충족시키는지 또는 그것에 반하는지를 미리 결정해놓아야 한다는 것이다. 그는 어떤 것이 기대되는지를 앎으로써 어떤 것이 기대와 다른지를 알 수 있고, 따라서 기대되지 않았던 사건이 발생하여 놀랐을 때 자신의 이론이나 신념이 재평가되어야 한다는 것을 알게 되는 것이다.

넷째, 의사결정자는 조직들이나 그 구성원들이 그들의 주요 임무, 정치적 미래, 정체성을 타 행위자들(예를 들어, 미국 CIA가 보는 북한)에 대한 특정한 이론들이나 이미지들과 한데 묶이지 않도록 해야 한다. 이러한 일이 발생하면 상위의 목적을 위해 잠정적으로 설정되었던 중간 목표가 그 자체로 가치를 획득하게 되고, 따라서 원래의 목표를 달성하게 해주는 대안적 방법들에 관한 정보가 묵살될 수 있다. 예를 들어, 미국의 산림청과 그 구성원들은 조직 특유의 장점이 국토와 삼림의 효과적 관리가 아닌 산불 방지라고 보기 시작했을 때 조직의 원래 목표를 제대로 수행할 수 없게 되었다.

저비스는 조직의 이익과 관련된 편향성을 갖고 있지 않다고 주장하는 조직들이 있다면 그들은 자신들의 역할에 대한 정의(定義)

가 세상에 대한 특정한 신념과 얼마나 결부되어 있는지를 알지 못한다고 말하는 것이나 마찬가지라고 지적한다. 앨런 덜레스(Allen Dulles)는 "나는 CIA 구성원을 포함해 우리 모두가 편견의 주체라는 것을 인정한다. 그러나 우리는 정보협력 업무를 정책결정 및 특정 군사부문과 거리를 유지하고 있는 우리의 '중앙정보조직(central intelligence service)'에 위탁함으로써 입수된 사실들이 특정한 직업적 관점에 복무하도록 가공되는 것을 최대한 피할 수 있다."라고 말했다. 이 CIA 국장의 발언은 그가 얼마나 조직의 이익과 관련된 편향성에 대한 이해가 부족했는지를 잘 드러내준다. 덜레스의 이 발언은 CIA가 국제관계나 냉전에 대한 특정한 관점—즉 정보의 수집, 정탐, 타국 정부에 대한 전복 활동 등의 중요성을 최대한 부각하는 관점—을 발전시켜왔다는 사실을 간과하고 있다. 세계 정치의 "뒷골목(back alleys)"이 더 이상 미국의 안보에 사활적으로 중요하지 않다고 결정되면 CIA는 정부 내에서 차지하던 특유의 위상을 상실하게 될 것임을 잘 알고 있었기 때문에, 이 조직은 그러한 수법들이 지속적으로 필요하다는 점을 강조하는 방식으로 정보를 해석해온 것이었다.

저비스가 이와 관련하여 보다 구체적인 사례를 들고 있지는 않지만, 그의 지적은 정책결정자들과 분석가들에게 창조적인 작업의 계기가 되는 기발한 착상을 자극하는 실로 엄청난 영감(靈感)과 성찰의 기회를 제공한다. 저비스의 통찰력을 부각하기 위해 미국의 북한 문제 전문가인 로버트 칼린(Robert Carlin)의 최근의 글을 짧게라도 인용하는 것이 매우 유익하다고 생각된다.[7] 1974년부터 미국 국무부와 CIA에서 북한 정보를 분석했던 그의 논지를 한마디로 표현하자면, "미국이 북한 문제를 해결하지 못하는 이유는, 특히 CIA가 북한의 행동을 늘 의아하게 생각하고 상종 못할 주체라고 인식하는 이유는 CIA가 북한의 관점 또는 사실에 기초한 시각에서가 아닌 수십 년간 '핵심 가치(core beliefs)'로 간주되어온 CIA 특유의 관점에서 북한을 볼 수밖에 없는 구조적 한계를 CIA가 인식하지 못하기 때문"이라는 것이다.

칼린에 따르면, 이러한 CIA의 가치 또는 신념들 중 가장 심각한 문제를 갖고 있는 것은 "북한은 미국과의 거래에서 한 번도 정직해본 적이 없고 미래에도 마찬가지일 것"이라는 종교에 가까운 믿음이다. "북한의 말을 곧이곧대로 믿으면 안 된다.", "북한이 말하는 것 중 부정적인 것은 믿어도 되지만 긍정적인 것은 믿으면 안 된다." 그는 자신이 CIA에 입사한 후부터 줄곧 이 얘기를 들어왔다고 말한다. 그는 CIA가 사용하는 관념적 틀에 따르면 "북한은 남조선을 적화하기 위해 온갖 수단을 마다하지 않는다. 그것 외에는 모든 것이 거짓이고 기만이다. 미국이나 한국이 북한의 기만전술에 대해 긴가민가하며 헷갈려하고 고민하고 있을 때 그들은 '추악한 비즈니스'를 착착 진행한다. 북한의 비즈니스가 추악할 수밖에 없는 이유는 그 정권이 도덕적으로 혐오스럽기 때문이다." 칼린에 따르면, CIA 분석가가 북한 정권은 혐오스럽다는 개인적 견해를 보고서 앞줄이나 본론의 한가운데에서 밝히지 않으면 그는 이념관이나 국가관에 의심을 받게 된다. 그러나 증거에 기초하지 않은 분석은 분석

....

7 Robert Carlin. 2020, "Book Review: Becoming Kim Jong Un: A Former CIA Officer's Insights into North Korea's Enigmatic Young Dictator," *38North*, June 5. https://www.38north.org/2020/06/rcarlin060520/

이 아니다. CIA의 특정한 조직적 관점은 분석가들이 '있는 그대로의 북한'을 볼 수 없게 만든다는 것이다.

저비스와 칼린은 정책결정자들이나 분석가들이 빠지기 쉬운 조직체적 함정에 유의할 것을 주문한다. 저비스의 경고와 칼린의 방증을 결합해보면, 조직들은 정부 내에서 차지하던 특유의 위상을 상실하지 않기 위해 자신들의 주요 임무, 정치적 미래, 정체성을 타 행위자들, 예를 들어 북한에 대한 특정한 이론들이나 이미지들과 한데 묶어 국가적 목표와는 별도의 또는 그것과 충돌하는 자신들의 목표를 추구할 수 있다. 누군가가 조직에 편향성이 없다고 말할 때 거기에 편향성이 존재한다.

저비스의 다섯 번째 '실수방지책'은 의사결정자가 "'악마의 변호인'을 곁에 두어야 한다."는 것이다. 그는 새로운 정보를 다양한 시각에서 해석할 수 있도록 해야 한다. 인기가 없는 가설들을 정당화하는 자료를 뒤지는 사람들은 반드시 필요하다. 하지만 더 중요한 것은 일부러 '악마의 변호인'의 역할을 누구에겐가 수행하도록 하는 것보다 그러한 인기 없는 가설들이 정당화될 수 있다고 실제로 믿으며 그렇게 되면 큰 이익이 되는 사람들을 의사결정과정에 참여시키는 것이다. 1941년에 일본이 하와이 진주만을 기습할 것임을 입증하는 것이 임무인 사람이 있었다면 미국 정부는 일본의 도발에 그렇게 경악하지 않았을 것이다. 1967년 구정공세 직전에 발표되었던 "구정 휴일 기간 동안 북베트남의 공격적 조치는 없을 것이라는 미국의 공식적 해석은 잘못된 것이다."와 같은 인기 없는 가설들을 정당화하려는 사람들은 없었다. 그래서 미국은 대가를 치러야 했다.

이와 같은 실수방지책을 제시한 저비스는 그러한 조치를 수행하는 데 들어가는 비용도 만만치 않다고 말하고 있다. 예를 들어, 특정 임무를 강화하기 위해서는 기존 조직의 자원을 재분배해야 할 수도 있는데 이는 정부의 내적 분열과 갈등을 야기할 수 있다. 그리고 실수방지책을 마련했다고 해도 오인의 가능성을 전부 해소할 수는 없다. 그럼에도 불구하고 실수방지책은 국가정책결정자들로 하여금 사실들이 해석되는 방식이 다양할 수 있다는 점을 알려주고 그들이 그러한 방식에 관해 분명한 의식과 의도를 가지고 선택하고 행동하도록 하는 데 도움을 줄 수 있다. 이를 통해 국가 지도자들은 타국의 지도자들에 대한 다양한 대안적인 이미지들을 가질 수 있게 되며, 그에 따른 다양한 대안적인 정책들을 검토할 수 있는 것이다. 저비스는 이러한 실수방지책에 대한 논의가 자연스럽게 가설 3으로 연결된다고 말한다.

가설 3: 기존의 이미지와 충돌하는 정보가 들어올 경우 "조금씩 조금씩(bit-by-bit)" 들어오면 한꺼번에 들어오는 것보다 더 쉽게 수용될 수 있다.

전자의 경우 충돌하는 정보가 충분히 작아서 눈에 띄지 않을 수 있고, 중요하지 않다고 간주될 수 있으며, 기존의 이미지에 대한 약간의 수정—예를 들어, 예외적 현상이라고 의미를 축소할 수 있기 때문에—만을 필요로 할 수 있다. 주체가 변경해야 하는 정도가 부담스럽지 않은 것이다. 정보가 조각이 아니라 "덩어리 형태(in a block)"로 들어올 경우 새로운 정보와 주체의 기존 이미지 간의 모순이 부각되고, 따라서 대규모의 인지적 재편이 필요해져서 결국 충돌적인 정보는 거부될 가능성이 높다.

개념들의 원천(sources of concepts)

저비스는 후속 가설들을 제시하기 위해 "개념들은 어디서 왔는가?", "개념이 없으면 존재도 없는가?" 등을 묻는 "개념들의 원천"에 관한 토론을 진행하고자 한다. 그에 따르면, 행위자의 "인식적 임계점들(perceptual thresholds)", 즉 모호한 정보가 산출하기 쉬운 이미지들은 그가 경험하고 학습한 것에 의해 영향을 받는다. 어떤 행위자, 예를 들어 A라는 행위자가 특정한 카테고리 또는 범주에 속한다고 B행위자가 인식하기 위해서는 B행위자가 먼저 그러한 특정한 카테고리에 대한 개념을 갖고 있어야 한다. 우리는 개념이 실제로 존재하는지의 여부를 세 가지 수준에서 구별해볼 수 있다. 첫째, 행위자의 인식 구조가 그가 마주치는 현상에 상응하는 그 어떤 것도 갖고 있지 못한 경우이다. 19세기 중반에 중국은 서구라는 개념을 아예 갖고 있지 않았고, 따라서 중국이 갖고 있던 서구적 세계에 대한 이미지는 대단히 부정확했다. 둘째, 행위자가 개념에 대해 알고는 있지만 그것이 실제 현상을 반영한다고 믿지 않는 경우이다. 공산주의자들과 서구의 의사결정자들은 상대의 체제가 어떻게 작동하는지 들어서 알고는 있었지만 개념이 실제와 일치한다고 생각하지는 않았다. 셋째, 행위자가 개념을 갖고는 있지만 타 행위자가 현재 그 개념에 해당한다고 생각하지 않는 경우이다. 1930년대 영국과 프랑스의 지도자들은 "끝없는 야망을 가진 국가"라는 개념을 가지고는 있었다. 그들은 나폴레옹(Napoléon)과 같은 팽창주의자가 또 출현할 수 있다고 믿었지만 아돌프 히틀러(Adolf Hitler)가 그 카테고리에 속할 것이라고는 생각하지 못했다. 많은 영국인들은 히틀러가 민족주의 지도자라고 인식했다.

가설 4: 오인은 개념 자체가 부재할 때 가장 교정하기 어렵고, 카테고리 또는 범주가 머릿속에 존재하지만 분류를 잘못했을 때 가장 교정하기 쉽다.

저비스에 따르면, 세 가지 원천이 국제관계나 타국들에 대한 의사결정자의 개념 형성에 기여하고 그들의 인식적 임계점의 수준에 영향을 미친다. 첫 번째 원천은 국내정치체제에 대한 행위자의 신념이다. 전체주의 국가에서는 이념이 결정적인 영향력을 갖는다. 전체주의가 아닌 국가에서도 국내정치제제의 경험이 행위자가 무엇에 익숙한지, 타국에서 또는 타국에 대해 무엇을 인식하기 쉬운지의 여부를 부분적으로 결정한다. 저비스는 루이스 하츠(Louis Hartz)의 『미국의 자유주의적 전통(*The Liberal Tradition in America: An Interpretation of American Political Thought since the Revolution*)』을 인용하면서, 이른바 국가 간의 "공통의 역사"의 부재는 국가 간의 이해부족으로, 실패와 불행으로, 그리고 인류의 재앙으로 귀결될 수 있다는 점을 강조한다.

> "미국의 딜레마의 핵심은 사회적 혁명 경험의 부재에서 발견된다… 미국이 세계와 소통하기 어려운 점은 바로 이 때문이다. 미국은 유럽의 '사회 문제'를 잘 이해하지 못한다… 미국은 아시아의 사회적

투쟁의 역사를 모르기 때문에 그곳의 반동적인 정권들조차도 '민주적'인 것으로 착각하는 경향이 있다."[8]

저비스는 "장문의 전문(Long Telelgram)"의 장본인이자 대소봉쇄전략의 제안자인 조지 케넌(George Kennan)도 유사한 생각을 갖고 있었다고 말한다.

"제1차 세계대전 시 연합국들, 특히 미국은 타국의 내부적 갈등의 참혹함이나 폭력성을 이해할 수 없었다… 연합국 지도자들이 러시아 내전의 격정과 고통을 이해하지 못했던 이유 중 하나는 그들이 자국 국민들의 사회적 행동에서, 그리고 그 자신들의 의식 속에서 '악의 발현'이 주도면밀하게 매장되고 승화된 사회에서 살았기 때문이다. 이런 이유로 인해 우리가 외국 여행을 많이 하고 개방적이고 세계시민주의적 가치관을 갖고 있음에도 불구하고, 러시아와 같은 나라에서 일어나는 정치적 행태가 우리의 시야에 들어오지 못하는 것이다."[9]

국제관계나 타국들에 대한 의사결정자의 개념 형성에 기여하고 그들의 인식적 임계점의 수준에 영향을 미치는 두 번째 원천은 과

....

8 Louis Hartz. 1955, *The Liberal Tradition in America: An Interpretation of American Political Thought since the Revolution* (New York, NY: Harcourt, Brace & World), p. 306.

9 George Kennan. 1962, *Russia and the West Under Lenin and Stalin* (New York, NY: Little Brown & Co), pp. 142-43.

거의 경험이다. 즉, 행위자들은 과거의 경험을 통해 개념들을 형성한다는 것이다. 저비스는 이 가설을 정당화하는 사례로 조지프 케네디(Joseph Kennedy)를 들고 있다. 그가 인용한 윌리엄 카우프만(William W. Kaufmann)은 케네디의 인식이 얼마나 그의 경험에 따른 것이었는지를 다음과 같이 설명했다.

> "영국 주재 미국 대사 조지프 케네디는 증권거래위원회(Securities Exchange and Maritime Commissions) 위원장으로서의 과거 경력에 걸맞게 주 관심사가 경제 문제였다… 나치 정권의 혁명적 성격은 그가 쉽게 이해할 수 있는 것이 아니었다. 독일의 공격성을 경제적 관점에서 설명하는 것이 그의 논리에 맞는 것이었다. 그는 나치 독일이 불만이 가득하고 권위주의적이며 팽창주의적인 주된 이유가 독일의 경제가 어렵기 때문이라고 생각했다."[10]

영국 수상 챔벌린도 비슷한 맥락에서 묘사되어왔다. 그가 히틀러의 의도를 뒤늦게 파악할 수밖에 없었던 이유는 그의 개인적 배경이나 사업가로서의 경험에서 비롯된 것으로 그가 고도로 계산된 히틀러의 의도를 이해할 수 있는 능력을 결여했다는 것이다. 케네디와 챔벌린의 문제는 한국의 이명박 대통령에게도 적용될 수 있다. 예를 들어, 그가 제시한 대북정책인 "비핵개방 3000"에는 대기업 CEO 출신의 일방주의적·비즈니스적 사고방식이 짙게 스며들어 있

....

10 W. W. Kaufmann. 1963, "Two American Ambassadors: Bullitt and Kennedy," in Gordon Craig and Felix Gilbert (eds.), *The Diplomats*, Vol. III (New York, NY: Atheneum), pp. 573-574에서 재인용.

었다. 북한이 핵을 폐기하고 개방하면 10년 안에 북한 주민의 1인당 소득을 3000달러로 올려주겠다는 그의 제안은, "'비핵개방 3000'은 북한 정권이 아니라 북한 주민을 대상으로 하는 것"이라는 발언과 함께, 북한 지도부를 조롱하고 자극하여 정책적인 면에서 역화(backfire)했을 뿐이다. 또한 비핵 '이전'에는 아무것도 하지 않겠다는 의지를 시사한 것은 오히려 대북정책과 관련하여 5년간의 자승자박의 구호가 될 수 있는 것이었다. 이는 행위자들이 과거의 경험을 통해 개념을 형성한다는 저비스의 지적이 타당함을 보여주는 전형적인 사례라고 할 수 있을 것이다.

국제관계나 타국들에 대한 의사결정자의 개념 형성에 기여하고 그들의 인식적 임계점의 수준에 영향을 미치는 세 번째 원천은 국제관계의 역사이다. 즉, 개념들은 국제관계사에서 얻어지는 것이다. 저비스는 헨리 키신저를 인용하면서 유럽의 지도자들이 나폴레옹의 위협을 신속히 파악하지 못했던 이유가 그들이 경험한 국제관계사에서 기존의 체제를 수정하려는 행위자는 있었지만 체제를 전복하려는 행위자는 없었기 때문이라고 말한다.

국제관계의 역사가 개념들을 제공하는 더욱 중요한 맥락은 "역사적 트라우마"와 관련이 있다. '역사적 트라우마'는 타국의 이미지를 각인하는 역할을 하며 중대한 "역사적 유비(historical analogies)"로 사용될 수 있다. 유럽의 지도자들은 프랑스-프러시아 전쟁 이후 10여 년 동안 오토 폰 비스마르크(Otto von Bismarck)의 공격적 의도를 의심했다. 그러나 실제로 그의 주요한 외교안보의 목표는 팽창이 아니라 현상유지였다. 과거에 당한 뼈아픈 기억은 국가로 하여금 위험에 지나치게 예민하게 반응하도록 한다. 이게 과하면 조지 산타

야나(George Santayana)의 격언이 반전(反轉)될 수 있다. "과거를 기억하는 사람들은 정반대의 실수를 저지르게 된다."

트라우마는 의사결정과정에서 중요한 역사적 유비로 사용된다. 중요한 것은 역사적 유비가 상황에 대한 면밀한 분석이 이뤄지기 전에 사용된다는 점이다. 예를 들어, 북한의 남침 소식을 접한 트루먼 대통령의 최초 반응은 만주, 이티오피아, 오스트리아에 대한 침략을 떠올리는 것이었다. 그는 민주국가들이 일본군국주의자들, 무솔리니, 히틀러에 맞서지 않았기 때문에 간이 커진 그들이 결국 세계대전이라는 재앙을 일으켰다고 생각했다. 그러나 많은 역사적 유비 중 "어떤 것이 의사결정자의 마음속에 떠오르는가?" 사태 자체가 아닌 요소들 중 주목되어야 할 몇 가지가 있다. 첫째, 의사결정자가 익숙한 유비와 유사한 사건들의 수이다. 사건이 많으면 많을수록 그의 마음에 강하게 각인되게 마련인 것이다. 둘째, 의사결정자가 속한 정치체제에 과거의 사건이 미친 중요성이 얼마나 큰지의 여부이다. 셋째, 의사결정자가 과거의 사건에 개인적으로 관여한 정도이다. 그가 문제해결 과정에서 얼마나 자신의 시간, 정력, 자존심, 위상을 바쳤는지가 중요하다는 것이다. 이 요소는 사건이 의사결정자의 인지 구조에 영향을 미칠 뿐 아니라 그가 사태를 인식하는 방식과 그가 도출하는 학습 내용에도 영향을 미친다. 한국전의 발발로 미군을 파병하는 과정에 참여했던 사람들은 중국에 대한 핵무기의 사용을 고려했던 사람들과 중국에 보낼 메시지의 작성에 관여했던 사람들과는 다른 전쟁의 기억을 가지고 있다. 넷째, 유비가 의사결정자의 신념체계와 얼마나 부합하는지의 여부이다. 다섯째, 대안적인 개념들과 유비들의 부재이다. 타국의 의도와 관련해서 다수의 가능성을 인지하고 있는 의사결정자는 역사적 유비를 성급히 사용하지 않을 가능성이 높다. 국제정치의 역사가 짧은 미국과 같은 나라는 자국에 중요한 몇 개의 국제정치적 사건에 크게 영향을 받을 확률이 상대적으로 높다.

위에서 언급된 첫 번째 세 가지 요소는 사건이 오래전이 아니라 최근에 일어났을 경우 의사결정자의 인식 형성에 더 중요하게 작용한다는 것을 암시한다. 사건이 최근에 발생했다면 국가 지도자는 자신이 직접 참여하지 않았더라도 그것에 대해 직접적인 인식을 갖게 되는 것이다. 따라서 장군들이 마지막 전쟁을 하기 위한 준비를 한다면, 외교관들은 마지막 전쟁을 피하기 위한 준비를 한다고 말할 수 있다. 히틀러에 대한 영국과 프랑스의 대처 방식은 당시 지배적이었던 관념, 즉 제1차 세계대전은 오해에서 비롯되었고 선견지명을 갖춘 외교관들의 평화적 노력으로 방지되었을 수도 있다는 경험에서 비롯된 개념들로 설명될 수 있다. 마찬가지로, 냉전기 소련 및 중국에 대한 서방의 인식은 "유화정책은 히틀러를 억제하는 데 부적절한 정책이었다."라는 경험적 관점으로 설명될 수 있다.

연상감

저비스는 사람들이 정보를 인식하는 방식이 그들의 인지 구조와 타자들에 관해 자신이 가지고 있는 기존의 이론들뿐 아니라 그들이 정보를 접한 시점에 무엇에 몰두하고 있었는지에 영향을 받는다고 말한다. 인간은 "연상감(聯想感, evoked set)"으로 불리는, "현재적으로 활성화(presently active)되어 있는 기억"의 작은 부분으로 정보를 인식하고 판단한다. 저비스는 "연상감"을 쉽게 설명하기 위해 어두운 밤길을 걷는 상황을 가정한다. 어떤 사람이 공포영화를 관람한 뒤 어두운 밤길을 걷는다면 그의 인식은 코미디영화를 관람한 뒤 밤길을 걷는 사람의 인식과 다를 것이라는 설명이다. 그는 또 다른 예시로 국가교육제도의 개선 업무를 맡은 사람이 있다고 가정한다. 만일 누군가가 이 사람에게 "우리나라에는 경제발전이 필요해."라고 말한다면, 그는 이 사람이 교육에 관심을 갖고 있다고 생각하는 경향이 있다는 것이다. 같은 맥락에서 어떤 이가 정치안정에 대해 연구하고 있다면, 같은 말("우리나라에는 경제발전이 필요해.")을 듣고도 "아, 이 사람은 정치안정에 관심이 있구나."라고 생각하게 된다는 것이다. 아래에 제시된 가설 5, 6, 7은 "연상감"이 작동하여 오인을 만들어내는 경우이다.

가설 5: 메시지의 발송자가 수신자가 머릿속에 품고 있는 것과 다른 것을 생각하고 있다면 오해가 발생할 확률이 높다.

이 가설은 1941년 12월 일본의 진주만 공격과 관련된 것이다. 미국 정부의 여러 조직들은 일본의 의도와 관련된 자료들에 대해 서로 다른 인식을 가지게 되었는데, 그 이유는 그 조직들이 들어오는 정보를 매우 상이한 맥락에서 받아들였을 뿐 아니라 현장의 지휘관들이 워싱턴으로부터의 경고를 오해했던 데 있었다.

A는 B가 알지 못하는 다수의 유관 메시지를 보았다고 가정하자. 그러면 A와 B는 같은 메시지를 다르게 읽을 것이다. 이러한 간극은 A와 B가 상대방이 자신과 같은 정보나 배경지식을 가지고 있다

고 전제하면 더욱 증폭될 것이다. 이와 같이 오인은 기만이 의도적으로 자행되지 않는 상태에서도, 그리고 기만이 기대되지 않는 상태에서도 발생할 수 있다. 로베르타 울스테터(Roberta Wohlstetter)는 하와이 진주만의 미군 지휘관들이 자신들이 받은 일본의 기습과 관련된 정보를 상이한 맥락에서 받아들였을 뿐 아니라 워싱턴으로부터의 경고도 자기 위주로 해석하여 오인의 피해자가 되었다고 지적한다. 울스테터에 따르면, "워싱턴의 합참은 하와이 주둔 육군 사령관 월터 쇼트 장군에게 보낸 11월 27일자 전문에서 적대행위가 하시(何時)라도 발생할 수 있다면서 이에 대비할 것을 주문했다. 합참이 의미한 것은 미국 자산에 대한 외부로부터의 공격"이었다. 하지만 그는 워싱턴의 전문을 오해하여 현지 일본인들이나 첩자들에 의한 '파괴활동(sabotage)'에 대비하라는 의미로 받아들였다. 당시 그러한 파괴공작이 빈번했기 때문이다. 그는 항공기들을 감시가 용이하도록 밀집 배치했고, 일본의 항모에서 출격한 해군기들은 모여 있는 미국 항공기들을 손쉽게 폭격하고 파괴할 수 있었다.

이 가설의 또 다른 함의는 중요한 정보가 A국 정부의 일부와 B국 정부의 일부에만 알려져 있다면 외교 메시지를 보내는 정부의 일부와 받는 정부의 일부가 그들이 가지고 있는 정보에서 불일치가 발생할 경우 후자가 전자의 메시지를 오해할 가능성이 있다는 점이다. 즉, 메시지를 받는 측이 오인할 수 있다는 것이다. 미국의 드와이트 아이젠하워(Dwight Eisenhower) 정부 시절 소련에 대한 미국 정보기관의 정찰·감시 비행 활동에 대해 알고 있던 관리들은 그러한 활동에 대해 알지 못하고 있던 관리들보다 소련의 언행의 의미를 더 잘 이해할 수 있었다. 다시 말해, 그러한 정보를 갖고 있지 못한 미국 관리들은 소련의 언행을 "잘못 이해(misunderstand)"할 가능성이 있었다. 그러나 거꾸로 그러한 활동을 알고 있던 미국의 관리들이 소련이 미국의 정찰·감시 활동에 영향을 받고 있다고(또는 적어도 소련이 그것에 대해 알고 있다고) 잘못 판단함으로써 소련의 메시지를 잘못 해석할 가능성도 상존했다. 다시 말해, 정보를 갖고 있는 쪽이 정보를 갖고 있지 못한 쪽(미국이 감시하고 있다는 것을 모르던 소련의 관리들)을 해당 정보를 갖고 있다고 오해할 가능성 또한 오인을 야기할 수 있다는 것이다.

가설 6: 행위자들은 계획을 세우거나 의사를 결정하는 데 시간을 많이 투자하면 할수록 그 계획이나 결정의 의미를 명확하게 이해할 수 있다.

그는 자신에게 명확히 보이는 메시지를 타 행위자들에게 보낼 때 자신이 의도한 바가 그들에게도 똑같이 명확하게 이해될 것이라고 생각한다. 메시지를 보내는 행위자는 그 메시지에서 보아야 할 것을 정확히 알고 있고 타 행위자들도 그것을 알 것이라고 전제함으로써 타 행위자들이 그가 보는 대로 보지 않을 수 있다는 가능성을 간과하는 것이다. 이렇게 타 행위자들에 대한 오인은 자신이 오인할 가능성을 더욱 높이게 된다.

가설 7: 행위자는 특정 이미지를 투영하기 위한 자신의 행위가 기대된 효과를 내지 못할 때 그것이 그 행위가 계획대로 이뤄지지 않았기 때문이라는 것을 깨닫지 못하는 경향이 있다.

따라서 행위자의 행위가 상이한 인지 구조들과 배경들의 영향이 부재하는 경우에도 의도하지 않은 메시지를 전달할 수 있다. 예를 들어, 한 국가의 대표자들은 본국 정부의 훈령을 따르지 않음으로써 타국의 대표자들에게 그들의 본국 정부가 그 타국의 정부에 전하려는 바와 반대되는 인상을 줄 수 있다. 19세기 말 사모아 문제를 다루던 미국과 독일 양국의 외교관들 간에 분쟁이 발생한 적이 있었다. 그들은 본국 정부의 훈령과 다른 자신들의 견해에 따라 행동했다. 그러나 양국 정부는 타국 외교관들의 언행을 그들 정부의 공식적 입장으로 오해했다. 그 결과 사모아 분쟁은 격화되었고, 양국 정부 간의 불신이 심화되었다. 본국의 정부 지도자들은 자국의 외교관들이 당연히 본국 정부의 훈령을 따랐을 것이라고 잘못 전제한 탓에 상대국 정부의 공식 입장이 협력이 아니라 배반이라고 판단했다. 상대국 정부의 입장이 협력적이었음에도 불구하고 외교관들의 언행을 본국 정부가 오해하여 상대국 정부를 적대적으로 오인한 결과였다. 따라서 저비스는 외교관들이 본국의 훈령을 제대로 이행하고 있는지 본국 정부가 감시·감독할 필요성이 있음을 강조하고 있는 셈이다.

인식 주체의 관점에서의 추가적 가설들

가설 8: 정책결정자들은 타국이 실제보다 더 적대적이라고 보는 경향이 있다.

이 가설에 해당되는 정책결정자들은 이러한 경향성을 교정함으로써 자신들의 이익을 제고할 수 있음에도 그렇게 하지 않는다. 그들에게는 이러한 오인으로부터 발생하는 불필요한 군사적 긴장의 악순환의 확률과 그에 따른 비용이 합산된 것이, 타국이 우호적이라고 잘못 판단할 확률과 그에 따른 비용이 합산된 것보다 오히려 더 적게 느껴진다. 다시 말해, 낙관론에 빠져 타국의 속임수에 당하는 것보다 비관적인 관점에서, 즉 타국을 의심하는 것이 안전하다고 생각하고 행동하는 것이 오히려 이익이라고 오인한다.

이와 같이 이 가설은 '최악의 시나리오(worst case scenario)'를 상정하는 데 따른 오인과 관련이 있다. 저비스는 이 가설의 사례를 적시하고 있지 않지만 실은 우리의 일상생활에서 거의 매일 접하는 문제이다. 예를 들어, 한국의 정치인이나 안보전문가들의 일부는 "안보는 0.1%의 허점도 용납할 수 없는 영역이다."라고 말한다. 안보는 생존이 걸려 있는 문제이기 때문에 항상 최악의 시나리오를 상정해야만 한다는 것이다. 그러나 이러한 견해는 조금만 더 들어가보면 그야말로 큰 허점을 가지고 있음을 알 수 있다. 최악의 시나리오에 따라 행동하면 우리의 안보가 증가하는가? 국제정치에서 안보는 상대가 있는 게임이다. 따라서 내가 최악의 경우에 대비하기 위해 안보조치를 취하면 세계 차원의 공권력이 부재한 국제정치의 논리, 즉 "자구적 논리"를 따라야 하는 상대방은 당연히 나의 안보조치에 위협을 느끼게 될 것이다. 양국 간의 불신이 국제정치의 일상적인 수준보다 높은 경우에는 그 위협인식도 상응한 정도로 증폭될 것이다. 따라서 상대방도 위협에 대처하고 생존하기 위해 같은 정도로 또는 더한 안보조치를 취할 가능성이 높다. 이렇게 진행되면 군비경쟁이 되고, 결과적으로 나의 안보조치는 애초의 목적과 달리 안보가 증진되기는커녕 오히려 감소되는 결과를 산출하게 된다. 사회학자나 국제정치학자들은 오래전부터 "말이 씨가 된다."는 이러한 "자기실현적 예언(self-fulfilling prophecy)의 위험성"[11]을 지적해 왔다.

정책결정자들은 타국이 실제보다 더 적대적이라고 보는 경향이 있다. 그리고 그들은 타국을 의심하는 것이 안전하다고 생각한다. 이것이 최악의 시나리오의 함정이다. 아파트 고층에 사는 사람들이 추락할 가능성에 대비하기 위해 출근할 때마다 또는 등교할 때마다 낙하산을 매고 엘리베이터를 타지는 않는다. 저비스는 오인 또는 오인이 배태된 극단적인 선택과 결정이 야기할 수 있는 재앙의 위험성을 지적하고 있다. 저비스가 이 가설을 통해 주는 교훈이 있다면 국가들의 안보 정책은 일방적인 최악의 시나리오가 아닌 (잠재적) 침략국의 의도와 능력, 그리고 자국의 동원 가능한 역량에 대한 정확하고 입체적인 판단에 기초해야 한다는 것이다.

가설 9: 행위자들은 타 행위자들이 일관되고 통일성 있는 정책에 따라 실제보다 더 통제되어 일사분란하고 더 조직직으로 행동한다

....

11 개인이 가진 믿음이나 편견, 기대, 미래에 대한 예상이나 예언이 실제 현실에서 충족되는 방향으로 일어나는 현상을 '자기실현적 예언'이라고 한다. 로버트 머튼은 집단의 사회역학에 대해 가상의 은행 부도 사태를 예로 들었다. 건실한 지역의 은행에 어느 날 특별한 이유 없이 많은 고객이 방문하고 그 장면을 목격한 어떤 고객이 은행의 재정 상태에 문제가 생겼을까 불안해하며 돈을 인출한다. 은행이 파산할 수 있다는 소문이 퍼지고 결국 은행은 부도가 난다는 것이다. '자기실현적 예언'은 '피그말리온 효과(Pygmalion effect)'로 불리기도 한다.

고 전제하는 경향이 있다.

저비스에 따르면, 의사결정자들은 상대국의 정책이 내부적 흥정이나 오해의 결과일 가능성 또는 관리들이 정부의 훈령을 따르지 않았을 가능성을 평가절하하는 경향이 있다. 상대국의 정책결정과정에 대한 무지가 원인 중 하나이다. 다른 한편, 정책결정자들은 상대국의 최종적 정책만을 보면서 그 정책을 합리성의 원칙에 기초하여 분석하는 것이 더 쉽다고 본다. 상대국의 선택을 합리적 선택이라 전제한다는 것이다. 그들은 이러한 접근법이 쉽게 사용될 수 있고 비용이 덜 들기 때문에 선호하는데, 저비스는 그에 따르는 오인의 비용이 더 클 수 있다고 경고하고 있다. 저비스의 입장에서 앨리슨의 합리적 행위자 모델은 의사결정자에게 오인을 일으킬 수 있는 위험한 렌즈이자 손전등이다.

가설 10: 국가는 타국의 정책과 관련된 정보를 주로 그 해당 국가의 외교부로부터 얻기 때문에 외교장관이 정부를 대표한다고 보는 경향이 있다.

이 가설도 앨리슨의 합리적 행위자 모델의 오인 유발 가능성을 지적하고 있다. 즉, 국가를 "단일체"로 보는 전제가 위험할 수 있다는 말이다. 저비스는 정부 내의 부처 간에 균열이 있는 경우 또는 외교부가 구체적인 정부의 승인 없이 행동하는 경우 외교부의 입장은 정부의 입장이 아닐 수 있다고 지적한다. 저비스의 사례를 보면, 러시아 혁명으로 집권한 볼셰비키는 독소정전협정에 서명하고 소련군을 전선에서 철수시켰다. 소련군의 이탈로 인한 전력의 공백을 메꾸기 위해 영국과 프랑스는 동부전선에서 일본 및 미국과의 군사협력을 요구했다. 미국은 신중한 입장이었다. 대규모 파병으로 이어질 것을 우려했기 때문이다. 그런데 1918년 연합국 측 정부들이 일본이 미국의 동의 없이 영국과 프랑스의 동의만 확보한 상태에서 자국이 필요하다고 판단되는 경우에 대비해서 시베리아에서의 작전을 준비하고 있다고 오해하는 일이 발생했다. 그 이유 중 일부는 연합국 대사들이 위와 같은 정책을 지지하는 일본 정부 내의 소수파에 속한 모토노 이치로(本野一郎) 외상과만 주로 소통했기 때문이다. 모토노 외상은 데라우치 총리의 승인을 받지 않고 미국에 파병 여부를 타진했다. 미국은 이것이 일본 정부의 입장이라고 판단했다. 미국은 일본의 야심을 간파했다고 보았고, 이로 인해 양국 관계는 악화되었다.

가설 11: 행위자들은 타 행위자들이 바람직하게(자신이 원하는 대로) 행동하는 경우 그것이 자신들의 행동에 대한 타 행위자들의 반응이라고 착각하는 경향이 있다. 그러나 타 행위자들의 행동이 바람직하지 않은 경우에는 그것이 타 행위자들 내부의 문제에서 기인한다고 본다.

타 행위자의 행동의 결과가 첫 번째 행위자에 대한 공격이나 위협으로 나타날 경우, 첫 번째 행위자는 그러한 행동이 타 행위자의 목적이라고 믿기 쉽다. 그러나 타 행위자로부터 바람직한 결과가 나타나면 그건 첫 번째 행위자의 영향 때문이라고 믿는다. 첫 번째 행위자가 그렇게 생각하는 것은 "좋은 결과를 내가 이끌어냈다."라는 만족감을 제공할 뿐 아니라, 가설 9의 이면을 보면 알 수 있듯이 첫 번째 행위자가 타 행위자에 가해진 자신의 행동에 대해서는 잘 알고 있지만 그것이 타 행위자에 미쳤을 다른 영향들에 대해서는 잘 모르기 때문이다. 저비스는 첫 번째 행위자가 타 행위자의 적대적 행위는 자신의 행동에 대한 반응이 아니라 타 행위자 자신의 동기에 의해 설명될 수 있다고 보는 경향이 있다고 했는데, 이러한 맥락에서 챔벌린 영국 수상은 히틀러의 (바람직하지 않은) 행동이 영국이 취약하다는 그의(히틀러의) 믿음과 연관되어 있었다고는 보지 않았다고 말했다. 다시 말해, 바람직하지 않은 히틀러의 행동은 자신의 행동(영국의 유화적인 태도)에 대한 반응이 아니라 히틀러의 (야심찬) 동기에 따른 것이라고 판단했다는 것이다(그러나 히틀러는 뮌헨에서 챔벌린을 만났을 때 영국이 약하다고 느꼈고 영국이 자신의 행동을 제어하려 하지 않을 것이라고 확신했다). 보다 흔하게 발견되는 오인은 첫 번째 행위자가 타 행위자의 반응이 자신에 대한 공포에 기인했다는 것을 깨닫지 못한다는 것이다. 이러한 오인은 '자기실현적 예언'이나 오인-적대행위 간의 악순환을 야기할 수 있다. 가설 11에서 제기된 오인의 문제는 가설 12가 가지는 함의에 의해 증폭될 수 있다.

가설 12: 행위자들이 자신의 의도를 숨기려 하지 않는 경우 그들은 타 행위자들이 그러한 자신의 의도를 명확히 인식한다고 전제하는 경향이 있다.

행위자들이 타 행위자들이 반응하는 자신의 이미지가 행위자들 자신이 투영한다고 생각하는 이미지보다 훨씬 더 바람직하지 않은 이미지일 수 있다고 믿는 경우는 거의 없다. 한 국가가 타 국가가 자국을 어떻게 인식하는지를 알기는 매우 힘들다. 자신의 이미지가 어떻게 인식되는지를 잘 모르기 때문이다. 자신은 모범적 또는 우호적이라고 생각할 수 있으나 상대는 그렇게 생각하지 않는 경우가 많다. 레이먼드 손태그(Raymond Sontag)에 따르면, 제2차 세계대전 이전에 영독관계가 악화되었는데 그 이유를 부분적으로 "영국은 자신을 이기적이라거나 독일의 '정당한' 영토확장"을 수용하지 않으려는 주체로 보일 수 있다고 생각하지 않았고, 독일은 자신을 공격적이라거나 영국의 '정당한' 기득권을 받아들이지 않으려는 주체로 보일 수 있다고 생각하지 않았다."는 점에서 찾을 수 있다.

가설 13: 행위자가 타 행위자에게 자신이 위협으로 보일 수 있다는 것을 믿기 어렵다면, 그가 자신에게 중요한 이슈가 타 행위자에게는 중요하지 않다는 것을 이해하는 것은 더욱 어렵다.

행위자가 타 행위자는 적이라는 것을 아는 경우일지라도 타 행위자가 전적으로 다른 게임, 즉 행위자가 생각하고 있는 게임이 아닌 전적으로 다른 게임을 하고 있다는 것을 인식하는 것은 어렵다. 이는 그가 하는 게임이 그에게 사활적으로 중요한 경우라면 특히 그러하다. 저비스는 가설 13에 대한 역사적 사례를 제공하지 않지만, 적절한 사례는 충분하다. '상호확증파괴(Mutual Assured Destruction)'를 상정한 ABM조약(Anti-Ballistic Missile Treaty)에 위배되는 미사일방어체계의 구축을 선언한 조지 부시 대통령과, 빌 클린턴 정부의 대북정책으로 「페리보고서(Review of United States Policy Toward North Korea: Findings and Recommendations)」를 작성한 윌리엄 페리(William Perry)가 비교·대조될 수 있다. 부시는 미국이 결코 타국을 위협하거나 이유 없이 공격한 적이 없고 그렇게 하지도 않을 것이기 때문에 자신이 구축하려는 미사일방어체계는 순수하게 방어용일 수밖에 없으므로 자위 차원에서 당연히 그것을 보유할 권리를 갖는다고 보았다. 그러나 페리는 「페리보고서」에서 "미국의 정책은 미국이 원하는 북한(as the U.S. might wish it to be)이 아니라 있는 그대로(as it is)의 북한을 대상으로 해야 하며, 상호위협감축(mutually reducing threat)의 개념에 기초해서 북한과 협상을 시작해야 한다."라고 적시했다. 특히 '상호위협감축'에서 '상호'라는 개념은 미국이 타국을 위협하지는 않지만 타국은 미국으로부터 위협을 느낄 수 있다는 점을 인정하는 것이었다.

페리가 제시한 "있는 그대로의 북한"과 "상호위협감축"이라는 개념은 역지사지(易地思之)로 요약될 수 있다. 특히 후자는 미국의 외교정책이나 북미관계의 역사를 되돌아볼 때 진정으로 획기적인 개념이었다. 1630년 존 윈스럽(John Winthrop) 목사가 아벨라(Arbella) 선상에서 처음 주창한 이래 케네디, 레이건, 오바마(Barack Obama) 등 미국의 정치 지도자들은 신약성서의 산상수훈에 나오는 "산중 도시(city upon a hill)"를 모범적 평화애호국인 미국의 정체성의 상징으로 간주하고 큰 의미를 부여했다. "하나님이 보시기에 타의 모범이 되는 미국"은 결코 타국을 위협하는 주체가 될 수 없었다. 그러나 클린턴 대통령이 승인한 페리의 상호위협감축이라는 개념은 미국이 북한을 위협하지 않지만 북한이 미국으로부터 위협을 느낄 수 있다는 점을 인정함으로써 미국의 외교 전통과 규범에 일대 혁신을 가져온 것이었고, 이러한 역지사지로의 전환은 북미관계를 효율적으로 관리할 수 있는 관념적 수단이 되었다.

역지사지라는 「페리보고서」의 기본 정신과 원칙은 현실주의 국제정치학자 한스 모겐소의 외교 9원칙에 정확히 부합한다.

> "외교는 십자군적 정신으로부터 벗어나야만 한다… 외교는 정치적 상황을 타국의 관점에서 보아야 한다. 자기본위(自己本位, self-partiality)의 극단처럼, 그리고 타국이 자연스럽게 희망하거나 두려워하는 것에 대한 고려의 결핍처럼 국가에 치명적인 해는 없다."[12]

모겐소는 정치력과 영향력을 최대화하는 길이 일방적 힘의 사용이 아니라 자국 목표의 자제에 있다고 주장했고, 타협을 가능하게 하는 역지사지의 원리를 강조했으며, 권력투쟁이 이익추구라는 사실을 망각한 채 절대진리를 위한 선악의 투쟁이라고 생각하는 십자군적 정신의 위험성을 엄중히 경계했던 것이다. 역지사지의 중요성은 서양뿐 아니라 동양에서도 성공적 거버넌스의 핵심 덕목으로 간수되었다.

> "내가 남을 그토록 사랑했는데 사랑해준 그가 나를 친하게 생각지 아니 하면 나의 인(仁)을 반성하라. 내가 사람을 다스렸는데 다스려지지 아니 한다면 나의 지(智)를 반성하라. 내가 남에게 예를 다했

12 Morgenthau(1973), pp. 542-543.

는데 그가 나에게 응당한 보답을 하지 않으면 나의 경(敬)을 반성하라. 행하여 내가 기대한 것이 얻어지지 않을 때는 항상 그 원인을 나에게 구하라(愛人不親反基仁 治人不治反基智 禮人不答反基敬 行有不得者皆反求諸己)."[13]

맹자는 치수(治水)에 성공한 우(禹)와 농업의 신으로 숭배된 후직(后稷)을 논하면서 "우 임금은 천하에 물에 빠지는 이가 있으면 자기가 치수를 잘못해서 그가 물에 빠졌다고 생각했고, 후직은 천하에 굶주리는 자가 있으면 자기의 잘못으로 그가 굶주린다고 생각해서 백성 구제를 급하게 여겼다."라고 말했다. 역지사지가 문제해결의 근본이라는 지적인 셈이다.

저비스의 가설 13은 가설 12(의도를 숨기려 하지 않으면 타국은 그것을 명확히 인식한다고 전제하는 경향)와 함께 인간이 역지사지를 하기 어렵다는 점을 일깨워준다. 인간은 정의롭고 평화를 애호하며 타인에게 관용적인 자신을 타인이 잘 인식할 것이라고 믿기 때문에 자신이 의식하지 못할 수 있는 언행이나 능력 자체가 타인을 위협할 것이라고 생각하지 않는 경향이 있다. 하지만 타인의 입장에서 보면 나의 무해한 자위적인 조치가 위협적이고 공격적이라고 오인할 가능성이 있는 것이다.

저비스의 가설 12, 13은 스티븐 월트(Stephen Walt)의 '위협균형론(balance of threat theory)'에 대한 문제제기에 이론적 기초를 제공하고 있다. 월트는 월츠의 구조주의적 세력균형론을 변형해서 국

....

13 맹자 (임자헌 옮김). 2019, 『맹자』 이루편(離婁編)(서울: 루페).

가들의 동맹 행위가 힘의 관계보다는 위협인식에 더 큰 영향을 받는다는 논리를 제시했다. 그는 위협인식을 구성하는 요소로 국가의 총체적 능력(영토의 크기, 인구의 규모, 경제능력 등), 지리적 근접성, 공격적 능력, 공격적 의도를 꼽았다. 월트의 네 가지 위협인식 요소 중 가장 중요한 것은 "공격적 의도"이다. 그에 따르면, 냉전기 미국과 소련에 차이가 있었다면 그것은 소련과 달리 미국이 "공격적 의도"를 갖고 있지 않았다는 점이다. 유사한 능력에도 불구하고 미국이 국가들 사이에서 인기가 있었다는 주장이다. 그러나 이는 행위자가 선의를 가지고 있다고 생각하면 타국들이 그것을 잘 인식할 것이라는 오인의 전형적인 사례이다.

월트가 주장하듯이 1980년대에 이르러 미국이 소련보다 다른 국가들 사이에서 더 인기가 있었다면 그것은 당시 미국의 압도적인 경제력과 군사력이 주요 요인이었을 가능성이 더 높다. 공권력이 부재한 국제정치에서 미국의 선의보다는 미국이 제공하는 경제원조나 군사적 압박이 더 큰 효과를 냈을 것이라는 말이다. 미국이 위협하지 않았고 다른 국가들이 위협을 느끼지 않았다면 120개국의 비동맹운동이나 UN 내에 결성된 그룹-77은 어떻게 설명할 수 있는가? 역사는 강대국의 공격적 의도의 존재 여부가 국가의 동맹 행위를 결정하는 주요 변수가 될 수 없음을 보여준다. 저비스에 따르면, 한 국가가 타국을 공격할 의도가 없다고 생각하면 그것이 타국에 그대로 인식될 것이라는 근거 없는 전제는 현실과 다를 뿐 아니라 정책적으로 위험하기까지 하다.

가설 14: 행위자들은 자신들의 이론을 지지하는 증거가 다른 이론을 지지할 수도 있다는 사실을 간과할 수 있다.

우리는 2개의 이론 중 어떤 것이 타당한지를 판단하기 위해서는 경험적 검증을 해야 하며, 따라서 어떤 이론이 사실을 제대로 설명할 수 있는지의 여부, 즉 이론의 경험적 일치 여부에 주목해야 한다. 그러나 많은 사람들은 몇 개의 사실을 들이대며 자신의 이론이 검증되었다고 주장한다. 그러나 그들은 자신의 이론을 지지하는 사실이 그와 반대되는 이론도 지지하고 있다는 사실을 간과하기 쉽다. 따라서 우리가 특정 정보가 가설을 지지한다고 말할 때 그것이 단순히 우리가 그 가설을 참이라고 믿고 있기 때문에 그런 것은 아닌지, 그리고 그 특정 정보가 상당한 타당성을 가지고 다른 가설을 지지할 수 있다는 것을 잊지는 않았는지 주의해야 한다.

저비스에 따르면, 나치독일이 노르웨이를 공격했을 때 노르웨이와 영국은 기습을 당했다고 느꼈다. 양국은 독일의 함정들이 노르웨이를 향해 항해하고 있음을 탐지했지만 기습을 당했다고 느낀 것이다. 그 이유 중 하나는 양국이 독일의 움직임(항해)은 공격이 아니라 영국의 해상봉쇄를 타파하고 대서양으로 진출하려는 시도일 것이라고 생각했던 탓이다. 독일 함정들의 초기 항로는 이 두 가지 시도 모두를 지지하는 것이었다. 그러나 영국과 노르웨이는 독일 함정들의 항해가 자신들이 예측한 대로 이루어질 것이라고 판단했다. 이는 그들의 해석이 잘못되었다는 것을 의미한다기보다는 정책결정자들이 특정 증거(북쪽으로의 항해)가 해상봉쇄의 타파뿐 아니라 노르웨이에 대한 공격을 의미할 수도 있다는 점을 고려했어야 했고 그들이 갖고 있던 이론들을 지나치게 자신해서는 안 되었다는 점을 말해준다. 적어도 독일 함정들이 같은 항로를 더 많이 항해할 때까지 판단을 유보했어야 했다. 이 가설은 사실과 증거의 판단 문제와 관련하여 다른 사례들에도 적용될 수 있다. 히틀러가 주데텐란트(Sudetenland)에 대한 독일의 권리를 주장했을 때 그의 이러한 행동에 관한 두 가지 가설 모두가 타당할 수 있었다. 즉, 그의 행동은 그가 끝없는 영토적 욕심을 가진 야심가라는 근거일 수도, 모든 독일인을 통합하기를 원하는 민족주의 지도자라는 근거일 수도 있었다. 그러나 비독일인들에 대한 그의 행동(비독일인 지역인 체코를 침공한 일)은 그의 의도를 확인해준 증거가 되었다. 바로 이 행동이 "히틀러는 저지되어야 한다."라고 당시 유화론자들이 결심하게 된 이유였다.

가설 14는 정책결정과정에서 발생하는 오인이 야기할 수 있는 문제를 지적하고 있지만, 사실은 진리나 진실에 접근하려는 다양한 사회(과학)적 접근법의 타당성 여부와 직접적인 연관성이 있는 중대한 진술이다. 사람들은 학자들이 "사실만을!" 말할 것을 요구한다. 물론 이는 거짓이나 허구를 거부하는 타당한 요구이다. 그러나 우리가 알아야 할 것은, 예를 들어 2명의 학자가 서로 충돌하거나 정반대인 가설을 내세우면서 그것이 사실에 의해 입증된다고 각각 주장해도 반박하기 어렵다는 점이다. 왜냐하면 학자들이 사실들을 어떤 공간과 시간에 취하느냐에 따라 상반된 가설 모두가 지지될 수 있기 때문이다. 사실들은 복잡하고 중층적이며 복합적인 모습으로 분포되어 있다. 일부 학자들은 자신의 가설을 지지하는 일부 사실들만 취하여 자신의 가설이 입증되었다고 주장한다. 국제정치이론 중 '세력균형론(balance of power theory)'과 '세력전이론(power transition theory)'이 전형적인 예이다. 전쟁의 원인과 관련하여 전자는 세력균형이 깨졌을 때, 후자는 세력균형이 형성될 때 전쟁이 발발할 가능성이 높다는 정반대의 가설을 제시하고 있다. 그리고 양측의 이론가들은 자신들의 이론을 정당화하는 역사적 사례들을 충분히 제공하고 있다. 정반대의 논리가 동시에 경험적으로 수용될 수는 없다. 둘 다 틀린 이론일 가능성이 높다. 그러나 사람들은 이 두 가설이 경험적 증거를 가지고 있고 두 가설 모두 그럴듯하다고 믿는다.

이 맥락에서 "고난도 테스트(hard test)"의 개념이 중요하다. 앞서 말한 대로, 경험의 세계는 특정 사실에 대한 어떠한 해석도 정당화할 수 있는 자료와 증거를 제공할 만큼 충분히 복합적이고 무제한적이다. 따라서 경우에 따라서는 서로 충돌하거나 모순적인 견해나 해석이 경험적 증거를 제시하며 공존할 수 있다. 이러한 면에서 가설을 정당화하기 위해 그것과 부합하는 경험적 사례 몇 개를 제시하는 '저난도 테스트(soft test)'는 경험적 검증의 방법으로 정당화될 수 없다. 사가(史家)가 객관성을 유지하려면 '고난도 테스트'를 수용해야 한다. 예를 들어, 역사가 카가 오래전에 제시했듯이 영국 "빅토리아 시대의 영국인들이 도덕적이고 이성적인 존재였다."라고 기술하고자 할 때에는 1850년의 '스톨리브리지 웨이크스(Stalybridge Wakes)' 사건, 즉 생강빵을 팔던 한 상인이 사소한 문제로 인해 결국 화난 군중에게 맞아 죽은 일을 반드시 함께 평가하고 기술해야 한다. 비슷한 맥락에서, 국제제도가 국가 간의 협력을 가져올 수 있다는 국제관계의 제도주의적 해석을 검증하려면 북유럽의 사례만 동원해서는 안 되고 역사적·전략적 불신에 기초한 안보 딜레마가 지배적인 동북아시아의 경우 또한 검증 대상에 포함해야 한다.[14]

오인 모델과 그 이후

저비스는 2017년 기존의 오인 모델을 이론적·역사적으로 더욱 풍요롭게 하고 정책적 함의를 보강한 『국제정치에서의 인식과 오인(*Perception and Misperception in International Politics*)』을 출간했다.[15] 그러나 그는 85쪽에 달하는 서문에서 "정치심리학에 상당한 발전이 있었으나 원래 모델이 갖고 있던 문제의식과 자신이 의도한 통찰력에는 달라진 것이 없다."라고 적었다. 저비스가 2017년 판에서 강조한 몇 가지 개념에 대해 요약해보면, 첫째, "국제관계에서의 희망적 사고"가 있다. "확증 편향(confirmation bias)"은 행위자의 기존 신념들과 일치하는 정보를 찾고 그 선상에서 정보를 해석하는 경향성을 뜻한다. 사람들은 특히 중대한 문제이거나 자기와 연관된 이슈와 관련된 정보를 처리할 때 자신의 신념을 지지하는 방식으로 처리하는 경향이 있다.

국제정치에서의 "인지적 부조화(cognitive dissonance)"는 자신이 가진 신념과 전제가 새로운 정보에 의해 도전받을 때 발생한다. '여우와 덜 익은 포도송이' 또는 '여우와 신 포도'로 알려져 있는 이솝 우화가 전형적인 예이다. 포도 덩굴에 달린 포도를 따려고 여러 번 시도했지만 결국 따지 못한 여우가 "저건 신 포도일 거야."라고 중얼거린다는 이야기이다. 못 따 먹은 것을 안 따 먹은 것이라고 자신을 속이는 자기기만의 좋은 예이자 인지적 조화 상태로 인위적으

....

14 박건영(2020), p. 36.

15 Robert Jervis. 2017, *Perception and Misperception in International Politics* (Princeton, NJ: Princeton University Press).

로 돌아가려는 인간의 심리적 자기방어기제를 드러내주는 촌철적(寸鐵的) 우화이다. 저비스에 따르면, 의사결정자들은 이와 같은 "선택적 노출(selective exposure)"을 통해 인지적 부조화를 완화시키려고 노력한다. 그들은 자신의 내적 갈등을 최소화하기 위해 자신이 갖고 있는 모든 정보를 최대한 사용했다고 자위하고, 자신에게 주어진 자원들을 합리적으로 활용했다고 애써 믿으며, 자신이 선택하지 않은 행동의 이점과 선택한 행동의 비용을 평가절하하며, 상황이 변했어도 한번 거부한 목표나 대안은 다시 검토하려 들지 않는다. 저비스에 따르면, 이러한 인지적 부조화를 줄이기 위한 '선택적 노출'의 과정이 반복되면 명백한 반박 증거가 존재하지 않는 한 특정한 신념이나 태도(현실에서 작동하지 않거나 오작동하는 신념과 태도)에 대한 의사결정자의 집착이 강화된다. 이러한 "부조화 완화 부메랑(boomerang dissonance reduction)"은 심리학의 학습이론이 예측하는 것과 반대되는 결과를 산출한다. 인지적 부조화를 일으키는 정보는 행위자들이 새로운 정보를 받아들여 행동을 조정하거나 기존의 신념과 태도를 수정하도록 유도하지 않으며, 오히려 그것들에 고집스럽게 매달리게 만든다. 이와 같이 인지적 부조화의 주요 결과는 학습을 거부하는 "반학습(anti-learning)"이다.

우리가 논의한 여타 모델들과 마찬가지로 저비스의 오인 모델도 비판의 대상이 되어왔다. 가장 자주 제기되는 문제는 오인 모델이 "권력으로 정의되는 이익"을 둘러싼 현실주의적 갈등의 압도적인 중요성을 무시하는 경향이 있다는 것이다. 저비스의 모델이 소개된 직후 루돌프 러멜(Rudolph J. Rummel)은 "갈등과 같은 사회적 행위의 유형을 오인과 연관 짓는 것은 이익, 필요, 도덕, 기질 등 수많은 현실주의적 요인을 과소평가하는 우를 범할 수 있다."라고 지적했다.[16] 이런 종류의 이론적 편향성에 대한 지적은 지속되고 있다. 또한 일단의 비판가들은 저비스가 주장하는 것처럼 국제정치나 외교정책결정과정에서 오인이 그렇게 많이 발생한다면 국제정치학자들은 과연 국제정치에서 "규칙적인 패턴을 발견할 수 있을 것인가?"라는 질문을 던진다. 만일 패턴을 발견할 수 없을 정도로 오인이 많이 발생한다면 국제정치이론이 존재하는 이유는 무엇인가? 규칙적 패턴의 부재로 인해 이론화가 불가능하고, 따라서 국가 행위에 대한 설명이나 예측이 불가능하다면 국제정치학은 쓸모가 없는 관념적 유희가 아닌가? 위와 같은 질문은 오인 모델의 취지를 왜곡하는 측면이 있지만, 비판의 통찰력은 대체적으로 인정되고 있다. 아서 스타인(Arthur Stein)은 오인의 단순한 발생이 오인하는 의사결정자에 대한 "언뜻 보기에 확실한 증거(prima facie)"로 지나치게 자주 사용된다고 비판했다. 나아가 그는 오인이 국제갈등을 설명한다면 국제협력은 어떻게 설명할 수 있는지에 대해 의문을 제기한다.[17]

오인 모델의 가설들과는 별도로 '오인 방지책'의 현실성에 대한 비판도 제기되고 있다. 예를 들어, 오인 모델에서는 '악마의 변호인'의 중요성이 강조되는데 우리가 이미 집단사고 모델에서 보았듯이 이러한 역할이 오인을 줄이는 데 얼마나 효과적인지는 의문이라는 것이다. 대개의 경우 '악마의 변호인'은 발언은 하도록 허용되지

....

16 Rudolph J. Rummel. 1976, *Understanding Conflict and War* (Hoboken, NJ: John Wiley & Sons), p. 88.

17 Arthur A. Stein. 1982, "When Misperception Matters," *World Politics*, Vol. 34, No. 4 (July): 505-526.

만 결국 주변화되거나 의사결정과정에서 퇴출되기 때문이다. 아마도 가장 근본적인 문제제기는 저비스가 인식과 오인에 관한 통합적이고 체계적인 이론을 제시하지 못했다는 비판일 것이다. 사실 오인 모델을 체계화하려는 노력이 없었던 것은 아니다. 잭 리비(Jack Levy)는 오인의 유형을 개념화하고 오인이 특정조건하에서 어떻게 전쟁과 연관되는지, 특히 그러한 분석에 개재되는 개념적(예를 들어, 오인에 대한 정의)·방법론적(오인과 전쟁 간의 인과관계) 문제들에 천착하고 또 성과를 냈다.[18] 그에 따르면, 전쟁의 발발과 직접적으로 관련이 있는 오인은 적 또는 제3국의 능력과 의도에 대한 오인이며, 오인과 전쟁 간의 이론적 연계는 군사적 과신, 강압외교나 유화책과 같은 실패한 전략들, 갈등의 소용돌이나 군비경쟁, 선제공격, 전쟁 준비의 실패, 전쟁 억지 시도의 실패 등과 같은 개입변수들을 포함한다. 이렇게 여러 비판이 있으나, 오인에 관한 체계적 이론화 작업은 저비스가 2017년에 인정했듯이 현재 진행 중이라고 보아야 할 것이다.[19]

오인 모델에 제기되는 비판이 모두 전적으로 타당한 것은 아니다. 저비스는 비판가들의 지적과는 달리 국제정치나 외교정책결정과정에서 오인이 최고로 유력한 변수라기보다는 간과되고 있는 변수라고 말하고, 국제정치에서 패턴이 발견되지 않을 정도로 오인이 많이 발생한다기보다는 무시할 수 없는 정도로 일어나는 의미 있는 현상이라고 지적한다. 이론화가 더딘 것이 오인 모델에만 해당되

....

18 Jack S. Levy. 1983, "Misperception and the Causes of War: Theoretical Linkages and Analytical Problems," *World Politics*, Vol. 36, No. 1 (October): 76-99.

19 Jervis(2017), pp. xxi-xxii.

는 것도 아니다. 그러나 오인 모델의 의미는 그것이 당시 국제정치 이론이나 외교정책결정론에 제공한 이론적 통찰력의 관점에서 파악되어야 한다. 요컨대, 저비스의 오인 모델은 의사결정자들의 인식과 이해가 어떻게 형성되는지, 구체적으로 그들이 어떻게 타 행위자들과 자신들에 대한 이미지를 만들고 사용하는지, 그리고 정책을 결정할 때 어떻게 역사적 비유를 사용하는지 등에 빛을 비춰줌으로써 지배적 패러다임이 보여주지 못하는 '어두운 부분'을 보여준다는 점에서 국제정치학이나 외교정책결정론에 획기적인 기여를 했다고 간주될 수 있다.

대통령성격 모델

Presidential Character Model

우리는 앞서 그레이엄 앨리슨의 세 가지 관념적 모델을 필두로 '손전등 3(양면게임 모델)', '손전등 4(집단사고 모델)', '손전등 5(전망이론)', '손전등 6(운용코드 모델)', '손전등 7(오인 모델)'을 거쳐 이제 '손전등 8'이라고 부를 수 있는 '대통령성격 모델'에 당도했다. 지금부터 살펴볼 이 대통령성격 모델은 대통령의 성격이 그의 의사결정에 큰 영향을 미친다는 이론이다. 다시 말해, 이 모델은 인간의 인지적 편향(cognitive bias)이나 한계로 인해 발생하는 비합리적 또는 비최적적(suboptimal) 의사결정을 조명하는 행동경제학·심리학적 이론들과는 달리 인간의 속성(human qualities)이나 특성들의 집합(sum of the characteristics)이라고 할 수 있는 성격(personality)이 의사결정에 미치는 영향에 주목하는 이론이다.

미국이나 한국과 같은 대통령중심제하에서의 대통령의 권한은 가히 "제왕적"이다. 거기에는 이유가 있을 것이다. 한국의 경우 일제의 식민지, 미군정, 한국전쟁, 군부독재와 권위주의 등 독특한 정치 역사와 정치과정의 산물로 볼 수 있다. 미국의 헌법 제정자들은 초대 대통령 조지 워싱턴(George Washington)을 신뢰하여 그가 이 직책의 정의(定義)를 만들어나갈 수 있도록 그에게 상당한 운신의 폭을 허용했다. 미국이 겪은 수많은 전쟁과 경제위기 때문에 연방정부와 대통령의 역할과 권한을 증대할 필요가 있었던 것이다.

대통령의 권력은 당연히 국민의 일상생활에 지대한 영향을 미친다. 물론 한국과 미국은 민주국가이므로 의회와의 협력 또는 의회 내의 협상과 타협이 중요한 개입변수로 작용하지만, 이명박 정부의 4대강 사업, 2020년 문재인 정부의 부동산 정책, 오바마 정부의 건강보험(the Affordable Care Act) 정책 등에서 보듯이 대통령의 강력한 이니셔티브에서 비롯된 정치과정은 시민들의 삶과 관련한 기본적인 득실구조와 그것에 대한 계산을 바꿔놓을 수 있다. 최고사령관(commander-in-chief)으로서의 대통령의 영향력은 외교안보국방의 영역에서 더욱 부각된다. 예를 들어, 한국의 대통령은 북한을 주적으로 보고 억지나 고립의 대상으로 규정할 수 있거나 같은 북한을 평화와 통일을 위한 협상 상대로 보고 포용이나 관여의 대상으로 간주할 수 있다. 이러한 대통령의 결정에 따라 한국의 외교안보국방은 물론 국내 정치와 경제, 사회문화적 관계는 크게 달라질 수 있다. 미국의 대통령들은 "공산주의의 확산을 차단하기 위해" 반제국주의 투쟁 또는 내전의 성격을 갖고 있던 베트남전에 대한 개입과 확대 결정을 내렸고, 이것은 결국 제2차 세계대전 후 미국이 주도하여 구축한 국제통화금융질서(Bretton Woods system)의 와해에 일조했으며, 정치적으로는 "미국인들의 악몽"으로 귀결되어 '미국의 자존심'

에 큰 생채기를 냈다. 미국 대통령들의 결단으로 이루어진 "중공"과의 관계정상화는 현재 미국인들의 구체적인 경제적, 문화적, 정치적 삶에 직간접적으로 지대한 영향을 미치고 있다. 또한 이라크나 아프가니스탄에 대한 일련의 결정들은 미국의 관점에서만 보더라도 전대 미문의 막대한 인적·물적 비용을 치르게 하고 있다.

대통령의 권력이 국민의 삶에 미치는 이와 같은 절대적 영향력을 고려하면 "최고의 대통령"을 뽑는 일은 최대의 국민적 관심사이자 시민적 의무이다. 그렇다면 우리는 대통령을 뽑을 때 무엇을 기준으로 삼는가? 대개의 경우 언론의 보도와 칼럼, 유세와 토론회, 가족 및 지인들과의 소통을 통해 정보를 얻고 이를 종합하여 판단을 내리게 된다. 그런데 최대 권력을 위한 투쟁이다 보니 유권자의 판단을 흐리게 하고 진실을 왜곡하는 '가짜 뉴스'나 중상모략이 난무한다. 유권자들이 이해하기 어려운 복잡한 이슈일 경우 그 영향력은 더욱 두드러진다. 한편 유권자들은 지연과 학연에 따라, 미국의 경우 인종적 괘선에 따라 "정해진 표"를 던지기도 하고, 후보가 보여주는 카리스마나 감성적 연출에 현혹되어 자신의 참정권을 "제대로" 행사하지 못하는 경우도 있다.

그러면 이렇게 선출된 대통령은 자신을 지지했던 사람들의 기대를 충족시키고 있는가? 대통령성격 모델의 고안자인 제임스 바버(James Barber)는 이에 대해 회의적이다. 적지 않은 사람들이 자신의 판단이 잘못되었다고 후회한다는 것이다. 그들은 왜 후회하는 것일까? 바버는 유권자들이 최고의 대통령을 뽑으려면 그가 대통령이 된 후 어떻게 행동할 것인지를 미리 알고 표를 던져야 한다고 주장한다. 그것을 어떻게 알 수 있는가? 바버에 따르면, 대통령이 실제로 어떻게 행동할지를 미리 알기 위해서는 유권자들이 표를 던지기 전에 대통령 후보를 "하나의 전체적 인격체(whole person)"로 놓고 판단을 잘해야 한다. 즉, 투표자들은 특정 후보가 시민적 덕성을 얼마나 갖고 있는지, 공약이 얼마나 매력적인지, 특정 당파나 정치노선을 얼마나 강하게 대변하는지 등에 주목하기보다는 그가 우리들과 같이 하나의 인간으로서 난해한 문제들을 만났을 때 얼마나 잘 해결할 수 있을지를 판단의 기준으로 삼아야 한다는 것이다. 바버는 대통령이 그러한 임무를 잘 수행할지의 여부는 그의 개인적인 캐릭터(character), 세계관(world view), 그리고 정치 스타일(political style)에 크게 좌우된다는 이른바 대통령성격 모델을 제시하고 있다. 물론 투표자들은 짧은 대선기간의 유세에서 그의 속성을 쉽게 파악할 수 없다. 후보자들은 자신의 성격 중 부정적으로 간주되는 것은 감추고 긍정적이라고 생각되는 것은 뻥튀기를 할 것이기 때문이다. 따라서 바버는 유세장에서 나오는 각종 잡음을 제거하고 각 후보의 언행에서 규칙적으로 발견되는 일정한 패턴을 찾아내는 것이 중요하다고 말한다. 그러한 패턴을 찾아내면 미래의 대통령이 그의 직책(Presidency)으로부터 받을 스트레스와 맞닥뜨린 다양한 경우의 우연들에 어떻게 대처할지를 알 수 있다는 것이다. 아래에서 상술하겠지만, 바버에 따르면 이러한 패턴은 미래의 대통령이 후보가 되기 전에 이미 대부분 형성되어 있다. 캐릭터는 유아기에, 세계관은 청소년기에, 그리고 정치 스타일은 성인 초기에 대부분 형성된다는 것이다.

대통령의 성격은 그의 성과를 빚어낸다

바버의 저작 『대통령의 캐릭터(*The Presidential Character*)』의 제1장 제1절의 제목은 "성격은 대통령의 성과를 빚어낸다(Personality shapes performance)."이다.[1] 바버에 따르면, 대통령이 어떤 이슈에 대해 갖는 감정적 몰입의 정도와 질은 그가 그 이슈 자체를 어떻게 정의하는지, 그가 그 이슈에 얼마나 주목하는지, 그 이슈를 다루는 데 어떠한 사실들과 인물들이 적절하다고 보는지, 그리고 마지막으로 어떠한 원칙과 목적으로 그 이슈에 접근하는지 등에 크게 영향을 미친다. "감정적 몰입(emotional involvement)", 이것은 성격에서 나온다.

바버에 따르면, 성격이 대통령의 성과에 영향을 미치는 주요 요인 중 하나이지만 그 성격의 구성요소들이 한 인격체 내부에서 이분법적으로 또는 일률적으로 존재하는 것은 아니다. 어떤 대통령이 권위주의적이라고 할 때 그가 그러한 성격만 가지고 있는 것이 아니라는 말이다. 따라서 성격은 하나의 경향성이다. 예를 들어, 우리는 어떤 대통령이 다른 대통령이 가지고 있지 않은 어떤 근본적 특성(characteristic)을 갖고 있다고 말할 수는 없다. 습성(trait)을 단순한 하나의 소유물로 취급하는 전통적인 접근법은 공격성(aggressiveness), 순응성(compliancy), 초탈성(超脫性, detachment) 등 인간의 다양한 욕망의 보편성을 간과하고 있는 셈이다. 우리는 누구나 이들 모두를 갖고 있다. 다만 양적인 차이가 있을 수 있고 각 사람마

....

1 James David Barber. 1992, *The Presidential Character: Predicting Performance in the White House* (New York, NY: Prentice Hall).

다 어떤 요소를 얼마나 가지고 있는지, 또 그것들이 어떤 비율로 결합되어 있는지의 차이가 있을 뿐이다.

바버는 성격이 대통령의 성과를 결정하는 요인이라고 말하지는 않는다. 그는 크게 보아 대통령의 성과를 결정하는 요인은 '계산'과 '감정'이라고 제시한다. 대통령의 모든 정책결정과 관련된 모든 이야기는 사실상 이 두 가지라는 것이다. 합리적 인간이 계산하는(calculates) 외적 측면과 감정적인 인간이 느끼는(feels) 내적 측면의 이야기가 그것이다. 이 두 가지 측면은 영원히 연결되어 있으며 결코 분리될 수 없다. 현실 세계에서는 어떠한 대통령이든 하나의 온전한 유기체이자 인격체이고, 그가 행동에 옮기는 것들은 그의 이러한 "온전성(his wholeness)"을 반영하는 결과물이기 때문이다.

대통령의 성과를 결정하는 것이 합리적 사고능력과 성격이라면 전자는 바버의 1차적 연구대상이 아니므로, 그의 이론을 이해하기 위해서는 일단 그가 정의한 성격이 무엇을 의미하는지를 알아야 할 것이다. 바버에 따르면, 성격은 캐릭터, 세계관, 스타일의 세 가지 요소로 구성된다. 아래에서는 그가 이러한 성격의 요소들을 어떻게 정의하는지 살펴보기로 한다.

먼저, 대통령의 행동 패턴에서 가장 잘 드러나는 부분은 스타일이다. 스타일은 대통령이 자신의 세 가지 정치적 역할—"수사(修辭, rhetoric)", "사적 관계(personal relations)", "숙제(homework)"—을 수행하는 습관적인 방식이라고 할 수 있다. 스타일은 맵시라든가 카리스마라든가 외모라든가 하는 것과는 다르다. 스타일은 대통령이 자신의 직(職)이 요구하는 행동들, 예를 들어 국민에 대한 직접적 발언 또는 미디어를 통한 간접적 발언, 다른 정치인들과의 대화나 논쟁, 그리고 자신의 책상에 쌓이는 다양하고 수많은 업무를 처리하기 위해 읽고 쓰고 계산하는 일 등을 어떻게 해나가는가와 관련이 있다. 대통령은 저마다 독특한 방식으로 이러한 일을 해나간다. 어떤 대통령은 수사를, 어떤 대통령은 관계를, 또 어떤 대통령은 숙제를 상대적으로 더 중시할 수 있다. 즉, 어떤 대통령은 대화나 토론을, 어떤 대통령은 사적인 관계나 네트워크를 통한 협상을 중시할 수 있고, 또 어떤 대통령은 문제를 깊이 이해하기 위해 숙제나 공부에 에너지를 집중할 수도 있는 것이다. 한국의 경우 노무현은 수사나 토론, 김영삼은 인간관계, 김대중은 숙제나 공부를 중시하는 대통령이었다. 미국의 경우 오바마는 수사, 존슨과 레이건은 관계, 카터 대통령은 숙제를 중요시하고 즐겨하는 정치적 스타일을 갖고 있었던 것으로 보인다.

두 번째로, 대통령의 세계관은 그가 갖고 있는 제1차적인, 그리고 정치적으로 현실성이 있는 신념들, 특히 그가 보는 사회적 인과관계, 인간의 본성, 당대의 도덕적 갈등 등을 말한다. 세계관이야말로 그가 세상을 보는 관점이고, 그가 보는 것들에 대한 오래 지속되는 견해이다. 어떤 대통령은 세상이 약육강식이라고 볼 수 있고, 어떤 대통령은 그래도 정의와 도덕이 살아 있다고 볼 수도 있다. 바버는 스타일이 "행동하는 방식"이라면 세계관은 "보는 방식"이라고 말한다. 대통령은 일반인들과 마찬가지로 일생을 통해 정치현실에 대한 특정 개념이나 관념을 발전시켜나간다. 정치에서는 어떤 것이 잘 먹히고 어떤 것은 잘 먹히지 않는지, 인간 또는 정치인이란 대체 어떤 존재인지, 삶의 궁극적 목적은 무언인지에 대해 고찰하고 고민하면서 나름대로의 정치적 신념을 형성하고 발전시켜나가는 것이다. 그의 이러한 신념이나 관념은 혼란스럽게 보이는 현실에 일정한 질서를 부여하는 프리즘과 같은 역할을 함으로써 그가 세계를 "나름대로" 이해하는 데 도움을 준다.

세계관이 대통령의 성과에 중요하게 작용한다면, 그것은 아마도 그가 주목해야 하는 부분을 지시(指示)해주기 때문일 것이다. 정치란 결국 "어디에 주목하는가"와 직결된 문제이다. 정치는 "이걸 해라, 저걸 해라(Do this, do that)"와 관련된 것이라기보다는 "여길 봐!"에 관한 것이다.

세 번째로, "캐릭터"라는 단어는 "새긴다"라는 그리스어에 어원을 두고 있다. 어떤 면에서 보면 캐릭터는 삶이 한 인격체에 새겨진 것이라고 할 수 있다. 삶이 남긴 흔적인 것이다. 캐릭터는 대통령이 삶에 대해 갖는 방향성으로, 잠깐 보였다 사라지는 것이 아니라 지속적으로 존재한다. 캐릭터는 사람이 세상을 경험할 때 나오는 일종의 태도이다. 캐릭터의 중심부에서는 한 인간이 그 자신에 직면해 있다. 여기서 인간은 자기 자신을 정면으로 마주하는 것이다.

캐릭터의 핵심은 "자존감(self-esteem)"이다. 당신은 자신을 사랑하는가, 그리고 높이 평가하는가? 아니면 그 반대인가? 이와 같은 자존감의 형성은 캐릭터의 발전에 가장 중요한 부분이다. 바버에 따르면, 대통령의 자존감은 그에게 가장 중요한 개인적 자산이다. 자존감을 방어하고 증강하기 위해 그는 자신이 가치 있게 여기는 다른 많은 것들을 기꺼이 포기할 것이다. 그만의 내밀한 내면적 세계에서 그는 스스로를 어떻게 볼까? 그는 자신을 탁월한 인물로 볼까? 아니면 평범한 인물 또는 하찮은 인물로 볼까? 이도 저도 아니면 그저 어정쩡한 인물로 볼까? 대통령이라면 어느 누구도 스스로를 믿지 못하여 온몸이 굳어버리는 경우는 없다. 하지만 한밤중에 깨어 남몰래 낯뜨거워 해본 경험이 없는 대통령도 없다. 실제의 대통령은 모두 이 둘 사이에 존재한다. 강점이 있으면 약점이 있는 것이다. 이에 못지않게 중요한 것은 이들 대통령이 자신을 어떤 기준에서 평가하는가이다. 예를 들어, 성과지향적 관점에서 자신을 평가하는 대통령은 내세울 업적이 있는 한 인기나 사랑을 잃는다 해도 거의 영향을 받지 않을 것이다.

캐릭터, 세계관, 그리고 스타일은 '하나의 전체로서의 개인'의 현실에서 발현된 추상적 개념인데, 각 개인에게 이 추상적 개념들은 하나의 통합된 패턴을 형성한다. 그는 자존감에 대한 자신의 욕구를 충족시키기 위해 "동기(motives)", "신념(beliefs)", "습관(habits)"으로 구성된 하나의 통합되고 역동성을 가진 자신만의 심리적 기제나 장치를 발전시켜나가는 것이다. 이것들은 성격에 통합되어 있다. 이와 같이 그의 성격에 통합되어 있는 동기, 신념, 습관은 대통령의 캐릭터, 세계관, 그리고 스타일에 상응하여 그것들을 정치현장에서 구동하는 기본 요소이다.

권력 상황과 기대들의 기후(power situation and climate of expectations)

바버는 위에서 말했듯이 대통령의 성과를 결정하는 요인이 '계산'과 '성격'을 포함한다고 말했다. 성격이 무엇이고 그것이 어떻게 작동하는지에 대해 이해했으므로, 우리는 바버가 '계산'이 어떻게 대통령의 성과에 영향을 미치는지를 설명한 내용을 살펴보자. 대통령의 계산은 그가 처해 있는 '권력 상황'과 그에게 쏠리는 국민적 기대에 영향을 받는다.

바버에 따르면, 대통령의 캐릭터는 그가 직면해 있는 권력 상황과 끊임없이 공명(共鳴, resonate)하게 된다. 권력 상황은 그의 행동을 바꾸도록 요구하고, 그도 '권력 상황'을 자신의 입장에 맞게 바꾸려고 노력한다. 그의 임기 동안 상호적인 적응과 조정의 과정이 지속되는 것이다. 대통령이 다루어야 하는 권력 상황은 구체적으로 국민의 여론, 이익집단의 압력, 의회 내에서의 정당 간 힘의 균형, 최고 법원의 판결 등이라고 할 수 있다. 대통령은 성향에 따라 권력 상황에 다르게 대처할 수 있다. 예를 들어, 활동가적 대통령은 저항의 벽에 부딪혀 "피를 흘리기도 하고" 작전상 후퇴하여 보다 나은 정치환경이 마련될 때까지 기다리며 기회를 엿보기도 한다. 관리형 대통령은 절호의 기회가 찾아와도 그것을 자신의 정치적 이익을 위해 활용하지 않고 그냥 흘려보낼 수도 있다. 그러나 대통령과 그를 둘러싼 권력주체들 간의 역동적인 정치적 관계로서의 권력 상황은 그가 직면해 있는 구조적 제약이자 동시에 그가 속해 있는 정치체계가 작동하기 위한 필수적인 요건이다.

대통령의 인기나 지지도는 그의 성과에 지대한 영향을 미친다. 그러므로 대통령은 위에서 언급한 권력 상황뿐 아니라 자신에게 집중되는 국민적 기대에도 어떻게든 대처하지 않으면 안 된다. 바버는 이러한 국민적 기대를 "기대들의 기후(climate of expectations)"라고 개념화했다. 대통령에 대한 국민적 기대, 즉 기대들의 기후를 구성하는 요소는 "대통령이 우리의 문제들을 잘 해결해줄 것"이라는 국민적 안도감, "대통령은 우리 모두의 지휘관으로서 미래를 앞장서 개척하고 있다."는 진보와 행동의 분위기, 그리고 "대통령은 정치꾼이 아니고 도덕적 이상주의를 실현하려는 지도자"라는 정치적 정당성과 연결되어 있다. 물론 이러한 요소들의 중요성은 고정되어 있지 않고 시대가 변함에 따라 상응하여 변화한다. 그러나 중요한 것은 특정한 시점에서의 '기대들의 기후'가 특정한 시점에서 대통령이 호흡해야 하는 "정치적 공기(political air)"라는 점이다. 이러한 '기후'에 대처하고 적응하는 일은 대통령의 주요 업무 중 하나이고 그의 성과를 결정하는 주요 요인이다.

대통령을 예측하다

캐릭터, 세계관, 스타일, 권력 상황, 그리고 기대들의 기후, 이 다섯 개의 개념이 바버가 미국 대통령들의 성과를 설명할 때 사용한 관념적 도구이다. 이것이 그의 연구의 핵심 뼈대이며 이것을 통해 복잡성이 단순화되어 대조와 비교가 가능해진다. 그런데 앞서 언급했듯이 바버의 초점은 대통령의 성격이 어떻게 그의 성과를 빚어내는가 하는 질문에 맞춰져 있다. 그리고 대통령의 성격은 그가 대통령 후보가 되기 전에 형성된 것이므로 바버의 초점은 대통령의 과거가 어떻게 그의 미래를 예측하는 데 중요한 단서가 될 수 있는지를 밝히는 데 맞춰져 있다. 그에 따르면, 대통령의 성격을 구성하는 캐릭터, 세계관, 스타일을 가장 잘 예측하는 방법은 그가 처음에 어떻게 그러한 것들을 형성하게 되었는지를 알아보는 것이다. 특히 어린 시절의 삶은 "실험적"이다. 이 시기에 사람들은 의식적으로든 아니든 자존감을 정의하고 유지하며 강화시키는 다양한 방법을 시도해본다. 사람들은 자신이 누구인지, 그리고 자신이 얼마나 잘해나가고 있는지에 대한 단초를 찾기 위해 주변 환경에 주목한다. 이렇게 해서 얻어진 삶의 교훈들은 서서히 성격으로 자리 잡는다. 자신에 대한 특정한 이미지와 평가들, 세상을 보는 특정한 방식, 그리고 특정한 행동양식이 경험에 의해 굳어지게 되면, 그는 그러한 것들을 점차적으로 자기 것으로 받아들이게 된다. 우리가 그러한 발전의 과정을 들여다볼 수 있다면, 그러한 과정의 결과물, 즉 후보의 성격을 이해할 수 있게 된다. 그중에서도 특히 대통령의 능력과 성과와 관련된 성격의 측면에 주목할 필요가 있다.

바버에 따르면, 성격의 형성과 관련한 실험적 발전은 일생 동안 계속된다. 인생의 중년기에도 변화가 있을 수 있다. 리처드 닉슨의 경우가 전형적이다. 그러나 기본 패턴을 어린 시절의 삶에서 찾는 것이 훨씬 쉽고 정확하다. 그 이후에는 많은 잡음이 대통령의 성격이 드러나는 것을 방해하고 간섭할 수 있다. 특히 모든 정치인이 인위적이고 의도적으로 이미지 만들기에 열중하기 때문에 그의 성격을 포착하고 파악하는 것은 상대적으로 더 어렵다.

바버는 일반적으로 캐릭터는 유아기에, 세계관은 청소년기에, 그리고 스타일은 성인 초기에 대부분 형성된다는 심리학의 이론을 활용한다. 바버가 캐릭터라고 부르는, 삶에 대한 사람의 태도는 그의 신체와 주변의 객체들뿐 아니라 부모, 형제, 자매, 그리고 친구들과의 관계 형성 과정에서 이루어진다. 아이는 서서히 자신의 경험에 대한 정향(orientation)을 정의해나간다. 그리고 이것이 일단 정립되면 향후 많은 모순과 충돌에도 쉽사리 바뀌지 않는다.

세계관에 대해 이야기해보자. 아이는 청소년기에 이르기까지 사람들이 어떻게 자신의 세상을 의미 있게 만드는지를 듣고 보면서 이제 그 자신—그 자신의 의미들—을 주변의 객체들과 연관 짓게 된다. 그의 관심은 미래로 향하고, 스스로 자신의 운명에 대해 여러 가지 결정을 내려야 한다는 것을 알게 되며, 그러한 결정들을 내리기 위한 삶의 기본 전제들을 살피게 된다. 세상이 돌아가는 방식, 그 속에서 사람들이 살아가는 모습들, 그리고 인간은 과연 무엇이며 나는 그들과 같은가 아니면 다른가, 사람들이 공유하는 가치는 무엇이고 나는 그러한 가치들을 그들 속에서 어떻게 공유할 것인가에 관한 생각들 등이 유아기를 벗어나 성인이 되기 전 상태인 청소년기의 사람들이 갖는 전형적인 관심사이다. 그리고 이것들이 대통령을 포함하여 일반 사람들의 세계관을 형성하는 요소이다.

이러한 주제들은 성인 초기에 이르러 강력하게 다가온다. 그동안 생각과 고민만 하던 인격체가 드디어 책임이 따르는 행동을 하고 추상적인 스타일을 실제로 적용할 시기가 되었기 때문이다. 수많은 자서전이나 회고록에 기록되어 있듯이 이 시기야말로 인생 전반에서 가장 명백히 부각되는 시점이다. 바로 세상의 수면 위로 떠오르는 시간, 젊은이가 자기 자신을 발견하는 시간인 것이다. 바버는 이 시점을 "첫 번째 독립적인 정치적 성공(first independent political success)"이라고 부르며 대통령의 성격 분석과 관련하여 큰 의미를 부여하고 있다. 이 시점에 그는 자기 가족의 세세한 지침들에서 벗어나고, 이 시점에 그의 자존감이 극적으로 동력을 받으며, 이 시점에 비로소 그는 타인에 의해 인식되는 하나의 인격체가 되는 것이다. 그가 이 시절에 성공적으로 일을 행했던 방식은 그에게 더없이 중요하다. 대개의 경우 사람은 어떤 스타일이 몸에 배면 그 스타일을 계속 유지하게 된다. 수많은 세월이 지난 후 그가 대통령이 되었을 때 그의 내면의 어떤 것이 이러한 이전의 좋았던 기억을 끄집어내고 당시 그것을 가능하게 했던 바로 그 스타일을 다시 한번 선택하게 되는 것이다.

바버에 따르면, 캐릭터는 사람들의 세계관과 스타일에 핵심적인 동력과 포괄적인 방향을 제시하지만 그것들을 결정하거나 고정시키지는 않는다. 성장과 발전의 이야기는 유아기가 끝나는 데서 끝나지 않는다. 유아기 이후 그가 자라온 문화, 그리고 부모와 친구들이 그 문화를 어떻게 해석하느냐 하는 것이 그가 자신의 캐릭터에 어떤 의미를 부여하는지를 결정짓는다. 세계관은 학습되고 그 학습이 그가 어떤 캐릭터로 발전할지를 결정하는 데 영향을 준다. 따라서 강박적인 성격은 반동적·수구적 신념을 동반한다든지, 순응적인 성격은 타협의 가치를 높게 평가한다든지 하는 것이 늘 진실은 아니다.

스타일도 유사하다. 시공간적 상황은 어떤 행동을 실행하도록 역할을 하기도 하고 다른 행동이 실행되지 못하게 막기도 한다. 예를 들어, 어떤 젊은이가 분노하고 있다고 가정하자. 그가 아무리 화가 났더라도, 분노를 밖으로 표출하기 위해서는 그것을 알릴 일정한 플랫폼과 그의 분노를 들어줄 청중이 필요하다. 이와 같이 스타일은 그 자체로 위상과 독립성을 갖는다. 모든 설명을 바탕에 깔려 있는 성격에서 찾으려는 학자들은 이와 같이 나중에 상황에 맞춰 큰 역할을 하는 스타일의 중요성을 간과할 수 있다. 뿌리 위에 있는 것은 가지이지만, 가지는 뿌리와 같지 않다. 토대 위에는 상부구조가 존재하지만, 상부구조는 토대가 아니다. 요컨대, 시작이 끝을 결정하는 것은 아니다.

바버의 논점은 아래와 같이 요약될 수 있다. 첫째, 대통령의 성격은 그의 성과를 빚어내는 핵심 요인 중 하나이다. 둘째, 대통령의 성격은 패턴화되어 있다. 즉, 그의 캐릭터, 세계관, 스타일은 하나의 통합되고 역동적인 패키지 속에 결합되어 있다. 셋째, 대통령의 성격은 '권력 상황' 및 '기대들의 기후'와 소통하고 공명한다. 그가 이것들과 성공적으로 소통하고 공명하는지의 여부는 성격과 함께 그의 성과가 어떨지를 결정하는 주요 요인이 된다. 넷째, 대통령의 캐릭터, 세계관, 스타일을 가장 잘 예측할 수 있는 방법은 그것들이 "처음" 어떻게 형성되었는지를 들여다보는 일이다. 그것은 인생 초기에 일어나며 그의 '첫 번째 독립적인 정치적 성공'에서 절정에 이른다. 그러나 바버의 이론에서 결정적으로 중요한 요소는 대통령으로서의 삶에 대한 그의 기본적 태도라고 할 수 있는, 대통령의 캐릭터가 네 가지 유형으로 분석될 수 있다는 그의 방법론적 전략이다.

네 가지 대통령의 캐릭터 유형

바버의 대통령성격 모델은 대통령의 캐릭터를 분류하는 2개의 기준선을 제시한다. 하나는 대통령이 그의 "일"에 얼마나 많은 에너지를 투입하는지를 측정하는 '능동-수동(activity-passivity)'의 기준선이다. 린든 존슨은 "인간 사이클론"과 같이 엄청난 에너지의 소유자로 해가 지고도 한참 지나서야 비로소 휴식을 취하는, 일밖에 모르는 사람이었다. 반면에 캘빈 쿨리지(Calvin Coolidge)는 11시간을 자고도 낮잠을 자야만 하는 인물이었다. 한국의 대통령은 거의 모두 능동성의 캐릭터를 가진 것으로 판단된다. 정도의 차이가 있다면 노무현, 박정희, 김대중 대통령이 보다 능동적이고, 이명박, 노태우, 박근혜 대통령이 상대적으로 덜 능동적이라 할 수 있을 것이다.

바바에 따르면, 이 두 극단 사이에 대부분의 대통령의 능동성의 정도가 자리한다. 그러나 능동적인 성격의 소유자가 반드시 좋은 대통령이 되지는 않는다. 그리고 수동적인 성격의 대통령이 반드시 재앙을 가져오는 것은 아니다. 능동성과 수동성은 아래에서 논의될 다른 하나의 기준선과 어떻게 결합되는지에 따라 정확한 의미가 부여될 수 있다.

첫 번째 기준선은 '능동성-수동성'이었다. 다른 하나는 대통령이 자신의 활동을 긍정적으로 보는지, 아니면 부정적으로 보는지를 측정하는 "긍정-부정(positive-negative)"의 기준선이다. 이 기준선은 대통령이 자신이 하는 일에 대해 어떻게 "느끼는가"를 측정한다. 상대적 관점에서 말하자면, 대통령이 자신의 정치적 삶의 주요한 결과들과 관련하여 행복해하는지 아니면 불행해하는지, 즐길 만하다고 생각하는지 아니면 좌절감을 느끼는지, 긍정적으로 보는지 아니면 부정적으로 보는지 등이 평가되는 것이다. 바버가 이 책에서 찾는 감정 또는 느낌은 성공적 임무 완수에 따른 표면적 만족감이나 어떤 철학적 결론이 아니다. 핵심은 이것이다. 그는 자신이 "정치적 삶을 즐기고 있다(fun)."는 느낌을 사람들이 알아차릴 정도로 긍정적인 태도를 발산하는가? 프랭클린 루스벨트 대통령의 전쟁부 장관이었던 헨리 스팀슨(Henry Stimson)은 루스벨트 부부에 대해 다음과 같이 기록했다.

> "그들은 권력의 용도에 대해 잘 이해하고 있었을 뿐 아니라 권력의 즐거움도 아는 사람들이었다. 권력을 부담스러워 하는 사람이냐, 그것을 즐길 줄 아는 사람이냐. 책임감의 늪에 빠져 있는 사람이냐, 책임감에 의해 오히려 자유를 누리는 사람이냐. 타인이나 외적인 힘에 의해 억지로 움직이는 사람이냐, 혹은 자기가 그들을 움직이는 사람이냐. 이것이 바로 지도력의 본질이다."

'긍정-부정'의 기준은 이와 같이 인간과 그의 경험 간의 감정적 일치 여부를 보여주는 일반적 징후이다. 만족도를 재는 지표인 셈이다. 바버에 따르면, 자신의 직책과 일에 대해 재미를 느끼고 만족하는 대통령은 일단 좋은 대통령으로서의 조건을 갖춘 셈이고, 재미를 못 느끼고 만족하지 못하는 대통령은 좋은 대통령이 되기 어려운 유형에 속한다. 바버는 긍정 유형에 속하는 미국 대통령으로 프랭클린 루스벨트, 해리 트루먼, 존 케네디, 지미 카터, 제럴드 포드 등을 꼽았다. 부정 유형에 속하는 미국 대통령은 우드로 윌슨, 허버트 후버(Herbert Hoover), 린든 존슨, 그리고 리처드 닉슨을 포함한다. 한국 대통령의 경우 김영삼, 김대중은 전자에, 박정희, 노태우, 이명박, 박근혜는 후자에 속한다고 봐야 할 것이다.

이제 바버가 사용한 유형 분류법의 타당성 문제를 이야기해보자. 바버는 성격 유형을 구분할 때 왜 위와 같은 단순한 2개의 차원을 사용하는가? 이유는 이 2개의 차원이 모든 인간의 삶에 대한 정향의 두 가지 핵심적 특징을 보여주기 때문이다. 성격에 관한 거의 모든 심리학적 연구는 '능동-수동'의 대조가 결정적으로 중요하다는 점을 우리에게 알려주고 있다. 능동적으로 행동하느냐, 다른 요소에 의해 행동의 지배를 받느냐 하는 것은 지배-예종, 외향-내성, 적극-소심, 공격-방어, 투쟁-도주, 관여-철수, 접근-회피 등과 같은 개념의 또 다른 방증이다. 우리는 일상생활에서 우리가 접촉하는 사람들의 에너지를 쉽게 감지한다. 유사한 맥락에서, 우리는 정서적 관점에서도 사람들이 낙관적인지 또는 비관적인지, 희망적인지 또는 회의적인지, 기쁜지 또는 슬픈지 등을 쉽게 알아챌 수 있다. 이 두 차원의 기준은 그 자체로 명확할 뿐 아니라 상호 독립적이다. 말하자면 매우 능동적이지만 동시에 심리적으로 위축되어 있는 사람들도 있고, 매우 수동적이지만 동시에 만족하며 사는 사람들도 있다는 것이다. 행동의 기준은 그가 행하는 것에 관한 것이고, 정서의 기준은 그가 하는 일에 대해 그가 어떻게 느끼는가에 관한 것이다. 물론 이 두 가지가 성격을 구분하는 데 정교한 잣대가 되지는 못한다. 그러나 심리학 연구에서는 오랫동안 이러한 네 가지 성격 패턴이 중요한 기준으로 사용되고 있다. 바버는 이러한 심리학적인 이론적 바탕하에 대통령의 캐릭터 패턴을 2×2 도식으로 표현하고 있다.

'능동-긍정형(active-positive type)'

업무에 활동적이며 동시에 직과 권력을 즐기는 조화와 일치가 존재하기 때문에, 이 유형의 캐릭터의 소유자는 상대적으로 자존감이 높고 자신을 둘러싼 환경과의 관계가 비교적 성공적이다. 이러한 유형의 캐릭터의 대통령은 생산성에 높은 가치를 부여하며 자신의 스타일을 유연하고 순응적이며 쌍방향적으로 사용할 줄 아는 능력을 중시하는 정향을 보여준다. 말하자면 이러한 캐릭터의 소유자는 "자신의 춤을 음악에 맞춘다(suiting the dance to the music)." 그는 자신을 비교적 잘 정의된 개인적 목표를 향하여 계속 발전해나가는 사람으로 인식한다. 그에게 자기 자신의 이미지는 아직 도달하지는 못했지만 반드시 도달할 그 목표를 향하여 계속 향상되는 존재라고 할 수 있다. 또한 그는 이성과 합리성을 중시하며 "발을 움직이기 위해 두뇌를 사용해야 한다(using the brain to move the feet)."라고 믿는다. 그러나 이러한 성격적 정향은 그를 곤란에 빠뜨리기도 한다. 정치의 불합리성을 이해하지 못할 수 있기 때문이다. 그가 관계하고 접촉하는 모든 사람들은 "그가 보는 것처럼 세상을 보지는 않는데", 그는 그 이유를 이해하기 어려울 수도 있다.

'능동-부정형(active-negative type)'

이 유형의 캐릭터에는 상대적으로 열정적인 노력과, 노력에 비해 상대적으로 낮은 감정적 보상감 사이의 모순과 갈등이 존재한다. 이러한 캐릭터의 소유자에게 행동은 "강박적(compulsive)"인 측면을 가지는데, 마치 무엇인가 결핍된 것을 채워야 한다든가 걱정으로부터 도피하기 위해 일에 매진한다든가 하는 식이다. 그의 야심은 대단하고 위로 올라가기 위해 전력을 다한다. 그는 권력을 쉼없이 좇는다. 자신을 둘러싼 환경에 대한 그의 태도는 공격적이다. 그러나 그는 자신의 이러한 공격적 감정을 통제하는 데 어려움을 겪는다. 그가 자신에 대해 갖는 이미지는 모호하고 일관성이 없다. 삶은 권력을 획득하고 유지하기 위한 힘겨운 투쟁이다. 그의 완벽주의는 이러한 투쟁을 더욱 어렵게 만든다. 지나칠 정도로 활동적인 '능동-부정형'은 정치체계에 에너지를 불어넣지만, 그것은 "내부에서부터 이미 왜곡된 에너지(energy distorted from within)"이다.

'수동-긍정형(passive-positive type)'

이러한 유형의 캐릭터의 소유자는 수용적이고 순응적이며 타자중심의 정향을 갖고 있다. 그의 삶은 "애정을 찾는(search for affection)" 과정이다. 그는 개인적으로 자기주장이 강하지 않고 동조적이며 협력적이다. 그는 이에 대한 보상으로 타인의 사랑과 칭찬을 기대한다. 여기에서는 낮은 자존감(사랑받지 못하고 비호감이기 때문에)과 피상적인 낙관주의 사이의 모순이 존재한다. 희망적이고 낙관적인 태도는 남의 의심을 없애고 그들로부터 격려를 이끌어내는 데 도움이 된다. '수동-긍정형'은 정치의 거칠고 날카로운 모서리를 부드럽게 만들어줄 수 있다. 그러나 이러한 캐릭터의 대통령은 의존적인 성향과 희망과 기쁨이 쉽게 좌절되는 유약함으로 인해 정치에 쉽게 실망할 수 있다.

'수동-부정형(passive-negative type)'

이 유형의 캐릭터 요소들은 일관성과 합일성을 갖는다. 하지만 이 유형의 성격의 소유자가 취하는 정치적 역할은 어떻게 설명할 수 있을까? 정치에서 하는 역할이 거의 없을 뿐 아니라 정치를 즐기지도 못하는 이 사람은 도대체 왜 정치에 투신한 것일까? 이에 대한 답은 '수동-부정' 성격 유형이 일할 때 "의무감(sense of duty)"을 중시한다는 데서 찾을 수 있다. 의무감, 바로 이것이 스스로를 정치적으로 쓸모없다고 여기는 그의 낮은 자존감을 보상해준다. '수동-부정형'의 사람들이 정치에 투신하는 이유는 그렇게 해야만 한다고 생각하기 때문이다. 이러한 유형의 정치인들은 비정치적 역할에는 어느 정도 적응할 수 있으나 정치 지도자로서 성과를 내기 위해 필요한 경험과 유연성을 결여하고 있다. 그들은 모호한 원칙들(특히 해서는 안 되는 것들에 대한 원칙들)과 절차적 문제들을 강조하면서 정치의 갈등과 불확실성으로부터 도피하기 위해 유유자적(悠悠自適)하는 태도를 보인다. 그들은 정치꾼들의 추악한 정치공학적 세상에서 벗어나 인권이나 정치적 정당성 등 고상한 가치를 수호하는 역할에서 자기를 찾는다.

바버의 대통령의 캐릭터 유형과 각각의 특징을 요약해보자. '능동-긍정형' 대통령은 성과지향적이다. '능동-부정형' 대통령은 권력지향적이다. '수동-긍정형' 대통령은 애정을 좇는다. '수동-부정형' 대통령은 시민적 덕목과 의무를 중시한다. 요컨대, 대통령의 행동(activity)과 그로 인한 즐거움(enjoyment) 사이의 관계는 그의 캐릭터 특성들의 덩어리를 나누어 가려주는 역할을 한다. 즉, 그러한 활동과 만족감 간의 관계는 대통령이 '적응(well adapted)형'인지 아니면 '강박(compulsive)형'인지, '순응(compliant)형'인지 아니면 '초연(超然, withdrawn)형'인지를 분별해준다.

미국의 대통령들

바버는 자신의 모델을 미국의 역대 대통령들에게 적용하여 경험적 검증을 시도한다. 그에 따르면, 미국의 건국 초기 4명의 대통령은 신기하게도 그의 모델이 제시한 4개의 캐릭터 유형으로 잘 분포되어 있다. 그러나 그들 각각의 성향과 대략의 방향성이 그렇게 분류된다는 것이지, 어떤 한 사람도 한 유형에 정확하게 들어맞는 것은 아니다. 조지 워싱턴은 분명히 미국의 모든 대통령 중에서 가장 중요한 대통령이며 미국 정부의 근본적 정당성이 의문시되던 시기에 이를 확고히 한 인물이다. 워싱턴의 위엄, 분별력, 초연성, 임무에 대한 헌신성은 그가 '수동-부정형' 또는 '초연적 유형'의 대통령이었음을 말해준다. 워싱턴은 혁신을 추구하기보다는 안정을 중시했다. 그는 늘 마운트 버논(Mount Vernon)의 고향집으로 돌아가고 싶어했으나 주변의 권유와 여론의 압박으로 연임할 수밖에 없었다. 그는 원치 않는 직책이었으나 당시 알렉산더 해밀턴(Alexander Hamilton)과 토머스 제퍼슨(Thomas Jefferson) 사이에 벌어진 정치적 갈등상황과 자신의 정직성에 대한 자신감 때문에 어쩔 수 없이 연임을 수락했다. 그럼에도 불구하고 워싱턴은 선한 영향력을 발휘하며 미국에 평화적 변화를 위한 조직화된 수단들을 준비할 시간을 마련해주었다.

2대 대통령 존 애덤스(John Adams)는 무미건조한 뉴잉글랜드 청교도로 일과 걱정이 대부분을 차지하는 삶을 살았으며, 참을성이 없고 화를 잘 내는 인물, 즉 '능동-부정형', '강박적 유형'의 대통령이었다. 애덤스는 워싱턴에 비해 훨씬 더 정파적인 사람이었다. 그의 임기 동안 미국은 당시 막 태동하던 정당 중 하나에 지배될 수도 있을 정도로 한편으로 쏠리고 있었다. 분노조절에 어려움을 겪고 있던 애덤스는 프랑스와 거의 전쟁을 벌일 뻔했고, 건국 초기의 미국 최초로 정치탄압을 실행하려 하기도 했다. 즉, 그는 '외국인과 선동에 관한 법(the Alien and Sedition Acts)'을 만들어 미국 정부의 그 어떤 조치에 대해서도 반대하는 것을 금지하고, 미국이나 미국 대통령에 대해 명예훼손 또는 모욕과 악평을 목적으로 문서 또는 구두로 허위적이고 중상적이며 악의적으로 비난하는 것을 금지하는 내용을 의회에서 통과시키는 데 주도적 역할을 했다.

3대 대통령 토머스 제퍼슨도 나름대로 난국과 실패를 겪었다. 특히 국방 분야의 설계 문제에서 그러했다. 그러나 대통령의 캐릭터 유형의 관점에서 그는 분명히 '능동-긍정형'이었다. 계몽주의의 총아였던 그는 국민적 지지를 강화하기 위해 자신의 "이성을 사용하여" 의회와의 관계를 우호적으로 만들어가는 것이 바람직하다고 보았다. 다방면에 대한 관심과 놀랄 만한 유머감각을 지녔던 제퍼슨은 미국이 나아가야 할 방향에 대해 분명하고 개방적인 비전을 가졌으며 이를 깊이 있는 정치적 감각과 결합시켰다. 이러한 그의 포용성과 개방성은 "견해의 차이가 원칙의 차이는 아니다. 우리는 같은 원칙을 신봉하는 동포들을 다른 이름으로 불러왔다. 우리는 모두 공화주의자들이고, 우리는 모두 연방주의자들이다."라는 그의 유명한 말에서도 잘 드러난다.

"작은 제미(Little Jemmy)"라는 애칭을 가졌던 4대 대통령 제임스 매디슨(James Madison)은 헌법철학자로, 심각한 국제적 분란이 발생한 시점에 백악관에 들어가게 되었다. 매디슨은 '수동-긍정형'

또는 '순응형'에 가까운 인물이었다. 그는 결정장애 때문에 업무 수행을 힘들어했다. 그는 난국에서 벗어나기 위해 타협을 거듭했으며, 그 결과 영국과의 전쟁을 촉구하는 "주전파(主戰派)"에 속절없이 굴복하기도 했다. 미국은 전쟁(War of 1812) 속으로 휘말려 들어갔고, 매디슨은 워싱턴의 거리에서 아마추어 장군들을 서툴게 지휘했다. 그나마 앤드루 잭슨(Andrew Jackson) 장군이 뉴올리언스에서 승리하여 매디슨 정부의 역사적 평판을 바꿔놓았지만, 그가 임기를 마칠 무렵 미국은 파산과 분리독립 전쟁의 위기에 직면하게 되었다.

바버는 미국의 1~4대 대통령을 자신의 모델을 검증하는 사례로 제시하면서 이론적 예측과 역사적 사실 사이에 상당한 '일치(empirical fit)'가 존재함을 보여주고 있다. 그에 따르면, 위에서 본 인물들을 포함해서 모든 대통령은 평생을 통해 형성해온 나름의 캐릭터 유형대로 자신의 역할을 감당하려고 노력했다. 대통령은 보통사람과 다른 뭔가로 가득 찬 실체를 알 수 없는 유기체가 아니라 살아온 날을 통해 갖게 된 기억을 품고 있는 보통의 인간인 것이다. 우리 모두와 마찬가지로 그들도 자신들의 과거의 바탕 위에 미래의 모습을 그려간다.

바버는 국민에게 자신과 국가를 위해 최고의 대통령을 뽑으라고 요구한다. 그리고 그 판단 기준은 이미 형성된 후보들의 성격이어야 한다고 말한다. 후보가 대통령이 된 후에 그의 성격이 국민이 원하는 대로 바뀌고 유지될 가능성은 매우 낮기 때문이다. 그에 따르면, "백악관이 칼리굴라(로마의 제3대 황제, 폭군의 전형)를 마르쿠스 아우렐리우스(로마의 제16대 황제, 『명상록』의 저자)로 바꿔놓을 것이라고 바라는 대책 없는 희망은 그저 순진한 발상일 뿐이다." 문제는 개인적인 과거가 하나의 전조로 대통령의 미래를 암시한다는 점을 이해하고 이를 설득력 있게 설명하는 것이다. 양심적인 학자들도 깨어 있는 시민들도 모두 해야 하는 일인 것이다.

'능동-부정형' 대통령 린든 존슨

우리는 어떤 대통령을 원하는가? 반대로, 우리가 절대적으로 피하고 싶은 대통령은 어떤 유형의 성격의 소유자인가? 바버는 네 가지 유형 중 가장 중요한 유형은 '능동-부정형'이라고 본다. '능동-긍정형' 대통령이 가지고 올 순이익과 '능동-부정형' 대통령이 가지고 올 순손실의 절대치를 비교해보면 후자가 전자를 압도하기 때문이다. 그는 자신의 모델을 소개한 후 바로 "세 가지 비극적 이야기(Three Tragic Tales)"를 들려준다. 그것이 가장 중요하다고 생각하기 때문일 것이다. 이 비극적 이야기는 우드로 윌슨, 허버트 후버, 린든 존슨이라는 '능동-부정형' 대통령의 이야기이다. 그중 존슨은 이 모델의 목적상 제일 돋보이는 대통령이다. 그는 미국 역사상 유례가 없을 정도로 오랫동안 막강한 권력을 쥐고 경험했던 정치 지도자였다. 그는 12년간 연방 하원의원을 지냈고 곧바로 상원의원에 당선되어 12년간의 재임기간 동안 원내총무 등을 지내는 등 대표적인 정치권력자로 정열적으로 활동했다. 그는 케네디 후보의 권유를 받아들여 결국 미국 부통령의 자리까지 올랐고, 케네디 대통령이 암살당한 이후 그를 승계하여 대통령이 되었으며, 1년 후 대선에서 압도적인 표 차이로 대통령에 당선되었다. 존슨은 미국 역사상 연방선

출직(하원의원, 상원의원, 부통령, 대통령) 모두를 경험한 유일한 정치인이 되었다. 또한 존슨은 미국의 사회적 약자를 위한 대규모 복지 프로그램을 주도했다. 그가 주도한 "위대한 사회(the Great Society)" 프로그램은 규모나 기획 면에서 뉴딜에 버금가는 대사업이었고 지금도 미국 역사상 최대의 사회개혁 프로그램으로 간주되고 있다. 그는 의료, 복지, 교육뿐 아니라 그야말로 역사적인 투표권(Voting Rights Act of 1965) 및 시민권(Civil Rights Act of 1968), 그리고 당시로서는 혁신적이었던 환경 개선을 위해서도 성과를 낸 대통령이었다. 그러나 존슨은 미국에 역사상 유례가 없는 전패(戰敗)를 안겨준 장본인이었고, 미국 국민이 정부를 극도로 불신하게 만든 정치 지도자이기도 했다. 그의 베트남전 확전 정책 때문이었다. 존슨은 잘못된 전략적 판단, 역사에 대한 무지, 그리고 무엇보다도 승리를 기어코 쟁취하려는 집착으로 베트남전을 확대한다는 결정을 내렸다. 그뿐만 아니라 전황이 악화되고 있음에도 불구하고 적절한 출구전략을 마련하기는커녕 전쟁의 과정과 전망에 대해 미국 국민을 지속적으로 기만했으며, 결국 재선을 위한 캠페인을 제대로 펼쳐보지도 못하고 중도에 사퇴하는 불명예를 안은 대통령이 되었다. 바버는 이러한 실패의 원인 중 하나를 '능동-부정형'의 캐릭터가 중심이 되는 그의 성격에서 찾았다. 바버의 이론에 따라 먼저 존슨의 성격이 형성되던 시기, 그의 과거로 되돌아가보자.

린든 존슨의 성격 형성기

바버는 존슨의 어린 시절 이야기를 하면서 그의 상처받은 자존감에 초점을 맞추고 있다. 그에 따르면, 어린 존슨의 자존감이 형성되는 것을 방해하고 훼손한 장본인은 그의 아버지 샘 존슨(Sam Johnson)이었다. 린든의 아버지는 1906년에 발생한 샌프란시스코 대지진의 여파로 소유했던 면화농장이 파괴되어 당시로서는 엄청난 액수인 수천 달러의 빚에 시달리던 때 결혼을 하게 되었다. 린든은 이렇게 가난한 가정에서 맏이로 태어났다.

린든은 4세 때의 어느 날 한밤중에 어머니가 물을 길으며 울고 있는 모습을 보았다. 그는 어머니에게 걱정하지 말라며 자기가 어머니를 돌보겠다고 말했다. 존슨의 가정은 정말로 찢어지게 가난했다. 지역의 의원이었던 아버지는 소년이 된 린든이 적은 돈이나마 벌기 위해 구두닦이로 일하는 모습을 보고 창피함을 금할 수 없었다. 그러나 린든은 15세 때 "불쌍한 내 아버지가 먹여살려야 하는 고통을 덜어주기 위해, 즉 먹는 입 하나라도 줄여주기 위해" 가출을 결심했다.

아버지 샘은 권력지향적이고 고집이 센 인물이었다. 샘은 돌아가면서 맡게 되어 있는 지역의 의원직을 자신의 임기가 끝나 후임자에게 넘겨야 하는데도 놓지 않으려고 억지를 부렸다. 그 자리는 존슨 집안의 사람들이 올라갈 수 있었던 가장 높은 자리였고, 샘은 그것을 발판 삼아 더 높은 직위에 오르려 했던 것이다.

샘의 집은 지역 정치인들의 사랑방 역할을 했다. 린든은 이 정치인들이 하는 "말도 안 되게 허황된" 텍사스 정치 특유의 황당한 이야기들을 귀 기울여 들었다. 예를 들어, "대부" 제임스 퍼거슨(James E. "Pa" Ferguson)이라는 사람은 낙타가 바늘 귀로 들어가는 것보다 더 어려운 그 주지사직에 도전하여 결국 당선된 인물이었다.

그는 텍사스 대학 교수들이 "거짓말쟁이, 사기꾼"이라며 대학에 대한 재정지원안에 거부권을 행사했다. 또한 이유를 설명해달라는 기자들을 향해서는 "나는 텍사스의 주지사이다. 내가 하는 일에 일일이 이유를 설명해야 할 필요가 없다."라고 말했다. 린든은 이러한 이야기들을 들으면서 컸다. 주지사 퍼거슨이 탄핵을 당했을 때 린든의 삼촌은 그의 변호인단의 주 변호인이었다. 그는 황당한 정치인인 퍼거슨에 대해 삼촌에게서도 많이 들었을 것이다.

린든의 성격에 가장 큰 영향을 준 인물은 아버지 다음으로 어머니 레베카 베인스(Rebekah Baines)였다. 린든은 어머니를 불쌍하게 여겼고, 자신이 어머니를 위해 반드시 성공해야 한다고 생각했다. 어머니는 어머니대로 장남이 큰 인물이 되도록 온갖 정성을 다했다. 레베카는 샘 존슨과 결혼하기 전에 훨씬 더 좋은 환경에서 살았는데, 그녀로서는 아버지와 살던 방식과 남편과 사는 방식 사이에서 너무나도 큰 차이를 느꼈다. 레베카는 장남을 탁월한 인물로 만들겠다는 일념으로 어린 린든이 최대한의 속도로 최대한 많은 것을 배우고 익히도록 독려하고 다그쳤다. 린든은 한편으로는 어머니의 말을 따르려고 노력했다. 그녀를 기쁘게 해주고 싶었기 때문이다. 그러나 다른 한편으로 린든은 자신이 할 수 있는 것이 별로 없음을 잘 알고 있었다. 그는 자신의 취약함을 부정하려고 아무도 들어주지 않는 쓸모없는 감상주의와 허세를 남발하는 "텍사스주의"에 빠지게 되었다.

아버지 샘은 소년기의 린든에게 엄격하고 무서운 존재였다. 그렇기 때문에 린든은 아버지로부터 인정받기를 내면적으로 갈망했다. 그러나 그에게 돌아온 것은 야단과 질책이었다. 샘은 집에 있을 때면 침대에 누워 있는 린든을 큰 소리로 꾸짖으며 "린든, 일어나! 우리 동네 모든 아이들은 너보다 2시간이나 일찍 일어나 일을 시작했다고!"라고 소리치곤 했다. 아내 레베카에 따르면, 샘은 야심이 많고 고도로 치밀하며 예민하고 신경질적인 인물이었다. 또한 그는 비효율적이고 서툰 것을 참지 못했고 불쾌감을 즉석에서 표현하는 직선적이고 완벽주의적인 성격의 소유자였다. 그러니 자신의 장남에게도 자신이 원하는 수준에 오를 것을 압박했을 것이다. 한번은 린든이 토론대회에 참가했다. 예선에서는 잘했지만 본선 진출에 실패한 후 너무나도 실망하여 바로 화장실에 가서 구토를 해야만 했다. 그는 그 정도로 완벽주의자였다. 고작 토론대회의 본선 진출에 실패한 것 때문에 구토를 할 정도로 경쟁심으로 가득 찬 소년이었던 것이다. 아마도 그는 상을 받아 어머니를 기쁘게 해주고 아버지에게 칭찬을 듣고 싶어 했을 것이다. 하지만 실패했다는 좌절감 때문에 구토를 했을 것이다.

린든은 15세 때 가출하여 거의 2년 동안 떠돌아다녔다. 1924년 7월에 그와 친구들은 돈을 모아 T모델 포드 중고차 1대를 마련하여 부모들 몰래 캘리포니아로 향했다. 린든과 친구들은 과일 따기와 접시 닦기 등을 하며 버티려 애썼다. 그러나 이 아이들은 돈이 떨어지고 일자리도 잃게 되자 결국 뿔뿔이 흩어지게 되었다. 린든은 후일 이때를 돌아보며 "나의 식단의 주요 메뉴는 '먹을 것이 없다'였다."라고 술회했다. 그는 "캘리포니아 해변을 여기저기 떠돌아다니며 접시 닦기, 웨이터, 농장 일 등 가리지 않고 닥치는 대로 일했지만 마냥 야위어만 갔다."

린든은 천신만고 끝에 텍사스의 집으로 되돌아왔다. 아버지 샘은 곤경에 빠져 있었고, 한낱 도로 공사 인부들을 감독하는 십장으로 전락한 상태였다. 가정의 분위기가 좋을 리 없었다. 한번은 린든이 술집에서 싸우고 눈에 멍이 들어 귀가했다. 샘은 린든을 질책했다. 그는 "야! 사람들에게 주목받는 방법은 많아. 다음에 또 주목받고 싶으면 다른 방법을 써봐!"라고 아들을 조롱하듯 나무랐다.

어느 날 린든은 하루 종일 비를 맞고 일하다 귀가해서 어머니 레베카에게 이렇게 말했다. "엄마, 난 이제 내 손을 써서 일하는 육체노동은 진저리가 나요. 이젠 머리를 쓰는 일을 해야겠어요." 린든은 남서텍사스주립교원대학(Southwest Texas State Teachers College)이라는, 지역 내의 대학에 진학했다. 린든으로서는 마음먹고 새 출발을 한 셈이었다. 대학생이 된 것이었다. 그런데 아버지 샘은 긍정적이고 희망적인 덕담을 해줄 수 있는 조건이 아니었고 그러한 성격의 소유자도 아니었다. 샘은 대학생이 된 아들에게 부정적이고 재미없는 농담을 던졌다. "내가 아는 이 양반은 말야, 아들 한 놈이 대학에 다니거든. 그런데 어느 날 아침에 이 양반의 친구가 그에게 '자네 아들은 대학 생활을 잘하고 있나?' 하고 물었대. 그 양반 대답이 '훨씬 좋아졌다네. 아들놈이 내게 편지를 보냈는데, 지난 학기엔 학사경고를 받은 학생들 중에서 1등을 했다지 뭔가!'라고 하더군."

바버는 린든의 문제가 그가 자존감을 박탈하는 환경 속에서 자라났다는 데 있다고 보았다. 아이의 시각에서 보면 이러한 박탈감은 자신을 폄하하고 방기하며 챙겨주지 않는 부모(린든의 경우는 아버지)에 의해 강제된 심리적 불안감이다. 아이는 박탈감으로 인해 분노가 쌓이지만 가정의 환경을 잘 알기 때문에 그러한 스트레스를 해소할 대상을 찾지 못한다. 특히 아이는 자신의 분노를 부모에게 직접적으로 표현할 수 없음을 안다. 따라서 그러한 분노는 내면을 향한다. 그는 자신을 향하는 분노를 억압하고 부인하기도 한다. 오직 환상 속에서만 비로소 자신에 대한 분노를 멈출 수 있다. 이러한 아이는 내면에 요구가 많고 쉽게 만족하지 않는 자아를 발전시켜나간다. 그리고 그러한 자아는 아이로 하여금 "자기-억제"를 경직되게 요구하고 끊임없이 우월한 성과를 낼 것을 강요한다.

린든의 대학생활은 어린 시절 못지않게 중요한 실험의 장이었다. 그는 집이 가난했기 때문에 아르바이트를 해야 했다. 대학에 가서 린든이 처음 시작한 일은 쓰레기를 줍는 것이었다. 그 일이 지루해지자 린든은 모든 절차를 무시하고 과감하게 총장실로 갔다. 그는 총장에게 보다 도전적인 일을 하고 싶다고 말했다. 총장은 그를 건물관리인 보조로 임명했다. 린든은 이 일을 몇 주 해보고는 이것도 못할 일이라고 생각했다. 다시 한번 총장실을 방문한 그는 총장에게 "총장님, 저는 총장님께 개인적으로 도움이 되는 일을 해보고 싶습니다."라고 말했다. 총장은 "나는 이미 비서가 있네."라고 했지만, 결국 린든의 등살에 못 이겨 그를 자신의 비서의 비서로 일하게 했다.

일을 시작한 지 오래지 않아 린든은 에번스(Evans) 총장의 등을 두드릴 만큼 가까워져서, 그가 텍사스의 주도인 오스틴에서 열린 교육 관련 위원회에 참석할 무렵에는 그를 수행했을 뿐 아니라 보고서를 작성하고 총장에게 온 편지에 답장을 보내는 등의 일을 도맡아 했다. 에번스 총장은 린든이 일을 하는 것을 보고 혀를 내둘렀다. 후에 그는 린든에게 "자네가 한 달 전에 내 사무실에 없었더라면 누가 총장인지 분간하기 어려웠을 거야. 난지 혹은 자네인지 말야."라고 농담을 하기도 했다. 총장은 린든의 넘치는 에너지에 감탄한 것이었다. 린든은 대학에 진학한 여동생과 대화하면서 자신의 성과를 뽐내고 싶었다. 린든은 여동생에게 "동네야구에 만족하지 말고 큰 물에서 놀아야 해. 톱 클래스와 섞이라고… 총장실? 거기가 바로 너의 출발점이 되겠네."라고 그녀의 야심을 자극했다.

린든은 말을 잘하는 학생이었다. 한 교수는 린든을 정확히 기억했다. "나는 린든에게서 양말을 구입했다. 모든 이들이 그에게서 양말을 샀다. 린든은 아무도 자기를 거절할 수 없게 만드는 탁월한 세일즈맨이었다." 그의 언변과 활동적인 인간관계는 1928년 그를 학교신문인 「칼리지 스타」의 편집장으로 만들었다. 월급도 있었는데, 한 달에 30달러였다. 그는 이 일을 하면서도 의욕과 기운이 남아돌아 하워드 그린(Howard Greene) 교수가 지도교수로 있는 토론클럽에서 활발하게 활동했다. 약간 괴짜였던 그린 교수는 교실 안에서는 소크라테스의 문답식 수업과 교실 밖에서는 저잣거리 이야기로 린든의 지적 호기심과 세상 물정에 대한 흥미를 자극했다. 린든은 토론 준비를 자신이 하지 않고 파트너에게 대부분을 맡겼다. 그의 특기는 경쟁자들의 취약한 부분을 집중적으로 파고들어 맹공을 하는 것이었다. 토론 주제들 자체는 그렇게 흥미로운 것은 아니었다. 그러나 린든은 이 시기에 습득한 토론의 기술을 활용하여 찬성과 반대 어느 편에 배정되더라도 자유자재로 상대방을 압도하고 자신의 주장을 관철할 수 있게 되었다.

린든은 대학에서 가장 많이 일하는 사람이었다. 그는 늘 바쁘게 캠퍼스를 뛰어다녔다. 그는 결코 어슬렁거리는 법이 없었다. 그는 일을 많이 쉬지 않고 하는 것이 옳다고 생각했다. 그는 「칼리지 스타」의 편집장으로 일하면서 다른 많은 직책 또한 적극적으로 맡았는데, 대학의 언론클럽 회장, 학년 대의원, 학생회 임원, 학생위원회 회원, 스쿨메이커 클럽의 사무총장 등으로 일했다. 그가 쓴 사설들은 정중함, "영혼의 정직성", '7월 4일(미국 독립기념일)' 등 적극적인 사고로 가득 차 있었다. 그중 몇몇 주제는 그의 일생에서 자서전적 중요성을 띠었다.

"성격(personality)은 힘이다; 강한 성격을 가진 사람은 같은 능력을 가졌지만 덜 개성적인 사람보다 더 많은 것(들)을 성취할 수 있다."

"역사상 위대한 인물들은 사소한 일에 결코 흔들리지 않았다. 위인들은 쉬지 않고 전진하도록 영감을 주는 고귀한 일에 대한 불꽃 같은 비전을 가진 사람들이었다. 동시에 그들은 불굴의 의지, 확고한 결의, 그리고 계획된 일을 실행하기 위한 강인한 정신력으로 무장된 사람들이었다."

"성공하는 사람은 잘 훈련된 의지를 갖고 있다. 그는 자신의 열정과 욕망, 습관과 행동을 완벽하게 통제하는 사람이다."

"열정은 큰데 통제는 안 되는 인간만큼 폭군인 것은 없다. 자신을 통제한다는 것은 군대나 무력을 통제하는 것보다 더 위대한 행위이다… 야망은 많은 경우 불편한 것임에 틀림없다. 야망이 큰 사람은 늘 현재의 환경과 성과에 불만을 가진다. 그는 만족하는 법이 없으며 항상 더 나은 것을 성취할 미래를 향하여 자신을 몰아간다. 야망이란 휴식을 필요로 하지 않는다. 쉼이 없고 에너지가 넘치며 목표 지향적인 야망, 이것이야말로 단순한 한 피조물을 진정한 인간이 되게 하는 것이다."

린든은 계절학기를 두 차례 수강한 덕에 남서부 텍사스로 내려온 지 1년 반 만에 교원자격증을 획득했다. 아버지 샘 존슨의 상황이 또다시 바닥을 치게 되자 린든은 에번스 총장에게 부탁하여 코툴라(Cotulla)라는 국경마을의 학교에 교사직을 얻어 가게 되었다. 월급은 한 달에 125달러였다. 린든은 일 년만 근무하고 다시 되돌아간다는 계획을 갖고 있었다. 소설가 오 헨리(O. Henry)의 고향으로 유명한 코툴라는 멕시코 국경 부근에 위치한, 황량하지만 일조량이 풍부하여 소를 주로 키우는 목장지역이었다. 주민 3,000여 명 중 2,300여 명이 스페인어만 할 줄 아는 멕시코계 미국인들이었다. 린든은 5학년, 6학년, 7학년을 담당하게 되어 있었지만, 막상 도착해서는 지역 교육감의 부탁에 따라 5명의 교사와 건물관리인을 감독하는 교장직까지 맡게 되었다. 약관 20세에 권위 있는 직위를 갖게 되었던 것이다. 린든은 코툴라에서 "엄격한 학교 행정가이자 훈육관으로, 또한 에너지가 넘치고 매우 공격적인 인물이요, 고도로 창조적이면서 쉽게 화를 내는 인물로 기억되었다. 그는 말을 듣지 않는 남자아이들은 엉덩이를 때렸고 여자아이들은 욕을 하며 꾸짖는 대단히 다혈질인 교장이었던 것이다."

린든은 자신의 왕성한 에너지를 주체할 수 없었다. 그는 교장직을 수행하면서 학교에 평의회, 학교 대항 연설대회, 영단어 철자 콘테스트, 야구 및 육상부, 그리고 학부모 카풀 제도를 도입했다. 이렇게 많은 일에도 불구하고 그는 시간을 낭비하지 않기 위해 또 뭔가를 찾아나섰다.

대학이 있는 샌마르코스(San Marcos)로 돌아온 린든은 '화이트 스타즈'를 재건했다(이 대학에는 '블랙 스타즈'라는 남학생 사교클럽이 있었다. 회원이 되려면 운동선수여야 했기 때문에 린든은 이 막강한 클럽에 입회 신청도 하지 않았다. 대신 그와 동료들은 '블랙 스타즈'의 라이벌이 될 수 있는 '화이트 스타즈'를 만들어 활동했다). 린든은 학생회 선거에서 특유의 능력을 발휘했다. 린든은 동료 2명을 '블랙 스타즈'에 대항하는 후보로 내세우면서 그중 1명에게 '화이트 스타즈'를 혐오하는 척하도록 했다. 그의 작전대로 그 동료가 당선되었다. 또 다른 선거에서도 잔꾀를 썼다. 그는 기존의 선거규칙을 바꿔서 가장 중요하지 않은 직책부터 투표하도록 하는 데 성공했다. 린든과 그의 동료들은 재빠르게 '블랙 스타즈'의 리더를 치어리더 후보로 지명하여 당선시켰다. 그는 그렇게 함으로써 학과 대표로는 입후보조차 할 수 없도록 막은 것이었다. 이렇게 바쁜 과외활동을 하면서도 린든은 한 쿼터에 7과목을 수강했다. 이는 학칙 위반이었다. 린든에게 학칙 위반 여부보다 더 중요했던 것은 누구보다 더 많은 성과를 내서 자기 자신이 모든 면에서 우수하다는 점을 주변인에게 과시하는 것이었다.

한 인간으로서의 린든의 성격, 대통령성격 모델

린든 존슨 대통령의 과거와 바버의 모델을 요약적으로 연결해보자. 바버에 따르면, 대통령 린든 존슨의 성격 중 도드라지는 부분은 그의 스타일이었다. 그는 사람들을 조종하되 상대방의 특질, 특히 그의 약점을 귀신같이 짚어내어 이용하는 스타일이었다. 또한 그는 인간의 의지력을 강조하는 틀에 박히고 이상적인 수사법을 즐겨 사용했는데, 이것이 바로 도로보수반(道路補修班)의 별 볼 일 없는 한 인부를 샌마르코스 캠퍼스의 왕으로 만들어준 바로 그 스타일이었다. 그가 많은 사람들의 주목을 받게 된 장소는 샌마르코스의 남서텍사스주립교원대학이었다. 거기에서 그는 조직적인 집단과 어울리게 되었고, 자신만의 노력으로 자신이 스스로에게 걸었던 기대보다 더 크게 성공했던 것이다.

린든 존슨의 세계관은 인내, 용기, 감상주의와 이상주의를 결합한, 즉 존 웨인(John Wayne)이 나오는 미국 서부영화에서 자주 보듯이 '돌격 앞으로' 식의 영웅주의로 표현되는 "텍사스의 터프가이 전통"에서 비롯되었다. 그의 세계관은 또한 돈 문제와 직결되어 있었다. 돈을 특별히 중요하게 생각했다는 것인데, 이는 그가 어렸을 때 너무나도 가난했고 돈이 얼마나 중요한지 뼈저리게 느꼈으며 어떻게 하면 자기 아버지보다 돈을 더 잘 벌 수 있을지를 늘 생각했기 때문이다. 그가 일생 동안 머릿속에서 결코 지울 수 없었던 장면들은 그야말로 생존을 위해 힘든 노동을 하던 메시코계 학생들, 자신의 아버지의 경제적 실패와 유약함, 그리고 한 아이가 혼자 힘으로 고작 1달러를 벌기 위해 얼마나 고생을 해야 하는지 같은 것이었다. 그는 이러한 기억들에 결코 강한 이념적 의미를 부여하지는 않았지만, 후일 그러한 기억들이 자신의 정치적 목표와 일치한다는 것을 깨달았다. 어쨌든 린든 존슨이, 아내와 정부에서 일하던 친구들의 도움을 받은 것은 사실이지만, 사실상 자수성가해서 백만장자가 된 것은 우연이 아니었다.

바버에 따르면, 대학시절 린든이 확인한 것은 세상은 투쟁이고 여기서 승리하기 위해서는 정신적·육체적 강인함이 절대적으로 필요하다는 점이었다. 그는 「칼리지 스타」의 사설에서 보여주듯이, 그리고 자신의 왕성한 활동에서 더 선명하게 보여주듯이 목표를 달성하기 위한 자제력과 자기훈련의 중요성을 강조했다. 그는 자신이 투쟁의 소용돌이 속에 있다고 보았고 열심히 노력하여 그 투쟁에서 반드시 이겨야 한다고 생각했다. 그리고 투쟁이 어려우면 어려울수록 승리의 기쁨이 더 크다고 믿었기에 고통 속에서도 한편으론 그것을 즐길 수 있었다. 존슨의 싸움은 사람들에게서 정치적 신용을 확립하고 얻어내는 종류의 일이었으므로 싸움 이상의 의미를 가지고 있었다. 그것은 노력한다고 해서 모든 사람들이 성공하는 그런 것이 아니었다. 그는 사람들을 기쁘게 하기 위해 애썼다. 이 과정에서 그는 모든 가능성을 최대한 적극적으로 활용하여 자신의 역할들을 계속 바꾸어나가는 기술을 발전시켜나갔다. 그가 일개 사환에서 대학총장의 수석보좌관으로 역할을 바꾼 행동패턴, 달리 말해 이러한 그의 독특한 능력과 처세술은 후일 그가 상원의 민주당 원내대표로서 보여준 행동패턴과 매우 유사하다. 그는 한직을 맡은 후 그것을 중요 직책으로 만들었다. 존슨은 청년시절 코퉅라의 학교에서 최고 책임자 자리인 교장직을 수행하면서 자신이 주어진 권력을 가지고 무엇을 할 수 있는지, 또 무엇을 할 것인지를 보여주었다. 끊임없이 새로운 사업을 개발해내고 자신의 휘하에 있는 사람들을 완전히 장악하는 모습을 보여준 것이다.

린든은 대학시절 느슨한 규칙과 제도를 활용하여 일개 신입생에서 최고의 자리까지 올라갔다. 은유적으로 말하자면, 그는 제도의 느슨하게 직조된 천을 뚫고 위로 올라갔던 것이다. 그리고 일단 지도자의 위치에 도달한 린든은 이제 실을 촘촘히 조여서 더 이상 그러한 느슨한 천을 뚫고 자신처럼 출세하는 사람들이 생겨나지 않도록 했다.

바버는 이 모든 것들의 이면에는 그의 캐릭터가 자리하고 있었다고 분석한다. 그리고 그 캐릭터의 이면에는 그의 어머니가 있었다. 어머니는 린든에게 영원히 변치 않는 사랑을 주었지만 동시에 린든을 끝없이 다그쳤다. 사랑하는 어머니의 큰 기대가 어린 린든에게는 부담이 되기도 했을 것이다. 어머니의 이러한 사랑과 기대는 린든으로 하여금 자신이 특별한 운명을 타고났다고 믿게 했고 남다른 성취욕을 갖게 했지만, 다른 한편으로 그가 어린 시절에 가출하도록 만든 부담감의 원천이기도 했다. 그러나 그는 돌아왔고, 벗어나려고 몸부림을 치긴 했지만 결국 어머니에게 완전히 항복을 하여 그녀의 소망을 자신의 것으로 받아들이게 되었다. 그의 캐릭터 내부에서의 투쟁은 이중의 전투였다. 하나는 선생님의 무릎에 앉아 텍사스 혁명의 영웅 데이비 크로켓(Davy Crockett)이 되겠다는 아이의 투쟁이고, 다른 하나는 유명인사가 되고자 하는 술집 싸움꾼의 투쟁이다. 이러한 투쟁은 그의 일생 내내 계속되었고, 대통령 재임 시에는 유명인이 됐으므로 이 둘이 합쳐졌다. 대통령 린든 존슨은 자신을 텍사스와 신앙을 지키기 위해 투쟁하다 알라모(Alamo) 전투에서 전사한 데이비 크로켓처럼 '베트남의 알라모'에서 용맹스럽게 투쟁하는 신앙의 외로운 수호자로 인식했다.

'능동-부정형' 대통령 린든 존슨의 성격과 성과

바버는 '능동-부정형'의 캐릭터를 가진 대통령을 뽑으면 국가와 국민이 받을 후과가 가히 재앙적일 수 있다고 강조한다. 한 인간의 개인적 비극이 국가와 국민을 참담한 사회적 비극에 빠뜨릴 수 있다는 것이다. 바버는 이러한 캐릭터의 대통령이 직을 수행하면서 세 가지 치명적인 결함을 노정한다고 지적하고 있다. 첫째, 사고와 태도의 "경직성(rigidification)"이다. 대통령은 이미 오래전에 실패로 판명된 정책을 경직되게 고수함으로써 자신과 국가의 목표 모두를 파괴한다. 그가 여러 가지 정치 행위의 결과들이 갖는 기대치를 가성비 차원에서 계산할 수 있는 능력을 결여하고 있기 때문이다. 한스 모겐소가 정치가의 가장 중요한 덕목으로 꼽은 "분별력(prudence)" 또는 더 올라가서 니콜로 마키아벨리(Niccolò Machiavelli)가 중시했던 군주의 "프루덴차(prudenzia, calculating risk and acting decisively)"가 작동되지 않은 셈이다. 바버는 이러한 경직성이 대통령의 캐릭터의 "패악성(悖惡性, depravity)" 때문이 아니라 "맹목성(blindness)" 때문이라고 지적하고 있다.

둘째, 이슈의 "개인화(personalization)"이다. 대통령은 병적일 만큼 자신에 대해 신경을 쓴다. 그의 주의(注意)는 항상 자신에게, 자신의 문제로, 자신이 어떻게 하고 있는지의 문제로 되돌아온다. 그는 자신을 영원히 지켜보고 있으며 자신을 둘러싼 권력관계에 모든 주의력을 기울인다. 나는 이기고 있나? 지고 있나? 앞서고 있나? 뒤처지고 있나? 대통령은 늘 이런 질문을 자신에게 던지며 괴로워하기도 한다. 그런 만큼 그는 세상을 자신에서 벗어나 객관적으로 또는 타인의 시각에서 보기 힘들다.

셋째, "완벽주의(perfectionism)"이다. '능동-부정형' 대통령의 완벽주의적 캐릭터는 자신에 대해 '전부 아니면 전무(All or nothing)' 식으로 평가하게 한다. 그는 과대망상과 절망 사이에서 방황한다. 그는 자신이 경험을 통해 시간을 갖고 점진적으로 성장할 수 있다는 가능성에 주의를 기울이기보다는 '지금이 아니면 아무것도 할 수 없어.'라는 식으로 이분법적으로 사고한다. 그는 2개의 카테고리 사이의 범주나 스펙트럼, 즉 "회색지대(shades of gray)"의 존재를 부인하거나 간과하는 인지적 경향을 보인다. 그의 완벽주의는 성과와 관련하여 모호하고 갈피를 잡을 수 없는 지침을 자신에게 강제적으로 부과한다. 따라서 그는 모든 것에 대해 언제든 완벽하게 해야 한다. 이러한 캐릭터의 소유자는 자신을 특정한 방식으로 정의하거나 한계 짓는 것을 거부한다. 그는 특정한 목표를 달성하기 위해 필요한 단계별 성과들을 어떻게 이룰 것인지에 대해 침착하고 여유 있게 계산하지 못한다.

바버에 따르면, 린든 존슨의 위와 같은 캐릭터상의 특징은 그가 베트남전을 확전하는 과정에서 잘 드러난다. 1963년 11월 존슨은 케네디 대통령의 장례식이 끝난 직후 아직 얼굴에 눈물이 마르기도 전에 주남베트남 대사 헨리 캐봇 로지(Henry Cabot Lodge Jr.)를 만났다. 대사는 전황을 브리핑한 후 대통령에게 "어려운 결정이지만 내리셔야 한다."라고 건의했다. 그러자 존슨이 대답했다. "나는 베트남을 결코 잃지 않을 것입니다. 나는 동남아시아가 중국이 갔던 방식으로 가도록 내버려두지는 않을 것입니다. 내가 그런 대통령이 될 수는 없습니다." 바버는 이를 존슨의 감정의 표현으로 보았다. 강한 개인적 의지를 드러낸 것이었다. 그는 자신이 대통령인 이상 어떤 경우에도 적을 적당히 다루지 않을 것이고 필요하다면 자신의 힘이 얼마나 크고 센지를 보여줄 것이었다.

"베트남을 결코 잃지 않을 것이다."라는 약속을 실천하는 유일한 길은 대규모 미군 파병을 포함하는 확전이라고 생각한 존슨은 얼마 지나지 않아 복수를 실행에 옮기고자 했다. 그는 1964년 봄과 여름, 1971년 '국방부 보고서(the Pentagon Papers)' 사건에서 자세히 드러났듯이, 확전을 위한 계획을 시작하도록 지시했다. 그 이전인 2월에 이미 북베트남에 대한 정교한 비밀군사작전이 마련되어 라오스에 대한 공중정찰, 북베트남 해안에 대한 게릴라 공격, 해군 함정에 의한 폭격 등이 이뤄지고 있었다.

일부 학자들은 미국이 베트남전에 끌려가게 된 이유가 "시스템" 탓이라고 보고 있지만, 바버는 동의하지 않는다. 같은 '시스템'하에서 작동하던 케네디와 존슨은 전혀 다른 방향으로 미국을 이끌었기 때문이다. 케네디는 1964년의 대선에서 승리하고 베트남 전쟁을 끝내려고 마음 먹었지만, 존슨은 병력을 2,500% 증강하여 535,000여 명으로 늘렸고 매년 평균 300억 달러를 베트남전의 군비로 쏟아부었다. 따라서 베트남 확전은 '시스템'의 문제가 아니고 대통령의 결정 때문일 개연성이 높다는 것이다.

존슨의 캐릭터가 드러나는 또 하나의 사례로 그의 협상 제안에 대한 '호치민의 거부' 사건을 들 수 있다. 그는 1965년 4월 7일 저녁 9시에 전국에 TV로 생중계되는 가운데 존스 홉킨스 대학의 슈라이버 강당에서 "정복이 아닌 평화(Peace without Conquest)"라고 이름 붙여진 연설을 하기 위해 연단에 섰다. 6,000만의 미국인과 세계

전역의 많은 시민들이 지켜보고 있었다. 그는 자신의 확전 정책을 비판하는 여론을 의식하여 획기적인 대안을 제시하고자 했다. 존슨은 먼저 인센티브를 언급했다. 즉, 그는 북베트남과의 "조건 없는 대화"에 임할 준비가 되어 있고 대화에 이르는 기간 동안 확전은 없을 것이라고 말했다. 미국의 최초의 협상 제의였다. 그는 이어서 메콩계곡을 1930년대 미국의 대공황을 타개하는 데 결정적이고 상징적인 역할을 한 '테네시강유역개발공사(Tennessee Valley Authority)'로 바꿔놓을 수 있다면서 북베트남의 재건을 위해 협력할 수 있음을 강조했고, 특히 동남아의 발전을 위한 발전사업(發電事業)에 미국이 10억 달러를 투자할 의향이 있으며 북베트남이 동남아의 일원으로 이 사업에 참여하기를 기대한다면서 폭격과 전화(戰禍)에 시달리고 있는 북베트남 지도자들을 협상 테이블로 유인하고자 했다. 그러나 존슨은 다른 한편으로 남베트남의 독립과 자유 보전이라는 전쟁의 목적을 분명히 하면서 "미군 철수는 미국의 공약과 가치에 대한 우방국들의 의구심을 자아낼 것이기 때문에 의미 없는 합의의 미명하에서는 철수하지 않을 것"임을 선언했다. 그는 국내정치적 반대파에 대해서도 설득하고 나섰다. 그는 "나는 폭격으로 이 모든 목표들을 달성할 수 없음을 잘 알고 있다. 그러나 그것은 평화를 향한 가장 확실한 도정(道程)의 필수적 일부라고 생각한다."라고 말했다.

존슨은 연설 후 백악관으로 돌아오는 길에 자신의 특보 빌 모이어스에게 "호[치민] 영감이 나의 제안을 거부하지 못할 걸세."라고 말했다. 그러나 호치민은 존슨의 "평화공세"를 즉각 거부했다. 모이어스는 후일 "호치민이 미국 노동총연맹 산업별조합회의 의장이었다면 존슨의 유인책이 먹혔을 것"이라고 말했다. 그러나 호치민의 이상(理想)은 노조지도자의 이해관계와는 질적으로 다른 것이었다. 존슨은 이를 이해할 수 없었다. 미국 역사상 가장 위대한 대통령으로 기록되길 원하던 자존심 센 텍사스인 린든 존슨은 '호치민의 거부'를 자신의 권위에 대한 용납할 수 없는 도전으로 받아들였다.

베트남전은 이제 린든 존슨의 개인적이고 사적인 투쟁이 되었다. 4월 15일 미군과 남베트남군의 전폭기들이 출격하여 1천t의 폭탄을 베트콩 지역에 투하했다. 5월 3일 최초의 미 육군 전투병력인 제173 공수여단의 3,500명의 병사가 남베트남에 도착했다. 5월 초 베트콩은 남베트남군에 대한 공격을 강화하여 사이공 북부와 남베트남 중부를 압박하기 시작했다. 미군 특수부대에 대한 기습도 빈번하게 이루어졌다. 미국은 북베트남에 대한 대규모 융단 폭격으로 대응했다.

1966년 캄보디아를 방문한 프랑스의 샤를 드골(Charles De Gaulle) 대통령은 미군이 베트남에서 철수할 것을 요구하는 연설을 했다. 그는 10여 년 전 자신의 행보를 망각한 듯 반식민주의와 민족자결주의를 외쳤다. 그의 뇌리에는 비동맹운동(非同盟運動, Non-Aligned Movement)에 참가한 많은 신생독립국이 자리하고 있었다. 실리외교를 추구한 드골은 미국의 정책이 실패할 것이 확실하다고 단언하며 북베트남과의 협상을 주문했다. 존슨은 드골의 연설 다음날 "미국은 테러를 승인하는 회담을 지지하지 않으며, 따라서 미국의 정책은 불변이다."라고 잘라 말했다. 존슨은 9월 12일 역대 최대인 500여 대의 항공기를 동원하여 북베트남의 보급선과 해안의 전략시설들을 타격했다. 동시에 미국은 작전의 효율성을 높이기 위해 비무장지대 주변의 정글에 고엽제를 대량 살포했다.[2]

그러나 전황은 개선되지 않았고, 국내외적 비판은 더욱 거세졌다. 그러나 존슨은 누가 봐도 실패하고 있던 정책을 바꾸려 하지 않았다. 반전여론에 대해서는 거짓과 기만으로 대처했다. 미국의 압박정책이 효과를 발휘하여 승전이 터널 밖에 보인다는 식이었다. 그러나 미국의 정치인들과 언론, 그리고 대다수의 국민은 베트남전이 실제로 어떻게 전개되고 있는지를 신문과 방송, 그리고 누설된 비밀문건 등을 통해 소상히 알게 되었으며 그를 더 이상 믿지 않게 되었다. 민주당 상원의원들, 특히 로버트 케네디 의원은 존슨의 정책을 정면에서 비판했다. 외교위원장 제임스 풀브라이트(James W. Fulbright) 의원을 포함한 동맹세력도 등을 돌리기 시작했다. 미군 사상자의 수가 급격히 늘어나면서 반전운동은 위험수위를 넘나들었다. 존슨은 결국 1968년 3월 31일 북폭의 잠정중단, 그리고 대선 캠페인의 중단과 불출마를 선언하지 않을 수 없었다. 그럼에도 불구하고 3월 16일 존슨 대통령이 자신의 참모들에게 한 말은 대통령성격 모델과 관련하여 의미심장하다.

> "이것 하나만은 분명히 해둡시다. 나는 북폭을 결코 중단하지 않을 것이오. 나는 이 문제에 대해 더 이상 이래라저래라 하는 말을 듣고 싶지 않습니다. 나는 모든 견해를 다 들어봤습니다. 나는 북폭을 멈추지 않을 것입니다. 자, 모두들 이해했습니까?"

바버는 존슨의 비극적인 개인적 캐릭터를 베트남전의 패전이라

....

2 박건영(2020), p. 661.

는 미국적 비극과 연결하고 있다. 존슨은 많은 업적을 남긴 대통령이다. '위대한 사회' 프로그램이 대표적이다. 그 외에도 시민권과 투표권의 확대, 놀랄 만한 입법적 성과를 모르는 미국인은 드물 것이다. 그러나 적어도 1966년부터 존슨과 미국은 "잘못된 명분(wrong cause)"을 가지고 "잘못된 장소(wrong place)"에서 음울하고 승산 없는 전쟁이라는 늪으로 빠져들게 되었다. 그 결과 미국은 수모를 겪으며 베트남에서 빠져나올 수밖에 없었다. 지키겠다던 남베트남은 할 수 없이 버렸다. 수많은 '보트 피플'이 미국으로 몰려들었다. 천문학적 전비는 달러 패권을 무너뜨렸다. 미국은 지금도 패전으로 인한 정치적, 사회적, 문화적, 정서적 후유증에 시달리고 있다. 개인으로서 린든 존슨은 자진해서 재선의 꿈을 포기했고 "위대한 미국의 패전"이라는 멍에를 영원히 지게 되었다. 바버는 '능동-부정형' 캐릭터를 가진 대통령의 사고 및 태도의 '경직성', '이슈의 개인화 경향', 그리고 그의 철저한 '완벽주의'가 이러한 엄청난 실패에 대해 상당한 설명력을 갖는다고 강조하고 있다. 유권자들은 나라와 자신을 위해 좋은 대통령을 뽑아야 한다. 그러기 위해서는 대통령 후보들의 성격에 대해 알아야 한다. 그들은 적어도 '능동-부정형' 성격의 후보에 표를 줘서는 안 된다. 이것이 바버가 제시한 대통령성격 모델의 정치적 함의이다.

대통령성격 모델과 그 이후

대통령에 대한 연구는 크게 보아 대통령의 성격에 관한 연구와 제도(institution)로서의 대통령직에 관한 연구로 구분될 수 있다. 바버의 『대통령의 성격』은 제임스 선퀴스트(James R. Sundquist)의 『의회의 쇠퇴와 재부상(*The Decline and Resurgence of Congress*)』과 함께 양 분야의 고전으로 간주되고 있다.[3] 그러나 명성에 걸맞게 바버의 이론은 적지 않은 비판을 동시에 받아왔다. 예를 들어, 알렉산더 조지는 바버가 자신의 독립변수와 종속변수 간의 인과관계를 근거 없이 전제하고 있다고 비판했다. 어떤 대통령의 언행을 표면적으로 관찰한 뒤 일반적으로 심리학자들이 그것과 관계가 있다고 연관 짓는 카테고리로 그의 성격을 규정한다는 것이다.[4] 제임스 퀄즈(James H. Qualls)는 바버가 방법론적으로 문제가 있다고 지적하면서 그가 모든 것을 성격으로 설명한다며 환원주의(reductionism)의 위험성이 있다고 비판했다. 예를 들어, 존슨 대통령의 베트남전 확전 결정은 그의 캐릭터 때문이 아니고 다른 요인들에 의해 영향을 받았을 수도 있다는 것이다.[5] 또한 이론의 예측력과 관련해서도 문제가 제기될 수 있다. 예를 들어, 바버가 '능동-긍정형'으로 분류한 카터가 성공한 대통령으로 인정될 수 있는가 하는 문제제기인 것이다. 카터는 이란에 억류된 미국인 인질을 구조하는 작전에서 실패하여 리처드 닉슨과 함께 미국인들 사이에서 가장 인기 없는 대통령

....

3 Robert M. Pallitto and William G. Weaver. 2007, *Presidential Secrecy and the Law* (Baltimore, MD: The Johns Hopkins University Press), p. 24.

4 Alexander L. George. 1975, "Assessing Presidential Character ," in Aaron Wildavsky (ed.), *Perspectives on the Presidency* (New York, NY: Little, Brown and Company), p. 118.

5 James H. Qualls. 1977, "Barber's Typological Analysis of Political Leaders," *The American Political Science Review*, Vol. 71, No. 1 (March): 182-211.

중 하나로 꼽힌다.

그러나 방법론이나 일반화의 가능성과 관련된 문제제기에도 불구하고 대다수 대통령학이나 외교정책결정과정론자들은 바버가 합리적 선택론이 국제정치학계를 지배하고 있던 당시에 캐릭터, 세계관, 스타일의 역동적 조합인 성격이라는 "개인 특유(idiosyncratic)"의 변수로 대통령의 성과를 설명하려고 했다는 점에서 그의 이론적 통찰력이나 혁신성을 긍정적으로 평가하고 있다. 아울러 대통령성격 모델의 이론적 간결성(parsimony)은 정치학이나 심리학의 전문가가 아닌 독자들에게도 바버의 이론이 호소력을 갖게 했다. 카터 대통령은 바버의 책을 직접 읽었고 그를 초대하여 자신도 평가해달라고 요청하기도 했다.[6] 바버의 이론은 저작이 출간된 후 지금까지 미국 대통령의 성과를 평가하고 예측하는 다양한 수준의 글에서 가장 많이 사용되고 인용되는 모델 중 하나이다.[7]

....

6 Pallitto and Weaver(2007), p. 24.

7 예를 들어, Robert W. Merry. 2014, "The Psychology of Barack Obama: How he sees his job—and how that explains his frustrations," *The National Interest*, November 6; John Dean. 2017, "Active/Negative Trump Is Doomed to Follow Nixon," *Newsweek*, May 29.

다시 외교정책결정과정론이란 무엇인가?

외교정책결정과정론이란 현실주의의 방법론적 전제들 또는 그것들을 공유하는 합리적 선택이론이나 합리적 행위자 모델이 간과하거나 포착하지 못하는 (또는 이론화를 위해 전략적으로 생략하는) 인간의 비합리적 요소들이 의사결정과정에 미치는 영향에 빛을 비춰주는, 다시 말해 '형광등'으로서의 지배적 패러다임이 보여주지 못하는 부분을 보여주는 '손전등들'과 그것들에 대한 토론과 논쟁을 가리킨다. 그것은 "형이상학적 추상물"인 국가라는 암상자를 열어 의사를 실제로 결정하는 '살과 피'를 가진 사람들과 그들 간의 상호작용에 초점을 맞추는 '행위자-구체적(actor-specific)' 또는 '주체지향적(agent-oriented)'인 이론들이다. 이 이론들은 외교정책결정과정에 대한 전반적이고 추세적인 그림을 보여주는 '행위자-일반적(actor-general)' 이론과는 달리 인간 정책결정자의 역할이 특정 시공간에서 구체적이고 맥락적으로 드러나는 그림을 보여준다. 그렇기 때문에 외교정책결정과정론은 다수준의 변수들을 검토하고 다요인들로 설명을 시도하며 심리학, 사회학, 조직행태론, 인류학, 경제학 등의 많은 학문 영역으로부터의 통찰력을 환영한다는 면에서 학제적(interdisciplinary) 접근법이다.[1] 그러나 국제정치나 외교정책결정과정에 대한 전체적·통합적 이해의 관점에서 보면, '손전등들'은 '형광등'이 보여주지 못하는 부분들을 보여준다는 의미에서 형광등에 대해 상호 보완적인 관계에 있다. 국가의 대외적 행위에 대한 '(국제)체제적 영향(system impact)'을 드러내주는 합리적 선택론은 장기적이고 일반적인 외교정책적 추세(예를 들어, 세력균형)를 기술하는 데, 그리고 국가 내부의 '결정 동학(decisional dynamics)'에 주목하는 외교정책결정과정론적 관점은 단기적이고 독특한 외교정책 행위를 설명하는 데 상대적으로 더 유용하다. 정책결정자들은 당연히 이 두 패러다임의 상보성을 활용하여 '보다 완전하고' '보다 큰' 그림을 그릴 수 있을 것이고, 국제정치나 외교정책결정과정에 관한 이해를 증진할 수 있게 되어 그들이 직면한 문제를 해결하기 위해 더 정교하고 효과적이며 효율적인 정책 도구를 선택하고 사용할 수 있게 될 것이다. 반면에 다양한 손전등을 갖추고 있지 못한 정책결정자들은 자신들의 인간적 한계나 자신들을 둘러싼 구조적 제약에 대한 몰이해로 인해 문제해결은커녕 자신들뿐 아니라 자신들이 책임지고 있는 국민, 나아가 인류 전체에 재앙을 초래할 수도 있을 것이다.

2020년 트럼프 미국 대통령은 중국의 IT 기업 '화웨이(华为)'가

1 허드슨(2007), pp. 20-22.

미국의 안보를 위협한다며 전방위적인 고사작전에 나섰다.[2] 그는 이어서 미국인의 개인정보가 중국 공산당에 넘어갈 우려가 있다며 미국 청소년들에게 인기 있는 동영상 앱인 틱톡(TikTok)의 미국 내 사용을 금지했다. 이 결정들은 향후 미중관계, 나아가 국제정치 전반에 상당한 충격을 줄 것으로 예측되며 미국의 국내 정치나 경제에도 적지 않은 파장을 일으킬 것으로 예상된다. 중국이 사용할 수 있는 카드도 만만치 않기 때문이다. 중국은 1조 달러 상당의 미국 국채를 보유하고 있고(일본에 이어 2위), 세계 희토류의 생산 중 90%를 차지하고 있으며, 미국 농산물의 수출 중 15%를 수입(캐나다에 이어 2위)하고 있다. 트럼프는 과연 미국의 국가안보 차원에서 그러한 결정을 내렸을까? 그렇다면 그가 2020년 3월까지 중국과 시진핑에 대해 15차례나 찬사를 보낸 것은 어떻게 이해할 수 있는가?[3] 그의 머릿속엔 국내정치적 계산이 있었을까? 적어도 대선일인 11월 3일까지는? 틱톡이 미국인들의 개인정보를 중공당에 전달할 가능성은 얼마나 되는가? 트럼프는 2020년 6월 오클라호마주의 털사(Tulsa)에서 대중 유세를 계획했다. 미국 청소년들은 유세장의 좌석을 대거 예약했다가 당일 나타나지 않았다. 대규모 청중을 예상했던 트럼프로서는 당황과 분노의 순간이었을 것이다. 그는 이 청소년들이 틱톡을 사용했다는 것을 알게 되었다. 그레그 벤싱어(Greg Bensinger)는

....

2 David E. Sanger. 2019, "Trump Wants to Wall Off Huawei, but the Digital World Bridles at Barriers," *The New York Times*, May 27.

3 Myah Ward, "15 times Trump praised China as coronavirus was spreading across the globe," https://www.politico.com/news/2020/04/15/trump-china-coronavirus-188736

트럼프가 틱톡을 금지한 이유가 바로 이 때문이라고 설명하고 있다.[4] 이것이 사실이라면 트럼프는 국가 간의 비즈니스를 개인적이고 사적(私的)인 것으로 파악하는(personalization) 캐릭터를 가지고 있을 가능성이 높다. 트럼프는 자신의 미국 내 틱톡 금지에 대항한 중국의 보복 가능성에 어떤 대책을 갖고 있을까? 그가 자신의 오인에 의해 정치적으로 패착을 두었을 가능성은 없는가? 그리고 그가 결정을 내릴 당시에 대책은 마련되어 있었을까 아니면 그는 그저 맹목적이었을까?

트럼프 대통령은 2018년 북한의 김정은과 "사랑에 빠졌다."라고 공개적으로 발언했다.[5] 그의 발언은 터프한 상대를 고려한 실용주의적이고 전략적인 수사였는가? 그렇다면 그가 김정은과의 협상에서 결실을 거두지 못한 이유가 자신의 참모인 존 볼튼(John Bolton) 때문이었다고 말한 것은[6] 어떻게 이해해야 하는가? 트럼프를 조직과정이나 관료정치의 희생양이라고 볼 여지는 있는 것인가? 볼튼을 비판함으로써 향후 북미협상에서 트럼프가 기대했던 이익은 무엇일까? 양 지도자가 협상에서 원하는 것은 국가안보의 증진일까? 아니면 그와는 별도로 다른 이익을 기대하고 있는가? 트럼프는 특별한 국내 비준(레벨 II)이 없는 김정은에 대해 어떤 협상력을 갖고 있는가? 그의 정치적 신념이나 캐릭터가 설명할 수 있는 부분은 무엇

....

4 Greg Bensinger. 2020, "Trump Wants to Cripple TikTok and WeChat. Why?" *The New York Times*, Sept. 18.

5 John Bacon. 2018, "President Donald Trump on Kim Jong Un: 'We fell in love' over 'beautiful letters'," *USA Today*, Sept. 30.

6 David Nakamura. 2019, "I don't blame Kim Jong Un: In dismissing Bolton, Trump sides with North Korean leader – again," *The Washington Post*, September 12.

인가? 트럼프와 김정일이 성격상 통하는 부분은 무엇일까?

한국의 대통령들은 어떠한 의사결정자였을까? 그들은 한 인간으로서 자신들의 내적·외적 한계와 제약에 대해 깊히 성찰하고 치밀하게 가성비를 따지면서 결정을 내렸을까? 그들의 체화된 세계관, 정치적 신념, 성격적 특질은 어떠한 영향을 미쳤을까? 외교정책결정과정론과 관련하여 의미심장한 결단을 내린 최근의 대통령으로 노무현과 박근혜가 비교·대조될 수 있을 것이다. 노무현 대통령이 내린 중대 결정은 '이라크 파병'과 '한미FTA 체결'을 포함한다. 이 결정들은 대통령 자신의 정치적 지지세력의 반대와 저항에도 불구하고 내려진 것이었다. 그는 양면게임의 논리를 이해하고 있었을까? 그는 자신의 국내정치적 기반이 탄탄하다고 판단하고 자신의 자율적인 정책결정으로 인해 예상되는 정치적 불이익이 관리 가능한 정도라고 판단했을까? 그는 당파적 이익을 떠나 국가 지도자로서의 책임과 비전에 충실하려 했을까? 그가 "대통령 못해 먹겠다."라고 말했을 때는 정말 그렇게 느꼈던 걸까? 그래서 국가와 민족, 그리고 사회적 약자를 포함한 대중을 위한 사명감으로 할 수 없이 대통령직을 수행했던 것일까? 아니면 그것은 성격적 특질이 아닌 단순한 좌절감의 투박한 표현이었을까? 앞서 언급했지만, 2003년 5월에 처음 미국을 방문한 노무현 대통령은 한미정상회담 후 "53년 전 미국이 우리를 도와주지 않았으면 저는 지금쯤 북한의 정치범수용소에 있을지도 모른다."라고 말했다. 그는 아마도 미국 대통령과 미국인들에게 호의를 보이려는 외교적 제스처로 말했을 수 있으나, 그가 한국과 북한에 미칠 영향에 대해서 미리 숙고하지 않았다면 그것은 대통령의 독특한 스타일로 보아야 할 것인가?

박근혜 대통령이 외교안보와 관련해 내린 중대 결정은 '개성공단 폐쇄', '사드 배치', '위안부 합의'를 포함한다. 이 결정들은 대통령의 지지세력이 반대하거나 저항하는 사안은 아니었다. 박근혜가 자신이 대통령이 되려는 이유가 "아버지의 명예 회복"이라고 생각했다면[7] 대통령직을 즐기지 않는 인물이었을 수도 있다. 그렇다면 그는 위의 결정들을 내릴 때 조직과정이나 관료정치의 희생양이 된 상태였다고 볼 수 있는가? 그는 한국의 정치사가 부여한 독특한 카리스마로 인해 참모와 관료들이 자기검열을 하도록 하는 '집단사고'를 발생시킨 장본인이었을까? 박근혜 정부는 사드 배치와 관련된 문제에 대해 부인을 거듭하다가 중국의 강력한 반대에도 불구하고 2016년 7월 8일 "북한의 핵/미사일 위협에 대처하기 위해" 배치를 결정했다. 이는 국가안보 차원의 결정이었는가? 북한이 남한을 향해 (핵)미사일을 발사한다면 그것은 전면전인데 그렇다면 1,000여 기의 북한 미사일을 48기의 요격미사일로 격추할 수 있다는 말인가?[8] 아니면 '목함지뢰' 사건과 관련하여 '어리고 못된 김정은'을 길들이기 위한 사적이고 감정적인 조치였을까? 박근혜의 결정에 오인이나 오해 또는 '독실한' 정치적 신념이 개재되지는 않았을까? 혹은 그것은 미국에 대한 '재조지은(再造之恩)'과 미국의 파워플레이(power play)가 결합된 자의반 타의반의 정치적 결과였을까?

분명한 것은 이들 정책결정자의 결정들이 한국과 한국인들, 그리고 한국의 국제정치에 다대한 영향을 미쳤다는 사실이다. 지금도

....

7 http://news.tvchosun.com/site/data/html_dir/2016/11/14/2016111490209.html; https://www.hankookilbo.com/News/Read/201611232092938946

8 박건영. 2016, "한국 안보와 사드(THAAD)," 『한국과 국제정치』, 제32권, 3호.

그 긍정적·부정적 영향은 진행형이다. 그러나 우리는 그들의 결정들에 대해 숙고하고 논쟁하면서도 그들이 결정을 내릴 때 어떤 생각을 했는지 잘 알지 못한다. 따라서 우리는 한국의 의사결정이나 정책이 한국과 국민의 이익을 극대화하는 차원에서 이루어졌을 것이라고 손쉽게 가정하게 된다. 그러나 우리는 이렇게 해석하면 의아한 점이 한둘이 아니라는 것을 단박에 깨닫게 된다. 아마도 우리는 다각도에서 생각할 수 있기 때문일 것이다. 나아가 이제 그러한 의아한 점을 해소해줄 수 있는 대안적인 관념적 도구들을 구비하게 되었으므로, 우리는 국가 간의 전략적 상호작용뿐 아니라 외교정책결정과정의 내부를 들여다볼 수 있게 되었고, 중대 결정들에 대한 설명과 이해의 폭을 넓힐 수 있게 되었으며, 따라서 보다 광범위한 대안의 지평에서 효과적인 해결책이나 처방을 탐색하고 제시할 수 있게 되었다.

대안적 시각들을 섭렵함으로써 분석가도 외교정책행위에 대해 체계적이고 현장감 있는 설명과 예측을 제공할 수 있게 되었지만, 정책결정자도 시각과 이해를 넓히고 심화함으로써 무모, 졸속, 오판을 피하고 분별력 있는 판단을 내릴 수 있게 될 것이다. 주지하듯이, 한국은 외교정책을 국가전략의 핵심 요소로 간주해왔다. '중추(pivot)', '단도(dagger)', '도약대(springboard)' 등으로 표현되는 한국의 전통적인 지정학적 조건뿐 아니라 21세기 초반 이후 미국과 중국 간의 경쟁구도하에서 역동적으로 변동하는 지경학적(地經學的) 조건도 국가적 목표를 결정하고 조정하는 주요한 동력이자 투입요소로 작용해왔다. 한반도의 분단과 남북 간의 대립과 협력은 한국의 외교정책결정과정에 절대적인 영향력을 행사하는 또 다른 차원의 주요 변수이다. 한국은 냉전기 동안 미국의 세계전략의 필요에 따른 지역적 역할을 수행해왔다. 힘의 논리 외에도 그것이 한국의 이익이었기 때문일 것이다. 그러나 민주주의가 착근하고 세대교체가 이루어지는 가운데, 특히 냉전종식 후 한반도에서의 세력균형이 변화하고 중국의 성장과 위협론이 동시에 부상하며 다양한 차원에서 한국의 세계적 위상이 개선되어 한국의 외교정책의 운신의 폭은 넓어졌고, 따라서 한국은 그에 걸맞은 대안적인 외교안보구상을 필요로 하게 되었다. 변화하는 세계 및 지역적 세력구도하에서 한국의 외교안보력이 커졌다는 것은 한국의 외교정책이 갖는 국가적 비용과 이익도 그만큼 커졌음을 의미한다. 따라서 한국의 정책결정자는 외교안보행위의 주체로서 자신의 한계를 성찰할 수 있는 능력을 구비해야 할 뿐 아니라 타국의 외교정책결정과정에 대해서도 포괄적인 식견과 정교한 판단 능력을 가져야 한다는 점에서 외교정책결정과정론의 '손전등들'이 그에 대해 가지는 의미는 실로 의미심장하다 하겠다.

다시 분석가의 입장으로 돌아와, '형광등'뿐 아니라 많은 '손전등들'을 갖게 된 우리는 한국과 강대국들의 정책결정자들에 대해 알아야 할 것이 그만큼 많아졌다는 점을 알아야 한다. 이미 언급했듯이 '손전등들'을 사용하려면 역지사지만 하면 되는 '형광등'에 비해 비용이 상대적으로 많이 든다. 정책결정자들 개인에 대해 한 걸음 또는 두 걸음(extra steps) 더 들어가야 하기 때문이다. 한국의 경우 현재 분석가들이 활용할 수 있는 이들 개인에 대한 자료는 제한적이다. 그나마 그들의 주관이 개재된 저작물이 대부분이다. 따라서 정책결정자들 개인에 대한 제3자적인 학문적 연구가 축적되어야 한다. 미국이나 서구 강대국의 경우 연구가 상대적으로 더 진전되어 있는 것은 사실이다. 한국의 분석가들은 이러한 선도적 연구로부터 벤치마킹할 필요가 있다. 이벤트 데이터(event data)도 활용할 필요가 있다. "결정의 가공품들, 즉 신문이나 연대기 등에 남아 있는 결정의 흔적들을 사용하는 것이다."[9] 특히 북한 지도자들에 대한 정보는 극히 제한되어 있는 데 반해 북한의 국제갈등 유발 능력 또는 "행태적 권력(behavioral power)"[10]은 세계 최고 수준임을 고려할 때 그들에 대한 체계적 연구의 필요성이 절실하다고 할 수 있다. 특기할 만한 것은 북한이나 북한 지도자들에 관한 정보나 지식이 한국이 타국들에 비해 비교우위를 가질 수 있는 영역이라는 점이다. 북한의 독특한 의사결정체계 및 국내외적 행태에 대한 장기적·체계적 관찰과 특화된 토착적 지식의 축적은 북한의 외교정책 행위에 대한 설명력과 예측력을 증대하는 데 기여할 것이다.

이와 같은 정책결정자들에 대한 '행위자-구체적(actor-specific)' 또는 '주체지향적(agent-oriented)'인 이해는 그들이 참여한 내부결정과정을 드러내주는 비밀 해제된 외교안보문건에 대한 분석과 결합될 때 정확성과 타당성이 더욱 보강될 수 있다. 주의해야 할 것은

9 허드슨(2007), p. 18.

10 마이클 워드(Michael Ward)와 루이스 하우스(Lewis House)에 따르면, "장기적이고 복잡한 일련의 반응·역반응을 '효율적'으로 야기할 수 있는 능력"을 행태적 권력(behavioral power)이라고 할 때, 1948-78년 동안의 행태적 권력 순위는 미국이 1위, 소련이 3위, 북한이 7위였다. 갈등적 차원에서의 행태적 권력에서는 북한이 단연 1위였다. Michael Ward and Lewis House. 1988, "The Behavioral Power of Nations: An Analysis of Verbal Conflict Using the Equations of Statistical Equilibrium," *Quality and Quantity*, June, Vol. 22, Iss. 2. 국제정치의 장에서 가장 중요한 '말썽쟁이' 또는 불한당(不汗黨)이었다는 말이다.

개인에 대한 자료들뿐 아니라 외교안보문건들에 대해서도 '교차점검(cross-checking)'이 이루어져야 한다는 점이다. 자료와 문건들을 언제 어디서 누가 생산하고 작성했는지를 살피면서 문건들 간에 불일치하는 정보나 잡음들을 걸러내야 한다. 이러한 과정을 거쳐 정제된 외교정책결정과정에 대한 정보와 지식이 준비될 때 비로소 우리의 '손전등들'은 이론적으로나 정책적으로 우리의 국제정치와 외교정책의 현실을 구석구석 더 밝게 조명할 수 있게 될 것이다.

참고문헌

김완진. 2005. "합리성과 게임이론,"『철학사상』, 제20권.
맹자 (임자헌 옮김). 2019,『맹자』이루편(離婁編) (서울: 루페).
박건영. 2020,『국제관계사』(서울: 사회평론).
박건영. 2016, "한국 안보와 사드(THAAD),"『한국과 국제정치』, 제32권, 3호.
박건영. 2000, "남북정상회담과 한반도의 국제정치,"『신아세아』, 제24권, 3호.
박건영·정욱식. 2009, "김대중·부시 정부 시기 한미관계: 대북정책을 중심으로,"『역사비평』, 통권 86, 봄호.
이용희. 1955,『국제정치원론』(서울: 장왕사).
임동원. 2008,『피스메이커』(서울: 중앙북스).
허드슨, 발레리. 2007,『외교정책론: 다양한 외교정책분석의 소개와 검토』(서울: 을유문화사).
황준헌 (김승일 옮김). 2008,『조선책략』(서울: 범우사).

Abelson, R. and A. Levi. 1985, "Decision making," in G. Lindzey and E. Aronson (eds.), *Handbook of Social Psychology* (New York, NY: Random House).
Allison, Graham T. and Philip Zelikow (김태현 옮김). 2005,『결정의 엣센스』(서울: 모음북스).
Axelrod, Robert. 1984, *The Evolution of Cooperation* (New York, NY: Basic Books).
Bacon, John. 2018, "President Donald Trump on Kim Jong Un: 'We fell in love' over 'beautiful letters'," *USA Today*, Sept. 30.
Barber, James David. 1992, *The Presidential Character: Predicting Performance in the White House* (New York, NY: Prentice Hall).
Bell, Duncan. 2009, "Introduction: Under an Empty Sky – Realism and Political Theory," in Duncan Bell (ed.), *Political Thought and International Relations* (London: Oxford University Press).
Bensinger, Greg. 2020, "Trump Wants to Cripple TikTok and WeChat. Why?" *The New York Times*, Sept. 18.
Bernoulli, Daniel. 1954, "Exposition of a New Theory on the Measurement of Risk," *Econometrica*, 22(1).
Boettcher III, William A. 2004, "The Prospects for Prospect Theory: An Empirical

Evaluation of International Relations Applications of Framing and Loss Aversion," *Political Psychology*, Vol. 25, No. 3 (June).

Brickman, P. and D. T. Campbell. 1971, "Hedonic Relativism and Planning the Good Society," in M. H. Appley (ed.), *Adaptation Level Theory: A symposium* (New York, NY: Academic Press).

Brim Jr., Orville G., David C. Glass, and Norman Goodman. 1962, *Personality and Decision Processes: Studies in the Social Psychology of Thinking* (Palo Alto, CA: Stanford University Press).

Bruner, Jerome S. and Leo Postman. 2006, "On the Perception of Incongruity: A Paradigm," *Journal of Personality*, 18(2) (April).

Bueno De Mesquita, Bruce. 1985, "The War Trap Revisited, A Revised Expected Utility Model," *American Political Science Review*, 79: 156-173.

Bueno De Mesquita, Bruce. 1981, *The War Trap* (New Haven, CT: Yale University Press).

Carlin, Robert. 2020, "Book Review: Becoming Kim Jong Un: A Former CIA Officer's Insights into North Korea's Enigmatic Young Dictator," *38North*, June 5. https://www.38north.org/2020/06/rcarlin060520/

Craig, Gordon and Felix Gilbert (eds.). 1963, *The Diplomats*, Vol. III (New York, NY: Atheneum).

Davenport, Kelsey. 2020, "Chronology of U.S.-North Korean Nuclear and Missile Diplomacy," Arms Control Association. https://www.armscontrol.org/factsheets/dprkchron.

Dawes, Robyn M. 1990, "The Potential Nonfalsity of the False Consensus Effect," in Robin M. Hogarth (ed.), *Insights in Decision Making: A Tribute to Hillel J. Einhorn* (Chicago, IL: The University of Chicago Press.

Dean, John. 2017, "Active/Negative Trump Is Doomed to Follow Nixon," *Newsweek*, May 29.

Dyson, Stephen Benedict and Matthew J. Parent. 2018, "The Operational Code Approach to Profiling Political Leaders: Understanding Vladimir Putin," *Journal of Intelligence and National Security*, Volume 33, Issue 111 (April).

Eder, Franz. 2017, "Making Concurrence-Seeking Visible: Groupthink, Discourse Networks, and the 2003 Iraq War," *Foreign Policy Analysis* 15(1) (October).

Evans, Peter B., Harold K. Jacobson, and Robert D. Putnam (eds.). 1993, *Double-Edged Diplomacy: International Bargaining and Domestic Politics* (Berkeley, CA: University of California Press).

Freyberg-Inan, Annette. 2004, *What Moves Man: The Realist Theory of International Relations and Its Judgment of Human Nature* (New York, NY: State of New York University Press).

George, Alexander L. 1993, *Bridging the Gap: Theory and Practice in Foreign Policy* (Washington DC: United States Institute of Peace).

George, Alexander L. 1975, "Assessing Presidential Character," in Aaron Wildavsky (ed.), *Perspectives on the Presidency* (New York, NY: Little, Brown and Company).

George, Alexander L. 1969, "The "Operational Code": A Neglected Approach to the Study of Political Leaders and Decision-Making," *International Studies Quarterly*, Vol. 13, No. 2 (Jun.): 190-222.

Gourevitch, Peter. 1978, "The Second Image Reversed: The International Sources of Domestic Politics," *International Organization*, Vol. 32, No. 4: 881-912.

Hancock, Landon E., Joshua N. Weiss, and Glen M. E. Duerr. 2011, "Prospect Theory and the Framing of the Good Friday Agreement," *Conflict Resolution Quarterly* Vol. 28, No. 2: 183-203.

Harari, Yuval Noah. 2015, *Sapiens: A Brief History of Humankind* (New York, NY: Harper Perennial).

Harsanyi, John C. 2009, *Rational Behaviour and Bargaining Equilibrium in Games and Social Situations* (London, UK: Cambridge University Press).

Hartz, Louis. 1955, *The Liberal Tradition in America: An Interpretation of American Political Thought since the Revolution* (New York, NY: Harcourt, Brace & World).

He, Kai and Huiyun Feng. 2013, "Xi Jinping's Operational Code Beliefs and China's Foreign Policy," *The Chinese Journal of International Politics*, Volume 6, Issue 3 (Autumn): 209-231.

Howe, Paul. 1994. "The Utopian Realism of E. H. Carr", *Review of International Studies*, Vol. 20, No. 3.

Janis, Irving L. 1989, *Crucial Decisions: Leadership in Policymaking and Crisis Management* (New York, NY: Free Press).

Janis, Irving L. 1982, *Groupthink: Psychological Studies of Policy Decisions and Fiascoes* (Boston, MA: Houghton Mifflin).

Janis, Irving L. 1949, "Morale Attitudes of Combat Flying Personnel in the Air Corps," in: S. Stouffer, (ed.), *The American Soldier II: Combat and its Aftermath* (Princeton, NJ: Princeton University Press).

Jervis, Robert. 1976, *Perception and Misperception in International Politics* (Princeton, NJ: Princeton University Press).

Jervis, Robert. 1968, "Hypotheses on Misperception," *World Politics*, Vol. 20, No. 3 (April): 454-479.

Kaufmann, W. W. 1963, "Two American Ambassadors: Bullitt and Kennedy," in Gordon Craig and Felix Gilbert (eds.), *The Diplomats*, Vol. III (New York, NY: Atheneum).

Kahneman, Daniel and Amos Tversky. 2000, "Choices, Values, and Frames," in Daniel Kahneman and Amos Tversky (eds.), *Choices, Values, and Frames* (London, UK:

Cambridge University Press).
Kahneman, Daniel Knetsch, J., and Thaler, R. 1990, "Experimental Test of the Endowment Effect and the Coase Theorem," *Journal of Political Economy*, 98 (6): 1325-1348.
Kahneman, Daniel and Amos Tversky. 1979, "Prospect Theory: An Analysis of Decision under Risk," *Econometrica*, Vol. 47, No. 2 (March): 263-292.
Katsikopoulos, Konstantinos V. 2014, "Bounded Rationality: The Two Cultures," *Journal of Economic Methodology*, Volume 21, Issue 4.
Kennan, George. 1962, *Russia and the West Under Lenin and Stalin* (New York, NY: Little Brown & Co).
Keohane, Robert and Joseph Nye. 1975, "Transgovernmental Relations and International Organizations", *World Politics*, Vol. 27, No. 1: 39-62.
Knopf, Jeffrey W. 1993, "Beyond Two-Level Games: Domestic–International Interaction in the Intermediate-Range Nuclear Forces Negotiations," *International Organization*, Vol. 47, No. 4: 599-628.
Kramer, Roderick M. 1998, "Revisiting the Bay of Pigs and Vietnam Decisions 25 Years Later: How Well Has the Groupthink Hypothesis Stood the Test of Time?," *Organizational Behavior and Human Decision Processes*, Volume 73, Issues 2-3 (February).
Kuhlmann, R. Von. 1931, "The Permanent Bases of German Foreign Policy," *Foreign Affairs*, IX.
Lawson, Tony. 1997, "Situated Rationality," *Journal of Economic Methodology*, Vol. 4, No. 1.
Leites, Nathan. 1951, *The Operational Code of the Politburo* (Santa Monica, CA: the Rand Corporation).
Levy, Jack S. 1992, "An Introduction to Prospect Theory," *Political Psychology*, Vol. 13, No. 2: 171-186.
Levy, Jack S. 1983, "Misperception and the Causes of War: Theoretical Linkages and Analytical Problems," *World Politics*, Vol. 36, No. 1 (October): 76-99.
Lindsay, James M. and Anna Shortridge. 2020, "TWE Remembers: The Taft-Katsura Memorandum," *Council on Foreign Relations*, July 31. https://www.cfr.org/blog/twe-remembers-taft-katsura-memorandum-0
Markwell, Donald. 2006, *John Maynard Keynes and International Relations: Economic Paths to War and Peace* (London, UK: Oxford University Press).
Masters, Daniel. 2004, "Support and Nonsupport for Nationalist Rebellion: A Prospect Theory Approach," *Political Psychology*, Vol. 25, No. 5.
McCauley, Clark. 1989, "The Nature of Social Influence in Groupthink: Compliance and Internalization," *Journal of Personality and Social Psychology*, 57(2): 250-260.

McDermott, Rose. 2004, "Prospect Theory in Political Science: Gains and Losses from the First Decade," *Political Psychology*, Vol. 25, No. 2 (April): 289-312.

McDermott, Rose. 1998, *Risk-Taking in International Politics: Prospect Theory in American Foreign Policy* (Ann Arbor, MI: University of Michigan Press).

McDermott, Rose. 1992, "Prospect Theory in International Relations: The Iranian Hostage Rescue Mission," *Political Psychology*, Vol. 13, No. 2 (June): 237-263.

Merry, Robert W. 2014, "The Psychology of Barack Obama: How he sees his job—and how that explains his frustrations," *The National Interest*, November 6.

Merton, Robert K. 1940, "Bureaucratic Structure and Personality," in R. Merton (ed.), *Reader in Bureaucracy* (New York, NY: Free Press).

Mitchell, David. 2001, "International Institutions and Janus Faces: The Influence of International Institutions on Central Negotiators Within Two-Level Games," *International Negotiation*, Vo. 6, No. 1: 25-48.

McAlain, James L., 2002, *Japan: A Modern History* (New York, NY: W. W. Norton).

Morgenthau, Hans. 1948, *Politics among Nations: The Struggle for Power and Peace* (New York, NY: Afred Knopf).

Morgenthau, Hans. 1946, *Scientific Man versus Power Politics* (Chicago, Il: University of Chicago Press).

Morrow, James. 1987, "On the Theoretical Basis of a Measure of National Risk Attitudes," *International Studies Quarterly*, 31.

Nakamura, David. 2019, "I don't blame Kim Jong Un': In dismissing Bolton, Trump sides with North Korean leader — again," *The Washington Post*, September 12.

Newell, Benjamin R., David A. Lagnado, David R. Shanks. 2007, *Straight Choices: The Psychology of Decision Making* (Hove, UK: Psychology Press).

Nicholson, Michael. 1987, "The Conceptual Bases of the War Trap," *Journal of Conflict Resolution*, Vol. 31, No. 2 (June).

O'Brien, Robert C. 2020, "Why the U.S. Is Moving Troops Out of Germany: Forces are needed in the Indo-Pacific and Berlin should contribute more to European security," *The Wall Street Journal*, June 21.

Pallitto, Robert M. and William G. Weaver. 2007, *Presidential Secrecy and the Law* (Baltimore, MD: The Johns Hopkins University Press).

Patterson, Lee Ann. 1997, "Agricultural Policy Reform in the European Community: A Three Level Game Analysis," *International Organization*, Vol. 51, No. 1: 135-165.

Paul, T. V. 1994, *Asymmetric Conflicts: War Initiation by Weaker Powers* (New York, NY: Cambridge University Press).

Potter, E. B. et al. 1955, *The United States and World Sea Power* (New York, NY: Prentice-Hall).

Plous, Scott. 1993, *The Psychology of Judgment and Decision Making* (New York, NY:

McGraw-Hill).

Putnam, Robert D. 1988, "Diplomacy and Domestic Politics: The Logic of Two-Level Games," *International Organization*, Vol. 42, No. 3: 427-460.

Qualls, James H. 1977, "Barber's Typological Analysis of Political Leaders," *The American Political Science Review*, Vol. 71, No. 1 (March): 182-211.

Quattrone, George A. and Amos Tversky. 1988, "Contrasting Rational and Psychological Analyses of Political Choice," *The American Political Science Review*, Vol. 82, No. 3 (September).

Rappaport, Armin. 1965, *World Power and Leadership since 1895* (New York, NY: Macmillan).

Rose, Gideon. 1998. "Review: Neoclassical Realism and Theories of Foreign Policy," *World Politics*, Vol. 51, No. 1: 144-172.

Rummel, Rudolph J. 1976, *Understanding Conflict and War* (Hoboken, NJ: John Wiley & Sons).

Sanger, David E. 2019, "Trump Wants to Wall Off Huawei, but the Digital World Bridles at Barriers," *The New York Times*, May 27.

Schelling, Thomas C. 1966, *Arms and Influence* (New Heaven, CT: Yale University Press).

Slovic, Paul Baruch Fischhoff and Sarah Lichtenstein. 1977, "Behavioral Decision Theory," *Annual Reviews of Psychology*, 28.

Schoppa, Leonard. 1993, "Two-Level Games and Bargaining Outcomes," *International Organization*, Vol. 47, No. 3.

Snyder, Glenn. 1997, *Alliance Politics* (Ithaca, NY: Cornell University Press).

Snyder, Richard C., H. W. Bruck, Burton Sapin, and Valerie Hudson. 2002, *Foreign Policy Decision Making* (Revisited) (New York, NY: Palgrave Macmillan).

Sprout, Harold and Margaret Sprout. 1957, "Environmental Factors in the Study of International Politics," *The Journal of Conflict Resolution*, Vol. 1, No. 4.

Sprout, Harold and Margaret Sprout. 1956, *Man-Milieu Relationship Hypotheses in the Context of International Politics* (Princeton, NJ: Center of International Studies, Princeton University).

Staddon, John (ed.). 2017, *Scientific Method: How Science Works, Fails to Work and Pretends to Work* (London, UK: Routledge).

Staddon, John. 2014, *The New Behaviorism: Mind, Mechanism and Society* (Hove, UK: Psychology Press).

Stein, Arthur A. 1982, "When Misperception Matters," *World Politics*, Vol. 34, No. 4 (July): 505-526.

Stuart, Douglas T. 1994, "Discord and Collaboration: The Enduring Insights of Arnold Wolfers," in Douglas Stuart, T. and Stephen F. Szabo (eds.), *Discord and*

Collaboration in a New Europe (Baltimore, MD: Johns Hopkins University Press).

Tetlock, P. E., R. S. Peterson, C. McGuire, S. Chang, and P. Feld. 1992, "Assessing Political Group Dynamics: A Test of the Groupthink Model," *Journal of Personality and Social Psychology*, 63.

't Hart, Paul. 1990, *Groupthink in government: A study of small groups and policy failure* (Leyden University: Ph.D. Thesis, Rev. ed., Amsterdam: Swets and Zeitlinger).

Townley, Barbara. 2008, *Reason's Neglect: Rationality and Organizing* (London, UK: Oxford University Press).

Tucker, Nancy Bernkopf. 2001, "Interview with Charles W. Freeman", excerpted from *China Confidential: American Diplomats and Sino-American Relations, 1945-1996* (Columbia University Press).

Tversky, Amos and Daniel Kahneman. 1986, "Rational Choice and the Framing of Decisions," *The Journal of Business*, Vol. 59, No. 4, Part 2: The Behavioral Foundations of Economic Theory (October): S251-S278.

Ko Unoki. 2016, *International Relations and the Origins of the Pacific War* (New York, NY: Palgrave).

Walker, Stephen G., Mark Schafer and Michael D. Young. 1998, "Systematic Procedures for Operational Code Analysis: Measuring and Modeling Jimmy Carter's Operational Code," *International Studies Quarterly*, Vol. 42, No. 1 (March): 175-189.

Walker, Stephen G. 1990, "The Evolution of Operational Code Analysis," *Political Psychology*, Vol. 11, No. 2 (June): 403-418.

Walton, Richard E. and Robert B. McKersie. 1965, *A Behavioral Theory of Labor Negotiations: An Analysis of a Social Interaction System* (New York, NY: McGraw-Hill).

Waltz, Kenneth. 1979, *Theory of International Politics* (Reading, MA: Addison-Wesley Publishing Company).

Waltz, Kenneth. 1959, *Man, the State, and War* (New York, NY: Columbia University Press).

Ward, Michael and Lewis House. 1988, "The Behavioral Power of Nations: An Analysis of Verbal Conflict Using the Equations of Statistical Equilibrium," *Quality and Quantity*, June, Vol. 22, Iss. 2.

Tom Wells. 1994, *The War Within: America's Battle Over Vietnam* (Berkley, CA: University of California Press).

Wolfers, Arnold. 1962, *Discord and Collaboration: Essays on International Politics* (Baltimore, MD: Johns Hopkins University Press).

Young, M. and M. Schafer. 1998, "Is There Method in our Madness? Ways of Assessing

Cognition in International Relations," *Mershon International Studies Review*, 42: 63-96.

찾아보기